Georg Landau
Die hessischen Ritterburgen und ihre Besitzer

Zweiter Band

Hrsg. von Dieter Carl
Vellmar 2000

Dieter Carl (Hrsg.):
Die hessischen Ritterburgen und ihre Besitzer
von
Georg Landau
Zweiter Band
Faksimile-Nachdruck der Ausgabe von 1835
Verlag: Historische Edition Dieter Carl GbR
Vellmar 2000
Alle Rechte vorbehalten
Herstellung: Druckwerkstatt Bräuning + Rudert, Espenau
Printed in Germany
ISBN 3-9806580-5-8

Die hessischen Ritterburgen und ihre Besitzer

von

G. Landau.

Zweiter Band.

Mit 4 Ansichten.

Fürstenstein.

CASSEL
In der Luckhardschen Hofbuchhandlung
1833.

Die
hessischen Ritterburgen
und

ihre Besitzer.

Von

G. Landau.

Zweiter Band.

Mit 5 Ansichten.

Cassel,
in der Luckhardt'schen Hofbuchhandlung.
1833.

Wenn wir eine heimathliche Gegend durchwandeln, an ihren blühenden Thälern uns ergötzen, in ihrem kühlen Waldesdunkel uns laben, den blauen Fluthen des Stromes folgen: sollten wir da nicht gern der Vorzeit gedenken, und der Väter, die da einst lebten.

Paul Wigand.

Vorwort.

Ich übergebe hiermit den zweiten Band dieses Werkes, dessen Druck sich ohne mein Verschulden länger verzögert hat, als ich hoffte. Möge er dieselbe nachsichtsvolle Aufnahme finden, welcher sich der erste zu erfreuen gehabt.

Zur Verdeutlichung der Genealogien habe ich zum Theil Geschlechtstafeln beigefügt und hoffe dadurch wenigstens einem Theile meiner Leser einen nicht unangenehmen Dienst erwiesen zu haben.

Da mir es nur um Wahrheit zu thun ist, so bitte ich alle, welche Irrthümer entdecken, sie mir gefälligst mitzutheilen. Sie werden mich stets dadurch verbinden.

Im Juni 1833.

G. Landau.

Inhaltsverzeichniß.

I.	Altenstein . . . . Seite	1
II.	Fürstenstein, m. einer Ansicht (s. d. Titelvign.)	11
III.	Wildeck	21
IV.	Gelnhausen, m. einer Ansicht	33
V.	Lisberg, m. einer Stammtafel	59
VI.	Buchenau, m. einer Ansicht	95
VII.	Densburg	169
VIII.	Sensenstein	177
IX.	Altenburg bei Felsberg, m. einer Ansicht	185
X.	Frauenberg	199
XI.	Naumburg	207
XII.	Schauenburg, m. 2 Stammtafeln . . .	257
XIII. u. XIV.	Wallenstein und Neuenstein, mit einer Stammtafel und einer Ansicht .	373

I.

Altenstein.

Aus der Buchen grünem Schattenkranze
Schau' ich nieder in die stillen Thäler,
Schaue aufwärts zu den wald'gen Höhen,
Unterm Flügelschlag der grauen Zeit.
Ach, von Vielem war ich Augenzeuge!
Freud' und Leid sah ich im Wechseltanze,
Und bin schon zum großen Theil erlegen
Dieses Wechsels nimmer müden Kraft.

G. L.

1.

Altenstein.

Etwa ¾ Stunden nordöstlich von der Stadt Allendorf an der Werra, nahe der preußischen Grenze, liegt in einer rauhen wilden Gegend das Schloß Altenstein, zum Theil Ruine, zum Theil noch erhalten und von einem herrschaftlichen Förster bewohnt.

Von Allendorf zum Steinthore hinaus durch ein enges Thal wandernd, erreicht man das Dörfchen Asbach, hinter dem man, etwa ¼ Stündchen entfernt, auf den, jenes Thal schließenden, Burgberg stößt. Nur auf dieser Seite steht er frei, auf der andern jedoch hängt er mit dem, ihn in einem Halbkreis umschließenden, Hauptgebirge eng zusammen, so daß man auf fast ebenem Pfade von der Burg auf den Gipfel jenes gelangt.

Auf einem sich empor windenden Pfade, der unter einem schattigen Laubdache von Buchen, mit denen der ganze Berg überzogen ist, hinführt, gelangt man zum Burgthore, welches sich auf der östlichen Seite befindet, und unter einem aus neuerer Zeit stammenden Nebengebäude hindurch führt, das sich nördlich an das Hauptgebäude lehnt.

Das Schloßgebäude ist ganz massiv und bildet ein längliches Viereck, dessen Breiten nach Westen und Osten stehen. Die Seite nach Osten bildet das Hauptgebäude und ist noch wohl erhalten und bewohnt. Die Mauern desselben sind fünf Fuß dick und ihrem Ansehen und ihren öftern Reparaturen nach, sehr alt. Die in den drei Stockwerken befindlichen Zimmer sind ziemlich geräumig, und selbst ein großer Saal befindet sich unter denselben, den nur eine Tragsäule in seiner Mitte entstellt. Von diesem Hauptgebäude geht ein die Hälfte der Südseite schließendes Nebengebäude aus, dessen Erdgeschoß Stallungen enthält. Eine sich neben diesem befindende zugemauerte Pforte zeigt in ihrem zerbrochenen Schlußsteine die Inschrift: O. W. V. B. und V. B. G. V. B., zwischen denselben das v. bischofshausische und v. buttlarsche Wappen und darunter die Jahrszahl 1620. Die Mauern dieses Gebäudes sind ziemlich baufällig und mußten erst vor wenigen Jahren durch Widerlagsmauern vor dem Zusammenstürzen geschützt werden. Die Nordseite bildet eine an das Hauptgebäude stoßende und mit dem obenerwähnten Nebengebäude parallel laufende Mauer, etwa noch einmal so lang als dieses, und größtentheils von 8 Fuß Höhe, nur an dem Hauptgebäude erhebt sie sich bis zum Dache desselben.

Das auf der westlichen Seite gestandene Gebäude ist gegenwärtig ganz verfallen; nur nach dem Hofe zu erhebt sich noch die Wand desselben, mit mehreren Thür- und Fensteröffnungen bis zu 30—40′ Höhe. Die übrigen Wände und die Gewölbe sind jedoch ganz vernichtet, insbesondere dadurch, daß man die zu den gedachten Reparaturen nöthigen Steine hier wegnahm. Dieses Gebäude war die Schloßkapelle, unter der sich früher auch ein Begräbnißgewölbe befunden haben soll. Noch im vorigen Jahrhunderte war dieselbe erhalten und der Pfarrer von Asbach hielt jeden Sonntag darin eine Predigt [1]). Neben diesen Trümmern soll früher das Burgthor gestanden haben und erst im vorigen Jahrhunderte an seine gegenwärtige Stelle verlegt worden seyn.

Von den Befestigungen des Schlosses zeigt sich jetzt nichts mehr, als ein auf der Nordseite hinlaufender tiefer Graben; ob ein solcher jedoch das ganze Schloß umschlang, läßt sich nicht mehr erkennen.

So weit sich die Geschichte des Altenstein's verfolgen läßt, finden wir denselben stets als eine landgräfliche Burg. Im J. 1329 lernen wir ihn zuerst kennen und zwar wird er da das neue Haus Altenstein genannt. Es war also die Burg erst vor Kurzem erbaut worden; aber es läßt sich mit Sicherheit annehmen, daß sie schon weit früher bestanden und nur erneuert worden. Der Name Altenstein bedingt durchaus eine neuere Burg, die der erstern Besitzer erbaute. In solchem Falle wurde die erste Burg denn gewöhnlich die alte, wenn auch die neuere nicht immer die Neuenburg oder der Neuenstein genannt, sondern durch einen andern Namen bezeichnet. Belege für eine solche Annahme lassen sich schon mehrere in unserm Hessen auffinden. So ist die alte Burg auf dem Höheberge, der erste Hanstein; der

Weidelberg die erste Burg der Grafen v. Naumburg (Neuenburg); die Altenburg an der Edder, die erste Burg der Grafen v. Felsberg; die neuere Burg von Blankenstein, die Neuenburg; die von Wallenstein (Altwallenstein), Neuenstein (Neuwallenstein) ꝛc. Aber nicht von allen läßt sich dieses so bestimmt angeben und so ist es auch mit unserm Altenstein der Fall. In seiner unmittelbaren Nähe liegt keine Burg, auf die eine solche Vermuthung paßte; man muß sich deshalb entfernter umschauen und hier kann man auf keine andere schließen, als auf den Fürstenstein; beide Burgen waren von jeher landgräflich und die letztere ihrem Namen zufolge selbst von einem Fürsten, wahrscheinlich von den Landgrafen von Thüringen, erbaut worden. Da nun der Fürstenstein schon unter den Werraburgen genannt wird, welche 1251 vom Herzog Otto von Braunschweig in Besitz genommen, 1263 von dessen Sohne Albrecht an den Markgrafen Heinrich von Meißen und von diesem wieder an Hessen abgetreten wurden, so gehörte sicher auch der Altenstein dazu, obgleich ihn keiner der Chronisten nennt[2]).

Im J. 1329 versetzte Landgraf Heinrich II. das neue Haus Altenstein, mit dem Rod vor demselben und den Dörfern Asbach, Weidenbach und Sickenberg an Berthold Eselskopf und Hugo von der Mark, für 229 Mark Silber. Wahrscheinlich war durch diese die Burg erneuert worden. Berthold's Familie findet sich schon früher in der Nachbarschaft und unter andern auch zu Allendorf begütert; Hugo's ist dagegen weniger bekannt und führte wahrscheinlich ihren Namen von der über Allendorf liegenden s. g.

halben Mark. Berthold's Söhne, die Gebrüder Heinrich, Johann, Berthold, Busso und Kunemund gen. Eselskopf verzichteten 1347 auf etliches Geld, welches ihnen Landgraf Heinrich auf den Altenstein schuldete, zur Tilgung einer Schuld ihres Schwagers Urban v. Weberstätt, gegen den Landgrafen. Die v. Weberstätt besaßen gleichfalls einen Burgsitz auf dem Altenstein.

Im J. 1346 gelobten die Gebrüder Brunn und Herting v. Weberstätt, den Landgrafen weder zu bekriegen, noch sonst Unrecht und Räuberei von ihrem Hause zum Altenstein zu üben, sondern wo sie mit Jemand in Streit geriethen, die Sache zur Entscheidung des Landgrafen zu bringen. Im J. 1360 löste der Landgraf einen Theil der Burg für 132 M. S. von Kunemund Eselskopf ein, wobei sich jedoch derselbe die Erstattung der von seinem Vater aufgewandten Baukosten vorbehielt, und versetzte denselben an die Gebrüder Friedrich und Walter v. Hundelshausen für 132 Mk. und die Uebernahme jener Baukosten. Der andere und weit kleinere Theil der Burg blieb noch bis zum folgenden Jahre in dem Besitze Hugo's v. d. Mark, in welchem dieser denselben für 18 Mk. S. an Heinrich Eselskopf übertrug. 1370 versetzte Kunemund Eselskopf mit landgräflicher Bewilligung an Reinhard Keudel's Ehegattin Else geb. v. Hundelshausen sein Burglehn zu Allendorf und 1 Mk. aus seinem Antheil am Altenstein für 15 Mk. und versprach diese Pfänder binnen 4 Jahren wieder zu lösen. Im J. 1377 setzten sich die v. Hanstein gewaltsam in den Besitz des Schlosses; auf welche Gründe sie ihre Ansprüche stützten, ist nicht bekannt und läßt sich auch nirgends ersehen.

Landgraf Hermann kam darüber mit Heinrich, Thilo, Lippold, Werner und Ditmar v. Hanstein zur Fehde. Schon am 14. März d. J. verband er sich mit dem Grafen Heinrich VI. v. Waldeck und am 7. Sept. auch mit den Grafen v. Schwarzburg und v. Hohnstein zur gemeinschaftlichen Bekriegung der v. Hanstein. Dadurch wurden dann dieselben zum Nachgeben gezwungen; noch vor Ende deff. Monats kam eine Sühne zu Stande und am 1. Oct. gaben die v. Hanstein die streitige Burg Altenstein an Bernhard v. Dalwigk und Hermann v. Boineburg-Hohnstein so lange zu treuen Händen, bis Austräge über ihre Ansprüche an derselben entschieden hätten. Die Entscheidung derselben ist zwar nicht bekannt, muß aber für die v. Hanstein ungünstig ausgefallen seyn, weil der Landgraf kurz nachher wieder im Besitze erscheint.

Der obengedachte Hermann v. Boineburg-Hohnstein hatte schon früher ein Viertheil an der Burg erworben, welches 1379 Landgraf Hermann wieder einlöste und von Neuem an Ludwig, Sander und Helwig Gebr. v. Dörnberg und Heinrich v. Wichardessen, Burgmannen zu Allendorf, versetzte. Auch erklärt 1381 ein Hans v. Breitungen, daß Landgraf Hermann ihm 25 Mk. Geld an dem Viertel des Schlosses Altenstein, so derselbe Sander v. Dörnberg versetzt, geständig gewesen und daß er der Lösung gewärtig seyn wolle. So blieben die v. Dörnberg bis zum J. 1438 im Besitze der Burg Altenstein, wo dieselbe der Landgraf Ludwig von Hans v. Dörnberg einlöste und an Hans v. Bischofshausen und dessen vier Söhne zu Erbmannlehn übertrug, deren Nachkommen an zwei Jahrhun-

derte sich im Besitze erhielten, und, wie man aus der Bau=
art der noch erhaltenen Gebäude schließen muß, das Schloß
von Neuem erbauten. Endlich im J. 1643 verkaufte durch
einen zu Cassel am 11. April ausgestellten Vertrag Hans
Heimrad v. Bischofshausen für sich und seinen Bruder
Adam Wilke das Schloß mit den Dörfern und Wüstun=
gen Weidenbach, Asbach, Sickenberg und Musbeck oder
Henneckenrode, nebst einigen Gehölzen, der Landgräfin
Amalie Elisabeth für 18,600 Thaler auf Wiederkauf. Eine
Einlösung fand nicht Statt. Es wurde im Gegentheile
jener Vertrag 1753 in einen Erbkauf verwandelt, wofür
Landgraf Wilhelm VIII. den v. Bischofshausen noch 6000
Thaler zahlte [3]).

Anmerkungen.

1) Ledderhosen's hess. Kirchenstaat S. 165.
2) Die Chronisten weichen in dem Verzeichnisse der abgetretenen Orte sehr von einander ab. Mir scheinen es die Städte Witzenhausen, Allendorf, Eschwege und Sontra, und die Burgen Arnstein, Bischofshausen, Altenstein und Fürsten=stein gewesen zu seyn.
3) Original=Urk. im kurhess. Staatsarchiv und Urk.=Auszüge aus den Repertor. des hess. Gesammtarchivs zu Ziegenhain. Was Letzner in s. Gesch. d. v. Berlepsch ap. Kuchenb. A. H. C. VII. 190 vom Altenstein erzählt, bedarf keiner Wi=derlegung, da er ohnedem den hess. Altenstein mit dem bei Liebenstein im Meiningschen verwechselt.

II.

Fürstenstein.

Mit einer Ansicht.
(S. die Titelvignette.)

Längst verschwunden sind schon meine Zeiten,
Und die Zukunft öffnet ihre Weiten,
Nur zu meiner Mauern-Trümmer Grab.
Diese Zeiten mir nicht mehr gehören,
Werden nimmer meinem Falle wehren,
Aber fördern werden sie ihn wohl.

G. L.

2.

Fürstenstein.

Auf der von Jeſtädt am rechten Werraufer ſich herab ziehenden Hügelkette, erhebt ſich, dem Dorfe Albungen ſchief gegenüber, etwa anderthalb Stunden von Eſchwege, die Burg Fürſtenſtein.

Der Weg zu derſelben, von Eſchwege aus, führt an den, meiſtens von Weiden beſchatteten, von blühenden Wieſen umgrünten, Ufern der Werra hin; nach allen Seiten öffnen ſich in dieſem ſchönen Thale die herrlichſten Anſichten. Von Jeſtädt geht es über jene Hügelreihe fort, bis man das herrſchaftliche Pachtgut Fürſtenſtein erreicht, neben welchem ſich das alte Schloß befindet.

Obgleich noch ganz erhalten und in faſt noch bewohnbarem Zuſtande, iſt der Fürſtenſtein doch nichts weniger als ſchön, da ihm das Großartige anderer Schlöſſer fehlt, und noch erhaltene Burgen ſelten das ſchauerlich Schöne haben, welches uns die Trümmer derſelben oft ſo maleriſch macht. Vom jenſeitigen Werraufer bietet er die ſchönſte Anſicht dar. Der Schloßberg, deſſen Fuß die Werra bespült, hat eine nicht unbedeutende Höhe und an mehreren Orten streckt er wilde Felsen aus seinen kahlen Abhängen hervor; besonders ist dieses am Gipfel der Fall, wo solche die Grundmauer der Burg bilden und sich sogar eine Felsensäule an zwanzig Fuß hoch, frei und gerade emporhebt. Der hintere Theil des Berges ist mit jener Hügelkette eng zusammengeknüpft und man braucht von dieser Seite fast gar nicht zu steigen.

Von der Seite des Guts tritt man in den viereckten Burghof, den eine starke, von Strebepfeilern gehaltene, Widerlagsmauer umschließt, die sich nach außen zwölf bis sechzehn Fuß am Berge hinabsenkt, die Fläche des Burghofs aber kaum übersteigt. Zum Theil auf dieser Mauer ruht die Burg, die aus einem Haupt und einem Nebengebäude besteht. Ersteres ist etwa dreißig Fuß lang und halb so breit und seine Höhe beträgt zwischen siebenzig und fünf und siebenzig Fuß; bis zu seinem dritten Stockwerke ist es ganz massiv, nur die zwei letzten sind aus Holz und scheinen aus einer neuern Zeit zu stammen; auch an den Mauern der untern Stocke bemerkt man verschiedene Reparaturen. Die Façade ist der Werra zugekehrt und nur nach dieser Seite gehen die Fenster.

Ein Thurm, der sich an das Hauptgebäude lehnt, enthält die hölzerne Wendeltreppe, die zu den verschiedenen Zimmern führt, deren jedes Stock nur eins hat. Das unterste der Zimmer ist noch am besten erhalten und zeigt, daß es noch nicht lange unbewohnt stehen kann; es hat selbst noch einen Ofen, auf dem Scenen aus der Vorzeit dargestellt sind. Dieses Zimmer soll die Gesindestube gewesen seyn. Die Fußböden sind bis zum dritten Stocke mit Gips ausgegossen und hier endet auch die Wendeltreppe und unmittelbar aus dem Zimmer führt eine Treppe zu den beiden letzten Stockwerken, den Böden.

Alles ist leer und öde und der Wind sauft durch die offenen Fensterhöhlen und spielt mit den unverschlossenen Thüren. Jeder Fußtritt hallt hohl in den leeren Räumen und die Seele versinkt unwillkürlich in eine ernste Stimmung, die jedoch bald heiterer wird, wenn man zu den Fensteröffnungen tritt und das Auge sich nun an der freundlichen Aussicht vergnügt. Zwischen Bergen drängt sich die Werra hervor und wogt von Fluren und Wiesen umgrünt, am Fuße des Fürstenstein's hin, bis sie sich wieder hinter Bergen verliert. Am jenseitigen Ufer erblickt man das Dörfchen Albungen, hinter dem sich die wilden Gebirgsmassen des Höllenthals, mit den altergrauen Resten des Bilsteins, erheben. Westlich hebt sich der Weißner mit seinen Basaltmassen und aus seinem dunkeln Grün schimmert das freundliche Schwalbenthal herab. Südlich öffnet sich wieder das schöne Werrathal und man erblickt mit mehreren Dörfern das heitere Eschwege, hinter dem sich die Berge des Hundsrückens mit den alten Trümmern der Botneburg erheben. Nur nördlich und noch mehr östlich stellen sich dem Blicke hohe Berge entgegen und verhindern so den Genuß der lieblichen Ferne.

Oestlich an das Hauptgebäude stößt ein zweistöckiger Nebenbau, dessen unteres Stock nur massiv ist und das Gepräge des Alterthums trägt, so daß es gleiches Alter mit dem Hauptgebäude haben mag. Das zweite Stock wurde jedoch erst in neuerer Zeit gebaut und ist noch mit Möbeln zur Bewohnung versehen, welches bei dem Hauptgebäude nicht der Fall ist, in welchem nur höchstens Früchte ꝛc. verwahrt werden.

In dem untern Stocke dieses Nebengebäudes befindet sich die kleine prunklose Burgkapelle; zu beiden Seiten ihres Eingangs stehen noch die Bänke und Pulttische der Zuhörer, noch sieht man die Kanzel, obgleich zerfallen, und vor derselben steht auch noch der Altar, an dessen Seiten man Inschriften erkennt, die jedoch zu verwaschen sind, als daß man sie zu lesen vermöchte. Rechts an der Wand befindet sich das Grabmal des hessischen Generals Diede; es ist nur mit dem Familien-Wappen geziert und hat die Inschrift:

Diedrich
Diede zum Fürstenstein
Commenthur
des Teutschen Ordens
General Lieutenant
und
Gouverneur von Cassel
geb: d: 29 Mart: 1698
gest: d: 22 Mai 1758

Im Schloßhofe stehen noch die ehemaligen Ställe und die Schmiede, welche gleichfalls nur noch wenig benutzt werden; auch sind noch fünf Keller vorhanden, gleich wie auch der Brunnen, die man jedoch in Benutzung hat.

Der Fürstenstein findet sich schon im J. 1264, jedoch urkundlich erst im J. 1327. Als Herzog Albrecht von Braunschweig, in der für ihn so unglücklichen Schlacht bei Wettin (28. Oct. 1263) in die Gefangenschaft des Markgrafen Heinrich des Erlauchten von Meißen gerathen war, und beinahe ein ganzes Jahr sich in derselben befunden hatte, löste er sich und seine Mitgefangenen durch Zahlung von 8000 Mk. Silbers und Abtretung der von ihm bisher besetzt gehaltenen Werralandschaft, und die Chroniken nennen unter den hierher gehörenden Städten und Schlössern auch den **Fürstenstein**. Der Markgraf Heinrich trat hierauf diese Gegend an die damalige Regentin von Hessen, Herzogin Sophie von Brabant ab, die dagegen auf ihre Ansprüche an Thüringen verzichten mußte[1]).

Verschiedene adelige Familien finden sich zu verschiedenen Zeiten im theilweisen Besitze des Schlosses, theils als Burgmänner, theils als Pfandinhaber. Schon im J. 1327 findet sich Hermann Keudel auf dem **Fürstenstein**[2]). Im J. 1344 versetzte Landgraf Heinrich II. einen vierten Theil des Schlosses an Appel und Heinrich Keudel für 55 Mk. S. Gleichfalls ein Viertel erhielten 1360 der Ritter Götz Schindekopf und die Gebrüder Dietrich, Reinhard und Berthold von Netra für 71 Mk. S. und das Uebrige Curt v. Welden und Bodo v. Boineburg für $100\frac{1}{2}$ Mk. S. verpfändet. Die v. Netra besaßen zu ihrem Theile an dem **Fürstenstein**, auch Güter im Dorfe Vach bei Allendorf, welche ihnen der Landgraf für 8 Mk., die er dem Reinhard v. Netra für ein Pferd, welches dieser in seinen Diensten zu Alfeld verdorben, sowie für Zehrungskosten ꝛc. schuldig geworden, versetzt hatte; 1370 erklärten die Gebrüder Reinhard, Berthold und Simon v. Netra, daß diese Güter der Landgraf abzulösen befugt seyn sollte, wenn er den ihnen versetzten Theil des Fürstenstein's einlöse. In dem 1385 beginnenden Kriege befahl Landgraf Hermann die Bewachung und Vertheidigung dieser Burg Apel'n v. Eschwege. Was derselbe darauf gewänne oder Kosten hätte, auf 50 Mk. S. und darüber, das sollte ihm der Landgraf ersetzen; auch versprach der Landgraf, ihn von dem Theile des Schlosses, welchen er von Hans v. Rüsteberg und dessen Hausfrau an sich gelöst, nicht eher zu entsetzen, bis er völlig befriedigt worden. Im J. 1395 wies derselbe Landgraf die Gebrüder Reinbold und Gerhard v. Welde mit 50 Mk. auf den Fürstenstein an, welchen dieselben so lange mit den übrigen Pfandinhabern im Besitz behalten sollten, bis er sie befriedigt. Die von dem schon gedachten Reinhard Keudel besessene Hofstätte auf der Burg ging 1407 auf die Gebrüder Reinhard und Bernhard v. Netra über; 1408 erborgte Thilo v. Netra vom Landgrafen 5 Goldgulden, welche von dem Pfandschillinge abgehen sollten. Im J. 1413 übertrug Landgraf Ludwig die Bewachung des Schlosses an Appel v. Eschwege und Reinhard dessen Sohn auf drei Jahre, wofür er denselben jährlich 2 Fuder Bier, 1 Malter Korn und 2 Seiten Fleisch zu liefern versprach. 1430 setzte Landgraf Ludwig über einen Theil des Fürstenstein's die Gebrüder Berthold und Reinhard Keudel als Amtleute ein. Sie sollten denselben vertheidigen, beschützen und bewahren, die armen Leute (d. h. die Bauern) bei ihren alten Herkommen und Freiheiten lassen ꝛc.; hierfür wies er denselben 140 Gulden auf Allendorf an. Dieser Theil ging 1436 in gleicher Eigenschaft auf Hermann Diede und dessen Söhne Ludwig und Hermann mit 114 Gulden über. 1439 erhielt ein Viertheil des Schlosses Kersten Keudel für 40 Mk. verpfändet. Später erwarb auch Sander v. Dörnberg einen Theil an der v. netra'schen Pfandschaft, mit der er nun in Gemeinschaft mit Reinhard und Berthold v. Netra beliehen wurde, bis er denselben um's J. 1462 an Herting v. Eschwege verkaufte. Mit diesem und dem oben erwähnten von Hans v. Rüsteberg erworbenen Theil, welcher rechts vom Eingange des Schlosses lag, sowie zweien Burgmannslehnen wurden die v. Eschwege nun fortan beliehen. Auch die Keudel blieben in dem Lehnbesitze ihres Burgsitzes nebst dessen Zugehörungen, wie auch einem Theile an dem Wettschatze am Schlosse, wogegen der Theil der v. Netra durch deren Aussterben im J. 1558 an den Landgrafen heimfiel. Zu Ende des sechzehnten Jahrhunderts hatten die Diede es schon im alleinigen Besitze; sie wurden zwar nur mit der Hälfte, einem Achttheil und einem Vierundzwanzigtheil, nebst den dazu gehörenden Hausungen, Hofstätten und Ländereien, insbesondere um Albungen, belehnt und hinsichtlich des übrigen Theils empfingen die v. Eschwege die Belehnung, obgleich sie sich nicht mehr im Besitze befanden. Um diesem abzuhelfen, schloß endlich 1596 Georg Diede mit Urban, Jost und Reinhard v. Eschwege einen förmlichen Kauf ab, so daß also nun das Schloß Fürstenstein auch rechtlich in den alleinigen Besitz der Familie Diede kam.

In dem mir bekannten ältesten Lehnbrief von 1458 wird der diede'sche Antheil wie folgt beschrieben: Wenn man zum Thore eingehet zur linken Hand an der Mauer hin und so fort bis zur Hausung, welche Kersten Keudel pfandweise besitzt. Ein Haus zwischen Kersten Keudel und der andern Keudel Hofstätte, nebst vielen umliegenden Ländereien, Gütern in Albungen und einer Fischerei in der Werra ³). Seit welcher Zeit diese Familie in dem Besitze des Fürstenstein's gewesen, ist unbekannt. Schon im J. 1387 nennt sich Heinrich Diede Burgmann auf Fürstenstein. Diese Burg wurde ihr eigentlicher Stammsitz und sie nannten sich nach derselben Diede zum Fürstenstein ⁴). Sie bewohnten denselben noch bis gegen das Ende des vorigen Jahrhunderts. Das gegenwärtige Schloßgebäude mag dieser Familie, wenn nicht selbst die Erbauung, doch mancherlei Veränderungen zu verdanken haben. Noch befindet sich im zweiten Stocke ein schönes Kamin mit der Inschrift: W. D. z. F. anno 1700.

Nachdem die Diede zum Fürstenstein im J. 1807 durch den Tod des dänischen Staatsministers Wilhelm Christoph Diede im Mannsstamme erloschen, fiel der Fürstenstein dem Lehnsherrn heim und wird jetzt mit seinen bedeutenden Oeconomiegebäuden als Staatsgut in Pacht gegeben.

Anmerkungen.

1) Die hess. u. thüring. Chronisten.
2) Wolf's eichsfeldisches Urkbch. S. 141.
3) Orig. Urk. u. Urk. Ausz. aus dem Rept. d. Ziegh. G. Arch.
4) Ueb. d. Familie der Diede z. F. s. Justi's hess. Denkw. II. 240—254. Ich hätte diese Abhandlung zwar noch vervollständigen können, habe aber, weil die Familie zu unbedeutend war, darauf verzichtet.

III.

Wildeck.

Schon Jahrhunderte lag ich zerfallen,
Meine grau bemoosten morschen Hallen
Floh des Menschen furchtsam scheuer Tritt:
Da erschien ein Hessenfürst und baute
Einen Wonnesitz im Thal und schaute
Auch zu meiner wildbewachs'nen Höh;
Und er warf der Mauern alte Veste
Nieder bis auf wenig kleine Reste
Und erbaute hier ein neues Schloß;
Fest ruht's zwar auf meines Grundes Mauer,
Aber nicht erreichen wird's die Dauer,
Die ich mir mit Stolze rühmen darf.

G. L.

13.

Wildeck.

Vier Stunden von Rotenburg an der Fulda, breitet sich in dem, gegen Morgen liegenden, rauhen Riechelsdörfer Gebirge, zwischen zwei hohen bewaldeten Bergrücken, ein enges von Südwest gegen Nordost ziehendes Thal aus, das, zwar abgeschieden von dem lärmenden Treiben der Welt, durch Natur und Kunst aber zu einem der freundlichsten Orte unseres Vaterlandes umgeschaffen ist. Es ist dieses ein schönes Schloß mit weitläuftigen Parkanlagen, der unter dem Namen Wildeck bekannte Sommer-Aufenthalt Sr. Durchlaucht des Landgrafen von Hessen-Rotenburg. Hoch über diesem romantischen Thale, auf dem die östliche Thalwand bildenden Bergrücken, lag ehemals die alte Burg Wildeck, nur in wenigen Resten noch sichtbar. Wann und durch wen dieselbe entstanden? Das ist unbekannt. Erst im dreizehnten Jahrhundert lernen wir sie kennen und zwar im Besitze der Landgrafen von Thüringen. Nachdem Landgraf Albrecht I. seinen, mit der berüchtigten Kunigunde von Eisenberg erzeugten, Sohn Apitz vom Kaiser hatte für ehelich erklären lassen, räumte er demselben, um ihm einen fürstlichen Unterhalt zu geben, außer den Schlössern Tenneberg, Breitenbach, Brandenfels und Brandenburg, auch die Burg Wildeck, nebst den dazugehörenden Vogteien ein¹). Dieses geschah im Jahre 1289. Wie lange Apitz im Besitze geblieben, ist nicht gewiß; nach ihm erhielten sie Albert von Brandenburg und die Gebrüder Heilmann und Otto von Indagina zu Lehn, bis sie endlich 1301 Landgraf Albert an den Abt Heinrich V. von Fulda überließ²).

Apitz, wild und verzogen, kannte nur seinen Willen als Gesetz; nur den Eingebungen seiner Laune folgend, übte er oft den entehrendsten Unfug, ohne ein Zürnen seines Vaters fürchten zu brauchen, denn diesem, versunken in Schwachheit, wurden Auge und Mund verschlossen durch thörigte Weibs- und Vaterliebe. Einst fiel Apitz, unterstützt von dem landgräflichen Marschall, raubend in das fuldische Gebiet, und brannte und zerstörte auf abscheuliche Weise. Abt Heinrich beschwerte sich hierüber bitter und drohte, da weltliche Strafen hier wohl nicht ausgereicht hätten, wie es scheint, mit den ewigen Strafen des Himmels; Landgraf Albert fügte sich deshalb zu einer Entschädigung von 400 Mark (am 15. Mai 1306), da er diese jedoch nicht baar zu bezahlen vermochte, so versetzte er dem Abte dafür den unter der Burg Wildeck liegenden See Osahe nebst den Geleiten zwischen Vach und Eisenach, sowie zwischen Hersfeld und Eisenach³). Mit diesen Veräußerungen war jedoch Albert's Sohn, der Landgraf Friedrich, nicht zufrieden, und um sich wieder in den Besitz Wildeck's und der andern Güter zu setzen, sammelte er im Jahre 1310 bei Tüngeda ein Heer und war im Begriffe, ins Fuldische einzubrechen, als er die Nachricht bekam, daß seine Gemahlin in Gotha mit einem Sohne niedergekommen sey. Aus Freude hierüber ließ er seine Truppen auseinandergehen und stellte im folgenden Jahre eine völlige Verzichtleistung auf die Burg Wildeck und die Stadt Gerstungen aus [4]).

So war also der fuldische Besitz gesichert. Im J. 1322 räumte Abt Heinrich VI. die Burg Wildeck einem Reinhard Vogt von der Tarre (oder von dem Thorne) ein. Außer dem Schlosse und dessen Zubehörungen erhielt derselbe auch den See zu Sulmgasse, jetzt Säulingssee, und eine jährliche Gülte von 30 Pfund fuldaischer Pfennige. Er versprach dagegen, binnen 3 Jahren 100 Pfund an der Burg zu verbauen und diese mit allem Nöthigen, als Wächtern ꝛc. zu versorgen, auch dem Abte nie die Oeffnung zu verweigern; ferner sie in keines andern Hand zu geben, und die Burgmannen, sowohl die schon vorhandenen, als die er noch gewinnen werde, gleichwie auch die Wächter und übrigen Hausleute, bei der Huldigung geloben zu lassen, nach seinem Tode die Burg nur dem Abte wieder zu überantworten [5]). Reinhard muß jedoch schon früher im Besitze Wildeck's gewesen seyn, denn noch vor dem J. 1322, wahrscheinlich 1316, als Abt Heinrich mit dem Bischofe von Würzburg Gottfried III. von Hohenloh in eine Fehde gerieth, wurde Wildeck in derselben von dem letztern erobert und besetzt. Abt Heinrich eroberte dasselbe jedoch wieder und gab es Reinhard, der bei der würzburgschen Eroberung daraus vertrieben worden, zurück; wie es scheint, bezieht sich jene Urkunde auf diese Wiedereinsetzung. Nach Reinhard's Tode setzte sich dessen Bruder, welcher hersfeldischer Mönch war, im Widerspruche mit dem Vertrage von 1322, in den Besitz der Burg, woraus der Abtei großer Schaden und die höchste Gefahr erwuchs⁶). Wie dieser nun aus dem Besitze vertrieben wurde, ist nicht bekannt.

Im J. 1337 befreite Abt Heinrich VI. dem Ritter Berthold Trott die Dörfer Bellers (Beldrich) und Bauhaus (Buwes), jetzt nur noch Höfe, zwischen Nentershausen und Wildeck, von der fuldischen Gerichtsbarkeit, und wies ihm 70 Pfund fuldischer Heller zu einem Erbburglehn auf Wildeck an, worin demselben seine Nachkommen folgten. Unter Johann Trott besserte Abt Friedrich das Burglehn im J. 1389 durch Güter, welche unterm Schlosse gelegen waren⁷).

Schon früher waren die von Boineburg in dem Besitze eines Theils von Wildeck. Im J. 1344 am 17. Februar verzichteten Hermann d. ä. und sein Sohn Hermann, sowie seine Vettern (patrui) Conrad d. ä., Heimbrad und Conrad d. j. v. Boymeneburch dicti de Wildecke auf alle ihre Rechte an den Gütern zu Lüderbach, welche Johannes Kayan von Ludwig v. Boineburg, Hermann d. ä. Bruder, zu Lehn erhalten hatte, zu Gunsten des Antoniter-Klosters zu Eschwege. Im nächsten Monate desselben Jahres verkaufte Heimbradus Famulus dictus de Wildecke mit seinen Brüdern Conrad, Heinrich und Conrad dem Probste zu Germerode, Heimbrad v. Boineburg, eine Hufe zu Eckardshausen, wobei ihre Vettern Hermann d. ä. u. j. v. Boineburg als Zeugen gegenwärtig waren. Beide Urkunden zeugen für einen weit frühern

Besitz der v. Boineburg, als man nach Schannat schließen muß, nach dem erst 1355 die Gebrüder Conrad, Heimbrad, Hermann und Heinrich v. Boineburg von der Abtei Fulda ein Erbburglehen mit 100 Pfund fuldischen Geldes angewiesen erhielten. Auch in späterer Zeit erscheinen noch Glieder der v. boineburg'schen Familie unter dem Namen v. Wildeck als Klosterjungfrauen zu Germerode, Kreuzburg und Kornberg [8]). Im J. 1357 erhielt auch Hans Brenke, Knappe, ein Burglehen auf Wildeck. Abt Heinrich VII. war ihm, für von ihm gegen die Ganerben von Werberg geleistete Kriegsdienste und dabei erlittene Schäden, 100 Pfund Heller schuldig geworden. Diese Summe wies er demselben zu einem Burglehen auf Wildeck an, indem er ihm zu derselben noch 60 Pfund für das Burglehn hinzulegte und eine jährliche Rente von 16 Pfund anwies [9]).

In gleichen Verhältnissen, nämlich für der Abtei geleistete Kriegsdienste, erhielt auch 1363 Heinrich v. Hundelshausen ein Burglehn mit 80 Pfund Heller fuldischer Währung [10]), welcher dasselbe auf seine Familie vererbte.

Im Anfange des fünfzehnten Jahrhunderts hatte die Familie Trott Wildeck für 4100 Gulden im Pfandbesitze, bis es im J. 1406 der Landgraf Hermann von derselben an sich löste. Außer der Burg gehörten auch dazu der Säulingssee und 50 Gulden jährlicher Rente aus der Bede der Stadt Vach, sowie die Dörfer Obernsuhl, Hönebach, Alhelmsdorf und Schildbach (jetzt Almershof und Schildhof) und die Mühle unter dem Schlosse. Zu der trott'schen Pfandsumme zahlte der Landgraf auch noch 2000 Gulden an den Abt Johann, die derselbe in seines Stiftes Nutzen, welches damals eine nicht kleine Schuldenlast drückte, verwenden wollte. Im folgenden Jahre versetzte nun Landgraf Hermann die Burg mit ihren gen. Zugehörungen von Neuem für die Summe von 4100 G. an die Gevettern und Gebrüder Bodo, Claus, Neidhard, Werner und Claus Trott. Im J. 1413 verwandelte endlich der Abt Johann jenen Pfandschaftsvertrag in einen Erbverkauf und überließ nun die Burg mit ihren Zubehörungen gänzlich dem Landgrafen für 9000 Goldgulden[11]. Außer den Burgmannen, hielten die Landgrafen auch noch eigne Amtleute auf derselben; als solche finden sich 1432 Otto von Mühlenbach und später Burghard v. Kolmatsch und Gerwig v. Bischoferode. Auch waren 1433 Fritz und Hans v. Romrod Burgmannen zu Wildeck[12]. Im J. 1445 gab Landgraf Ludwig I. das Schloß an Hermann v. Boineburg zu Gerstungen und seine Söhne Heinrich und Otto, denen er 800 rh. Goldgulden schuldete, auf 9 Jahre amtsweise ein, nach denen er es von ihnen wieder einlösen wollte[13]. Dieses scheint jedoch nicht geschehen zu seyn; noch 1471 stellten Ritter Heinrich v. Boineburg, Erbamtmann zu Gerstungen, und seine Brudersöhne Ludwig und Hermann zu Lengsfeld einen Lehnsrevers über Wildeck aus, welches sie von ihrem Vater und Großvater ererbt hätten[14]. 1477 bekannte Landgraf Ludwig II., daß er Elsa Trott und ihrem Sohne Bodo 1050 Gulden, sowie Neidhard, Werner und Carl Trott eine gleiche Summe für die Wiedereinlösung der Burg Wildeck, wahrscheinlich von den v. Boineburg, schuldig sey. Nachdem endlich die Landgräfin Mechthilde von Hessen die Teichstätte und einen Baumgarten unter dem Schlosse von Dietrich Trott und dessen Hauswirthin Gertrude und ihren Söhnen Hermann und Friedrich gegen ein Bauerngut zu Lispenhausen eingetauscht, bestätigte dieses Landgraf Wilhelm d. ä. im J. 1485. So blieben die Trott bis zum J. 1544 im theilweisen Pfandbesitze der Burg Wildeck, welches in d. J. der Landgraf Philipp wieder einlöste. Man ersieht dieses aus einer am 12. Dec. zu Cassel ausgestellten Urkunde, worin derselbe bekennt, daß, da sein Vater Landgraf Wilhelm dem Rath und Amtmann Friedrich Trott zu Solz 75 Gulden jährlicher Renten auf das Schloß Wildeck für die Summe von 1500 Gulden verschrieben, er diese Summe nun auf das Amt Sontra geschlagen habe [15]).

Damals lag die Burg jedoch schon in Trümmern; wann und wodurch sie zerstört, ob dieses im Bauernkriege, der auch diese Gegend heimsuchte, geschehen? ist nicht bekannt. Schon vor dem J. 1540 stand sie leer und öde und ihre Gemächer waren in Schutt und Graus versunken, nur ihre Mauerwände erhoben sich noch und auch die Gewölbe standen noch unerschüttert. Diese wurden damals der Aufenthalt einer Rotte Verbrecher, deren Haupt ein junger Schäfersknecht aus Säulings- oder Großensee war; dieser war wegen einer ihm zuerkannten Thurmstrafe flüchtig geworden, hatte eine Anzahl Gleichgesinnter gefunden, und trieb nun ein blutiges Raubhandwerk, welchem entsprechend er sich die wilde Sau nannte [16]).

Im J. 1627 gab Landgraf Moritz seinen Söhnen zweiter Ehe die s. g. niederhessische Quart, zu welcher auch

Wildeck gehörte. Dieses verfiel mehr und mehr; im Anfange des vorigen Jahrhunderts stürzte ein großes Gewölbe ein und viele Steine, besonders die Quadern, wurden zu dem Kirchenbaue in Obersuhl von der Ruine geholt[17]). Landgraf Ernst Leopold von Hessen-Rotenburg ließ endlich die noch stehenden Mauern völlig wegräumen, und auf den Grundmauern der Burg im J. 1727 ein Jagdschloß erbauen. Noch jetzt steht dasselbe. Da es jedoch nur ein Holzgebäude und auf der Höhe den Stürmen des Wetters zu sehr ausgesetzt ist, so ist es jetzt schon sehr baufällig. — Von der alten Burg sieht man nur noch wenige Reste, meistens Widerlagsmauern, denn manche Mauer scheint alt, besteht aber nur aus alten Materialien und ist in neuerer Zeit aufgeführt; auch die Kellergewölbe sind zugemauert. In der Mitte des Hofes steht ein Radbrunnen von 273 Fuß Tiefe; auch dieser ist eine Anlage der neuern Zeit, denn die alte Burg hatte keinen und der Wasser-Bedarf mußte auf Eseln aus dem Thale geholt werden, wovon noch jetzt der Eselsweg seinen Namen hat.

Dieses neue Jagdschloß wird nicht Wildeck, sondern Blumenstein genannt und schon mancher ist dadurch verleitet worden, diesen Namen auch der alten Burg beizulegen.

Wild und großartig ist die Aussicht von der Burghöhe. Nördlich erblickt man in ödem Waldesgrunde das einsame Bellers; östlich breitet sich eine weite Fläche, besäet mit Dörfern, aus, in welche sich die Arme des von dunkeln Föhren beschatteten Gebirges herabsenken. Am Fuße eines sanften Hanges lehnt sich Obersuhl an und das von der Werra bespülte Berka zeiget die Marken des Thüringer-Landes. Auch die Dörfer Untersuhl und Herda beleben das Bild der Landschaft. Im tiefern Hintergrunde steigen in vielgestaltigen Formen die Höhen des Thüringer-Waldes und näher dessen grünbewaldete Vorberge empor, über welche in stiller Majestät der mächtige Inselsberg herüber schaut. Nordöstlich heben sich die steilen Höhen des Kühlforstes, der langgedehnte Hellerstein und die Burgtrümmer des Brandenfelses und der stolzen, auf hohem felsigem Gipfel ruhenden, Brandenburg, sowie tiefer aus dem Dunkel der Wälder die berühmte Wartburg hervor. So schaut man ringsum steile, von Hochwald beschattete Gipfel, enge romantische Thäler, rauschende Bäche, freundliche Dörfer und altergraue Trümmer der Vorzeit, und der Geist des Wanderers, umgeben von einer erhabenen, durch Kunst verschönten, Natur, empfindet in diesem Schauen die Freuden des herrlichsten Genusses.

Anmerkungen.

1) Hist. Landgrav. Thuring. ad a. 1289.
2) Schannat Buch. vet. 419.
3) Schannat C. P. H. F. p. 223.
4) Ibid. 226. Galletti's th. Geschichte.
5) Ibid. C. P. Cl. F. p. 345.
6) Anonymi vita Henrici hujus nominis VI. Abbatis Fuldensis ap. Schannat C. P. H. F. 235. Dieser gibt keine Jahrzahl, nur Cornel ibid. p. 13 gibt 1316. Obgleich ersterer in dem Namen von der Urkunde von 1322 abweicht und statt R. v. d. Tarre, R. v. d. Torne hat, so ist dieses au=

genscheinlich eine und dieselbe Person und die Fehde muß deshalb vor 1322 vorgefallen seyn, weil jener Bischof Gottfried III., aus dem Hause Hohenloh, am 4. Sept. d. J. starb. Die sich widersprechenden und sehr unbestimmten Nachrichten der Chronisten erlauben nicht, das Dunkel, das über die Verhältnisse zwischen jenen beiden Stiftern in dieser Zeit lag, zu zerstreuen.

7) Sch. C. P. Cl. F. 341.

8) Handschriftl. Nachrichten. Mitgetheilt durch die Güte des Herrn Majors A. v. Boineburg-Lengsfeld zu Weiler. Schannat Cl. F. p. 53.

9) Sch. C. P. Cl. F. p. 270.

10) Ibid. p. 343.

11) Urk. Ausz. in d. Repert. des hess. Gesammtarchivs zu Ziegenhain. Wenk III. Urkbch. S. 224.

12) Orig. Urk. d. kurh. Staatsarchivs.

13) Urk. Ausz. im Repert. d. Ges.-Arch. z. Z.

14) Handschr. Nachr. d. Herrn Majors v. Boinebg.

15) Orig. Urk. im kurh. Staatsarchiv.

16) Magister Theophil Seibert, Prediger in Quentel, verschiedene Geschichten, die sich hin und wieder in Hessen begeben. Anno 1675. Handschr. v. d. kurh. Landes-Biblioth. zu Cassel.

17) Lucae Beschr. v. Rotenbg. S. 424. Handschr. daselbst.

Im kurh. Magazin, 1804 Nr. 30, und Gebr. Grimm's deutsche Sagen, S. 200, findet sich eine Sage von der Burg Wildeck erzählt.

IV.

Die Kaiser=Pfalz zu Gelnhausen.

Mit einer Ansicht.

Trete leise, Wand'rer! mit der Ehrfurcht Schweigen
Ein in dieser Trümmer grün durchlaubte Räume;
Sieh'! die alte Zeit hat ihre schwarzen Banner
Auf die Zinnen dieser Kaiserburg gepflanzet
Und der Felsenmauern alte Kraft zerbrochen.
Aber wenn in wüste Trümmer auch versunken,
Weilet staunend doch der Künstler vor dem Werke,
Preisend seines großen Gründers Nam' und Zeiten.

   Auch ich stand hier in Staunen hingegossen
Und überwältigt vom Gefühl des Herzens,
Ließ ich mich nieder auf die grauen Trümmer.
Und wie die Gegenwart entschwand den Sinnen,
Da führte mich auf ihren goldnen Flügeln
Die Phantasie in ihre Jugendlande.
Da sah' ich Zeiten, wo noch Deutschland blühte
In stolzer Einheit, wie ein kräft'ger Herrscher,
Ein großer König, dem Europa horchte.
Da stiegen des Palast's gestürzte Wände
Hoch wieder auf zum blauen Himmelszelte
In jugendlichem Prangen ersten Glanzes;

Und wieder regte sich das stolze Leben
In seinen leeren ausgestorb'nen Räumen,
Und aus den Grüften der Jahrhundert' stiegen
In alter Herrlichkeit der Kaiser Reihen.
Da sah ich Friedrich Barbarossa wandeln,
Umgeben von des Reiches stolz'sten Fürsten,
Hin durch der goldnen Säle luft'ge Räume.
Sah Friedrich's edlen Sohn, voll Hochentzücken,
Den großen Habsburg, alle jene Mächt'gen,
Die hier einst weilten, und die Deutschlands Namen
Hoch zu des Ruhmes lichten Sternen trugen.
Da fühlt' ich mich als Deutscher hoch erhoben
Und meine Brust erklang in heil'gem Jubel.

Doch ach! der Flug der Phantasie erlahmet
Und grausam zieht die Wirklichkeit hernieder
Und fesselt schwer des Geistes kühne Schwingen
Fest an die Gegenwart mit ehrnen Banden.
Auch mir entschwanden jene sel'gen Bilder
Und in dem Sturme allgewalt'gen Schmerzes,
Da floß sie über des Gefühles Schaale
Und herbe Thränen rollten auf die Trümmer.
Ach! nichts von allem war ja mehr vorhanden
Und schwach, zersplittert, stand mein Deutschland da.
„O, du mein Vaterland!" so rief ich bebend.
„Dein Vaterland?" hallt' eine Trauerstimme,
„Wohl weilest du in einem deutschen Staate,
„Ein Deutschland doch wirst du vergeblich suchen,
„Das kleine Hessen ist dein Vaterland.
„Der Deutschen Einheit, ach die ist verloren,
„Und ob ein Deutschland neu einst werd' geboren,
„Das lieget noch in dunkler Zukunft Hand!"

Palz zu Gelnhausen.

4.

Die Kaiser-Pfalz zu Gelnhausen.

Da, wo im alten Gaue Wetterau sich der Kinzigfluß aus seinen engen Bergthälern in eine weite schöne Ebene ergießt und von den Ufern desselben die ehemalige Reichsstadt Gelnhausen sich an rebenbegrünten Höhen hinanzieht, von denen sich eine herrliche Aussicht über die blühenden Gestade des Mains und Rheins ausbreitet und die Thürme Hanau's, Frankfurt's und der alten Mogontia dem Auge sichtbar werden, liegt am Fuße jener Stadt, auf einer vom Flusse gebildeten Insel, die Ruine eines prächtigen Palastes. Wenn man von der Stadt aus eine Brücke überschritten, tritt man zwischen eine alte häßliche Häusermasse, der das Gepräge des Schmutzes und der Armuth so tief aufgedrückt ist, daß man nur mit Widerwillen durch die krummen Gäßchen zu wandeln vermag. Zwischen diesen Hütten liegt jene Ruine, die Trümmer der Pfalz des Kaisers Friedrich I. Barbarossa. Lange lagen sie verborgen dem Auge des Forschers zwischen unansehnlichen Hütten und Mauern, ähnlich den herrlichen Gesängen ihrer Zeit unter dem Staube der Archive, Preis gegeben jeglicher Rohheit, bis endlich ein deutscher Künstler sie hervorzog und Deutschland auf dieses Kleinod aufmerksam machte, dem in neuester Zeit ein anderer folgte [1]).

Wenn man mit jener hohen Spannung des Geistes, mit der der fühlende, für das Große und Schöne empfängliche Wanderer, einem noch unbekannten, durch Kunst und die Erinnerungen der Geschichte großen und verherrlichten Werke sich nähert und dann in eine Trümmerwelt tritt, die von jeder Seite Hoheit und Pracht, aber auch Endlichkeit und Vergänglichkeit zeigt, dann füllt sich das Herz mit tiefer Wehmuth, mit einem Schmerze, der bei dem Gedanken, daß solch' herrliches Gebilde auch noch durch Eigennutz, Dummheit und Rohheit mißhandelt wurde, zu hohen Flammen der Entrüstung empor lodern muß.

Gelnhausen war, wie schon gesagt, früher eine freie Reichsstadt und die auf der Insel liegende, die Kaiserpfalz einschließende, Burg eine reichsunmittelbare Ganerbschaft, bestehend aus einer großen Zahl der angesehensten Edelfamilien der Wetterau.

Schon in frühester Zeit lebte ein edles Grafengeschlecht, dessen Burg nordwestlich über Gelnhausen, am St. Dietrichsberge lag, wo deren Standpunkt noch gezeigt wird. Graf Ditmar lebte im Anfange des zwölften Jahrhunderts und stiftete für sich und seine verstorbene Gattin und alle die Seinen zu Selbold, an den Ufern der Kinzig, ein Kloster, welches 1108 der Pabst Paschalis II. in seinen

Schutz nahm. In dem Bestätigungsbriefe des Erzbischofs Heinrich von Mainz von 1151 werden schon zwei, dem h. Peter und der h. Jungfrau Maria geweihte, Capellen zu Gelnhausen genannt, zu denen Güter in Mitlau, Gonsrod und Hüttengesäß gehörten. Unter den Zeugen dieser Urkunde nennt sich auch ein Edler Egbertus de Gelnhusen als Mitstifter des Klosters („unus e fundatoribus ejusdem loci"), der sich wohl als ein Sohn Ditmar's annehmen ließe. Eine Gräfin Gisla war der letzte Sproß dieses Geschlechts. Sie beschenkte das Kloster mit der Kirche in Grinda (in sua proprietate sitam). Dieses sind die wenigen Nachrichten über die Grafen v. Gelnhausen, freilich mehr als zu spärlich. Nach ihrem Erlöschen scheinen ihre noch übrigen Güter dem Reiche heimgefallen zu seyn. Von dieser Zeit wurde die Kirche in Grinda dem Kloster entzogen. Erst im J. 1217 stellte sie Kaiser Friedrich II., nachdem sich das Kloster bittend an ihn gewendet, und durch Zeugen sein Recht an dieselbe dargethan, demselben wieder zurück; auch Gerlach v. Büdingen, der ein Drittel des Patronats dieser Kirche als Reichslehn besaß, verzichtete auf dasselbe gegen das Kloster[2]). Ob Gerlach dieses Drittel von seinen Vorfahren ererbt und diese das Ganze mit jenen Grafen in Gemeinschaft besessen, oder ob er es erst nach deren Aussterben durch Erbschaft, oder erst nach Entziehung der Kirche vom Kloster, vom Reiche als Lehn erhalten, läßt sich nicht ersehen, doch möchte wohl das Letztere das Wahrscheinlichste seyn. Das Gedächtniß, wahrscheinlich jener Gisla, lebt noch in dem Namen der alten Gislacapelle, nördlich über Gelnhausen.

Der Zeitpunkt des Anfalls der Güter des alten Grafenhauses an den Kaiser läßt sich nicht genau bestimmen. Er fällt jedoch zwischen die J. 1155 und 1170. Damals lebte der große Kaiser Friedrich gen. Barbarossa. Dieser entschloß sich hier einen Palast aufzuführen und zwar im Thale auf einer Insel der Kinzig. Ob die alte Grafenburg auf dem St. Dietrichsberge zu dieser Zeit schon im Verfalle war, ist nicht bekannt.

Die Liebe zu Kunst und Wissenschaft lebte als ein Hauptzug in dem Charakter der edeln Hohenstaufen und unter ihrer Pflege erschlossen sich diese zarten Pflanzen zu den schönsten Blüthen. Friedrich liebte die Pracht in den Gebäuden; er wollte eine Wohnung würdig dem Glanze seines Hauses, ein Werk, mäßig im Umfang, einfach, groß in Plan und Verhältnissen, schön und kunstreich in der Ausführung; ein Werk, wo er im Kreise seiner Lieben und in der Nähe seiner Edeln weilen konnte nach der schlichten Sitte der Väter. Im schönsten Style jener Zeit, nach vaterländischer Weise eingerichtet, wurde der Plan des Ganzen ausgeführt.

Ungeheure Massen von Steinen des nahen Gebirgs muß man verarbeitet haben; denn großartig sind noch die Reste.

Dieser Bau geschah vor dem J. 1170. Nachdem der Palast vollendet, legte Friedrich vor demselben, Statt des wahrscheinlich ausgegangenen alten, ein neues Dorf an, dessen Bewohnern er schon 1170 einen Freiheitsbrief ertheilte. Er befreite dadurch die gelnhäuser Handelsleute von allem Zolle, bestimmte, daß die Güter dasiger Ein=

wohner nach deren Tode ihren nächsten Erben zufallen sollten; wenn einer sein Haus ꝛc. verkaufen wollte, er dieses zuerst einem Einwohner anbieten sollte, und endlich, daß kein Vogt in Gelnhausen Gericht hegen, sondern dieses bloß dem Kaiser und seinem Hofmeister (villico) zustehen sollte ³).

Oft weilte nun hier der große Kaiser, ausruhend in der schönen Gegend von den Lasten und Mühen seiner Regierung, sich vergnügend und erheiternd an der Jagd in den nahen noch mit Wild reich gesegneten Wäldern, besonders dem königlichen Bannforste des Büdinger-Waldes, in welchem durch ihn zu Ortenberg, Büdingen und Wächtersbach Jagdschlösser entstanden. Ein Forstmeister mit zwölf Förstern führte die Aufsicht über diesen Wald. Wenn der Kaiser jagen wollte, so mußte der Forstmeister ihm einen Hund mit hängenden Ohren, der stets in der Burg unterhalten wurde, mit einem silbern und goldnen Halsbande und einer seidnen Leine, auf einem seidnen Kolter oder Kissen liegend, darbringen. Gleiche Verpflichtung lag auch den Förstern der genannten Schlösser ob. Dann mußte dem Kaiser eine Armbrust überreicht werden, mit einem Eibenbogen, seidner Sehne und Hängeband, elfenbeinerner Nuß und silbernem, mit Pfauenfedern gefiedertem Pfeil; auch die Riemen waren mit solchen Federn geziert. Dann folgte der Forstmeister dem Kaiser auf einem weißen Rosse, und ging es weiter in das dunkle Gebirge, so mußten auch jene zwölf Reichsförster aufsitzen und folgen. So lebt Friedrich's großer Name noch in mancherlei Sagen der Gegend. Vor Jahren zeigte man einen uralten Baum, die Königseiche genannt, in deren kühlenden Schatten er oft geruht, und noch rinnt eine Quelle, an der er sich oft mit seinem Jagd: gefolge erfrischt haben soll. Vor mehreren Jahrzehnten sah man in deren Nähe noch einen Stein mit einer Inschrift, der leider in Haitz als Bruchstein vermauert worden ist. — Einst bat ihn der Stadtrath um Ertheilung eines Wappens; da sagte der Kaiser, er möchte das dazu erwählen, was sich zunächst seinen Blicken darböte, und der Stadtrath nahm das Bild, wie der Kaiser und seine Gemahlin am Fenster standen, zum Wappen. — Andere Sagen lassen mehrere Edelgeschlechter der Gegend durch seine Huld entstehen; so die Krempe, die Schelme von Bergen, die Forstmeister von Gelnhausen, die Schleifras ꝛc.

Wie diese Sagen schon für eine öftere Anwesenheit Friedrich's zu Gelnhausen sprechen, so finden wir dasselbe durch die Geschichte bestätigt, die uns freilich nicht vollständig, aber doch immer schon so weit über die Aufenthalte dieses und der spätern Kaiser belehrt, daß sich Gelnhausen als ein Lieblingsort derselben erkennen läßt. Nicht allein wichtige Urkunden wurden hier ausgestellt, sondern selbst große Reichsversammlungen wurden hier gehalten.

Die erste Anwesenheit Kaisers Friedrich Barbarossa zu Gelnhausen fällt, so viel man diplomatisch beweisen kann, auf den 25. Juli 1170, als er den oben gedachten Freiheitsbrief ausstellte. An demselben Tage stellte er auch eine Urkunde zu Frankfurt aus.

Im Frühlinge des J. 1180 weilte er eine geraume Zeit in seinem Palaste zu Gelnhausen. Man findet ihn vom 20. März bis zum 13. April daselbst. Er hielt während dieser Zeit hier einen Reichstag, auf welchem die Erzbischöfe Philipp v. Cöln, Arnold v. Trier, Wigmann v. Magdeburg, Conrad v. Salzburg und Sifried v. Bremen, die Bischöfe Conrad v. Worms, Rudolph v. Löwen, Bertram v. Metz und Arnold v. Osnabrück, die Aebte v. Fulda und Hersfeld, der Landgraf Ludwig v. Thüringen, die Herzöge Bernhard v. Westphalen, Gottfried v. Lothringen und Friedrich v. Schwaben, die Markgrafen Otto v. Brandenburg und Theoderich v. Lausitz und viele Grafen und Herren erschienen. — Herzog Heinrich der Löwe war in die Acht und seiner Herzogthümer für verlustig erklärt worden. Die letzte Bestätigung dieses Spruches und die Vertheilung der herzoglichen Reichslehen erfolgten auf jenem Tage. — Auch noch mehrere andere Reichshandlungen nahm Friedrich während seiner Anwesenheit zu Gelnhausen vor [4]). Von hier reiste er nach Worms, wo er das Osterfest (20. April) feierte.

Im Anfange März des J. 1182 ertheilte Friedrich zu Gelnhausen den Domherren zu Verona einen Schutzbrief [5]).

Im November 1186 hielt Friedrich zu Gelnhausen eine Reichsversammlung, wegen seiner Streitigkeiten mit dem Pabste. Man findet auf derselben von den Prälaten, die Erzbischöfe v. Mainz, Bremen, Magdeburg und Salzburg, die Bischöfe v. Hildesheim, Würzburg und Verden und viele Aebte, Pröbste ꝛc.; von den weltlichen Fürsten höhern Ranges jedoch nur den Herzog Bernhard v. Sachsen und den Landgrafen Ludwig v. Thüringen. Man findet diese als Zeugen in einer vom Kaiser am 28. Nov. ausgestellten Freiheitsbestätigung der Stadt Bremen [6]). Friedrich's I. letzte Anwesenheit zu Gelnhausen fällt auf den 17. April 1188 [7]). Nachdem er 1190 in Syrien gestorben, folgte ihm sein Sohn Heinrich VI. Ungeachtet seines finstern despotischen Sinnes fand er doch Behagen an der Gegend und weilte oft in dem Palaste seines Vaters. Schon am 6. März 1190 findet man ihn zu Gelnhausen. Zu Ende dieses Jahres reiste er nach Italien und verließ dasselbe erst im December 1191 und feierte die Weihnachten zu Hagenau. Im folgenden Jahre hielt er sich den größten Theil des Sommers zu Gelnhausen auf. Nachdem er am 30. März hier der Stadt Pisa einen Freiheitsbrief ertheilt, findet man ihn auch noch am 30. Mai und nachdem er eine Reise gemacht, auf der er am 8. Juli Heitingsfeld besucht, am 26. und 27. Juli wieder zu Gelnhausen [8]). 1193 brachte er die letzte Hälfte des Maimondes hier zu, und stellte mehrere Briefe im dasigen Palaste aus; so gab er am 27. Mai dem Kloster Bebenhausen einen solchen, ertheilte am 30. d. M. seinen getreuen Pisanern einen neuen Freiheitsbrief und schenkte am 1. Juni dem Erzbischof Wichmann v. Magdeburg das welfische Schloß Haldensleben und die Abtei Lutter. An seinem Hoflager befanden sich damals der Erzbischof Conrad v. Mainz, die Bischöfe v. Freisingen und Worms, die Herzöge Bernhard v. Schwaben, Heinrich v. Limburg und Heinrich v. Löwen, sowie viele andere [9]). Zu Ende d. J. besuchte er noch einigemal Gelnhausen. So den 4. und 7. Decbr., wo er den Markgrafen Bonifaz v. Montferat mit der Stadt Alexandrien belieh, und nachdem er Frankfurt und Volchwasser bereist, findet er sich am 21. Decbr. nochmals zu Geln: hausen [10]). Damals wurden die Unterhandlungen wegen der Freilassung des von Herzog Leopold v. Oesterreich ge: fangenen Königs Richard v. England gepflogen und am letzteren Tage verkündete Heinrich den Engländern, daß er ihren König drei Wochen nach Weihnachten freilassen und dann zum Könige der Provence krönen werde. 1195 hatte er im Octbr. wieder sein Hoflager zu Gelnhausen und in seiner Umgebung befanden sich der Landgraf Hermann v. Thüringen, die Erzbischöfe v. Mainz und Magdeburg, die Bischöfe v. Münster und Halberstadt, der Herzog Bern: hard v. Sachsen ꝛc. Am 27. und 28. Oct. fertigte Hein: rich mehrere Urkunden aus [11]). 1196 am 7. März findet er sich das letztemal zu Gelnhausen und in seinem Ge: folge neben mehreren Grafen auch der Landgraf Hermann v. Thüringen [12]). Nachdem er Gelnhausen noch ein Privilegium ertheilt, in welchem er seine besondere Liebe zu demselben ausspricht, starb er 1197 in Italien. Sein Bruder Philipp übernahm die Regierung, findet sich aber nur einmal in Gelnhausen. Es war dieses 1207 auf einer Reise, wo er vom Oberrheine kam und nachdem er am 6. Febr. Straßburg verlassen, am 9. d. M. in Geln: hausen eintraf und mit dem Herzoge Heinrich I. v. Bra: bant die Verlobung zwischen seiner Tochter Marie und dessen Sohne Heinrich II. daselbst schloß [13]).

Otto IV., aus dem welfischen Hause, scheint den Lieb: lingsort der Hohenstaufen nie besucht zu haben. Fried: rich II. erscheint dagegen am 31. Januar 1216 wieder zu

Gelnhausen, umgeben von dem Landgrafen Hermann v. Thüringen, den Grafen v. Ziegenhain und Wirtemberg u. a. m.[14]). Ehe Friedrich sich 1220 nach Italien begab, ließ er seinen Sohn Heinrich (VII.) als römischen König krönen, damit derselbe während seiner Abwesenheit das Reich verwalte. Auch dieser junge Fürst besuchte zu öftern Malen Gelnhausen. Am 3. August 1227 findet man ihn daselbst, umgeben von dem Erzbischofe v. Mainz, den Bischöfen v. Trier, Eichstädt und Worms, dem Herzoge v. Baiern, dem Markgrafen v. Baden 2c. Einige Tage darauf machte er über Mühlhausen nach Goslar. Später findet man ihn am 23. Juli 1228, am 9. April 1230, sowie im Jahre 1231, am 3. Juni und nachdem er Worms und Eberbach besucht, am 15. Juli nochmals zu Gelnhausen[15]). Friedrich II. scheint Gelnhausen nicht wieder besucht zu haben; dagegen verlieh Kaiser Wilhelm (von Holland) in dem Palaste (in castris ante Geylenhusen) am 2. Octbr. 1250 an Alberich v. Romano die eingezogenen Güter, welche dessen als Häretiker und Anhänger Kaisers Friedrich verurtheilten Bruder Ezelin gehört, und findet sich, nachdem er 1254 zu Leiden der Stadt Gelnhausen Privilegien bestätigt, im J. 1255 am 18. März nochmals daselbst[16]). Alle spätern Kaiser bestätigten die Gelnhäuser Freiheiten, und Rudolph, der schon 1274 am 21. März Gelnhausen besuchte, that dieses insbesondere am 27. Nov. 1298 bei einer nochmaligen Anwesenheit zu Gelnhausen. Kaiser Heinrich VII. brachte hier den October d. J. 1309 zu; er findet sich insbesondere am 3. und 4. October daselbst. Auch Kaiser Ludwig besuchte Gelnhausen, und stellte am 22. October 1317 und am 4. August 1320 im dasigen Schlosse verschiedene Urkunden aus [17]).

Trotz Gelnhausen's Privilegium, daß es niemals verpfändet werden sollte, geschah dieses dennoch im J. 1349. Der geldarme Carl IV. versetzte sowohl Stadt als Burg Gelnhausen mit ihren Zubehörungen und Güter und Gefälle zu Frankfurt, Friedberg und Oppenheim, dem Grafen Günther v. Schwarzburg, Herrn zu Arnstadt, und dem Grafen von Hohnstein für 20,000 Mk. Silber. Die Kurfürsten gaben hierzu ihre Willebriefe. Von jenen 20,000 Mk. kamen 5000 Mk. auf Gelnhausen. Obgleich Carl versprach, diese Summe nach Jahresfrist schon wieder abzulösen und dann Gelnhausen nie wieder zu verpfänden, so blieb es dennoch bei dem leeren Versprechen, trotz dem, daß er, der römische Kaiser, im Falle, daß die Ablösung bis dahin nicht erfolge, ein Einlager, und das in höchst eigner Person, zu Frankfurt, Wetzlar oder Friedberg versprach. An eine Ablösung wurde nicht wieder gedacht und so der Grund zu Gelnhausen's Sinken gelegt. Jene Verpfändung war der Wendepunkt seines Glanzes und seiner Blüthe, obgleich Kaiser und Kurfürsten seine alten Rechte und Freiheiten feierlich verbürgten. Nur noch wenige Male weilten Kaiser in den Mauern seiner prächtigen Pfalz, diese zerfielen und mußten das Material zu neuen Gebäuden hergeben. Kaum, daß sich noch auf kaiserlichen Befehl der Gottesdienst in der Palastcapelle erhielt.

Schon Kaiser Friedrich I. scheint einer großen Anzahl von Edelgeschlechtern Burglehen auf Gelnhausen angewiesen zu haben, wofür dieselbe die Burg zu bewachen und zu vertheidigen verpflichtet wurden. Hierin waren ihm seine Nachfolger gefolgt und es hatte sich daraus eine Ganerbschaft gebildet, die an 70 Edelgeschlechter umfaßte, zu denen selbst die Grafen v. Hanau und v. Isenburg und die Comthure von Frankfurt und Rüdigheim gehörten. Diese verknüpfte eine eigne, in dem von den Kaisern errichteten Burgfrieden enthaltene Verfassung. Wie in allen Ganerbenburgen, so auch hier, stand die Burgmannschaft unter einem besondern Burggrafen. Er war Kriegsbefehlshaber, Vorgesetzter der Burgmannen und Civil- und Criminal-Richter nach altdeutscher Gerichtsweise. Er wurde von den Burgmannen aus ihrer Mitte gewählt und vom Kaiser bestätigt, dem er unmittelbar unterworfen war. Nur unter der Pfandherrschaft änderte sich dieses Verhältniß.

Am 28. October 1400 kam Kaiser Rupert nach Gelnhausen, um die Huldigung einzunehmen, da er jedoch die Burgmannen nicht alle gegenwärtig fand, beauftragte er später Johann Edeln v. Isenburg damit. Im J. 1410 erneuerte Rupert den Burgfrieden und gebot den Burgmannen bei Verlust ihrer Burgmannsrechte Geld zum Baue der Burg beizutragen; doch vergeblich. Als nun Kaiser Siegmund 1417 nach Gelnhausen kam und sah, wie die Güter der Reichsburg so sehr herabgesunken waren, daß sie nicht mehr hinreichten die Burg in Baulichkeit zu erhalten, befahl er ein Verzeichniß derselben aufzustellen und forderte die Pfandherren vor sein Gericht, vor dem dieselben sich verpflichteten, jährlich 40 rh. Gulden zur Besoldung von Thurmleuten, Wächtern und Thorhütern

aufzuwenden. Auch bekannte Siegmund 1429 zu Preß-
burg, daß da Gelnhausen von je zum Reiche gehört,
und römische Kaiser und Könige allda ihren Hof und Wohnung gehabt und ihnen dann die zum Reich gehörenden
Gerichte Wolf, Radeborn, Gründau, Selbold, Altenhaß-
lau ꝛc. und der Büdinger-Wald in den Hof gedient, und da
er betrachte, daß er und seine Nachkommen auch noch daselbst ihren Hof nehmen könnten, so bestimme er, daß Niemand eine Meil Weges um Gelnhausen eine Befesti-
gung, einen Zoll oder einen Markt anlegen sollte.

Als die Hussiten 1430 bis in's Bambergische drangen,
da gedachten die Burgmannen sich mit Mauern, Gräben,
Büchsen und anderm Geschosse zu verwahren. Der Burggraf und die Baumeister erließen deshalb Rundschreiben
an die Ganerben um Geldbeiträge und forderten sie auf,
sobald die Ketzer in das Land fallen würden, zur Erfüllung
ihrer Burgmannspflichten herbeizueilen. Im folgenden
Jahre erschienen Graf Reinhard v. Hanau und seine
Söhne, Johann Jungherr v. Isenburg, Herr zu Büdingen, Kuno Abt zu Seligenstadt, der Comthur zu Rüdigheim, die Forstmeister v. Gelnhausen, die v. Carben,
v. Dorfeld, v. Schwalbach, v. Cleeberg u. s. w., mehr
denn 60 an der Zahl und hegten Gericht über die Säumi-
gen. Dieser Versammlung zeigten der Burggraf und die
Baumeister zugleich die Baufälligkeit der Burg an und wie
sie deshalb an Kaiser Siegmund eine eilige Botschaft gesen-
det, „weil sein und des Reiches Saal, das Meßthor und
„die Capelle einstürzen wollten und sich sehr gesetzt hätten,
„auch außerordentlich gerissen wären. Und es vergehe doch

„solch kaiserlich Gebäude, das auch fast schädlich und un-
„redlich dastehe. Da habe sich mit Namen ein Thurm ge-
„senket, dessen Fall man alle Tage besorgen müsse. So
„dieser falle, werde er die eine Seite des Saales mit sich
„nehmen. Sie hätten Baumeister und Werkleute hinge-
„führt, ob dem recht zu wehren sey; diese hätten gespro-
„chen: Man müsse den Thurm bis zu Grunde abbrechen,
„anders sey nicht zu helfen." Darauf legten sie des Kaisers
Antwort vor, der zufolge die Pfandherren unverzüglich
Gelder aufbringen sollten, wo nicht, so solle die Besserung
dennoch auf ihre Kosten geschehen. — Was nun geschah, ist
nicht bekannt, doch mögen wohl die jüngeren Hauptverän-
derungen am Palaste in dieser Zeit vorgenommen seyn.

In demselben J. 1431 verkauften die Gebr. Heinrich,
Ernst und Eldiger Gr. v. Hohnstein ihren Theil an der
Pfandschaft für 2500 rh. Fl. dem Gr. Heinrich v. Schwarzburg. Diesem Beispiele folgte 1432 Graf Heinrich v. Hohnstein, Hr. zu Heldrungen, mit seiner Gemahlin und seinen
Söhnen, welche demselben Grafen ihren Antheil für 1500 rh.
Gulden überließen. Nachdem Graf Heinrich durch diese An-
käufe in den alleinigen Besitz der Pfandschaft gekommen, verkaufte er dieselbe 1435 an den Pfalzgrafen Ludwig bei Rhein
und den Grafen Reinhard v. Hanau für 8000 rh. Gulden, wozu Kaiser Siegmund seine Einwilligung ertheilte. Zu jener
Summe gab der Pfalzgraf nur 1000 Gulden, dagegen aber
Graf Reinhard 7000 Gulden, worüber beide einen besondern
Vertrag schlossen. Graf Heinrich v. Schwarzburg hatte sich
bei dieser Veräußerung eine Wiedereinlösung vorbehalten,
auf die aber sein gleichnamiger Nachfolger 1476 gegen Graf

Philipp d. j. v. Hanau verzichtete, und welches 1496 nochmals geschah.

Im J. 1499 lieh Graf Philipp v. Hanau dem Kaiser Maximilian 6000 Gulden, welche auch noch auf Gelnhausen gelegt wurden. Dieser Kaiser besuchte 1506 Gelnhausen. Er hielt seinen Einzug am Donnerstag vor aller Heiligen mit 550 Pferden; in seiner Begleitung befand sich auch Landgraf Wilhelm v. Hessen mit 100 Pferden. Max bezog das Haus Friedrich's v. Breitenbach, und nahm am folgenden Tage die Huldigung ein, wobei ihm die Stadt 3 Fuder Wein (à 11 fl.) und 30 Malter Hafer, seinem Marschall 6 fl., dem Thorhüter 4 fl., dem der die Teppiche aufhängte 1 fl., dem Führer 2 fl. ꝛc., zusammen an 100 Gulden schenkte. Den Samstag zog er wieder ab.

Nachdem im J. 1736 mit Graf Joh. Reinhard v. Hanau der Mannsstamm seines Hauses erloschen, fielen die Güter der hanau-lichtenberg'schen Linie durch die Vermählung dessen einziger Tochter Christiane Magdalene Johanne mit dem Erbprinzen Ludwig v. Hessen-Darmstadt an dessen Haus, dagegen aber die der hanau-münzenberg'schen Linie an Hessen-Cassel. Zu den letztern gehörte auch die Pfandschaft Gelnhausen, von der Hessen 1746 auch den kurpfälzischen Theil erwarb, so daß es dadurch in den alleinigen Besitz derselben kam, bis es endlich durch den Hauptschluß der außerordentlichen Reichsdeputation vom 25. Febr. 1803 dieselbe auch erb- und eigenthümlich überwiesen erhielt.

Die mannichfachen Streitigkeiten zu erzählen, welche in den letzten Jahrhunderten über die Rechte und Freiheiten ꝛc. Gelnhausen's entstanden, überhebt mich gewiß gern der gütige Leser. Nur des Streites über die Unmittelbarkeit der Stadt will ich kurz erwähnen. Als 1549 der Reichs= fiscal dieselbe wegen Reichssteuern in Anspruch nahm, be= hauptete er auch ihre Unmittelbarkeit; so entstand ein Pro= ceß, an dem 1611 auch die Stadt Theil nahm. 1734 wurde die Stadt vom Reichskammergerichte, mit Vorbehalt der pfandherrlichen Rechte, für unmittelbar erklärt. Gegen dieses Urtheil ergriff jedoch 1735 die Pfandherrschaft die Revision und 1739 den Recurs, worauf sich 1742 der Rath und die Bürgerschaft unterwarfen und dieses 1762 nochmals erneuerten. Obgleich 1769 einige Bürger den Pro= ceß wieder aufnahmen und eine Executions=Commission auswirkten, so recurrirte die Pfandherrschaft jedoch abermals an den Kaiser und das Reich und die Sache blieb wieder beruhen.

Der Leser folge mir nun zu der Ruine des prächtigen Schlosses. Zwar werde ich hier keine genaue, in alle Ein= zelnheiten eingehende Beschreibung versuchen, wer diese wünscht, den weise ich auf die in den Anmerkungen ange= zeigten Werke von Hundeshagen und Ruhl, ich werde mich im Gegentheile nur auf eine mehr allgemeine Ansicht be= schränken und dazu das vortreffliche hundeshagen'sche Werk als Führer gebrauchen.

Jene Insel, auf welcher die Burg liegt, wird am süd= östlichen Fuße der Stadt durch zwei Arme der Kinzig ge= bildet, ist beinahe rund und von nicht ganz unbeträchtlicher Größe. Zwei Brücken führen zu dieser Insel, die eine nordöstlich über den rechten, und die andere südlich über den linken Arm. Ob die Insel von der Natur oder durch

Kunst geschaffen wurde, läßt sich jetzt nicht mehr bestimmen; es ist jedoch nicht unwahrscheinlich, daß die Kunst sie vergrößerte und ihr die jetzige Gestalt gegeben: denn auch der Boden muß eine bedeutende Mühe erfordert haben, ehe er tüchtig wurde, solche Massen von Steinen, wie ein so großer Bau verlangte, zu tragen. Die Gebäude der Burg mit den Häusern der ehemaligen Burgmannen und Beisassen nehmen gerade die östliche Hälfte der Insel ein.

Wenn man sich zum ersten Male den Trümmern des Kaiserpalastes nähert, die die Einbildungskraft wenig nährenden Vordergründe durchschritten hat, und nun mit einem Male sich innerhalb der Trümmer sieht, dann ergreift ein hohes Staunen die Seele; was man in Italiens und Griechenlands Gefilden suchte, das steht hier an den Ufern der Kinzig in kalter Wirklichkeit vor dem Blicke.

Man sehe die beigefügte Ansicht, welche ein Bild des Palastes, nach dem Hofraume zu, gibt. Die lange Mauer, welche sich im Mittelgrunde desselben hinzieht, mit ihren Bögen und Säulen und der sonderbaren Hauptthür, ist die Vorderwand des Reichssaales nach Mittag. An diese schöne Façade schließt sich links die Halle, das Meßthor genannt, an. Ueber dieser erblickt man die Morgenseite der kaiserlichen Capelle mit ihren drei Fenstern und dem hölzernen Stiegenvorbau. Diese Seitenwand wurde wahrscheinlich unter Kaiser Siegmund aufgeführt. Dann ist am Rande des Bildes noch ein Stück des Thurmes sichtbar, der sich unmittelbar an die Halle und die Capelle anschließt, aber jetzt durch ein Beisassenhaus zum Theil versteckt wird.

Mehr im Hintergrunde zieht die Ringmauer des Palastgebäudes hin, auf der noch Verzierungen stehen, die Hundeshagen für Reste eines Thrones, und Ruhl für die eines Kamins hält. Von dem zweiten Stocke der Hauptseite hebt sich nur noch ein Stück an der Capelle empor. Das Grundgeschoß, von dem man den obersten Theil eines halben Kreisbogens über dem Boden erhaben sieht, ist acht Fuß hoch verschüttet.

Wenn die Abendsonne durch das Hauptthor in die dunkle Halle fällt, so zeigt sich ein sehr anziehendes Licht- und Farbenspiel. Man sieht hier, wie die Halle zur Hälfte vermauert und in einen Keller verwandelt ist. In dieser, aus dem sechzehnten Jahrhundert herrührenden, Füllungsmauer, durch welche zugleich die Bogen unterstützt werden, erblickt man, nicht ferne von einer kleinen Lichtöffnung, einen Kopf, den man für den Friedrich's Barbarossa hält und den Barbarossakopf nennt.

Der hölzerne Vorbau mit den Stiegen dient zu einem besondern Eingang in die Capelle, und entstand wahrscheinlich mit dieser Seite der Capelle unter Siegmund, wogegen der hölzerne, das Dach bildende Oberbau aus einer spätern Zeit stammt.

Der Grundriß bildet ein unregelmäßiges Viereck oder vielmehr ein ungleichseitiges Siebeneck, dessen größte Länge von außen der doppelten westlichen innern Seite gleich ist. Auf der Süd- und Ostseite wird die Burg von der Kinzig umflossen, die sich ihren Mauern bis zu einer Entfernung von 10 bis zu 5 Schritten nähert; wahrscheinlich gab die öftere Anschwellung des Flusses die Veranlassung zu der unregelmäßigen Abstumpfung der Mauer. Die beiden andern Hauptseiten wurden von einem Graben umschlungen, wie man aus einem Schreiben des Kaisers Siegmund vom J. 1431 ersieht, in welchem er nur die Fischerei in der Kinzig erlaubte, dagegen aber in dem Reichsburggraben untersagte. Als jedoch unter diesem Kaiser die ganze Insel befestigt wurde, scheint jener Graben ausgefüllt worden zu seyn, so daß man jetzt kaum noch eine Spur davon bemerkt.

Der äußere Umkreis der Ringmauer ist 710 rh. Fuß lang; die Breite derselben ist sich ziemlich gleich und beträgt etwa an 7 Fuß, sowie die Höhe an 32 Fuß. Sie besteht aus großen Viereckstücken, deren innerer Raum mit Bruchsteinen und Mörtel ausgefüllt ist. Auf dieser Mauer ruhte die nördliche Seitenwand des Reichssaalsgebäudes.

Dem Hauptthor in der Ringmauer schließt sich zuerst die Halle, das s. g. Meßthor, an; auf beiden Seiten hatte dasselbe ehemals Thürme, von denen jedoch nur noch einer theilweise vorhanden, der andere jedoch gänzlich verschwunden. Wahrscheinlich war er der schon oben in einem Berichte an den Kaiser Siegmund gedachte baufällige Thurm und mag damals abgebrochen seyn. In jener Halle öffneten sich die verschiedenen Pforten zu dem Saale, der Capelle ꝛc.

Das Gestein der Mauern besteht meist in einem braunen, sehr feinkörnigten, außerordentlich dauerhaften Sandstein.

Das Innere des Palastes hat freilich nichts Aehnliches mehr mit seinem Ehemals. Muß doch jedes dem Wechsel sich beugen. Da, wo einst sich ein stolzes Leben regte, wo Deutschlands mächtigste Fürsten oft weilten im herrlichen

Prunksaale, da muß jetzt der Boden gewöhnliche Gartengemüße erzeugen. Der ganze innere Raum ist nämlich in einen Garten verwandelt, dessen Obstbäume hoch empor streben. Die Mauern werden von den dichtesten Weinreben bedeckt, die sich traulich um die prächtigen Säulen winden.

Die Ruine des Palastes würde noch weit mehr erhalten seyn, wäre man mit ihrer völligen Zerstörung nicht auf die unverantwortlichste Weise zu Werke gegangen. Schon frühe brauchte man ihre Steine zu andern Gebäuden. Einen Beweis hierfür geben die Trümmer der in dem Hofraume an die östliche Seite der Ringmauer angebauten Wohnungen der v. Boineburg und der Schelme v. Bergen, beide Burgmannsfamilien zu Gelnhausen. An der erstern benutzte man selbst den Altan des Palastes zu gleichem Zwecke, brauchte aber auch Säulenkapitäler gleich gewöhnlichen Bruchsteinen.

Viel litt die Burg im dreißigjährigen Kriege. Herzog Bernhard von Weimar hatte sowohl Gelnhausen als Wächtersbach im J. 1635 im Besitze und ließ, als er weiter zog, in beiden Orten Besatzungen zurück. Der kaiserliche Oberst Bredau griff in der Nacht des 16. Januar's Gelnhausen an und eroberte die Stadt und Burg, welche letztere den Schweden besonders als Bollwerk gedient hatte.

Mit dem nach und nach erfolgenden Erlöschen der alten Burgmannenfamilien, zerstoben die letzten Reste des alten Krongutes, welches sich diese meist zu Eigen gemacht hatten. Schon im Anfange des vorigen Jahrhunderts waren der Burggüter so wenige, daß, als im J. 1738 von der Burg der Betrag von acht und dreißig Römermonaten zum

Türkenkriege gefordert wurde, sie berichtete, daß sie leider gar keine (?) Güter mehr besäße, sondern von armen christlichen und jüdischen Beisassen nur so viel bezöge, daß die Capelle, auch gemeiner Thür-, Thor- und Pförtner-Häuser Mauern und Pflaster könnten erhalten werden. Ja sie bat, wohl etwas verspätet, um Wiederherstellung ihres Glanzes und ihrer Herrlichkeit unter den frühern Kaisern und Königen, da in dem dreißigjährigen Kriege alles verheert und verbrannt worden; dagegen wolle auch sie unsern Herrgott bitten, daß er den kaiserlichen Waffen Ruhm und Sieg gegen die Christenfeinde gnädig verleihen möge.

Noch bis zum J. 1811 wurde in der kaiserlichen Capelle jeden Sonntag Gottesdienst gehalten; erst seit jenem Jahre unterblieb auch dieser und gleichsam verwaist stehen jetzt ihre Mauern.

Wenn frühere Zeiten die Kunstwerke des Vaterlandes mißhandelten, so läßt sich dieses noch entschuldigen mit ihrer Vorliebe für das Fremde, wodurch alles Vaterländische zurückgesetzt und nicht beachtet wurde; es läßt sich entschuldigen, wenn der Landmann, unbekannt mit dem Werthe, Alterthümer zerstört, um Nutzen daraus zu ziehen; aber nimmer zu entschuldigen ist es, wenn in unserer Zeit, in der doch der Sinn des Künstlers und des Freundes der Künste auch das, was das Vaterland birgt, schätzen gelernt hat, wenn in einer aufgeklärten Zeit nicht allein Männer, deren Name sie zu den Gebildeten des Volkes zählen läßt, sondern selbst Behörden, den Barbarismus so weit treiben, mit verbrecherischer Hand Werke zu zerstören, vor denen nicht allein Künstler, sondern der auch nur Fühlende, ich will nicht einmal sagen Gebildete, mit stummer Bewunderung dasteht und den Mann und die Zeit preist, die solch Herrliches zu schaffen vermochten. Im J. 1811 baute man ein großes Backhaus aus Quadersteinen, die man von der Ringmauer des Palastgebäudes brach. 1814 ließ die Rentkammer zu Hanau ebendaher Gestein zum Wasserbau nehmen und noch 1818 ließ der Freiherr Buderus von Carlshausen von solchen Quadern eine Gartenmauer aufführen. Zwar hat hierüber die öffentliche Meinung schon ihr Urtheil gesprochen und Jeder der die Trümmer des Kaiser=Palastes besucht, wird sich ihm anschließen; aber auch der Schriftsteller darf nicht schweigen, denn so lange der Staat nicht Maaßregeln trifft zur Erhaltung solcher Werke, so lange muß dieses die einzige Strafe bleiben, die solche Verwüstung trifft.

Anmerkungen.

1) Siehe die Prachtwerke: Kaiser Friedrichs I. Barbarossa Palast in der Burg zu Gelnhausen. Historisch und artistisch dargestellt von Bernhard Hundeshagen. Zweite Auflage, mit XIII Kupfertafeln. MDCCCXIX. und: Gebäude des Mittelalters zu Gelnhausen in 24 malerischen Ansichten, aufgenommen und radirt v. J. E. Ruhl. 1831.
2) Wenk II. Ukbch. S. 57, 98, 99 u. 135—138.
3) Sechs Deductionen 2c. von 2c. der Reichspfandsch. Gelnhausen a. 1723 Beil. S. 73. Lünigs Reichs=Archiv cont. IV. Abſch. 16, Nr. 2. Es heißt darin: Notum igitur sit . . . ., quod nos (sc. Fridericus imperat.) apud castrum Gelnhausen novam villam fundantes etc. Dieses kann wohl nicht auf den auf der Insel um die Pfalz herum

liegenden Theil der Stadt, oder die s. g. Burg, bezogen werden, sondern man muß dieses auf die gegenwärtige Stadt beziehen. Gelnhausen wird freilich, wie wir oben gesehen, schon früher genannt, es scheint aber in so üble Umstände gerathen zu seyn, daß der Kaiser sich entschloß, es von Neuem herzustellen. Friedrichs guter Geschmack und seine Liebe zur Pracht würde sicher nicht seinen herrlichen Palast mit einer Menge von Hütten umgeben haben; dieser stand gewiß frei und war nur mit den nöthigen Wohnungen für seine Diener, Beamten und Burgmannen umbaut.

Jahrzahl und Indict. geben 1170, wogegen Reg. und Imp. auf das J. 1169 deuten.

4) d. Gudenus Sylloge I. 470. Orig. Guelf. III. 101. Miraei diplom. Belgicae II. 1186. Gelenenius de magnitudine Coloniae 73. Schaten Ann. Paderb. I. 850.

5) Ughelli Italia sacra V. 600.

6) Menzels Gesch. d. Deutsch. IV. 137. Lünigs R. A. Part. Sp. Cont. IV. 1. Th. S. 219. Limnaei I. P. T. IV. add. ad L. VII. C. VII. p. 173. Assertio Libert. Reip. Brem. 263. Eggeling. Observ. de Wicbiletho. p. 12.

7) Godofried. monach. colon. ad a. 1188.

8) Heda de episcop. Ultraj. p. 117. Dal Borgo Raccolta 24. Zacharia excursus literar. per Italiam 196. Tiraboschi Memorie storiche Modenesi IV. 10. Murator. Antiquit. Ital. IV. 465. — Die Urk. v. 23. Aug. 1191 ap. Gud. cod. dipl. III. p. 1075 ist falsch, denn Heinrich VI. befand sich dieses ganze Jahr in Italien.

9) Besold docum. ridu. monast. in ducat. Wirtembg. p. 222. Crusius cronic. Sueviae I. p. 67. Muratorii Antiquit. Italicae IV. p. 473. Gerken Cod. dipl. Brandenbg. IV. Nr. 432. Ludwig Reliqua Manusc. XI. 587.

10) Benvent. S. Georg. p. 361. Murator. rer. Script. Italic. XXIII. 360. Moriondi Monum. Aquensia I. 101. Archiv für ältere deutsche Geschichtskunde IV. 203. Bouquet Recueil des Historiens d. Gaules et de la France XVII. 562. Orig. Guelficae III. 568. Rymer foedera convent. liter. inter reg. Angliae etc. I. 1. 27.
11) Schöttgen u. Kreisig Beitr. III. 427. Böhme Beweis über die Rittergüter Herrngosserstebt u. Burgholzhausen S. 43. Schultes Director. dipl. II. 371. Orig. Guelf. III. 602. Ludw. Rel. Manuscr. XI. 592.
12) Miraeus op. dipl. et hist. I. 289.
13) Dumont Corps universel diplomatique du Droit des Gens I. 137.
14) Gud. Cod. dipl. II. 33.
15) v. Fichard Entstehg. v. Frankf. a. M. S. 356. Gud. c. d. III. 1074. Gud. Sylloge. 592. Kremer orig. Nassau. II. 271. Lersner's Frankft. Chron. II.b 86.
16) Baronius ann. XIII. 16. Meermann Gesch. d. Gr. Wilhelm v. Holland röm. Königs. V. 168.
17) Kuchenb. A. H. C. VIII. 293. Ludolph observ. forens. II. 515 et 514. Buri über die königlichen Bannforste ac. Beweisbeilagen S. 88. Schannat Buch. vet. 388.
18) S. im Allgemeinen außer den unter Anm. 1 und 3 angeführten Werken auch: Actenmäßige Nachricht ac. d. Gelnh. Exemptions= und Immediatäts=Processes (a. 1769). Das Chronicon Schwarzbg. ap. Kreisig et Schöttgen S. R. Germ. I. Estors kl. Schr.

Ein Plan von Gelnhausen und dessen nächster Umgebung, nebst einer landwirthschaftlichen Beschreibung derselben, s. landwirthsch. Zeit. f. Kurhess. 5r Jahrg. Jan. 1827.

V.
Lisberg.

Mit einer Stammtafel.

Für zertrümmerte Größe das hohe Gefühl,
Es ist aus dem Leben geschwunden:
Der Vortheil nur ist ihr einziges Ziel,
Und hat sie mit Fesseln umwunden.
Körner.

5.

Lisberg.

Im Thale der Nidder, zwischen Höhen, die schon zum Vogelsberge, insbesondere zum Oberwalde, gehören, ¼ St. von Ortenburg und 2 St. von Nidda, zieht sich das Städtchen Lisberg an einem abgestumpften Basaltkegel hinan, auf dem südwestlich von demselben, die Trümmer der alten Lisburg liegen.

Noch vor wenigen Jahren sah man die alten Burggebäude, die man zu Fruchtspeichern benutzte, emporstarren; doch jetzt sind sie verschwunden, und an ihrer Stelle sieht man Gräuel der Verwüstung, über die nur noch stolz, als wolle er Zeit und Menschen trotzen, ein mächtiger Thurm emporstrebt. Als nämlich von den Burggebäuden einiges zusammen stürzte, so daß sie nicht mehr zu ihrem bisherigen Zwecke verwendet werden konnten, da beeilte man sich, wenigstens noch den letzten Nutzen, d. h. Geldnutzen, zu ziehen und das Ganze auf Abbruch zu verkaufen. Nur noch Widerlagsmauern und einige Keller, deren sich auch noch mehrere am Fuße des Berges befinden, und hohe Haufen von Schutt, die man freilich nicht benutzen konnte, sind davon übrig geblieben. Auch der Thurm würde wohl kein anderes Schicksal gehabt haben, befürchtete man nicht Unglück bei seinem Abbruche. Die Gleichgültigkeit bei diesem Geschäfte ging so weit, daß man nicht einmal die mit Inschriften und Wappen versehenen Steine, deren viele gewesen seyn sollen, einer Schonung und Aufbewahrung werth hielt. Das einzige, was man davon noch sieht, ist das mit einem Hirschgeweihe geschmückte Wappenschild der v. Waiblingen, welches sich an einem in der untern Mauer befindlichen Bruchstück eines Balkens befindet. Scheinen doch selbst die festen an fünf Fuß dicken Basaltmauern nur mit Widerwillen gewichen zu seyn, denn ungeheure Stücke von mehreren 1000 Centnern Schwere stürzten herab und liegen nun ihrer Festigkeit zum Hohne und doch noch trotzend auf dieselbe, denn sie konnten noch nicht zerrissen werden, unter dem Schutte.

Die Burgstatt ist nicht ungeräumig und wird noch jetzt von den noch nicht zerstörten Widerlagsmauern, auf denen theils Gebäude, theils Ringmauern ruhten, umschlossen. An die rechte Seite des nach dem Städtchen hin gestandenen Schloßgebäudes lehnte sich der erwähnte und noch erhaltene Thurm. Dieser ist von ansehnlichem Umfange und kann leicht an 70 Fuß, wenn nicht mehr, Höhe haben. Er steht noch in seiner ganzen Größe und ist mit einem kleinen Dache versehen, das einen an sechs Fuß breiten Umgang erlaubt. In der Mitte der Höhe ist der Eingang, zu dem man früher aus dem Schlosse gelangte; nach oben führt im Innern eine Wendeltreppe, nach unten jedoch öffnet sich ein Loch, welches der Eingang zum Verließe ist.

Die Aussicht ist so beschränkt, daß sie kaum der Erwähnung verdient.

Die Liebesburg, deren schöner Name sich erst später in Lisburg verkürzte, war ehemals der Sitz eines ansehnlichen Freiherrngeschlechts, welches von ihr seinen Namen führte und sie von den Grafen v. Ziegenhain zu Lehn trug. Erst im Anfange des dreizehnten Jahrhunderts lernen wir dasselbe kennen. Ob es schon früher hier gehauset, oder erst später sich hier durch Erbschaft oder Ankauf niedergelassen, ist unbekannt. Die ersten Glieder jenes Dynastengeschlechts, die uns entgegen treten, sind die Gebrüder Hermann I. und Heinrich I., mit denen zugleich Werner I. lebte. Werner hatte sich dem Dienste der Kirche geweiht und findet sich 1222 und 1223 als mainzischer und würzburgischer Domherr [1]). Ob er aber auch ein Bruder der Obengenannten gewesen, läßt sich nicht bestimmen.

Heinrich I. befand sich 1232 in dem Gefolge des Kaisers Friedrich II. zu Algar (Aquilegia) im Friaul, wo damals auch die Erzbischöfe und Bischöfe von Salzburg, Magdeburg, Palermo, Bamberg, Regensburg, Worms ꝛc. gegenwärtig waren [2]). 1234 kam er und sein Bruder Hermann mit der Abtei Fulda in einen Streit wegen der Capelle zu Geisnidda, der durch Schiedsrichter beigelegt wurde [3]). 1236 befand er sich bei der Verlobung Kuno's Herrn zu Münzenberg mit Adelheid, Grafen Wilhelm's von Tübingen Tochter, gleichwie im folgenden Jahre beim Abschlusse eines Vertrages zwischen Heinrich v. Bleichenbach und Ulrich Herrn zu Münzenberg 4). Er lebte noch 1239, wo er zu Bingen eine Urkunde des Wildgrafen Conrad bezeugte 5). Wie es scheint, war

Berthold (Bechtold) I. sein Sohn. Man findet denselben zuerst 1266 zu Ortenburg 6). 1272 erhielt er von Reinhard Edl. v. Hanau zwei Burglehen 7) und gab 1276 mit seinem Vetter Conrad v. L. einen Theil des Zehnten zu Meerholz (miroldum) dem dasigen Kloster 8). 1279 begleitete er den Abt Berthold IV. v. Fulda nach Kreienfeld 9), welcher ihn auch 1282 in seinen Streitigkeiten mit dem Bischofe Berthold v. Würzburg von seiner Seite zum Austräger ernannte 10). Dieser Abt hatte den Unwillen des Kaisers Rudolph auf sich gezogen, den er in jenem Jahre, in welchem derselbe einen Reichstag zu Mainz hielt, empfand; die übeln ökonomischen Umstände der fuldischen Kirche gaben die Gelegenheit oder den Vorwand dazu. Rudolph forderte den Abt nach Mainz, entsetzte ihn daselbst der Verwaltung seiner Abtei und übertrug dieselbe seinem Günstlinge, dem Grafen Eberhard v. Katzenelnbogen. Da dieser jedoch solche, wegen seiner fortwährenden Anwesenheit beim Kaiser, nicht selbst versehen konnte, so beauftragte er damit außer Nicolaus v. Scharfenstein auch Berthold v. L. 11). Nachdem man ihn 1284 in einem Streite zwischen den v. Schlitz und dem Nonnenkloster Blankenau als Vermittler und 1287 in der Umgebung des neuen fuldischen Abtes Marquard gefunden 12), ertheilte er 1288 mit seinem Vetter Walter eine lehnsherrliche

Einwilligung zu einer Uebertragung von Gütern zu Diebach an das Kloster Selbold [13]). Er starb noch vor d. J. 1290 und hinterließ mit seiner Gättin Christine einen Sohn Namens

Berthold II. Ritter. Derselbe gab 1290 mit seiner Mutter (welche sich hier schon als Wittwe bezeichnet) und seinem Verwandten Werner eine lehnsherrliche Bewilligung zu einer Güterschenkung zu Eckartsborn an das Kloster Marienborn für die von Ortenberg [14]). Sein Vater hatte in Gemeinschaft mit Siemon v. Schlitz gen. v. Blankenwald bei dem fuldischen Dorfe Mose die Nackesburg erbaut; jeder davon besaß die Hälfte. Die Berthold I. zustehende ging deshalb mit noch einem andern von den v. Schlitz verpfändeten Theile, auf dessen Sohn Berthold II. über [15]). 1298 vermehrte Graf Engelbert v. Ziegenhain das alte Erbburglehn von 5 Pfund, welches die v. L. von seinem Hause bezogen, Berthold mit 2 Pfund [16]). Er findet sich zuletzt in einer Urkunde Philipp's Hrn. v. Falkenstein vom J. 1299 [17]) und scheint ohne Kinder verstorben zu seyn.

Hermann I., der sich mit seinem Bruder Heinrich zuerst 1234 findet, lebte noch 1266, wo er eine Urkunde seiner Söhne bezeugte, durch welche dieselben ihr Gut zu Altenstadt an den Domherrn Heinrich v. Bleichenbach zu Morstadt verkauften [18]). Diese Söhne waren Conrad, Hermann II. und Walter I.

Conrad findet sich zuerst 1260 zu Mergentheim, jenem berühmten Sitze des deutschen Ordens an den Ufern der Tauber [19]). 1276 verkaufte er mit seinem Vetter den meerholzer Zehnten. Hermann II. findet sich nicht wieder. Walter I. stellte noch 1288 mit seinem Vetter Berthold eine Urkunde aus, und hinterließ einen Sohn Walter II. Dieser verkaufte 1290 in Gemeinschaft mit seiner Gattin Adelheid das Dorf Salmans dem Kloster St. Johannisberg bei Hersfeld für 50 Mk. Pfennige. Friedrich v. Schlitz nennt ihn bei dieser Gelegenheit seinen Oheim (patruum) [20]. Sein Vater war auf unbekannte Weise zum Besitze von Gütern in Oberhessen gelangt; von diesen hatte er einige in Harbrachusen dem Kloster Haina zu seinem Seelenheile geschenkt; auch Walter II. schenkte demselben Stifte 1297 mehrere Naturalgefälle und nannte sich in der deshalbigen Urkunde Waltherus de Ittere dictus de Libesberg armiger [21]. Wie es scheint, mochten diese Güter zu der Herrschaft Itter gehören und er selbst auf dem Schlosse Itter wohnen. Wenigstens läßt der Name darauf schließen.

Doch nun treten mehrere Glieder der Familie auf, denen sich kein sicherer Platz in der Geschlechtsfolge anweisen läßt. Schon 1282 findet sich ein Simon dict. de Libesberg [22], der aber zu der Familie v. Schlitz gehörte und durch die Erwerbung lisbergscher Güter, wohl auch eines Theils am Schlosse Lisberg, wahrscheinlich in Folge von einer Vermählung mit einer lisbergschen Tochter, seinen Stammnamen mit dem Namen v. Lisberg umgetauscht hatte. Werner (II.) v. Lisberg war Geistlicher und lebte 1284, wo er eine Urkunde Simon's v. Blankenwald bezeugte [23]. Heinrich (II.) v. Lisberg hatte sich gleichfalls dem Dienste der Kirche geweiht und findet sich seit 1294 als Domherr der Metropolitankirche in Mainz, von 1300 bis 1304 als mainzischer Cämmerer und starb nach dem J. 1305[24]).

Hermann (III.) nennt sich 1332, in einer Urkunde seines Vetters Berthold, der Alte[25]), es mußte also auch ein Jüngerer da seyn. 1335 findet sich wieder ein Hermann, aber ohne eine nähere Bezeichnung. Dieser vereinigte sich am 6. Febr. d. J. mit seinen Ganerben Werner (III.) und dessen Sohn Berthold (III.) dahin, daß wenn einer von ihnen ohne Söhne sterbe und der andere ihn beerbe, so sollte dieser das Schloß Lisberg von den Grafen v. Ziegenhain zu Lehn empfangen; auch solle in diesem Falle einer den andern beerben, wie sie dieses durch zwei Verträge 1335 und 1340 festsetzten, die durch Streitigkeiten mit den Grafen v. Ziegenhain und eine darauf erfolgte Sühne herbeigeführt worden; Hermann wurde hierbei vom Grafen Johann zum Burgmann in Nidda bestellt[26]). Hermann hatte mit seiner Gattin Werntraud das Gericht Schotten und 3 Theile des Dorfes Siechenhausen (im Vogelsberge) von Conrad Hrn. zu Trimberg für 500 Pfund im Pfandbesitze. Am 7. April 1335 erklärten sie deshalb, daß diese Güter vom nächsten St. Walpurgistag über 10 Jahre wieder eingelöst werden sollten; wollte Conrad sie dann nicht ablösen oder sey er ohne Leibeserben gestorben, so sollten sie dieselben Gottfried Hrn. v. Eppenstein zur Ablösung bieten[27]). Im J. 1338 kam er mit dem Grafen Johann v. Ziegenhain in einen Streit. Die Ursache war ein an einem Ritter bei Hausen verübter Todtschlag. Am 17. August d. J. kam hierüber durch die Vermittlung des Abts Heinrich v. Fulda eine

Sühne zu Stande, durch welche den Rittern Friedrich v. Herzberg, Hermann v. Romrod und Löwenstein v. Löwenstein als Austrägern die Entscheidung der Sache überwiesen wurde [28]). Als sich im J. 1338 der Erzbischof Heinrich v. Mainz mit dem Abte Heinrich v. Fulda sühnte, so wurde von mainzischer Seite Hermann zum Obmanne der bestellten Schiedsrichter ernannt [29]), und als 1341 Graf Philipp von Solms dem Landgrafen Heinrich von Hessen Hülfe gegen alle Feinde desselben versprach, nahm er unter andern auch Hermann davon aus. Im J. 1345 verglich er und sein Vetter Berthold sich mit Lise, des verstorbenen Guntram's v. Wertheim Geschwiegen, wegen eines Guts in Bellmuth, unfern Nidda, welches sie von Ottilie, jenes Guntram's Gattin, erkauft und worauf Lise noch 29 Pfund Heller wieder ablöslich stehen hatte [30]). In demselben Jahre stiftete Hermann eine Capelle zur Ehre des h. Pankratius in der Burg Lisberg [31]). Damals besaß er auch mit Berthold v. L. die Burg Bracht; im J. 1347 räumten sie dieselbe dem Abte Heinrich VI. von Fulda, einem Gebornen v. Hohenberg, aus besonderer Gunst und Liebe, ein, doch nur auf dessen Lebenszeit [32]). Da der Abt schon 1353 starb, so kam sie bald wieder in ihre Hände. Hermann's erste Gattin Werntraud war gestorben und man findet ihn jetzt mit einer Namens Elisabeth verehelicht. Beiden versetzten 1347 die damaligen Vorsteher des Erzstifts Mainz die Burgen und Städte Walldürn, (Dörne) und das in wilder gebirgiger Gegend liegende Buchen (im jetzigen badischen Main- und Tauberkreis) für 7300 köln. Gulden. In dieser Summe waren 3500 Guld.

mitbegriffen, welche sie dem Stifte auf die (jetzt großherz. hess.) Burg und Stadt Battenberg, unfern Frankenberg, und den Elbenhaug, sowohl die Burg als die Wälder, geliehen hatten; den übrigen Theil war ihnen dasselbe für geleistete Dienste schuldig geworden. So lange sie die genannten Pfandschaften inne hätten, versprach ihnen das Stift jährlich 10 Fuder Wein oder 100 Gulden; auch sollten sie 200 Gulden an der Burg Walldürn verbauen [33]. Am 16. Decbr. d. J. versetzten sie aus Noth, Willen und Schuld, die sie des Stifts von Mainz wegen hätten, ein Drittheil von Battenberg, Haus und Stadt, und Land und Leute, an die mainzischen Burgmannen Adolph v. Biedenfeld, Johann v. Hatzfeld und Volprecht v. Dersch für 1000 köln. Gulden [34]. Im J. 1350 am 15. Februar stiftete Hermann für seine verstorbene Gattin Werntraud mit 200 Pfunden den St. Nicolai-Altar im Nonnenkloster Blankenau [35]. Im J. 1351 findet man Hermann zuletzt. Am 8. Juny d. J. gab er mit seiner Gattin Elisabeth zum Heile ihrer und aller ihrer Eltern Seelen ein Gut und den kleinen Zehnten zu Wernings und Gefälle zu Flosbach, Wenings, Merkenfritz (Erkin Fridiz) und Wernings, zur Stiftung einer Capelle der heil. Maria und des h. Antons und einer ewigen Seelenmesse zu Wenings. Da Heinrich v. Isenburg Hr. zu Büdingen, wie es scheint, der Lehnsherr v. Wenings war, so versprach derselbe, die Stiftung nach Hermann's Tode aufrecht zu erhalten [36]. Im J. 1355 kam Hermann's Wittwe Elisabeth wegen der obigen Pfandschaften an Battenberg ꝛc. mit dem Erzbischof Gerlach v. Mainz in einen Streit, der durch die Vermittlung des Grafen Johann v. Ziegenhain und Conrad's Hrn. zu Trimberg dahin beigelegt wurde, daß das Erzstift die Städte und Schlösser Walldürn und Buchen mit 8200 Gulden einlösen könne, dagegen aber das Hermann von Mainz verliehene Burglehen zu Urba dessen Wittwe lassen sollte [37]).

Werner (III.) findet sich zuerst 1290, wo er mit Berthold's v. Lisberg Wittwe eine Schenkung der v. Ortenberg genehmigte und mit dem Ritter Wigand v. Buches im Auftrag des Abts v. Fulda eine Untersuchung wegen gewisser Gefälle zu Schleifeld vornahm, worüber beide am 14. Juli Bericht erstatteten [38]). Im J. 1310 schloß er mit Lutter v. Isenburg und Grafen Engelbert v. Ziegenhain ein vierjähriges Bündniß [39]). In dem Streite zwischen den beiden Kaisern Friedrich dem Schönen und Ludwig dem Baier focht Werner auf des letztern Seite. Schon am 28. Januar 1315 versprach Ludwig bei seiner Anwesenheit in Frankfurt, Wernern v. L., sowie Eberhard und Conrad Schenken zu Erbach und Erkinger v. Frankenstein für die ihm geleisteten und noch zu leistenden Dienste 3000 Pfund Heller, wofür er denselben die aus der Stadt Weinsheim und aus Limbach dem Reiche fälligen Steuern auf so lange versetzte, bis sie durch dieselben befriedigt worden; zu diesem Zwecke sollten sie daselbst einen Amtmann bestellen, der auch über das Kloster Weinsheim die Vogtei üben sollte [40]). 1323 verkaufte er in Gemeinschaft mit seiner Gattin Elisabeth und mit Einwilligung seines Blutsverwandten Rupert's v. Buches, eine Mühle zu Oberdauernheim an die Grafen v. Ziegenhain [41]).

Im J. 1334 gerieth Werner und sein Sohn Berthold mit andern in eine Fehde gegen den Grafen Johann v. Ziegenhain, in welchem derselbe bei Schwalheim, unfern Friedberg, am 6. December jenen ein siegreiches Gefecht lieferte. Am 3. Februar 1335 kam endlich eine Sühne zu Stande. Werner und sein Sohn gaben hierin dem Grafen ihr Theil an Lisberg auf und ließen sich damit belehnen und gelobten, weder aus Lisberg noch aus ihrer Burg Bracht Jemand gegen die Grafschaft Ziegenhain zu helfen oder einen Feind derselben darin zu herbergen. Auch versprachen sie, Niemand von denen, weder mit Worten noch Werken, zu helfen, welche bei dem gegen den Grafen am St. Nicolaustage zu Schwalheim geschehenen „Aufsatze" gewesen und gelobten denen, die dabei auf des Grafen Seite gefochten, eine Urfehde. In dem Falle eines Zuwiderhandelns machten sich die v. L. anheischig, in Nidda einzureiten und sich der Entscheidung des dasigen Burgmannes zu unterwerfen [42]. In Folge dieser Sühne kamen die schon oben gedachten Verträge mit ihrem Ganerben Hermann zu Stande. 1336 wies Werner dem Knappen Wigand v. Buches ein Erbburglehen auf Geisnidda an [43]. Er starb wenig später und hinterließ einen Sohn Berthold (III.) und eine Tochter Agnes, vermählt an Heinrich v. Rodenstein.

Berthold (III.), im Vorhergehenden schon oft erwähnt, verheirathete sich um's J. 1332 mit Mechtilde, der Tochter des Ritters Friedrich v. Romrod, gewöhnlich nach seinem Schlosse Herzberg genannt. Da Mechtilde Friedrich's einziges Kind war, so erhielt

Berthold zugleich mit seiner Gattin die Anwartschaft auf die Burg Herzberg und alle übrigen Lehen seines Schwiegervaters. Berthold stellte hierüber am 14. Juni 1332 eine besondere Urkunde aus, worin er bekannte, daß der Landgraf seine Gattin aus besonderer Gnade mit jener Burg beliehen habe, und daß, wenn diese ohne Leibeserben sterben würde, die Lehngüter dem Landgrafen heimfallen, gewänne sie aber solcher, auf diese vererben sollten. Er setzte hierfür zehn Bürgen nieder, die ein Einlager in Grünberg versprachen; auch beschwor er am 1. Dec. d. J. auf den Fall, daß ihm die Burg zufallen werde, dem Landgrafen den Vasalleneid, wobei sich sein Vater für ihn verbürgte [44]. Im J. 1340 versetzte er seinem Schwiegervater, mit Genehmigung der Grafen v. Ziegenhain, die Hälfte der Burg Lisberg für 300 Pfund Heller [45]. Nachdem derselbe zwischen den Jahren 1343 und 1344 gestorben, kam er nicht allein wieder zu jener Hälfte von Lisberg, sondern auch in den wirklichen Besitz der Burg Herzberg. Im J. 1347 war er noch bei der Einräumung der Burg Bracht an den Abt von Fulda, und starb noch vor dem J. 1349 in der Fülle seiner Manneskraft. Mit seiner Gattin hinterließ er zwei Söhne: Richolf, der nach 1350 ohne Erben starb, und Friedrich, einen der merkwürdigsten Ritter seiner Zeit, der seinen Sitz meistens auf dem Herzberge hatte. Bei seines Vaters Tode war er noch minderjährig und seine Mutter, eine thätige und kräftige Frau, war seine Vormünderin und stellte auch, nachdem er schon volljährig geworden, noch eine Menge Urkunden in Angelegenheiten ihrer Familie aus. Mechtilde, oder wie sie gewöhnlich genannt wird, Meze, verbürgte sich 1349 gegen die Grafen von Ziegenhain zur Einlösung des Zehntens zu Udorf und versetzte ihre Vorwerke zu Buchholz und Goringen an Meze von Romrod und deren Sohn. Außer der Burg Herzberg hatte sie auch von ihrem Vater dessen Hälfte an der Burg Romrod und ein Viertheil am Burgberge des 1318 verwüsteten Schlosses Neuwallenstein ererbt. Erstere versetzte sie 1358 an Hartung d. Aelt. v. Erfa und dessen beide Söhne für 201 Pfund Heller, von denen dieselbe an die Landgrafen kam, und auf letzteres leistete sie 1357 zum Besten der v. Wallenstein Verzicht [46]). 1364 stellte Friedrich seine erste Urkunde und zwar einen Lehnsconsens für Werner v. Flasbach aus [47]), auch lieh er am 30. Septbr. dieses, sowie am 28. Septbr. des folgenden Jahres die durch den Tod Friedrich's, Forstmeisters v. Gelnhausen, erledigten Mannlehen zu Auffenau, Neuendorf und Hain, dessen Söhnen Johann und Conrad [48]). 1365 versprach er der Abtei Fulda seine Hülfe und die Oeffnung seiner Burg Herzberg [49]). 1369 findet man ihn in dem Gefolge des Herzogs Otto des Quaden von Braunschweig zu Münden; in demselben Jahre versetzte er in Gemeinschaft mit seiner Mutter die Gerichte Gedern, Billertshausen, Ingerode und Lutzela für 650 Schillinge alter Turosse an Adelheid v. Schrecksbach [50]). Im J. 1372 überließ er die Einlösung des durch Ludwig v. Romrod's Tod erledigten halben Zehnten zu Udorf dem Grafen Gottfried v. Ziegenhain [51]).

Um diese Zeit entstand der Bund der Sterner, eine Gesellschaft von mehr denn 2000 Fürsten, Grafen und

Rittern, unter denen sich allein an 250 Burgbesitzer befanden. Friedrich v. Lisberg war einer der Häupter dieses Bundes. Den bekannten Herzog von Braunschweig, Otto den Quaden, hält man gewöhnlich für den Stifter desselben und nicht unwahrscheinlich ist es, daß Friedrich's Zusammenkunft mit demselben in Münden im J. 1369 schon dessen Gründung galt. Graf Gottfried von Ziegenhain war der Bundeshauptmann und der Stern, das Wappen desselben, wurde das Bundeszeichen, von den Rittern von Gold, von den Knappen von Silber getragen, und auch der Name dieses Bundes wurde von diesem Zeichen entlehnt. Sein Ziel war der biedere Landgraf Hermann von Hessen, dessen gelehrte Erziehung einen leichten Sieg und die Theilung seiner Lande eine reiche Beute zu versprechen schien. Nur wenige der Edeln seines Landes blieben ihm treu, so wenige, daß er sie alle mit einem Brode speisen zu können glaubte und nur in der Treue der wackeren Bürger seiner Städte fand er eine sichere Stütze und Hülfe in dem gefahrvollen Streite. Nur die Bürger fanden sich zahlreich zu seinen Bannern ein und fochten mit all' dem treuen Muthe für ihren Fürsten, der den Namen der Hessen von jeher geziert. Denn, wo Adel und Clerus mit Mißtrauen und Besorgniß in der steigenden Fürstenmacht, und in der, durch Freiheit und Thätigkeit sich höher und höher entwickelnden, Blüthe der Städte den Untergang ihrer alten, nur auf den Niederhalt des dritten Standes gegründeten, Rechte und Freiheiten, sahen, da konnte der Bürger, besorgt um seine heiligen Rechte, nur Schutz finden in der Knüpfung eines festeren Bandes an seinen Fürsten, und dieser wiederum Hülfe in den kräftigen, nicht durch die Gewerke des Friedens des Schwertes entwöhnten, Städtern, deren aufblühenden Wohlstand er nicht allein mit Wohlgefallen sehen, dessen Begünstigung und Förderung selbst auch in seinem Interesse lag. — Der Kampf begann mit verwüstenden Raubzügen durch's Land. Schon war mancher einzelne Streit gekämpfet, als im J. 1372, nachdem sie die Schwalmgegend verwüstet, sich die Bündner bei Friedrich's Schlosse Herzberg zusammenzogen und sich hinter dessen feste Mauern niederließen. Schnell zogen nun Landgraf Hermann und seine Bundesgenossen, der Landgraf Balthasar von Thüringen und der Graf Rupert von Nassau, heran. Es wurden Blockhäuser aufgeschlagen und alle Anstalten zur Belagerung gemacht; aber ein mächtiges feindliches Heer, welches zum Entsatze sich näherte, zwang die Belagerer zum Wiederaufbruche und schleunigen Abzuge [52]. Bei den übrigen Vorfällen dieses Kampfes wird Friedrich's Name nicht besonders genannt.

Im J. 1374 wurde der Sternerkrieg beendet. Auch Friedrich, dessen Streitigkeiten mit dem Landgrafen insbesondere Romrod betrafen, sühnte sich in diesem Jahre mit demselben aus, wozu seine Mutter am Sonnabend nach Mariä Reinigung ihre Einwilligung ertheilte [53]. Auch erklärte Friedrich mit seiner Gattin Mechtilde, daß, wenn der Landgraf den v. Erfa für die Ablösung Romrod's mehr als die Pfandsumme von 600 Mk. zahlen müßte, er ihm dieses auf die Pfandsumme von 1670 Gulden, welche auf einer jährlichen Rente von 100 Gulden und einem Vorwerke ruhte, abschlagen wollte, und da Friedrich das Haus Grebenau für 3000 Gulden im Pfandbesitze hatte, so erklärte er ferner am 29. August d. J., daß nach seinem und seiner Gattin Tode, dasselbe ihre Verwandte Rörich v. Eisenbach und Fritz v. Schlitz, genannt v. Hohenberg, einnehmen, dem Landgrafen zur Ablösung bieten und das Geld an die, welchen sie dasselbe bestimmen würden, verabfolgen sollten. Im J. 1375 wies er Witzel Döring ein Erbburglehn zu Grebenau an, aus welchem er später 1388 den Johannitern daselbst ein Gefälle verkaufte [54]). Im J. 1376 versetzte Landgraf Hermann an Friedrich's Mutter das halbe Dorf Ilbeshausen, am Vogelsberge, für 200 Gulden; 1377 erklärte dieselbe mit ihrem Sohne, daß die Gülden zu Altenschlirf, welche sie ihrer Tochter, Friedrich's Schwester, Else und ihrer Nichte Agnes v. Rodenstein, Nonnen zu Blankenau, zugewiesen, nach deren Tode dem Landgrafen wieder heimfallen sollten. 1379 schloß Friedrich sich dem Falknerbunde an und half 1381 zwischen der Stadt und dem Abte zu Hersfeld eine Sühne vermitteln. Auch bewitthumte er in d. J. seine Gattin mit zwei Salzsoden zu Altenschlirf, die er in Gemeinschaft mit den v. Eisenbach als ziegenhainsches Lehn besaß [55]). Außer jener Else hatte Mechtilde d. Aelt. auch noch eine zweite Tochter Sophie als Nonne im Kloster Blankenau; diese war schon 1381 gestorben und zu ihrem Gedächtnisse stiftete jene mit ihrem Sohne in d. J. in der dasigen Klosterkirche einen Altar [56]).

Als im J. 1382 der Abt Conrad von Fulda seine Regierung niederlegte, übertrug er dieselbe auf fünf Jahre mehreren Personen aus dem geistlichen und weltlichen Stande, unter denen sich auch Friedrich befand [57]). Um diese Zeit starb Friedrich's Mutter Mechtilde, nachdem sie über 30 Jahre Wittwe gewesen, im hohen Alter.

Im J. 1385 entstand wieder ein neuer großer Bund gegen den Landgrafen Hermann von Hessen, an welchem auch außer den v. Buchenau, v. Eisenbach ic., Friedrich v. Lisberg Theil nahm. Er zog mit gegen Cassel, wohnte dessen Belagerung bei und brannte mit Eberhard v. Buchenau das Städtchen Immenhausen ab, wobei an 100 Einwohner ihr Leben einbüßten. Nachdem am 22. Juli ein Frieden zu Stande gekommen war, sühnte sich auch Friedrich am 22. Oct. mit dem Landgrafen aus, insbesondere wegen Brandes und Schadens, den ihm die landgräflichen Amtleute zu Volkartshain (Folkartschen), den Mittwoch nach der zwischen dem Landgrafen und dem Erzbischof Adolph v. Mainz geschlossenen Sühne, zugefügt [58]).

Im J. 1387 versetzte Friedrich mit seiner Gattin einige Gefälle zu Grebenau, zur Zierung der Altäre in der dasigen Burg [59]). Am 1. Februar d. J. wohnte er der Testaments-Aufstellung seines Verwandten Heinrich's Schenk zu Erbach bei, der ihn darin zum Mitvollstrecker desselben bestellte [60]). 1389 versetzte ihm Eberhard Hr. v. Eppenstein die Dörfer Siechenhausen und Niedersiemen, nebst der Wüstung Engelsheim für 503 Gulden [61]). Da er keine Hoffnung mehr haben konnte, noch männliche Erben zu erzeugen, so versetzte er in Gemeinschaft mit seiner Gattin im J. 1392 seines Schwagers Heinrich's v. Rodenstein Sohne Johann und dessen Hausfrau

Grethe einen Theil seines Schlosses Lisberg, namentlich das Haus in der innern Burg, an der innern Pforte, welche vormals Erkinger (nicht Engelbert) v. Rodenstein, Johann's Oheim, inne gehabt, nebst einer Scheune in der Vorburg, einem Weingarten, Ländereien und Wiesen, für die Summe von 1000 Gulden. Am 5. Februar errichteten sie einen Burgfrieden [62].

Im J. 1393 gab Friedrich seine lehnsherrliche Einwilligung zu einer Bewitthumung der Hausfrau Conrad's v. Ortenberg [63], und kam im folgenden J. 1394 mit dem Abte von Fulda, den v. Eisenbach und v. Schlitz in eine Fehde gegen die v. Lüder, welche in dem Dorfe Großenlüder ihren Sitz hatten und ihnen beträchtlichen Schaden zufügten. Erst zu Ende des Jahres, am 30. December, kam durch Vermittelung mehrerer Geistlichen und Ritter eine Sühne zu Stande, der zufolge die v. Lüder 1400 Gulden Schadensersatz zahlen und die Lehnsherrlichkeit der Abtei Fulda anerkennen mußten [64]. 1395 half er bei der Aussöhnung des Abts Johann v. Fulda mit dem Dechanten Carl v. Bibra [65], und wurde in einem Streite der Burgmannen zu Friedberg mit der Stadt Friedberg, der schon Jahre gewährt und auch durch eine Commission des Erzbischofs von Mainz im J. 1388 nicht beigelegt worden, zum Schiedsrichter erwählt [66].

Nachdem Friedrich's Gattin, Mechtilde, Tochter Heinrich I. v. Eisenbach, Erbmarschalls von Hessen, deren Morgengabe mit 1000 Gulden auf Romrod angewiesen war, vor kurzem gestorben, folgte auch er ihr bald zu der Gruft seiner Väter, deren Reihe sich mit ihm schloß.

Dieses geschah zwischen den Jahren 1395 und 1398. Nur eine Tochter Mechtilde scheint die Frucht seiner Ehe gewesen zu seyn, welche sich dem Dienste der Kirche geweiht und in dem Kloster Blankenau den Schleier genommen hatte [67].

Das Wappen der v. Lisberg zeigt in seinem Felde einen aufrechtstehenden gekrönten Löwen. Nur auf Friedrich's Siegelwappen zeigt sich auch der Helmschmuck, der in einem auf dem Helme ruhenden Kegelhut besteht, auf dessen Spitze sich eine kleine Kugel befindet.

In Folge der zwischen der Familie v. Lisberg und den Grafen v. Ziegenhain 1335 geschlossenen Verträge und auch schon ohnedem vermöge der Eigenschaft als ziegenhainsches Lehn, mußte das Schloß Lisberg jenen Grafen jetzt heimfallen. Diesem widersetzte sich aber Johann von Rodenstein als lisbergscher Allodial-Erbe, und nahm sowohl Lisberg, als Brachta, mit ihren Zubehörungen in seinen Besitz. Seine Rechte leitete er von seinem Vater Heinrich her, der, wie schon oben gesagt, mit Agnes, Tochter Werner III. und Schwester Berthold III. v. Lisberg vermählt gewesen. Johann und Friedrich waren demnach Geschwister-Kinder. Ob auch die von Eisenbach Erbansprüche gemacht haben, ist nicht bekannt und auch nicht wahrscheinlich. Friedrich's Gattin Mechtilde war nemlich eine Schwester Rörich I. von Eisenbach, dessen Sohn Rörich II. damals lebte.

Schon 1398 löste Landgraf Hermann von Johann v. Rodenstein und Lisberg, — so nannte er sich nach dem Anfalle der Erbschaft — und seinem Sohne Hermann die von Ludwig v. Romrod an Mechtilde v. Lisberg verschriebenen Güter im Gerichte Romrod, mit einer Summe von 500 Pfund, ein. Johann starb kurz nachher. Seinem Sohne Hermann ward der Landgraf 1000 Gulden schuldig, welche den 29. Sept. 1403 gezahlt werden sollten; da sich aber die Zahlung länger verzögerte, so versprach Hermann am 4. Dec. den ihm aus diesem Verzuge etwa entstehenden Schaden nicht anrechnen zu wollen [68].

Aus jener Besitzergreifung gingen langwierige Fehden hervor. Die Grafen v. Ziegenhain, die unmöglich bei derselben ruhig bleiben konnten, waffneten sich und vertrieben Hermann aus dem Schlosse Lisberg, wobei er wahrscheinlich auch den im Pfandbesitze habenden Theil desselben verlor. Hermann ließ sich jedoch dadurch nicht entmuthigen und wartete nur auf eine günstige Gelegenheit. Diese fand sich nach dem Jahre 1414. Die Grafen v. Ziegenhain kamen in diesem Jahre mit einem Sifried v. Ferkenhausen in einen Streit, der sie deshalb bei dem kaiserlichen Hofgerichte anklagte. Dieses erkannte die Grafen und die Stadt Treisa und alles männliche Geschlecht über 14 Jahre, in die Acht und Aberacht, von der sie erst 1436, nachdem sie den Kläger befriedigt, vom Kaiser Siegmund wieder losgesprochen wurden. Dieses benutzte Hermann und eroberte die Burg Lisberg wieder. Aber die Grafen ließen sich durch die Acht nicht abhalten, ihre Mannen zu sammeln und gen Lisberg zu ziehen. Nachdem sie dasselbe eine unbekannte Zeit belagert, erstiegen und eroberten sie das Schloß und bekamen selbst Hermann mit seinen Kindern in ihre Gefangenschaft [69]. Hermann

hatte viele einzelne Stücke der Herrschaft und Burg nicht allein an Verwandte, sondern auch an Andere verpfändet. Diese wandten sich am 29. Juni 1416 sämmtlich an die Grafen v. Ziegenhain und verlangten die Freilassung Hermann's und seiner Kinder, gleichwie auch die Zurückgabe des Schlosses und dessen, was sie darin verloren; wenn dieses die Grafen aber nicht wollten, dann möchten sie einen Tag bestimmen, auf dem sie zusammen kommen und sich verständigen und ausgleichen könnten. Es waren dieses Graf Heinrich v. Weilnau, Schenk Eberhard d. ä. Herr zu Erbach, Frank v. Kronenberg, Hermann v. Carben, Hermann Weise v. Feuerbach, Hermann Echter, Ulrich v. Rüdigheim, Heilmann v. Beldersheim, Friedrich Forstmeister v. Gelnhausen, Hans Schelm v. Bergen, Friedrich v. Gonsrod, Jost Sußthen und Henne v. Rüdigheim. Dagegen erließen am folgenden Tage die Grafen v. Ziegenhain ein Rundschreiben an mehrere Städte und Ritter, in dem sie denselben die Eroberung von Lisberg bekannt machten: „Sie hätten das Schloß Lisberg, welches ihr auf-
„erstorbenes Eigenthum sey, durch die Gnade Gottes wie-
„der gewonnen, weil ihnen daraus viel Unwillens geschehen.
„Schon vor Jahren und Tagen seyen sie darum mit Her-
„mann v. Rodenstein zu Forderungen und Mangelungen
„(Fehden) gekommen, der aber keinem rechtlichen Austrag
„folgen wollen und ihnen das mit unrechter Gewalt vor-
„enthalten. Hermann habe das Schloß zum Theil in an-
„dere Hände verpfändet und die Pfandinhaber seyen ihre
„Feinde geworden und hätten sie daraus wider Recht be-
„schädiget mit Brand und Raub und auch auf des heiligen

„Reiches Straßen schwerliche Zugriffe und Raub gethan,
„das ihnen doch gröblich zu wider und leid sey. Sie möch=
„ten wohl prüfen, daß ihnen viel zu kurz und ungütlich
„geschehen, von denen, die auf ihr Schloß geliehen ohne
„ihren Willen. Um solche und andere Unwillen hätten sie
„ihr festes Schloß und Eigenthum wieder genommen und
„bäten sie, sie dessen freundlich und getreulich zu verant=
„worten ꝛc."

Ob jene obengenannten Ritter, da ihre Bitten nicht
erfüllt wurden, die Grafen befehdeten, ist nicht bekannt,
obwohl nicht unwahrscheinlich. Um sich den Besitz der Herr=
schaft um so mehr zu sichern und in deren Vertheidigung einen
mächtigen Genossen zu erwerben, verkauften die Grafen
im Jahre 1418 die Hälfte derselben für 3000 rh. Gulden
an den Landgraf Ludwig I. v. Hessen mit der Bestimmung,
daß die Burg sowohl als die übrigen Güter getheilt wer=
den und nur der Thurm gemeinschaftlich bleiben sollte [70].

Hermann hatte inzwischen seine Freiheit wieder er=
halten, denn wir finden ihn schon am 5. und 6. Jan. 1418
zu Frankfurt a. M. und zwar als Freischöpfe der heiligen
Fehm [71]. Um diese Zeit war sein Vetter Rörich v. Eisen=
bach mit dem Landgrafen Ludwig und den Grafen v. Zie=
genhain in eine Fehde verwickelt, welche den 24. Aug. d.
J. gesühnet wurde. In dem hierbei aufgerichteten Ver=
gleiche wurde festgesetzt, daß Rörich den Landgrafen und
die Grafen vor jetzt nicht wegen Hermann's und seiner
Kinder und des Schlosses Lisberg anschuldigen, sondern
dieses gütlich mit ihnen theidingen sollte, wobei ihm der
Landgraf beistehen wollte. Auch wegen der Ganerben von

Lisberg sollte Rörich nicht jener Feind werden. Doch auch Rörich's Bemühungen für seinen Verwandten scheinen denselben keine großen Früchte getragen zu haben. Im folgenden Jahre gelobte Hermann mit seinen Kindern auf nächste Pfingsten ein Gefängniß in Treisa zu halten, wofür sich Werner v. Falkenberg, sowie Otto und Gottschalk v. Buchenau verbürgten, die den Grafen schworen, im Falle Hermann seiner Verpflichtung nicht nachkäme, alsdann einen Monat nach Pfingsten in Treisa 1500 rh. Gulden zu erlegen, oder sich selbst einzustellen und im dasigen Schloße auf ihre Kosten so lange zu weilen, bis jene Summe gezahlt seyn würde.

Hermann's Söhne waren Hans und Engelhard, welche er mit einer v. Hirschhorn erzeugt. Seine unglücklichen Verhältnisse nöthigten ihn zu mancherlei Veräußerungen. So sah er sich schon 1421 genöthigt, die Hälfte seines Viertels an der Burg Brachta nebst den Zubehörungen dem Dynasten Reinhard v. Hanau für 350 Gulden und 160 Achtel Korn zu versetzen. Später hatten noch viele andere Güter gleiches Schicksal. Obgleich er sich 1434 wieder Herr zu Rodenstein und Lisberg nennt, so darf man doch daraus nicht die Annahme folgern, daß er wieder in dem Besitze des Schlosses Lisberg gewesen sey. Schon 1441 kam er mit dem Landgrafen zu einer neuen Fehde, in der ihm unter andern auch Jakob v. Sikingen Hülfe leistete. Aber beide fielen in Gefangenschaft und Jakob mußte dem Landgrafen eine Urfehde schwören. Auch Hermann that zu Cassel ein Gleiches und erklärte in dem darüber aufgenommenen Briefe, daß er wider Gott, Ehre und Recht an dem Landgrafen gehandelt habe. Während so Hermann alle seine Versuche mißglückten, waren seine Ganerben auch nicht müssig. Schon früher hatten Ulrich und Hans v. Kronenberg den Grafen Johann v. Ziegenhain an dem Freigerichte zu Balve in Westphalen wegen des Schlosses Lisberg angeklagt. Dieses geschah 1448 nochmals und Graf Johann wurde durch die Schöpfen des heimlichen Gerichts vorgeladen. Augenscheinlich setzte ihn dieses in Verlegenheit und er bat unter dem 1. Sept. den Landgrafen dringend um Rath und um ein Schreiben an die v. Kronenberg, in welchem derselbe für seine Ehre und sein Recht bitten möchte. Landgraf Ludwig schrieb ihm hierauf, daß er sowohl an die v. Kronenberg, als auch an den Freigrafen schreiben sollte, daß er, der Landgraf, seiner stets mächtig gewesen wäre und noch sey. Auch sandte er den verlangten Brief an die v. Kronenberg, um ihn mit seinem Schreiben an dieselben besorgen zu lassen. Dieses geschah, was aber darauf erfolgte, ist nicht bekannt. Graf Johann starb im J. 1450 und alle seine Besitzungen und so auch die Hälfte an der Herrschaft Lisberg, fielen, vermöge mit diesem Grafen geschlossener Verträge, an den Landgrafen Ludwig. Mit diesen Stücken vererbten aber auch auf denselben gleichsam die alten Ansprüche jener unermüdeten Ritter. Schon im Jahre 1452 befand sich der Landgraf wieder mit Hans und Engelhard v. Rodenstein, Hans und Jakob v. Kronenberg, Emmerich v. Reifenberg, Hammann d. ä., Kuntz, Wilhelm und Hermann Echter und Hans, Ebert und Carl Schelm v. Bergen in Fehde, zu der er Eberhard v. Heuselstein anwarb. Diese Ritter, meistens als kecke Wegelagerer berüchtigt, schadeten dem Landgrafen sehr und hielten sich besonders an die selten schwierige Beraubung der Kaufleute und anderer, die aus dem Hessischen kamen. So überfielen sie mehrere Fuhrleute aus Treisa auf der Straße zwischen Petersweil und Friedberg und führten sie mit der gemachten Beute als Gefangene in ihre Schlupfwinkel. Endlich 1453 vermittelte Erzbischof Dietrich von Mainz zwischen den Parteien einen Vergleich, in welchem sie demselben ihre Streitigkeiten zu einem Austrage und Machtspruche übertrugen. Dieser erkannte nun, daß alles, was des Landgrafen Fuhrleuten und Bürgern zu Treisa bei jenem Ueberfalle genommen, wieder erstattet und die Irrungen wegen Lisberg's zu seinem Erkenntniß in Güte und Recht stehen sollten. Auch die Gefangenen sollten allerseits in Freiheit gesetzt werden. Kraft dieses Erkenntnisses bestimmte der Erzbischof, daß die genannten Ritter für das von des Landgrafen Untersaßen, Fuhrleuten und Bürgern Geraubte, sowohl an Pferden, Geschirr, Geld, Geldeswerth 2c. eins für alles 1030 Gulden 9 Kreuzer, halb bis zu Jakobitag und halb bis zu Martinitag, der Landgraf hingegen für das von ihren Eltern und Voreltern auf das Schloß Lisberg Versetzte, bis zu Weihnachten jedem 100 Gulden, zahlen sollten. Damit sollten dann alle ihre gegenseitigen Ansprüche erledigt seyn. Das sind die Bruchstücke einer Fehde, deren Dauer beinahe ein halbes Jahrhundert umschließt, ich sage Bruchstücke, denn sicher sind uns eine Menge von Ereignissen, die ihr angehörten, unbekannt geblieben.

Die v. Rodenstein wurden noch besonders durch die

Vermittlung des Grafen Philipp v. Katzenelnbogen mit dem Landgrafen ausgeglichen. Dieser versprach ihnen nämlich die Erstattung der 1000 Gulden, für welche ihnen ehemals die v. Lisberg einen Theil ihrer Burg versetzt hatten und verpfändeten ihnen dafür eine jährliche Gülte von 100 fl., welche sie zu Marburg erheben sollten. Doch die Zahlung erfolgte nicht immer regelmäßig und es entstanden ansehnliche Rückstände. Als nun Landgraf Wilhelm 1493 mit Hans v. Rodenstein einen Vergleich schloß, verzichtete dieser nicht allein auf den ganzen Rückstand, sondern auch auf die Hälfte der jährlichen Gülte; für die übrigen 50 Gulden versprach ihm aber der Landgraf 1000 Gulden zu zahlen, welche Hans anlegen und wieder zu Lehn empfangen sollte.

―――――

Schon oben ist erzählt worden, daß Lisberg nach dem Erlöschen der Grafen v. Ziegenhain an Hessen gefallen sey. Als nämlich der Graf Johann seinen kinderlosen Tod voraus sah, ertheilte er dem Landgrafen Ludwig die Antwartschaft auf seine Lande, und ließ ihn für diesen Fall schon zum voraus von den verschiedenen Lehnsherren damit belehnen, so daß, als nun Johann 1450 starb, die Grafschaften Ziegenhain und Nidda, nebst den übrigen dazu geschlagenen Besitzungen und so auch die ziegenhainische Hälfte an der Herrschaft Lisberg, mit dem Hessenlande vereiniget wurden. Da Lisberg kein Lehn, sondern Allodium der Grafen v. Ziegenhain gewesen, so machten die Grafen v. Waldeck, Otto III. und IV., als Allodialerben der Gemahlin des Grafen Johann v. Ziegenhain, Elisa=

beth geb. Gräfin v. Waldeck, Ansprüche darauf; denn Otto III. war der Sohn einer Schwester Johann's, die sich 1387 mit seinem Vater Adolph II. vermählt hatte. Es kam jedoch ein Vergleich zu Stande. Vor einem, am Dienstag von Michaelistag 1455, zu Cassel niedergesetzten Manngerichte erschienen beide Grafen und leisteten feierlichen Verzicht auf jeglichen Anspruch. Hierfür erhielten sie 1000 Gulden baar und 1000 Gulden auf das Dorf Ehringen und das Schloß Twiste, sowie eine Erhöhung ihres bisher bezogenen Manngeldes von 40 auf 60 Gulden, vorbehaltlich der Einlösung mit 1000 Gulden. Dagegen sollten Mengringhausen und Landau dem Landgrafen huldigen und wiederum Zierenberg, Wolfhagen und Grebenstein den Grafen zur Hülfe verpflichtet seyn.

Schon im Jahre 1448 hatten Landgraf Ludwig und Graf Johann das Schloß Lisberg an Walter v. Eppenstein Herrn zu Breuberg amtsweise eingegeben und für 600 Gulden versetzt, damit derselbe es in den damaligen Fehden gehörig wahre und vertheidige. Wie lange es dieser im Besitze behalten, ist nicht bekannt. Im J. 1464 wurde die Hälfte des Schlosses an Eberhard v. Eppenstein Hrn. zu Königstein auf 10 Jahre eingegeben. 1473 setzte Landgraf Heinrich III. Asmus Döring über die Hälfte von Lisberg zum lebenslänglichen Amtmann ein. Da die Burggebäude damals schon sehr baufällig waren, so sollte er diese auf des Landgrafen Kosten wieder erneuen. Im Falle jedoch der Landgraf mit dem Vorschießen der Baukosten zögere, so sollte er diese aus seinen eigenen Mitteln nehmen und den Bau, doch mit Wissen des Rentmeisters zu Nidda, beginnen. Die Kosten sollte ihm dann der Landgraf ersetzen. — Jener Bau mußte demnach sehr nöthig geworden seyn. Asmus verbaute auch von seinem eigenen Gelde 600 Gulden. Nachdem er im Anfange des sechszehnten Jahrhunderts gestorben, wurde seine Hälfte des Schlosses von seinen Erben im J. 1507 durch den landgräflichen Rath Rudolph v. Waiblingen für 600 Gulden eingelöst, welcher dieselbe bis zum J. 1515 im Besitze behielt.

Die andere Hälfte des Schlosses, welche 1464 an Eberhard v. Eppenstein eingeräumt worden, erhielt 1475 Philipp v. Eppenstein Herr zu Königstein zu Mannlehn, von welchem sie 1500 auf Eberhard v. Eppenstein Herrn zu Königstein und 1507 auf Graf Georg v. Königstein, Herrn zu Eppenstein und Münzenberg, überging. Dieser erwarb 1515 auch die andere Hälfte. Rudolph v. Waiblingen, der Inhaber derselben, war Rath und Cammermeister des Landgrafen Wilhelm II. gewesen. Er stand später auf der Seite der hessischen Regenten und hatte bei deren Sturze mit denselben gleiches Schicksal. Graf Georg, ein Anhänger der Landgräfin Anne, forderte deshalb gleich nach deren Regierungs-Antritte Rudolph auf, seine Hälfte an Lisberg an ihn gegen die Pfandsumme abzutreten. Er berief sich dabei auf eine Bewilligung des Landgrafen Wilhelm II. und einen Vergleich, den er mit Rudolph geschlossen. Da sich jedoch Rudolph nicht darauf einließ, so hinterlegte er den Pfandschilling von 500 Fl. und die Landgräfin und die ihr beigegebenen Räthe übergaben ihm 1515 das ganze Schloß und Amt in Pfand- und Amtsweise.

Nachdem aber Rudolph unter Landgraf Philipp wieder in seine frühern Aemter getreten, erhielt er von diesem, in Ansehung seiner erlittenen Schäden 1527, auf den Fall des Grafen Georg's Tod, die Anwartschaft auf Lisberg, gegen 3400 Fl., wozu noch 200 Fl. für vorzunehmende Bauten zugerechnet wurden. Dieser Fall trat noch in demselben Jahre ein und Rudolph wurde alsbald in den Besitz von Lisberg gesetzt. 1530 wurde die Pfandsumme auf 4600 Fl. erhöht. Nach Rudolph's Tode folgten seine beiden Söhne Hieronymus und Daniel, welche 1437 noch 1000 Goldgulden und 400 Fl. dem Landgrafen auf Lisberg liehen. Nur Daniel hinterließ Kinder, die bei seinem Tode noch minderjährig waren. Nachdem ihre Vormünder 1552 einen nochmaligen Vorschuß von 1000 Fl. gethan, so daß die Pfandsumme 2000 Goldgulden und 5092 Fl. betrug, löste der Statthalter zu Cassel Jost Rau v. Holzhausen im J. 1554 Lisberg an sich. Wie lange dieser es im Besitze gehabt, ist nicht bekannt. Nach ihm scheint jedoch Lisberg nicht mehr verpfändet, sondern durch landgräfliche Beamte verwaltet worden zu seyn.

Die Schicksale, welche die Burg im 30jährigen Kriege gehabt haben soll, sind mir unbekannt.

Anmerkungen.

1) Gud. C. d. I. 481 et II. 38.
2) Ibid. I. 514.
3) Sch. C. P. H. F. p. 202.
4) Grüsner's dipl. Beitr. St. 2. S. 161 u. 163.
5) Gud. I. 564.
6) Würdtwein Dipl. Mog. III. 231.
7) Hanau-carbensche Deduct. 376.
8) Wenk II. U. S. 210.
9) Schannat P. Cl. Fuld. 220.
10) Schannat Pr. H. Fuld. 209.
11) Schannat Hist. Fuld. 206.
12) Schannat P. D. et H. F. 292 et Buch. vet. 431.
13) Wenk II. U. 225.
14) Das. 228.
15) Schannat Buch. vet. 368.
16) O. U. im kurh. Haus- u. Staatsarchiv.
17) Wenk III. U. S. 173.
18) Würdtwein Dipl. Mog. III. 231.
19) Gud. IV. 899.
20) Wenk III. U. S. 158.
21) Kopp v. d. Hrn. v. Itter S. 188. Wenk vermuthet zwar, daß es statt Itter: Walter v. Schlitz, gen. v. Lisberg heißen müsse. Scheint diese Annahme, bei den häufigen Familien-Verbindungen der v. Lisberg mit den v. Schlitz, viel für sich zu haben, so spricht doch die Lage des Klosters Haine an der Grenze der Herrschaft Itter und noch mehr der Ort Harbrachusen, sicher das jetzige Dorf Harbshausen im großherzogl. hessischen Landr. Bez. Böhl, ¾ St. v. Böhl, also mitten in der Herrschaft Itter, dagegen und zeugt für die Richtigkeit des Namens.

22) Schannat D. et H. F. p. 164.
23) Ibid. 292.
24) Gud. I. 880. II. 471. Würdtw. Subs. dipl. Mog. I. 136 et 383.
25) Wenk II. U. S. 332. Sollte dieser Hermann d. Aelt. etwa Hermann II. und Hermann d. J. der III. und sein Sohn seyn?
26) Wenk Urk. III. S. 194. 195 u. II. S. 339.
27) Wenk III. U. S. 338.
28) Orig. Urk.
29) Schannat Pr. H. F. 258.
30) Wenk II. U. S. 361.
31) Gud. III. 331.
32) Schannat C. P. H. F. 262.
33) Würdtwein Subs. dipl. Mog. VI. 238. Elbenhaug ist wahrscheinlich ein Schreibfehler von Ellenhaug (Elnhoch). Dann würde es das Schl. Melnau, wenige Stunden von Battenberg, seyn. Mir ist wenigstens kein mainzisches Schloß unter dem obigen Namen in der Nähe von Battenberg bekannt.
34) Wenk II. U. S. 365.
35) Schannat D. et H. F. 159.
36) Würdtw. D. M. III. 174.
37) Urk. Auszug.
38) Wenk II. U. S. 287.
39) Urk. Auszug im Repert. des hess. Ges. Archivs z. Ziegenh.
40) Schneider's erbachsche Histor. I. 49.
41) Wenk II. U. S. 291.
42) Orig. Urk. im kurh. H. u. St. Archiv.
43) Wenk II. U. S. 343.
44) Das. S. 325 u. 332.
45) Wenk III. U. S. 200.
46) Wenk II. U. S. 370 u. 393. Ungedr. Urk. — S. Wallenstein.

47) Senkenbg. S. j. et h. III. 602.
48) Wenk II. U. S. 421. Gud. V. 1028.
49) Schannat C. P. H. F. p. 273.
50) Scheid mant. doc. 285. Wenk II. U. S. 428.
51) Wenk II. U. S. 445.
52) Die hess. u. thüring. Chron.
53) Ungedr. Urk.
54) Wenk II. U. S. 447. 448. 449 u. 462.
55) Das. S. 450. 454 u. III. 217. Ungedr. Urk.
56) Schannat P. D. et H. F. 317.
57) Schannat P. H. F. 276. — In Ludwig's Reliquis Manuscriptis V. p. 122 wird Friedrich v. Lybesperg als Landcomthur in Thüringen genannt. Da jedoch Friedrich weder als deutscher Ordens-Ritter, noch als Comthur jemals erscheint, und auch aus seinen Verhältnissen schon das Gegentheil klar hervorgeht, so muß der Name Lybesperg ein Schreibfehler seyn. Gleiche Bewandniß muß es mit einem Hartung v. Liesberg haben, der in den Jahren 1372—1414 in Oetter's histor. Bibliothek I. 138 als würzburgscher Domherr genannt wird.
58) Or. Urk. im kurh. H. u. St. Archiv. S. eine ausführlichere Erzählung der Begebenheiten im Artikel: Buchenau. Theils schon aus diesem, mehr aber noch aus der Folge stellt sich der Ungrund der Angabe Gerstenberger's S. 502 dar, daß Friedrich vom Landgrafen gefangen worden und als Lösung die Hälfte von Lisberg für die ungeheure Summe von 15000 fl. dem Landgrafen habe verkaufen müssen.
59) Wenk II. U. S. 461.
60) Schneider's erbachsche Historie, Urkb. S. 108. Heinrich nennt ihn seinen Oheim; dieses darf man jedoch nicht in dem engern, sondern in dem weitern Sinne des Wortes

verstehen. Die Verwandtschaft rührte von Friedrich's Gattin, deren Bruders Sohn Rörich II. Anne v. Erbach zur Gattin hatte, her.

61) Senkenbg. S. jur. et hist. V. 541.
62) Wenk II. U. S. 463. Ungedr. Urk.
63) Gud. c. d. V. 1031.
64) Schannat C. P. Cl. F. 315.
65) Schannat C. P. H. F. 284.
66) Mader die Burg Friedberg I. 206.
67) Schannat D. et H. F. 166.
68) Orig. Urk. im kurh. H. u. St. Archiv.
69) Aus einer handschr. Chronik.
70) Orig. Urk. und alte Abschr., theils abgedr. in Wenks hess. L. Gesch.
71) Schneider's erbachsche Hist. II. 471.
72) Alle diese Nachr. sind aus ungedr. Urk. gesammelt, theils Orig., theils Abschr.

VI.

Buchenau.

Mit einer Ansicht.

Hier, wo sie ruhen meiner Ahnen Trümmer:
Vermorschte Särge sah ich da
Der Ritter, die im Glanze, die im Schimmer,
In Pracht und Stärke einst die Vorwelt sah.
Hier modern sie, die stolze Burgen bauten,
Zu Schirm und Wehr, zu Wehr und Trutz,
Mit Adlerblick von ihren Zinnen schauten,
Sie, einst des Kaisers und der Fürsten Schutz.
Sie sind dahin, die Ritter und die Zeiten!
Wo noch des Adels Stärke galt,
Und ihrer Frauen Reiz und ihrer Minnen Freuden —
Selbst ihre Namen sind schon längst verhallt.
Tritt her jetzt, Stärke! Wo sind deine Kräfte,
Womit der Edle einst geprahlt?
Tritt, Schönheit, her! Wo sind sie jetzt die Säfte,
Die einstmals Wangen rosenroth gemahlt?

Julius von und zu Buchenau.

6.

Buchenau.

Tief im Norden des Buchenlandes, im jetzigen kurhessischen Kreise Hünfeld, liegt in einem von dem Eitrabache gebildeten, von Mittag nach Mitternacht ziehenden Thale das Dorf Buchenau, und an der höchsten Stelle desselben und stolz über dessen niedere Häuser herausragend, das Schloß Buchenau. Dieses Schloß war einst der Stammsitz eines mächtigen Geschlechtes, welches Jahrhunderte hindurch glänzend auftritt in der Geschichte des Vaterlandes. Obgleich jenes auf keinem hohen Felsengebirge, sondern tief in einem Thale liegt, dessen waldige Wände es rings umschließen und überragen, so war es dennoch fest durch Werke der Kunst, welche das, was ihm durch seine Lage abging, bei der ehemaligen Weise der Kriegsführung, hinlänglich ersetzten.

Die gegenwärtigen Gebäude stammen alle aus dem sechzehnten und siebenzehnten Jahrhundert, haben also wenig Alterthümliches und gehören einer Zeit an, wo die Kraft des Adels schon gebrochen, sich nicht mehr in kühnen Fehden versuchen konnte. Ich lasse mich deshalb auch auf keine ins Einzelne gehende Beschreibung ein; die beigefügte Ansicht gibt das Bild derselben treuer und deutlicher, als eine Beschreibung es nur immer vermöchte. Das hohe vierecke Gebäude, links auf der Ansicht, ist augenscheinlich das älteste und zufolge seiner Inschrift im J. 1575 von Eberhard v. Buchenau erbaut worden, hat aber später noch mancherlei Veränderungen erlitten. Man nennt dasselbe das Storchsnest, wohl deshalb, weil ehemals ein Storch auf demselben genistet. Der noch auf der Ansicht befindliche Thurm wurde vor einigen Jahren niedergebrochen. Er war 98 Fuß hoch und hatte 7 Fuß dicke Mauern. Ein noch von demselben aufbewahrt werdender Stein hat die Inschrift: G. V. B. 1508. Er wurde demnach durch (Gottschalk) v. Buchenau im J. 1504 erbaut.

Doppelte Mauern mit Schießscharten und ein tiefer Graben, dessen Wände durch Widerlagsmauern gestützt werden, umschlingen diese Gebäude. Doch statt der ehemaligen Zugbrücke führt jetzt eine gemauerte Brücke in den geräumigen Hof.

Die Zimmer des Schlosses sind meistens licht und schön und noch mit vielen, obgleich nicht alten, Brustbildern der Familie v. Buchenau geziert. Auch die Gebäude und Mauern tragen noch viele Inschriftstafeln, von denen ich jedoch nur ein steinernes Grabmal, welches an dem s. g. Storchsnest angebracht ist, näher erwähnen will. Vor einem Crucifixe kniet ein geharnischter Ritter, am Fuße des Kreuzes liegt sein Helm und ein Todtenkopf mit zwei gekreuzten Knochen. Jede der vier Ecken des Steines ziert ein Wappenschild, von denen zwei leer sind und die zwei andern das v. buchenauſche und das v. boineburgſche, wenigſtens ein dem letztern ähnliches, Wappen zeigen. Die an dem Rande des Steines umlaufende Inſchrift heißt:

                                          IM. S. T.
1) ANNO. DNI. CHR. IST. IN. 735.
2) BRIS. IN. GOT. ENRSCHEIDEN. DER.
3) EDEL. VND. ERFEST. IORG. VON.
4) BVCHNAV. DEM. GOT. GENAT.

Daß jene Jahrzahl eben ſo wenig 735 als 1735 ausdrücken kann, brauche ich wohl nicht zu bemerken. Das Denkmal reicht auf keinen Fall über das ſechzehnte Jahrhundert hinaus, dafür ſpricht deutlich die Art und Weiſe der Inſchrift; da aber in demſelben mehrere Georg's v. B. lebten, ſo läßt ſich die Zeit freilich nicht näher beſtimmen. Aber, wird man fragen, was ſoll denn die Jahrzahl in der Inſchrift? Dieſe iſt auf jeden Fall verfälſcht worden, denn auch die Buchſtaben IM. S. T., welche über dem Wappenſchilde, das hier in den Raum der Inſchrift eingreift, ſtehen und das Wort BRIS ſcheinen durch dieſe Fälſchung verſtümmelt zu ſeyn.

Auſſer unſerm Buchenau, gab es noch einige andere Orte dieſes Namens, unter andern im heſſen=darmſtädtiſchen ſ. g. Hinterlande unfern Biedenkopf, von welchem ſich gleichfalls eine eigene Familie nannte, die man mit der buchiſchen nicht verwechſeln darf.

Welcher Zeit und wem Buchenau, deſſen Name wahrſcheinlich aus ſeiner Lage zwiſchen Buchenwaldungen hervorging, ſeinen Urſprung zu danken habe, iſt unbekannt. Schon im zehnten Jahrhundert wird uns ſein Name ge=

nannt. Kaiſer Otto gab 947 neben mehreren Gütern in Franken und Thüringen, auch Buochon dem Abte Hagano von Hersfeld gegen die Domäne Wormsleben im Manns: feldſchen[1]). Buochon gehörte demnach früher zu den könig: lichen Gütern. Später, 1062, ſchenkte ein gewiſſer Regin: bodo zu ſeinem und ſeines verſtorbenen Bruders Sigebodo Gedächtniß bedeutende Güter, unter denen ſich auch eine Manſe in Bucho befand, der fuldiſchen Kirche[2]). Dieſes Buochon oder Bucho iſt aller Wahrſcheinlichkeit nach kein anderer Ort, als das gegenwärtige Buchenau. Sein Daſeyn reichte jedoch ſicher noch in weit frühere Zeiten hinauf; dafür ſpricht, daß man hier in der Mitte des vo: rigen Jahrhunderts alte Urnen mit Knochen fand, die nur der vorchriſtlichen Zeit angehört haben können. — Ob jene Brüder Ahnen der Familie v. Buchenau geweſen, das läßt ſich freilich nicht ermitteln. Dieſe erſcheint ſtets unter dem Niederadel und beginnt ihre Geſchichte erſt mit dem dreizehnten Jahrhundert.

Vieles habe ich für die Geſchichte der v. Buchenau geſammelt, aber dennoch reicht dieſes nicht hin, um die ältere Geſchlechtsfolge mit Sicherheit ausführen zu können. Ich lege dieſe aber auch um ſo lieber bei Seite, weil ſie nicht allein die gegenwärtige Abhandlung zu ſehr anſchwellen, ſondern auch in der Erzählung der allgemeinen Familienge: ſchichte oft ſtörend werden würde. So kann ich denn nun aber auch im Gange der Begebenheiten ruhiger und unge: ſtörter fortfahren und bei den merkwürdigen Männern, welche aus dieſer Familie hervorgingen, um ſo länger ver: weilen. Schon im dreizehnten Jahrhundert läßt ſich das

Anſehn, in dem die v. Buchenau ſtanden, nicht verkennen, aber die Nachrichten ſind doch noch zu ſpärlich; erſt mit dem vierzehnten Jahrhundert werden dieſe reicher und die Familie tritt nun bald nicht allein als eine der begütertſten, ſondern auch mächtigſten und kriegeriſchſten ſowohl des Buchenlandes, als auch deſſen Nachbarlande, Heſſen's, Thüringen's und Franken's, entgegen, in deren Geſchichte ihre Glieder bald hier, bald dort glänzen. Dieſer Glanz iſt freilich nicht von der Art, wie er die Thaten des wahrhaft erhabenen Helden umſtrahlt, er iſt im Gegentheile weit dunklerer und niedrigerer Art. Denn wie kann der Menſchenfreund preiſen den Räuber und Schinder des Landes! Doch jene Zeiten waren nicht die unſern, ſie waren in Allem verſchieden: andere Begriffe und Anſichten, ein anderes Volksleben ꝛc. Deshalb darf der Geſchichtsſchreiber zur Beurtheilung jener Zeiten nicht den Maaßſtab der Gegenwart nehmen, er muß ſich in ſie ſelbſt hineindenken, ſie in dem Spiegel ſeiner Seele treu aufnehmen und erſt dann ſie durch und in ſich ſelbſt beurtheilen. Und iſt ihm dieſes gelungen, dann wird, wenn auch Tugend ewig Tugend, Verbrechen ewig Verbrechen bleibt, doch Vieles in einem andern, meiſt mildern, Lichte erſcheinen.

Der älteſte bekannte der v. Buchenau iſt Berthold. Er lebte zu Ende des 12. und Anfang des 13. Jahrhunderts und hatte ſich ganz den Dienſten des Abts Johannes von Hersfeld ergeben. Dieſe waren ſo bedeutend, daß ihm der Abt dafür die große Summe von 300 Mk. S. ſchuldig wurde. Da dieſer ihm dieſelbe nicht baar zu zahlen vermochte, ſo überwies er ihm dafür als Pfand das Holzförsteramt (forstassinatum), nämlich die Bewachung und Aufsicht über alle Wälder der Abtei und der ihr zugehörenden Probsteien St. Johannesberg und St. Petersberg und bestimmte ihm als Zinse sowohl ein Drittel des einkommenden Holzgeldes, als auch ein Drittel aller gefällt werdenden Bäume. Berthold besaß die Vogtei über das am Fuße des St. Johannesberg's liegende Dorf Kreuzberg und über das darin liegende Gut der genannten Probstei. Er führte davon den Titel Vogt (advocatus). Auf diese Rechte verzichtete Berthold zum Besten der Probstei und zum Heile seiner und seiner Voreltern Seelen, damit die dafür in demselben gestifteten Seelenmessen (Geleuchte, Luminaria) um so vollkommner gehalten werden sollten. Nur die peinliche Gerichtsbarkeit behielt er sich noch ferner vor. Dieses bestätigte Abt Johannes und bestimmte die Grenze der verliehenen Freiheit. Auch Abt Ludwig bestätigte dieses sowohl 1210, als auch 1217. Nach Berthold's Tode ging das versetzte Holzförsteramt auf dessen Söhne Hermann, Erkanbert und Berthold über, von denen es Abt Werner 1266 wieder einlöste. Die diese Ablösung betreffende Urkunde wurde zu Eisenach im Beisyn des Landgrafen Albert v. Thüringen und der Grafen Hermann v. Orlamünde, Friedrich v. Stollberg, Friedrich d. ä. v. Schwarzburg und vieler Ritter ausgestellt [3]). Mit Berthold zugleich lebte auch ein Ditmar v. B., der 1223 eine Urkunde der Gebrüder v. Haselstein bezeugte, und später Albert, welcher 1290 und 1304 Probst des Klosters Blankenau war [4]).

Von Berthold's Söhnen war Ritter Hermann

1289 bei der Belehnung des Landgrafen Albert v. Thüringen durch den Abt Heinrich III. v. Hersfeld und lebte noch 1294, wo er eine Fischerei in Anstadt besaß und sich der Aeltere nennt [5]). Erkanbert befand sich 1263 bei dem Vergleiche der fuldischen Kirche mit dem Grafen Gottfried v. Ziegenhain zu Hergesdorf, wegen des Schlosses Unterschlitz. 1266 nennt er sich in einer Urkunde des Abts Heinrich v. Hersfeld: Magister Eckinbertus Advocatus de Buchenowe; später findet er sich in mehreren Verträgen seiner Nachbarn und noch 1306 an Landgrafen Albert's v. Thüringen Hofe auf der Wartburg [6]).

Die Gebrüder Eckebrecht, Albrecht und Ludwig lebten 1307, wo sie der Aussöhnung des Abts Simon v. Hersfeld mit der Stadt Hersfeld zu Fulda beiwohnten. Albrecht und Ludwig und ihre Vettern Berthold und Johannes kamen 1312 mit der Probstei St. Petersberg bei Hersfeld in Zwistigkeiten. Sie betrafen insbesondere die jetzt nicht mehr vorhandenen Dörfer Bettenrod und Wetzelsrod, sowie die Vogtei über das Gebiet des Baches Solze, welche sich die v. Buchenau anmaßten. In einem Schreiben an Simon v. Schlitz und Ludwig v. Schenkwald zählt der Probst v. St. Petersberg, Heinrich v. Romrod, seine Klagen namentlich auf, und bittet dieselben, ihm und seinem Gotteshause beizustehen. Er klagte, daß die v. B. auf seines Klosters Eigen an der Mauer auf St. Petersberg, wo nie ein Gericht gewesen, ein solches gehegt und in demselben wider Recht einen seiner Knechte verurtheilt hätten; auch hätten sie, so oft als sie gewollt, im Schildslo (jetzt Schildschlag) Gericht gehalten, wo sie doch weiter kein Recht zu setzen hätten, als an den drei ungebotenen Dingen und zwar nur über Hals und Hand [7]). Den Schaden schlug er auf 200 Mk. an. Ferner hätten sie auf seines Gotteshauses freiem Eigen, auf dem Niemand, als nur er, Recht habe, ein Weib, welches schwer angeklagt gewesen, genommen und die Freiheit seines Klosters dadurch verletzt, welches er um 60 Mk. nicht erlitten. Später, als er mit Albrecht v. B. zu Tagen und Frieden gekommen, in denen der Abt v. Hersfeld zwischen ihnen hätte richten sollen, habe Albrecht es veranlaßt, daß ihm aus seinem Klosterhofe auf St. Petersberg alle Kühe und Pferde, und was er sonst noch da gehabt, geraubt worden, welchen Schaden er auf 20 Mk. cöln. Denar. anschlug. Obgleich nun zwischen ihnen ein Handfrieden gegeben worden, nichts gegen einander, weder wörtlich noch thätlich, zu thun, so habe Albrecht ihn dennoch bei seinem Ohm und besten Magen (nächsten Verwandten) verläumdet und behauptet, daß er ihm sein Haus gegen Ehre und Recht abgewonnen; auch sey sein Kloster in diesem Frieden gebrannt worden. Endlich klagte er noch, daß die v. B. die Güter seines Gotteshauses zu Bettenrod und Wetzelsrode, sowie dessen Rechte an der Solzer Vogtei, welche er vom Abte v. Hersfeld erkauft, beeinträchtigten; den Schaden hiervon schlug er zu 200 Mk. an. — Die vorerwähnten Handlungen vor dem Abte waren im Anfange dess. J. gepflogen worden, der auch mit Beirath der hersfeldischen Schöpfen und anderer in der Osterwoche die Ansprüche der v. B. für ungegründet erklärte. Dieses hatte jedoch zur Beruhigung der Parteien wenig beigetragen und die beiden obgenannten Ritter hatten deshalb jenen Frieden vermittelt, um deſſen Aufrechthaltung ſie nun der Probſt anſprach. Wie lange dieſe Streitigkeiten gedauert, iſt nicht zu erſehen. Noch am 26. October 1312 wurden vor dem Abte Simon 26 Zeugen darüber verhört, deren Ausſagen meiſt gegen die v. B. ausfielen, obgleich dieſe nicht müſſig geweſen waren, dieſelben zu beſtechen; denn als einer derſelben im folgenden Jahre das Herannahen ſeines Todes fühlte, erleichterte er (am 8. Juli) ſein Gewiſſen durch das Bekenntniß, daß ſein Zeugniß falſch geweſen und er von den v. B. dazu gezwungen worden [8]).

Das landgräfliche Schloß Friedewald im Säulingswalde hatte bisher Henrich v. Schlitz im Pfandbeſitze gehabt. Nachdem es jedoch Landgraf Otto von demſelben eingelöſt, verſetzte er es am 1. Juli 1317 von neuem an Albert (gleich mit Albrecht) v. Buchenau, Friedrich v. Romrod, welcher zu Mansbach wohnte, und Albert v. Romrod für 160 Pf. fuld. Pfenn., mit der Beſtimmung, 60 Pf. davon zu deſſen Erbauung zu verwenden. In demſelben J. kamen die v. B. auch in Streitigkeiten mit dem Grafen Johann v. Ziegenhain. Sie hatten des Grafen Bürgern von Ziegenhain, namentlich Hermann v. Sontra (Suntrahe) ein Pferd und mehrere Kühe geraubt; der gräfliche Amtmann Gerlach v. Lüder war ihnen zwar bis in ihr Haus nachgefolgt und hatte ſie um die Rückgabe gebeten, aber vergeblich, ſo daß er ihnen deshalb mit der Rache des Grafen gedroht. Auch beraubten ſie das ziegenhainſche Dorf Rutharderode (wahrſcheinlich das jetzige Rotterterode im Kr. Hersfeld) und nahmen Conrad

v. Wernswig, der ebenfalls den Grafen beraubt, in der Burg Buchenau auf. Wegen dieser Feindseligkeiten hatte der Graf an ihnen Rache genommen. Es wurden hierüber Rathleute (die Ritter Volprecht v. Varmishausen und Gerlach v. Leimsfeld) niedergesetzt, welche im Dec. d. J. den Spruch thaten, daß da der gräfliche Amtmann den v. B. die Entgeltung des Grafen angedroht, derselbe den ihnen zugefügten Schaden mit Ehre und Recht ausgeübt. Jenem Conrad v. Wernswig war zwar der gräfliche Amtmann gefolgt und hatte ihm nicht allein vor Buchenau den Raub wieder abgejagt, sondern auch noch seine Mutter gefangen genommen und mit weg geführt [9].

Im J. 1321 findet man die Gebrüder Engelhard und Eberhard und 1323 Otto v. B., welcher mit seiner Hausfrau Margarethe verschiedene Güter der Collegiatkirche in Rasdorf verkaufte [10].

Wilhelm v. B., von Einigen auch Wetzel genannt, stand um das J. 1326 in einer Verbindung mit der Familie v. Stotternheim. Er und Otto v. Stotternheim hoben in d. J. den Erzbischof Heidecke von Mageburg auf. Dieser schon hochbejahrte Greis war der Nachfolger des schrecklich gemordeten Erzbischofs Burghard und wollte nun nach Avignon, um sich am dortigen päbstlichen Hofe das Pallium und die Bestätigung zu holen, als er in der Gegend von Eisenach in die Hände jener durch Beute und ein reiches Lösegeld gelockten Wegelagerer fiel, welche ihn auf die Burg Brandenfels brachten. Erst nach anderthalb Jahren, denn Niemand nahm sich des Unglücklichen an, erhielt er seine Freiheit wieder und starb kurz darauf

zu Eisenach. Jene Räuber mußten durch eine öffentliche Bü-
ßung die an einem der angesehensten Reichsfürsten geübte
That sühnen 11). In welchem Verhältnisse Wilhelm
zu dem Schlosse Brandenfels stand, ob er Burgmann auf
demselben, oder dessen Besitzer nur seine Freunde und Theilhaber am Raube gewesen, läßt sich nicht entscheiden.

Hermann und Simon Gebrüder v. B. erhielten
1333 vom Abte Heinrich von Fulda ein Erbburglehn auf
der nahen Burg Fürsteneck, mit der Weisung, hier ihren
Wohnsitz aufzuschlagen. Auch Appel v. B. erhielt 1342
hier einen Burgsitz 12).

Ritter Berthold und seine Gattin Elisabeth gen.
v. Masbach machten 1335 aus besonderer Verehrung der
h. Jungfrau Maria dem Vicar auf dem Frauenberg bei
Hersfeld ein jährliches Geschenk von 1 Pfund Wachs, aus
ihren Gütern zu Kühnbach. Albrecht v. B. hatte Elisabeth v. Jazza zur Gattin; als deren Mutter Luttrud
v. Jazza 1339 verschiedene Güter an Conrad Schenk v. Erbach verkaufte, ertheilten sie hierzu ihre Genehmigung 13).
Ritter Hermann v. B. vermachte 1343 zu der ewigen
Messe auf dem Frauenberge, mit welcher der Priester Hermann v. Buchenau beliehen war, noch 100 Pf. Heller
aus einem Vorwerke zu Anstadt, die nach jenes Tode der
jedesmalige Capellan ziehen sollte.

Heinrich v. B. führte 1344, neben seinem Fami-
lien-Namen, auch noch den v. Mila 14). Wahrscheinlich
war er durch Heirath mit einer v. Mila und in deren Folge
durch einen Erbfall zu Gütern zu Mila gekommen, so daß
er nun auch den Namen von demselben entlehnte.

Außer den v. Buchenau hatten, neben einigen andern Familien, auch die v. Hattenbach noch einen theilweisen Mitbesitz an dem Schlosse Friedewald; diesen verkauften 1351 die Gebrüder Ludwig und Conrad v. Hattenbach an die Gebrüder Wigand, Ludwig und Berthold v. B., welche 1353 erklärten, daß, wenn ihnen der Landgraf 175 Mk. und 5 Firding Silber, desgleichen 1000 kl. Gulden und 75 Mk. S., welche sie an dem Schlosse verbaut, bezahlen würde, sie bereit seyen, ihre Hälfte an demselben ihm wieder zurückzustellen.

Berthold scheint einen Burgsitz auf dem Schlosse Trefurt besessen zu haben, er nannte sich wenigstens v. Buchenau genannt v. Dreuorte. Nachdem er 1360 fuldischer Burgmann auf Fürsteneck geworden, verglich er sich auch wegen eines von seinen Eltern zu Hersfeld gestifteten Seelgeräthes mit dem dasigen Convente, und erklärte, ferner keine Einwendungen machen zu wollen. Wigand erkaufte 1362 von den Landgrafen Heinrich und Otto deren eigne Leute, genannt Westerschellen, in die Gerichte zu Alsfeld gehörend, mit allen Zubehörungen, nur die Halsgerichte über die in ihren Gerichten gesessenen Leute ausgenommen, für 300 kl. Gulden. Seinen Brüdern Berthold und Ludwig v. B. und den Gebr. Ludwig und Hartrad v. Trubenbach verpfändete Abt Heinrich v. Fulda für 815 Pf. Heller das Haus Werdau und belieh sie damit zu rechtem Burglehn. Auch schlug der Abt auf jene Summe noch 200 Pf., welche er Ludwig v. B. dafür schuldete, daß dieser einen Hauptmann Namens Schweinshaupt gefangen genommen hatte [15]). Berthold lebte noch 1367, wo er vom Landgrafen Heinrich mit einem Erbburglehn zu Friedewald, nebst 2 Höfen vor demselben und mehreren anderen Gütern beliehen wurde.

Simon v. B. befand sich 1367 in dem Besitze der Hälfte des Schlosses und Amtes Landeck und **Sittich v. B.** erkaufte in d. J. von den v. Schlitz das Dorf **Grabenhus** für 315 Pf. Heller. Auch dieser hatte Antheil an Landeck, und nennt sich 1371 Amtmann daselbst.

Eberhard und Gottschalk, Vettern und beide Ritter des goldnen Sporns, standen im unzertrennlichen Bruderbunde und erhoben sowohl durch ihre Vermittelungsgabe, als wie durch ihren kriegerischen Geist, ihren Namen unter die ersten ihrer damaligen Standesgenossen. **Eberhard** führte unter dem Volke den sonderbaren, mit ihm, dem rüstigen Ritter, schwer zu verbindenden Beinamen **die alte Gans**. Eberhard erhielt 1361 mit Widekind v. Merode vom Landgrafen Heinrich, der ihnen 100 Mk. S. schuldete, jährlich 10 Mk. auf die Bede zu Felsberg angewiesen. 1366 belieh ihn der Abt Heinrich von Fulda mit einem Burglehn auf Fürsteneck, sowie 1371 mit einem auf Haselstein [16]), wo er in d. J. auch von den Gebrüdern Heinrich, Hermann und Otto v. Buttlar ein Gut auf 3 Jahre gegen 30 Gulden in Pacht nahm. Im Anfange des J. 1374 befand sich der Bischof Gerhard von Würzburg in einer, besonders durch Zollverhältnisse angefachten, heftigen Fehde mit den Bürgern der Stadt Würzburg verwickelt, die endlich am 25. März durch den Grafen Gottfried v. Rieneck und die Ritter Eberhard Wolfskehl, Erkinger v. Hesberg und unsern Eberhard v. B.

vermittelt wurde. In Folge dieser Sühne übergaben die Bürger den genannten Vermittlern die Schlüssel der Thore und Thürme der Stadt, welche diese drei Jahre lang behalten und während dieser Zeit für die Besetzung und Bewachung der Thore, Thürme und des Burgfriedens sorgen und nach deren Ablauf dem Bischofe wieder überantworten sollten[17]). Um diese Zeit verkauften die v. Buchenau dem Landgrafen den Wald Säulingssee. Schon früher war der Bund der Sterner entstanden, welcher durch seine Raubzüge das Hessenland nach allen Seiten hin verwüstete. Wie es scheint, fochten die v. Buchenau auf der Seite des Landgrafen. Auch in der Fehde gegen den Bund der alten Minne kämpften sie unter dessen Banner und waren mit in dem unglücklichen Treffen bei Wetzlar, in dem sie ansehnliche Verluste erlitten, welche ihnen der Landgraf ersetzte. In der darüber von Eberhard und Gottschalk v. B. am 24. Mai 1378 ausgestellten Urkunde bekennen dieselben, daß ihnen der Landgraf Hermann für Pferde, die sie vor Wetzlar und an andern Orten in seinem Dienste verloren und verdorben, sowie für andere Verluste und ferner für eine Summe, die der Landgraf an Hermann und Hermann v. Buchenau und Eberhard v. Buchenau, Hermann des ältern Sohn, Hermann von Schenkwald und Curt v. Romrod geschuldet, und die sie an sich gelöst, die Summe von 2525 Gulden schuldig geworden sey, wofür er ihnen die Schlösser und Städte Friedewald und Rotenburg mit ihren Zubehörungen, namentlich Ronshausen mit dem Geleite, verpfändet habe. Und wenn der Landgraf die genannten Schlösser und Städte wieder haben wollte, so sollte er ihnen dafür die Dörfer Ronshausen mit dem Geleite, Iba, Faßdorf, Neuensüß, Rottolferode, Weiterode und Mecklar so einräumen, daß sie davon jährlich 250 Gulden ziehen könnten [18]). Auch erhielt schon 1377 Berthold v. B. ein Erbburglehn zu Friedewald. Der Landgraf überwies ihm zu demselben zwei Höfe vor dem Schlosse, wovon den einen Simon v. Werningshausen gehabt und den andern Hermann von Schartenberg im Besitz hatte, ferner eine Hufe Landes und 4 Mk. Geldes aus der Bede des Dorfes Meckbach.

Noch vor dem Abschlusse jenes Vertrages, am 28. April, hatten die v. Buchenau, namentlich Eberhard, Gottschalk, Otto und Eberhard, an der beabsichtigten Ueberrumplung der Stadt Hersfeld Theil genommen, deren Erfolg jedoch durch den Edelsinn des Ritters Simon v. Haune vereitelt wurde. Auch sie wurden deshalb durch das Urtheil des kaiserlichen Hofgerichts vom 18. Novbr. d. J. jeder um 400 Mk. S. gestraft [19]). Ihr gutes Verhältniß zu Landgraf Hermann erlitt hierdurch einige Störung, deren Folgen aber bald vorübergingen. Denn obgleich dieser unter dem 1. Jan. 1379 der Stadt Hersfeld versprach, keinen der gegen dieselbe verbündeten Ritter als Amtmann nach Rotenburg oder Friedewald zu setzen, so lag doch darin von Seiten des Landgrafen keine feindliche Absicht; jenes Versprechen war ohne Folgen und die v. Buchenau blieben in dem Besitze jener Aemter. Noch in demselben J. 1379 lösten Eberhard und Gottschalk mit landgräflicher Bewilligung das Dorf Sibrechtshausen von den v. Baumbach, welchen dasselbe versetzt war, mit

140 Mk. an sich. Die Streitigkeiten zwischen der Stadt Hersfeld und ihrem Abte verzogen sich bis zum J. 1381, in welchem endlich am 4. Juli eine Sühne zu Stande kam, deren Abschluß auch Eberhard und Gottschalk v. B. beiwohnten. Diese selbst hatten sich jedoch schon früher mit der Stadt ausgesöhnt und führten mit derselben verbündet im J. 1380 gegen den Abt Conrad von Fulda eine Fehde. Außer dem Landgrafen Hermann gehörten in dieses Bündniß auch noch Graf Heinrich v. Henneberg, die v. Schlitz, v. Reckrod, v. Benhausen, v. Romrod, v. Stein, v. d. Tann und v. Rotenburg. Noch in d. J. wurde diese Fehde durch eine Sühne beendet[20]. Die darin getroffene Ausgleichung stellte das gute Verhältniß Eberhard's und Gottschalk's zu dem Abte Conrad bald wieder her, so daß derselbe, als er, der Regierung müde, sich von derselben zurückzog und durch Ernennung von Verwesern für die Verwaltung seines Stiftes sorgte, außer seinem Neffen Johann v. Isenburg und Friedrich v. Lisberg, den Capitularen Conrad v. Waltershausen und Carl v. Bibra, sowie drei Bürgern aus Fulda, Hammelburg und Vach, auch die Ritter Eberhard und Gottschalk v. B. dazu bestellte. Dieses geschah am 17. Jan. 1382. Ihr Verweseramt war auf 5 Jahre festgesetzt; nachdem sie jedoch noch am 26. Juni 1383 zu Bischofsheim an der Rhön ein dreijähriges Bündniß mit dem Landvogte des Bischofs Gerhard v. Würzburg, dem Grafen Günther v. Schwarzburg, zur Aufrechthaltung des Landfriedens geschlossen, starb der Abt Conrad kurz nachher zu Spangenberg eines unglücklichen Todes und sein Nachfolger Friedrich v. Romrod ergriff nun wieder selbst die Zügel der Regierung[21].

Das Jungfrauen-Kloster Kreuzberg, an der Werra, hatte sich insbesondere der Mildthätigkeit der v. B. zu erfreuen, die viele und ansehnliche Güter an dasselbe schenkten. Dieses darf man jedoch weniger ihrer Frömmigkeit, als vielmehr einem gewissen Eigennuße zuschreiben; denn dieses Kloster war das sichere Unterkommen für ihre unverehelicht bleibenden Töchter, oft auch ihrer Wittwen, denen die Nußnießung der gemachten Gaben zum Zwecke eines bessern Auskommens zuflossen. Nachdem Eberhard v. B. schon 1381 ein Seelgeräthe daselbst gestiftet, bestimmten er und seine Hausfrau Sophie 1382 zu gleichem Zwecke 100 fl. und wiesen jährlich 10 fl. oder 2 Schweine aus ihren Gütern zu Sosdorf an. Auch stifteten 1383 Eberhard, Gottschalk und Hermann mit ihren Gattinnen Sophie, Irmengard und Else in diesem Kloster mit der Summe von 300 G. neue Seelenmessen.

Im folgenden Jahre 1384 wohnten Eberhard und Gottschalk zu Aschaffenburg dem Verlöbniß Johann's v. Ifenburg und Büdingen mit des Grafen Diether's v. Katzenelnbogen Tochter, Margaretha, bei und verbürgten sich mit noch zehn andern Rittern für die von Margarethens Oheim, dem Erzbischofe Adolph v. Mainz, versprochene Mitsteuer[22].

Um diese Zeit bildete sich ein mächtiger Bund gegen den Landgrafen Hermann. Die erste Quelle desselben scheint aus einer Zwistigkeit casselscher Bürger entsprungen zu seyn. Der Landgraf war mit mehreren Bürgern zerfallen, weil sich diese „Dinge unterzogen, die nur dem Für-„stenthume gehörten und dem Landgrafen vom Reiche zu

"Lehn übertragen waren." Ehe jedoch diese Sache von den erwählten Austrägen entschieden worden, waren zwei aus dem Stadtrathe, einen Theil der städtischen Briefe entwendend, nach Thüringen entflohen und hatten sich bei den Markgrafen Balthasar und Friedrich über Landgrafen Hermann beklagt. Der Stadtrath fand sich dadurch, nach Aufforderung des Landgrafen, bewogen, sie aus seiner Mitte auszustoßen und des Landes zu verweisen, weil sie ihre Eide und Gelübde sowohl gegen den Fürsten als gegen die Stadt verletzt. Dieses geschah im J. 1381. Diese Verwiesenen trieben sich nun im Auslande herum. Von mehreren Seiten wurde sich für sie verwendet, aber vergeblich. Sie schürten deshalb an den benachbarten Fürsten, um diese zu Feindseligkeiten gegen ihr Vaterland zu bewegen. Dieses gelang ihnen besonders bei dem Erzbischof Adolf v. Mainz, schon als solcher Erbfeind des Hessenlandes, und dem Herzoge Otto dem Quaden v. Braunschweig, der noch von der fehlgeschlagenen Hoffnung auf die Erbschaft der hessischen Lande und von dem mißglückten Sternerkriege her einen Groll gegen Landgraf Hermann trug, welchen ein Schutzbündniß und eine gegenseitige Verpfändung ihrer Lande (1381) nicht zu heben vermocht hatte. Die Landgrafen von Thüringen schlossen sich diesen an, obgleich sie durch eine Erbverbrüderung mit Hessen verbunden waren. Diese Fürsten, denen es nicht schwer fallen konnte, hinlängliche Ursachen zu einem Kriege aufzufinden, verbanden sich gegen den Landgrafen Hermann. Das J. 1384 über wurden die Vorbereitungen zum Kampfe gemacht, auch Bundesgenossen zu demselben angeworben. Zu diesen gehörten des Erzbischofs Adolph Bruder, Graf Joh. v. Nassau, die Bischöfe von Münster und Osnabrück, die Grafen von der Mark, v. Gleichen, v. Hohnstein, v. Beichlingen, v. Schwarzburg ꝛc., die Dynasten v. Homburg, v. Hanau, v. Lisberg ꝛc. Die Aebte von Hersfeld und Fulda. Die v. Herda, v. Eisenbach, v. Boineburg, v. Baumbach, v. Haune, v. Schlitz, v. Kolmatsch, v. Malsburg, v. Padberg, Spiegel zum Desenberg ꝛc., sowie auch die Ritter Eberhard und Gottschalk v. Buchenau. Nachdem der Kampf schon ausgebrochen, schlossen sich auch noch die Erzbischöfe Friedrich von Köln und Kuno von Trier, sowie der Graf Heinrich VII. v. Henneberg, den Verbündeten an. Dagegen war die Zahl der Kampfgenossen des Landgrafen nur klein; nur seine treuen Hessen, insbesondere die kampfgeübten und tapfern Bürger seiner Städte, standen an seiner Seite und waren seine Stütze in dem ungleichen Kampfe. Schon am 22. Febr. 1384 hatte der Landgraf den casselschen Stadtrath gereinigt und ihm eine neue Verfassung ertheilt. Nachdem am Ende Sept. d. J. die Landgrafen von Thüringen die mit Hessen aufgerichtete Erbverbrüderung für aufgehoben erklärt, erließ der Stadtrath von Cassel am 9. October ein offenes Schreiben sowohl an die Landgrafen von Thüringen, als auch an alle andere Fürsten, Grafen, Herren, Knappen und Städte und erklärte darin, daß die Verweisung jener Bürger „wegen Selbstgewalt und Unrechts," deren sie gegen den Landgrafen und die Stadt geübt, und wegen der Entwendung städtischer Briefe geschehen sey. Im Sommer 1385 begann der Feldzug.

Wann Eberhard und Gottschalk v. B. sich dem

Bunde anschlossen, ist nicht bekannt. Da sie sich jedoch am 1. März 1385 an dem Hofe des Erzbischofs Adolph zu Eltvill finden, als derselbe den Grafen v. Henneberg anwarb [23]), so mag jenes in dieselbe Zeit fallen, obgleich sie schon früher den Wunsch gehegt, mit dem Landgrafen zu brechen. Eine Ursache hierzu hofften sie zu erhalten, wenn sie dem Landgrafen die Pfandschaften von Rotenburg und Friedewald kündigten, da ohnedem dieses Verhältniß sich mit ihrer Bundesgenossenschaft nicht vertragen konnte. Doch gegen Erwarten zahlte ihnen der Landgraf die Pfandsumme und ihr auf die Verzögerung der Zahlung gegründeter Plan wurde dadurch vereitelt. Jene Aemter erhielten noch in demselben J. 1384 die Ritter Giso v. Bienbach, Wilhelm v. Schlitz und Heinrich v. Haune. Wahrscheinlich hatten die v. B. Gründe, welche sie bewogen, nicht geradezu mit dem Landgrafen zu brechen, denn sie suchten nun eine andere Veranlassung zu einem Bruche. Eberhard v. B. diente dem Landgrafen später noch mit 100 Pferden; als er von diesem Zuge zurückkehrte und in Rotenburg verweilte, forderte er einen Hengst zum Geschenke; da er aber diesen nicht erhalten, faßte er den Entschluß, einen Bruch durch List herbeizuführen, indem er sich scheinbare Ansprüche an den Landgrafen zu schaffen suchen wollte. Er lieferte zu diesem Zwecke am andern Morgen 50 Pferde und miethete Wagen zur schnellern Fortschaffung der Knechte. Obgleich die Erzählung der Chronisten sehr dunkel und verwirrt ist, so geht doch das daraus hervor, daß der Landgraf dieselben, weil er sie nicht gefordert, nicht annahm, so daß dadurch der Zweck der fehdelustigen Ritter erreicht wurde.

117

So mächtigen Rittern, die schon solche Haufen Gewaffneter für fremden Sold zu stellen vermochten, konnte es nicht schwer werden, für sich noch größere aufzubringen. Eberhard, die alte Gans, richtete nun sein Augenmerk auf Rotenburg und zog bald mit einem großen Haufen gegen diese Stadt, in der Hoffnung, dieselbe durch List als eine leichte Beute zu gewinnen. Er ließ deshalb seine Reisigen auf einer Höhe zurück und ritt allein, so wie früher als er noch Amtmann gewesen, auf die Pforten der Stadt zu, die nach Sitte jener unruhigen Zeiten stets verschlossen gehalten wurden. Kaum hatte ihm jedoch der Pförtner geöffnet, als dieser durch ein Fensterchen das Nahen jenes Haufens bemerkte und, dessen feindlichen Zweck ahnend, durch das Geschrei: Feinde do! Feinde do! Verräther do! Lärm machte. Aufgeschreckt durch diesen Angstruf griffen die Bürger schnell und muthig zu den Waffen und warfen Eberhard und die Seinigen siegend zurück. Von diesem mißglückten Zuge sang man im Volke damals ein Lied, von welchem der ungenannte Verfasser der thüringisch-hessischen Chronik uns ein Bruchstück aufbewahrt hat:

„Der Volrodt der schneid't seinen Bart,
„Der Altrodt darum zornig ward,
„Daß sie die Schanz verloren,
„— — — —

„Schaamroth zogen sie wieder heim,
„Als ihn'n entfiel das Röselein,
„Erhielten nicht ein' Patte.

„Ihr Bildniß huben's auf ein Stein
„Und machten stumpf sie all' mit ein
„Was lang' geschnitten hatte."[24]

Da dieses leider nur ein Bruchstück ist, und die einzelnen Vorfälle und die besondern Verhältnisse, auf die es anspielt, uns unbekannt sind, so geht freilich dessen eigentlicher Werth verloren.

Die Zeit, in welcher alles dieses geschah, läßt sich nicht angeben; auch müssen noch andere Ereignisse statt gefunden haben, denn schon in der Mitte des Juny brachte der Landgraf durch seinen Rath, den wackern Eckebrecht v. Grifte, bei dem kaiserlichen Hofgerichte gegen den Herzog Otto v. Braunschweig, die v. Baumbach, v. Kolmatsch, von dem Werder und Eberhard und Gottschalk v. Buchenau eine Anklage vor, deren Inhalt jedoch ebenfalls unbekannt ist. Die Beklagten wurden zwar auf den 11. August vorgeladen, der bald darauf beginnende Krieg mag aber die Sache unterdrückt haben.

Dieses war gleichsam das Vorspiel des bevorstehenden Kampfes. Im Juli 1385 brachen die Feinde von allen Seiten über die Grenzen des Hessenlandes herein gegen die Hauptstadt. Landgraf Balthasar von Thüringen ging von Eisenach aus über die Werra, eroberte am 8. Juli Eschwege und darauf Sontra; nachdem auch die Boineburg ihm ihre Thore geöffnet hatte, zog er gegen Cassel, wo er sich mit dem Herzoge Otto von Braunschweig vereinigte. Dieser war von Göttingen, mit welchem er damals in Fehde lag, und das ihm noch am 22. Mai durch einen

Ausfall eine Niederlage beigebracht hatte, gekommen und hatte mit den Grafen von der Mark und den Bischöfen von Münster und Osnabrück am 8. Juli Cassel erreicht. Auch Eberhard die alte Gans und Gottschalk nebst Friedrich v. Lisberg und die andern Ritter schlossen sich dem Belagerungsheere an. Endlich am 14. Juli erschienen auch die Erzbischöfe von Mainz und Cöln, nebst ihren Bundesgenossen. Schon am folgenden Tage wurde die Belagerung eröffnet, aber der erste Sturm brach an dem tapfern Widerstande der Belagerten. Lange Belagerungen waren damals nicht gebräuchlich, glückten die ersten Angriffe nicht, so war auch das Schicksal der Belagerung entschieden. Die ausgezehrte und verwüstete Gegend nöthigte dann gar bald zum Aufbruch. Dieser erfolgte auch hier schon am 17. Juli. Der Erzbischof von Mainz zog sich mit Eberhard v. Buchenau und Friedrich v. Lisberg gegen die Diemel und erstürmte noch an demselben Tage Immenhausen; die Stadt sank dadurch in Asche und durch das Schwert und die Flammen verloren an hundert Einwohner ihr Leben. Dagegen schlug aber ein Sturm auf Grebenstein an dem Heldenmuthe der Bürger fehl.

Obgleich Landgraf Hermann nicht besiegt war, so sah er doch mit Trauern, wie die Feinde sein Land verwüsteten, wie die Saaten des Landmanns von den Hufen der Rosse zertreten wurden und Dörfer und Städte in Asche sanken. Er, der sonst unverzagt und muthig, floh das Licht des Tages und den Anblick der Menschen. Nur in einem schnellen Frieden fand er eine Rettung, der auch, freilich nicht ehrenvoll, am 22. Juli zu Stande kam:

Noch einen Tag früher, als diese Sühne geschlossen wurde, versprach auch Graf Heinrich v. Henneberg dem Erzbischof Adolph seine Hülfe gegen den Landgrafen. Man sieht aus dieser Verbindung, daß Eberhard v. B. und Eberhard v. d. Kere das Schloß Wasungen von dem Grafen als Pfand inne hatten, weshalb dieser sich verbindlich machen mußte, daß, wenn er dasselbe auch in diesem Kriege einlöse, jene Ritter es dennoch bis zu dessen Ende im Besitze behalten sollten [25].

Eberhard, die alte Gans, hatte insbesondere meißensche Truppen unter seinem Befehle. Noch vor dem Beginne des Feldzugs war er zu Markgraf Friedrich von Meißen geritten und hatte diesen vermocht, ihm einen bedeutenden Haufen Reuter und Fußvolk zu vertrauen. Während er vor Cassel lag, erzählt ein Chronist, „brüllte er wie ein Bär." Auch damals sang man von ihm ein Lied, von dem uns folgendes Bruchstück erhalten worden [26].

„Die alte Gans ging vor'n Markgraf stahn,
„Nun höret lieber Herre!
„Der Landgraf kriegs euch viel beut an,
„Er wollt' euch sehen gerne.
„Fleug du dahin, gut Eberhard,
„Laß dich vor Cassel schauen,
„Berg und Thal wird alles voll,
„Bis an die Lichtenauen."

Obgleich dieser Krieg in den J. 1387 und 1388 von neuem wieder auflebte und Cassel noch zweimal belagert wurde, so nahmen doch die v. Buchenau keinen Theil daran. Eberhard und Gottschalk hatten sich vielmehr wieder völlig mit dem Landgrafen ausgesühnt. Schon im folgenden J. 1386 gab derselbe ihnen für etliche Schulden, Schäden und verlorne Pferde, welches die Summe von 1600 Guld. betrug, die Dörfer Seifertshausen und Bebra als Pfand, und zwar auf so lange, bis er Friedewald und die dazu gehörenden Dörfer wieder von ihnen eingelöst; in diesem Falle sollten dann die 1600 G. auf Weiterode und Ronshausen mit dem Geleite übertragen werden. Statt jener Ablösung erneuerte jedoch 1387 der Landgraf den Pfandschaftsvertrag über das Schloß Friedewald und die zu demselben gehörenden Ortschaften.

Als Landgraf Hermann 1393 mit den v. Baumbach in Fehde kam, verbanden sich mit ihm außer den v. Kolmatsch, Trott, v. Romrod, Treusch v. Buttlar und v. Herdá, auch Eberhard und Gottschalk, sowie Eberhard, Sittich, Neidhard und Wilhelm v. Buchenau, denen er für die Eroberung des Schlosses Tanneberg 1800 G. versprach.

Gottschalk scheint nicht lange nachher gestorben zu seyn, wogegen Eberhard, die alte Gans, noch bis in das fünfzehnte Jahrhundert lebte; ich breche aber hier mit seiner ferneren Geschichte ab und werde erst später wieder auf ihn zurückkommen.

Die Gebrüder Wigand, Berthold und Ludwig v. B. besaßen vom Landgrafen einen Theil der Gerichte Aula und Breidenbach, sowie des Hauses Glauburg, unfern Niederaula, der nach der beiden letztern Tode dem erstern 1371 übertragen wurde, nämlich 3 Theile jener Gerichte von denen er schon ein Achtel besessen, und die Hälfte des genannten Schlosses, und zwar für die Summe von 300 Goldgulden [27].

Otto v. B. besaß um dieselbe Zeit die Burg und das Dorf Niederschwallungen, bis er dieselben 1382 an Hans v. Riena verkaufte. Sowohl Dorf als Burg sind nicht mehr vorhanden; jenes ist jetzt eine Wüstung und nur noch der Kirch- und Burgweg erinnern an dieselben. Derselbe Otto gab in d. J. auch das Dorf Druß zum Heile seiner Seele dem Kloster Herrenbreitungen [28].

Wetzel v. B. scheint den Klöstern sehr gewogen gewesen zu seyn. 1384 schenkte er der Probstei St. Petersberg bei Hersfeld zu seiner Eltern Albrecht und Agnes Jahrgedächtnisse Güter zu Fischbach, Rottensee, Eitra, Kathus und Wippershain und wiederholte seiner Vorfahren Verzichtleistung auf Wetzelsrode, Bettenrode und das Wasser Solz. Zu gleichem Zwecke bestimmte er auch am 20. Mai 1385 sein Lehn- und Erbschaftsrecht an einem Hause in der Waaldengasse zu Hersfeld. Alles dieses bestätigte er nochmals am 21. October und wiederholte auch feierlich den Verzicht auf jene früher streitigen Güter, denn er habe oft von seinem seligen Vater gehört, daß er kein Recht daran habe und dieser ihn noch auf dem Todbette darüber unterrichtet.

Otto und Wetzel v. B., nebst Hermann v. Völkershausen und Thilo v. Benhausen kamen wegen einer Forderung an die Grafen v. Schwarzburg, mit denselben in Streitigkeiten. Schon am 20. Febr. 1387 vermochte Graf Günther den Kaiser Wenzel, daß dieser über Wetzel v. B.

die Acht aussprach. Als nun im nachsten Jahre Bischof Gerhard v. Würzburg, ein geborner Graf v. Schwarzburg, den Grafen Johann, Günther und Günther v. Schwarzburg das Schloß Wolkenburg einräumte, sahen jene Ritter dieses als eine gute Gelegenheit an, zu ihrer Forderung zu gelangen. Sie rüsteten sich, zogen aus und eroberten das Schloß. Hierüber erhob sich ein heftiger Streit, den endlich die Vermittlung des Erzbischofs v. Mainz am 26. April beilegte. Die genannten Ritter sollten das Schloß für die Summe von 3500 G. als Pfand besitzen, und zwar unter der Bedingung, daß, wenn die Grafen bis zu Weihnachten ihnen jene Summe erlegten, sie das Schloß zurückgeben, wo nicht, dasselbe als gräfliche Amtleute einbehalten sollten [29]).

Wetzel wies 1390 mit Bewilligung seiner Gattin Jutta, seinem Bruder Eberhard, Pfründner auf St. Johannisberg bei Hersfeld, eine jährliche Rente aus Gütern zu Siglos an, welche nach dessen Tode dem Kloster zufallen sollte, und erhielt 1391 mit Neidhard und Wilhelm v. B. vom Kloster Spießkappel 50 Pfund Pfennige (1 Pfund = 20 Groschen) ausgezahlt.

Eberhard, die alte Gans, half 1394 zwischen der Abtei Fulda und den v. Lüder eine Sühne vermitteln, und stand 1395 in Gemeinschaft mit seinem Sohne Neidhard und Heinrich v. d. Tann in einer Fehde mit Graf Heinrich v. Henneberg. Da der Bischof Gerhard v. Würzburg damals auch im Kriege mit Henneberg lag, so schlossen sie sich demselben an. Die Ursache des Streites ist unbekannt und dieser selbst geht nur aus dem durch des Bischofs Lambrecht v. Bamberg und des Burggrafen Friedrich v. Nürnberg Vermittlung am 25. Novbr. 1395 zwischen Würzburg und Henneberg zu Stande gekommenen Sühneverträge hervor. Es wird darin gesagt, daß die obigen Ritter in dieser Sühne nicht mit begriffen seyen und der Bischof Lambrecht sich deshalb ernstlich bemühen sollte, diese zum Beitritt zu vermögen, und wenn ihm dieses gelänge, den Grafen davon zu benachrichtigen. Würden sich jedoch jene Ritter nicht darauf einlassen wollen, so sollte der Bischof v. Würzburg mit ihrem Kriege nichts mehr zu schaffen haben [30]. Mit Fulda stand Eberhard in dieser Zeit dagegen in friedlichen Verhältnissen und sühnte mit Hülfe einiger andern den Abt Johann mit seinem Dechanten Carl v. Bibra, die im heftigsten Streite gelegen, aus [31].

Wie wir oben gesehen, befand sich Eberhard schon im J. 1385 in dem Pfandbesitze des Schlosses und der Stadt Wasungen. Wahrscheinlich war dieses Verhältniß die Ursache der vorgedachten Fehde mit dem Grafen Heinrich v. Henneberg. Dieser Graf erneuerte wenigstens am 7. Mai 1397 den Pfandschaftsvertrag und gab dieselben, mit Ausnahme der geistlichen und Mannlehen, den Rittern Gottschalk v. Buchenau und Appel v. Reckrod für 2000 G. von Neuem ein [32].

Schon vor diesem hatte sich zwischen mehreren buchischen Familien und dem Landgrafen Hermann von Hessen eine Fehde erhoben. Außer den v. Romrod, v. Steinau, v. Bimbach, v. Weihers und v. Trubenbach, waren es insbesondere die v. Buchenau, von denen die Ritter Eberhard die alte Gans, Hermann und Gottschalk und des alten **Eberhard's** Söhne **Eberhard, Rein̄hard, Neidhard** und **Wilhelm,** sowie **Wetzel** und **Wigand,** genannt werden. Auch die Grafen v. Ziegenhain und die v. Waldenstein standen mit denselben im Bündnisse. Schon im April war Wetzel v. B. in Gefangenschaft gefallen. Am 29. April gelobte er dem Landgrafen zu Cassel, in dem Hause Henne Mattenberg's, eines der damals besuchtesten Wirthe, bis zu Pfingsten (10. Juni) ein rechtes Gefängniß zu halten. Erst am 17. März des folgenden Jahres stellte er eine Urfehde aus, und schwur, nimmer des Landgrafen Feind zu werden. Im Mai 1397 rückten die Verbündeten mit einem großen reisigen Zuge aus den Buchen in das Hessenland unter entsetzlichen Verwüstungen. Bis Homberg drangen sie vor, da erreichte sie der Landgraf. Nach einem hitzigen Gefechte schlug sie derselbe in die Flucht. An 150 gesattelte Hengste führte der Landgraf als Siegeslohn mit fort. Dieser Verlust konnte die Mächtigen wohl schwächen, aber nicht so entmuthigen, daß sie nun Frieden gesucht hätten. Die Fehde dauerte fort. Am 18. August warb der Landgraf die v. Schlitz zu seinen Helfern, welche ihm zugleich ihre Burgen zu Schlitz, Lüder und Mackenzell öffneten. Später fielen noch Dietrich v. Ebersberg und Wigand v. Buchenau, Appel's Sohn, in Gefangenschaft. Dietrich gelobte am 14. April 1398, sein Gefängniß in Henne Mattenberg's Herberge zu Cassel zu halten, wofür sich Heinrich v. Schenkwald, Wetzel v. B. und Lotz und Thilo v. B. verbürgten. Dieses wurde jedoch auf seines Schwagers Fritz v. Wangenheim Verwenden mehrmals hinausgeschoben, so daß er erst am 27. December 1399 seine Urfehde ausstellte. Aehnlich ging es auch mit Wigand, der am 13. Juli 1398 sein Gefängniß in derselben Herberge zu halten versprach, wofür sich Wetzel v. B. und der bekannte Kunzmann v. Falkenberg, seine Vettern, verbürgten. Auch dieses wurde zu mehreren Malen verschoben und erst am 29. Juni 1399 schwur er eine Urfehde.

Diese Fehde betraf insbesondere das Schloß Friedewald mit den zu demselben gehörenden Dörfern Ronshausen, Iba, Mecklar, Meckbach, Rottolferode, Neuensüß ꝛc. Am 13. Jan. 1400 fand endlich eine Annäherung der Parteien statt, sie schlossen einen Friedstand auf ein Jahr und etliche Wochen; in dieser Zeit sollte keiner den andern mit Fehde überziehen und um jene Güter getheidingt und geredet werden, mit denen sich die v. Buchenau nicht bewehren sollten. Zum Schiedsrichter wählten sie den Abt Johann von Fulda, welcher während des Friedstands die Ansprüche entscheiden sollte. Außer noch einigen andern Nebenbestimmungen wurde festgesetzt, daß die v. Buchenau während jener Zeit in dem Besitze der Dörfer Bebra und Seifertshausen, sowie des ihnen von den v. Baumbach versetzten Zolles zu Ronshausen, ungestört verbleiben sollten. Am 19. Jan. traten auch die Ritter Hermann und Gottschalk und alle andern v. Buchenau diesem Vertrage bei. Kurz nachher am 23. Februar überließ Ritter Eberhard mit seinen Söhnen Eberhard, Neidhard und Wilhelm seinen Theil am Walde Säulingssee für 300 Gulden dem Landgrafen. Statt jener schiedsrichterlichen Entscheidung des Abts von Fulda kam im J. 1401 zwischen den Parteien ein Vergleich zu Stande. Die v. Buchenau verzichteten auf ihre an Friedewald gemachten Forderungen und gaben die darüber in Händen habenden Verschreibungen vernichtet zurück; dagegen setzte der Landgraf den Ritter Eberhard und seinen Sohn Eberhard als unberechnete Amtleute über Friedewald und die Dörfer und Wüstungen Usbach, Herfa, Wundorf, Riechelsrode und Wiesenborn. Auch die schon oben genannten Dörfer Ronshausen 2c. wurden ihnen von neuem eingewiesen und zwar für die Pfandsumme von Drei Gulden. Sie sollten diese Orte schützen und bewachen und auf des Landgrafen Erfordern dieselben, letztere insbesondere, gegen den genannten Betrag wieder zurückstellen. Man sieht hieraus, daß die Ansprüche der v. Buchenau wohl nicht ganz begründet gewesen seyn mögen; nur wegen des drohenden Krieges mit Mainz scheint der Landgraf nachgegeben zu haben. Deshalb wird bei der Zurückgabe keiner Pfandsumme gedacht, wird keine Zeit bestimmt, wie lange die v. B. jene Güter besitzen sollten, wird die Zurückforderung ganz des Landgrafen Willkür anheim gestellt und für die letzteren Orte ein so kleiner Pfandbetrag bestimmt, um dieser Einräumung wenigstens den Namen einer Verpfändung geben zu können. Jener Eberhard war damals würzburgscher Amtmann zu Meiningen [33]).

Am 12. April 1401 erklärte Otto v. B., damals Amtmann zu Wasungen, zu Spangenberg dem Landgrafen Hermann in Gegenwart der Ritter Eberhard v. Buchenau u. Wigand v. Gilsa, sowie Hermann's v. Leimbach u. Bernhard's v. Bicken, Amtmanns zu Rotenburg, alle von seinem

Vater Hermann v. B. gegebenen Briefe über Lehen und Mannschaften so zu halten, als ob er sie selbst ausgestellt.

Schon von frühern Zeiten hatten die v. Buchenau verschiedene Lehngüter in und vor Hersfeld, von denen Wetzel v. B. ein Vorwerk zu Anstadt vor dem St. Petersthore zu Hersfeld nebst einem jährlichen Geldgefälle, sowie zwei Häuser vor dem St. Petersthore, über dem Hause der v. Altenburg gelegen, mit Genehmigung des Abts Reinhard (v. 1388—1398) an einen hersfeldschen Bürger verpfändete, welche 1399 auf einen andern übergingen.

Am 25. Sept. 1401 stifteten der Ritter Gottschalk und seine Hausfrau Irmila eine wöchentliche Seelenmesse in der St. Gehülfens-Capelle zu Vach und wiesen zu diesem Zwecke ein Geldgefälle zu Steinenfeld an.

Mancherlei Streitigkeiten, die sich erhoben, besonders aber der Krieg, den die Ermordung des Herzogs Friedrich v. Braunschweig im J. 1400 bei Kleinenglis erzeugt, bewogen 1402 den Kaiser Ruprecht, nach Hersfeld zu kommen, um deren Beilegung zu versuchen. Von Michaelis an 9 Tage über verweilte derselbe in dieser Stadt und von allen Seiten zogen Fürsten, Grafen und Ritter mit glänzenden Gefolgen zum kaiserlichen Hoflager. Auch dreizehn Glieder der Familie v. Buchenau ritten in Hersfeld ein [34]).

Abt Johann von Fulda verkaufte im J. 1402 am 29. October das Schloß und Dorf Gerstungen an die Landgrafen Balthasar und Friedrich von Thüringen, worauf dieselben, außer den v. Boineburg, v. Kolmatsch und v. Herda, auch dem Ritter Eberhard v. Buchenau eingegeben wurden [35])

Wilhelm v. B. befehdete 1405 die Markgrafen Friedrich und Wilhelm von Meissen, welche sich deshalb mit einigen buchischen Edeln v. Lichtenberg, v. Allendorf, v. Buttlar ꝛc. gegen ihn verbanden [36]).

Im J. 1406 verpfändete Bischof Johann v. Würzburg die Stadt und die Burg Meiningen nebst dem Schlosse Landsberg und den Dörfern Flachdorf, Lautersdorf und Quirinfeld an mehrere Edelleute, unter andern auch an Eberhard v. B., für die Summe von 18,330 Guld.

Im J. 1406 errichteten die v. Buchenau auf ihrem Stammhause einen Burgfrieden, in dem man die damals erwachsenen Männer der Familie zusammen findet; es waren Hermann, Eberhard, Hermann und Gottschalk, Ritter, ferner die Knappen Otto, Eberhard, Neidhard, Wilhelm, Lutz, Werner, Wigand, Wetzel, Otto, Gottschalk, Sittich, Wigand, Sittich, Christian, Georg und Walter. — In diesem Vertrage wurde ein gegenseitiger Schutz und Schirm unter den Ganerben bedungen, und dann festgestellt: wenn ein Ganerbe seinen Theil verkaufen wollte, sollte er diesen erst seinen Ganerben anbieten; im fünfzehnten Lebensjahre sollte jeder v. B. den Burgfrieden beschwören; nur die Söhne sollten erben, hätte jedoch ein v. B. nur Töchter, so sollten diese mit Geld abgefunden werden und zwar in dem Verhältniß, daß ein Dritttheil der Burg zu 100 G. angeschlagen werde. Die Gatten v. buchenauscher Töchter sollten nicht eher Macht an dem Schlosse haben, bis sie den Burgfrieden beschworen. Könnte ein Ganerbe kein anderes Gut, als seinen Schloßtheil, seinem Weibe zum Witthume sezzen; so sollte die Witwe den Töchtern gleich gehalten werden und den Ganerben das Recht der Ablösung zustehen. Unter den Ganerben, deren jeder ein Drittel des Schlosses oder mehr habe, sollte der Besitz der Schlüssel von Vierteljahr zu Vierteljahr wechseln und jeder sollte in dieser Zeit das Schloß schließen und bewachen, so gut er könne. Höre ein Ganerbe, daß gegen Buchenau gezogen werde, so sollte er alsbald einreiten oder zwei ehrbare Mannen, die seine Genossen seyen, dahin senden. Jedem, der ein Drittheil des Schlosses besitze, gebühre das Halten von zwei Edelleuten (ehrbaren Männern, zum Wappen geboren) und zwei wehrhaften Männern, auch sollte jeder, der ein Drittheil habe, stets 13 Vrtl. Mehl, 6 gute Armbrüste und 6 gute Büchsen, 20 Pfund Pulver und 1000 Stück gezähnter Pfeile vorräthig haben; jährlich sollten die Ganerben das Recht haben, diese Vorräthe nachzusehen und die schadhaften Geschosse zu bessern heißen. Etwa entstehende Zwiste sollten Simon v. Wallenstein, Heinrich v. Holzheim und Carl v. Trubenbach die Macht zu scheiden haben [38]). Dieser Vertrag wurde mehrere Male, 1429, 1441, 1483 ꝛc. unter den Ganerben erneuert.

Sittich v. B. befand sich 1408 in einem Bündnisse mit dem Grafen v. Anhalt und mehreren eichsfeldschen und thüringschen Rittern gegen den Landgrafen Friedrich von Thüringen. Aber er fiel mit jenem Grafen, dem Dynasten Anton v. Bevern, dem Ritter Berthold v. Hanstein und achtzehn ihrer Diener in dessen Gefangenschaft und große Summen mußten sie für ihre Lösung zahlen. Dem Grafen v. Anhalt wurde ein reinliches Gemach im Kloster Veßra zum Gefängnisse angewiesen und ehrbare Leute zu seiner Bewachung bestellt, bis er mit 2000, nach andern sogar mit 4000 Mk. S. seine Freiheit erkaufte[39]).

Gottschalk v. B. erhielt zuerst 1408 ein Drittel und 1409 nochmals ein Drittel der Stadt und des Schlosses Vach vom Landgrafen Hermann von Hessen verpfändet.

Im J. 1409 wurde durch den Abt Johann v. Fulda, den Grafen Heinrich v. Waldeck, die Ritter Kunzmann v. Falkenberg und Friedrich v. Hertingshausen, die letztern drei berüchtigt durch den Raubmord an Herzog Friedrich v. Braunschweig, sowie durch den Ritter Bodo v. Adelepsen, ein Bund gestiftet, von dessen Zeichen, einem Luchse, welches jeder Bündner trug, die Gesellschaft vom Luchse genannt. Obgleich der Zweck desselben nicht bekannt ist, so mag derselbe doch gleich dem aller ähnlichen Gesellschaften, deren diese Zeit so viele entstehen und gewöhnlich eben so schnell wieder hinwelken sah, nämlich gegenseitiger Schutz und Beistand, gewesen seyn. Auch die Ritter Broseke von Vierminden, Simon v. Wallenstein, gleichwie Eberhard v. Buchenau, gehörten diesem Bunde an, dessen meiste Genossen jedoch unbekannt sind. Am 17. Januar 1410 erklärte auch Erzbischof Johann v. Mainz in seiner Residenz Eltvill seinen Beitritt zu demselben[40]).

In diesem und dem Anfang des folgenden Jahres wurde das Gebiet der Abtei Hersfeld durch eine Räuberrotte beunruhigt und durch Thaten höchster Verworfenheit und Fühllosigkeit in Furcht und Schrecken gesetzt. Auch ein v. Buchenau befand sich in derselben. Unter Fritz Stupfler standen an zwanzig vereint, von denen ich nur Wilhelm v. Buchenau, Werner v. Grumbach, Hermann v. Weihers und Hermann v. Romrod nenne. Wenn uns diese Zeit oft durch Thaten unmenschlicher Grausamkeit mit Schauder erfüllt; so lassen sich diese doch durch den Gedanken mildern, daß sie durch Männer geschahen, verwildert in einem steten Kampfe, daß sie im Zustande höchster Leidenschaft und Aufreizung, in der Wuth des Kampfes, im Taumel des Sieges, im Durste nach Rache für erlittene Unbill, daß sie in einem Zustande verübt wurden, wo Vernunft und Menschengefühl die Zügel der Leidenschaften verloren und unter den Wogen derselben erlegen waren; aber um so mehr muß es alle Gefühle aufregen zu tiefstem Abscheu, wenn man mit Gleichgültigkeit, im Zustande kalter Berechnung, Thaten der tiefsten Entmenschlichung begehen sieht, wie sie sich jene Rotte zu Schulden kommen ließ. Sie befeindete besonders die Stadt Hersfeld und störte durch Streifen und Rauben die Sicherheit deren Umgegend. Einst, es war am heiligen Christabend, den 24. Decbr. 1410, ergriffen jene auf dem Walde, die Queste genannt, zwei hersfeldsche Bürgersknaben und — hieben ihnen Hände und Füße ab und hingen sie noch lebend an einen Baum, sie dem gräßlichsten Schmerze überlassend!! — Schon sind mehr als vier Jahrhunderte seit dieser Unthat verflossen, aber noch immer neu steht sie da in ihrer Schrecklichkeit. Wie mag eine Zeit gewesen seyn, in der solche Gräuel kein Gesetz fanden, dessen zarte Pflanze nicht zu wurzeln vermochte in dem heißen Bereiche der Selbstrache, der Grundlage des Fauſt- und Fehderechts. Nur der Arm des Stärkern, oder das Schickſal, oder der Zufall, wie man es nennen will, vermochte da die Unſchuld zu ſchützen und zu rächen, und dieſe Rache brach wenigſtens über Fritz Stupfler, den Führer jener Rotte, herein. Als er im nächſten Jahre am 9. Mai am Gingenberge eine Weinladung aufhob, ſchlug er im tollen Uebermuthe, wahrſcheinlich weil es nicht möglich war, dieſelbe ſchnell genug in Sicherheit zu bringen, den Fäſſern die Böden ein, ſo daß der edle Trank in der Erde verrann. Dieſem Beginnen zu wehren, widerſetzten ſich ſeine Geſellen, denn ſie meinten, daß ein ſolch' muthwilliges Verfahren wider Gott ſey, und da ſie ihn nicht davon abbringen konnten, ritten ſie, um ihre zarten Gewiſſen nicht zu verletzen, hinfort und ließen Fritz allein. Dieſes hatten die Hersfelder bemerkt und ſäumten nicht ſeiner habhaft zu werden, welches ihnen im Zellerthale gelang. Am Galgen hauchte er ſein verbrecheriſches Leben aus [41]. Jener Wilhelm v. B. beſaß das fuldiſche Schloß Fiſchberg, welches ſein Vater Eberhard als Pfandſchaft für 2930 Gulden von den von der Tann erworben hatte [42].

Im J. 1411 verſetzte Curt v. Heringen das Gericht Heringen (an der Werra) an Gottſchalk v. B. Nachdem letzterer noch 1430 einige Dienſte ꝛc. dem Landgrafen Ludwig daraus verſetzt hatte, löſte es kurz nachher Curt's Wittwe Margarethe und ihr Sohn Heinrich wieder ein und verpfändeten es 1432 an den genannten Fürſten.

Im J. 1414 kamen die v. Buchenau, namentlich die Gebrüder Werner, Wetzel, Eberhard, Neidhard und Wilhelm, sowie Jordan und Gottschalk d. j. mit den v. Baumbach in eine ernste Fehde. Am 13. Juni schlossen sie deshalb mit Abt Johann v. Fulda ein Schutzbündniß, nach welchem sie 10 Glenen in Buchenau und der Abt eben so viel zu Geisa, so lange jene Fehde währe, halten wollten⁴³).

Sittich v. B. hatte, wahrscheinlich durch Erbschaft, Güter in Franken erworben, namentlich einen Wald an der Josse, der buchenausche Wald genannt, nebst dem vierten Theil der dazu gehörenden Vogtei. Nach seinem Tode verkauften diese Güter im J. 1416 seine Witwe Margaretha geb. v. Fechenbach und seine Söhne Wigand, Eberhard, Wigand und Erasmus für 600 rh. G. an die v. Thüngen⁴⁴).

Im J. 1416 kam der stolze Simon v. Wallenstein in einen Krieg mit der Stadt Hersfeld, an dem auch die v. Buchenau gegen dieselbe Theil nahmen. Einige Bürgerssöhne hatten einen wallensteinschen Diener erschlagen und Simon sandte deshalb der Stadt seinen Feindsbrief.

Nachdem er sich eine ansehnliche Genossenschaft zusammengebracht, zu denen selbst die Grafen v. Henneberg und Waldeck gehörten, begann der Kampf, der wie gewöhnlich in gegenseitigen Verwüstungen bestand und bei dem die Burg Buchenau ein Hauptwaffenplatz der Verbündeten war. Erst im Jahre 1417 kam eine Sühne zu Stande⁴⁵).

In dieser Zeit treten uns einige Familienglieder der v. Buchenau, welche sich dem geistlichen Stande gewidmet hatten, als besonderer Aufmerksamkeit werth, entgegen. Es waren dieses Albrecht und Hermann, welche als Aebte die fürstlichen Stühle Hersfeld's und Fulda's bestiegen.

Albrecht (auch Albert und abgekürzt Appel) war Probst in dem Nonnenkloster Kreuzberg (jetzt Schloß Philippsthal an der Werra) und Capitular zu Fulda und Hersfeld, als er nach dem Tode des gutmüthigen Abts Hermann (v. Altenburg) vom hersfeldischen Capitel zu dessen Nachfolger gewählt wurde. Wie beinahe in allen v. Buchenau ein kühner kriegerischer Geist, genährt durch einen Reichthum und eine Macht, in der ihnen wenige Familien des niedern Adels sich an die Seite zu setzen vermochten, ein Geist, streng und ernst, wie ihre Rüstungen und Waffen, als ein Hauptzug in dem Charakter ihrer Familie hervorleuchtet, so findet sich dieser auch in Albrecht's Charakter wieder. Sowohl die Chronisten, als auch seine Handlungsweise, zeichnen ihn als einen strengen, ernsten und heftigen Mann, der fest und eisern auf seines Stifts Gerechtsame hielt, so daß er selbst mit seiner Familie wegen streitiger Ansprüche über Güter im Gerichte Schildschlag, welche dieses als hersfeldsches Lehn besaß, in Fehde gekommen seyn soll. Die alten Pläne des Abts Berthold v. Völkershausen lebten in ihm von Neuem wieder auf und er ging bei deren Ausführung mit weit starrerem Sinne und weit weniger Schonung zu Werke, als jener es je gewagt hatte. Nicht durch Güte, nur durch Gewalt und Schrecken suchte er zu regieren und mit dem Schwerte in der Faust den freien Sinn der Bürger einzuschüchtern. Er verweigerte die noch vom St. Vitalis-Abend des Jahrs

1378 herrührende, dem Abte Berthold aufgelegte Buße, unterdrückte das Stadtgericht und beging selbst eine Handlung der Grausamkeit und höchsten Ungerechtigkeit, welche ganz den furchtverbreitenden Charakter dieses Mannes bezeichnet. Unter die angesehensten hersfeldschen Bürgerfamilien gehörte die Familie Gerwig; von dieser ließ er Hermann, Rathsschöpfen und hessischen Lehnsmann, auf dem Rathhause greifen, nach dem Schlosse Eichen führen und im Zwinger zu Tode hungern. Auf jede mögliche Weise suchte er die Stadt zu drängen und die eingeschüchterten Bürger wagten sich nicht zu regen. Doch so leicht läßt sich der Sinn und die Liebe für die Freiheit, wo diese einmal in den Gemüthern Wurzeln geschlagen, nicht unterdrücken; sicher bricht ihr gewaltiger Geist, wenn auch spät, aber um so stärker hervor, je tiefer die Tyrannei ihn niedergebeugt zu haben glaubt. Von jenem glücklichen Rettungstage des J. 1378 feierte Hersfeld den St. Vitalistag als ein Volksfest durch feierliche Prozessionen und Gelage. Diese Feier rief dann jenen Tag mit seinen Gefahren lebendiger vor die Seele, und wie alte Wunden, von Neuem aufgerissen, nur um so heftiger schmerzen, mußte er dastehen als eine Scheidewand zwischen den freiheitsliebenden Bürgern und dem herrschsüchtigen Clerus. So fachte denn auch diese Feier und einige andere Vorfälle den alten Haß von Neuem an und der Streit wäre sicher in offene Feindseligkeiten übergegangen, wäre nicht noch zeitig Landgraf Ludwig dazwischen getreten, und nach vielen Bemühungen endlich eine Aussöhnung zu Stande gebracht worden. Nachdem Albrecht sich auch 1432 mit jenem Landgrafen gesühnet und denselben zum

Schirmherrn seines Stiftes erwählt hatte, starb er, noch beladen mit dem Fluche der Bürger, im J. 1448 [46]). — Während Albrecht den Stuhl von Hersfeld inne hatte, bestieg sein Brudersfohn

Hermann den des Stiftes Fulda. Diese, durch ihren Stifter, den heiligen Bonifacius, verherrlichte Abtei galt als die erste in den deutschen Landen und ihr Oberhaupt war als solches Primas der Aebte durch Germanien und Gallien und Erzkanzler der Kaiserin. Hermann war seinem Oheim ähnlich in Sinn und That, nur noch mit größerer Macht begabt. Man lernt ihn zuerst als Probst auf St. Petersberg und St. Johannisberg kennen. Der um Fulda hochverdiente Abt Johannes v. Merlau, durch Krankheit und Altersschwäche entkräftet und sich nach Ruhe von den Beschwerden seiner thätigen Regierung sehnend, ernannte mit Einwilligung seines Convents im J. 1419 Hermann zu seinem Stellvertreter (Coadjutor) und zum Verweser und Pfleger der Abtei. Hermann entsagte nun der Probstei St. Petersberg und behielt sich nur die des St. Johannisbergs vor. Der Unterstützung des Erzbischofs Conrad v. Mainz und seines Bruders gewiß, suchte er Anfangs den Abt Johann auf jede Art zu kränken und ihm dadurch sein Amt zu verleiden. Da ihn dieses jedoch nicht rasch genug zum Ziele führen wollte, so schritt er zur Gewalt. Als der Abt nach Beendigung einer großen Versammlung der Benedictiner-Aebte sich auf sein Schloß Neuhof zurückgezogen, um der Ruhe zu pflegen, überfiel ihn Hermann und vertrieb ihn in das Dorf Ottershausen, worauf er sich dann vollends der Zügel der Regierung bemächtigte (1420). Der Abt rief nun zwar den Erzbischof Conrad v. Mainz und den Bischof Johann v. Würzburg um Schutz und Hülfe an; doch diese Prälaten, statt zu helfen, unterwarfen die Abtei sich selbst und scheuten sich nicht, den Ritter Eberhard v. Buchenau, einen nahen Verwandten des Verwesers, zu ihrem Oberamtmanne einzusetzen. Hermann schaltete nun mit aller Willkür und verpfändete bedeutende Stiftsgüter, so daß endlich der alte Abt Johannes keinen andern Ausweg sah, als sich dem Landgraf Ludwig von Hessen in die Arme zu werfen.

Dieses und mehrere andere Streitigkeiten fachten zwischen Hessen und Mainz eine Fehde an, welcher die zu verschiedenen Malen wiederholten Sühneversuche nicht vorzubeugen vermochten. Neben andern buchischen Rittern nahmen auch Sittich, Burghard, Gottschalk, Engelhard, Eberhard und Wigand v. Buchenau, an derselben Theil. Am 21. Juli 1427 sandte der Erzbischof dem Landgrafen seinen Fehdebrief und zog darauf nach dem Buchenlande. Nachdem der Landgraf die mainzischen Truppen unter dem Grafen v. Leiningen in der Nähe von Kleinenglis am 23. Juli geschlagen, eilte er nach Fulda, um dasselbe von den es umlagernden mainzischen Truppen zu befreien, denen es bis jetzt standhaften Widerstand geleistet. Als er angelangt, verdrängte er den Verweser und setzte den Abt wieder in seine Stelle. Endlich am 10. August kam es auf der westlich von Fulda sich ausbreitenden Ebene, das Münsterfeld genannt, mit dem Erzbischofe zur Schlacht, in welcher dieser eine völlige Niederlage erlitt. Am 8. Sept. kam der Friede zu Stande.

Mit diesem Kriege stand auch ein Angriff der v. Buchenau auf die Burg Biberstein in Verbindung, welchen diese in d. J. ausführten, der ihnen aber mißlang.

Hermann blieb auch noch ferner Verweser und schlug seinen Sitz im Schlosse Biberstein auf. Da er jedoch noch viele Feinde zu Fulda hatte, so begleitete er meistens den Erzbischof Conrad, mit dem er sich am 27. Dec. 1427 im Schlosse zu Höchst am Maine findet, und nach dessen Tode den Erzbischof Dietrich. Erst im J. 1440 starb der Abt Johannes und Hermann bestieg nun den fürstlichen Stuhl Fulda's, auf dem er, nachdem er noch Manches für das Stift gethan, im J. 1449 starb [47]).

Hermann's Bruder Albert war Comthur des deutschen Ordens zu Munnerstadt.

Henne v. Romrod bekannte sich 1420 zu einer Schuld von 155, gleichwie Simon v. Schlitz zu einer Schuld von 66 Goldgulden gegen Sittich v. Buchenau.

Wilhelm v. B. streifte 1423 mit einem ansehnlichen Anhange in Thüringen und Franken, so daß sich Landgraf Wilhelm von Thüringen mit der Stadt Schweinfurt, den Grafen v. Castell und den Rittern Zellner zu Birkenfeld, v. Bibra, v. Rosenberg zum Bartenstein, v. Stein zu Altenstein, v. Sabusheim zu Weissenborn, v. Hesberg zu Eishausen, v. Wetzhausen u. a. gegen Wilhelm und die fuldische Ritterschaft zu verbinden genöthigt war [48]).

Im J. 1425, also noch vor dem Kriege vom J. 1427, waren die v. B. in Feindseligkeiten mit Hessen gerathen, in deren Folge Gottschalk's v. B. Sohn Rörich in Gefangenschaft gefallen. Als ihn der Landgraf wieder in Freiheit setzte, gab er auch die bei dieser Gelegenheit gemachte Beute, drei Pferde, eine Handkugel (Handiskogil, eine Art Morgenstern) und zwei Helme (Isinhute) zurück, worüber die Gebrüder Otto und Gottschalk am 5. Nov. eine Urkunde ausstellten und eine Urfehde schwuren.

Georg v. B. erwarb um diese Zeit das durch das Aussterben der v. Benhausen erledigte hennebergsche Lehen des Schlosses Feldeck und des Dorfes Tutlos⁴⁹). Im J. 1429 versetzte er seinen Theil an Gütern zu Heringen an einen Bürger zu Vach, Hans Tollefeld, welcher auf gleiche Weise auch den Theil Engelhard's und 1432 die Antheile Rörich's und Heinrich's v. B. erwarb. Im J. 1438 wurde er für sich und seine Erben von Rörich v. B. mit diesen Gütern beliehen, wofür er verschiedene Natural- und Geldgefälle an das Kloster Kreuzberg liefern sollte, theils an die buchenauschen Töchter Dorothea, Else und Judeman, welche Nonnen daselbst waren, theils zum Seelgeräthe Appel's Rode, von welchem Güter den v. Buchenau aufgestorben.

Im J. 1430 lagen Engelhard, Sittich und Rörich v. B. und die v. Schlitz mit den Grafen Georg und Wilhelm v. Henneberg in Fehde. Am 30. Juni d. J. verbanden sich die letztern mit dem Bischofe Johann von Würzburg, welcher in dem darüber aufgerichteten Vertrage versprach, jener Ritter Feind zu werden. Sie sollten sich gegenseitig helfen, keiner sich einseitig sühnen und jeder eine Anzahl Reisige zu täglichem Kriege halten; der Bischof 12 Reisige mit Pferden zu Lichtenstein, Graf Georg 12 zu Henneberg und Graf Wilhelm 12 zu Kaltennordheim oder Wasungen, alle wohlgerüstet, jeder für eigne Rechnung ꝛc.⁵⁰).

Im J. 1430 gab Landgraf Ludwig das Schloß Friedewald mit seinen obengenannten Zubehörungen an Wilhelm v. B. und Lenore, seine Hausfrau, auf Lebenszeit ein. 1431 verkauften Rörich und seine Hausfrau Sophie dem Landgrafen ihre Güter zu Rothenkirchen und Rhina für 300 Goldgulden.

Im J. 1434 verschrieben die v. Buchenau, namentlich Ursiel, Hermann und Heinrich dem Landgrafen Ludwig das Oeffnungsrecht am Schlosse Buchenau. Im Falle derselbe jedoch mit Fulda in Fehde kommen würde, sollte nach den Bestimmungen des Burgfriedens verfahren werden.

Im J. 1436 versetzten die Gebrüder Wilhelm, Rörich und Heinrich, sowie Rörich's Söhne Neidhard und Walter v. B., ihr Erbtheil am Gute zu Kusnebach, der Fischerei in der Haune und dem Gerichte Schildschlag dem Kloster St. Johannisberg gegen 150 G., worin ihnen Wetzel, Heinrich und Hermann 1438 mit ihren Antheilen folgten. In demselben Jahre gab Rörich mit der Einwilligung seines Bruders Heinrich, seines Vetters Wilhelm und seines verstorbenen Vetters Georg's Kinder: Neidhard, Eva, Else und Judeman, gleichwie seiner eignen Tochter Dorothea, letztere drei Klosterjungfrauen zu Kreuzberg, diesem Kloster ansehnliche Gefälle aus Heringen und Igelsdorf. Auch versetzte derselbe 1439 sein Haus und Hofreide zu Lengsfeld dem Abte Conrad von Hersfeld auf 10 Jahre für 30

rh. G. und Wetzel 1440 ein Drittel des Gerichts Schild=
schlag dem Kloster St. Petersberg für 62 Guld.

Gottschalk v. B. hatte Anne, eine Erbtochter
des Ritters Rörich v. Eisenbach, zur Hausfrau. Als nun
mit diesem seine Familie im Mannsstamme erlosch, machte
Anne zwar auf die väterlichen Güter Ansprüche, verglich
sich jedoch darüber mit ihrem Schwager Hermann Ried=
esel, der ihr für ihre und ihrer Kinder: Georg, Gott=
schalk, Boß, Sittich, Engelhard, Anne, Irmel,
Lehne und Ortchen Verzichtleistung 800 G. zahlte[51]).

Der Streit der beiden Päbste Eugen IV. und Felix V.
warf auch in das Stift Würzburg die Brandfackel der
Zwietracht, indem das Capitel mit dem neuerwählten Bi=
schofe Siegmund, Herzoge zu Sachsen, zerfiel. Beide
hatten ihren Anhang. Die Herzöge von Sachsen und
Landgraf Ludwig von Hessen standen unter andern auf
des Capitels Seite, und der Krieg, welcher sich 1440 er=
hob, wurde blutig und verwüstend. Am 24. Nov. d. J.
stießen die Bischöflichen, nämlich die Truppen des Mark=
grafen von Brandenburg und der v. Thüngen mit 400
Pferden auf die sächsischen Truppen von 800 Pferden und
bei den Dörfern Brechtheim und Opfenheim erhob sich ein
blutiger Kampf. Obgleich überlegen an Zahl, wurden die
Sachsen geschlagen und verloren 30 vom Adel als Gefan=
gene, 60 Pferde, 70 Harnische und 300 Schwerter. In
dieser Schlacht blieb Hermann v. Buchenau[52]).

Georg besaß um diese Zeit (1444) die Burg Nieder=
schwallungen. Seine Tochter Else war an Albrecht Auer=
ochs verheirathet[53]).

Sittich v. B. starb ohne Söhne und wurde von den v. Linsingen beerbt, von denen Ludwig, Berthold und Johann v. L. 1445 mit allen seinen fuldischen Lehnen in den Schlössern Buchenau und Werdau beliehen wurden [54]. Später mögen sie jedoch wieder abgekauft worden seyn.

Wigand v. B. erhielt 1446 vom Dynasten Reinhard v. Hanau alle die von Fioln v. Bimbach zu Kälberau besessenen Güter zu Mannlehn, in welchen ihm seine Kinder folgten.

Rörich v. B. und seine Hausfrau Sophie geriethen 1446 wegen des Schildschlags mit der Probstei St. Johannisberg in Streitigkeiten, welche Abt Conrad v. Hersfeld, auf Ersuchen des Landgrafen, dahin vermittelte, daß das Kloster zwar bei den streitigen Gütern bleiben, dagegen aber an Rörich 60 Goldgulden zahlen, bei deren Zurückzahlung jedoch die Güter wieder freigeben sollte.

Hermann v. B. hatte sich dem geistlichen Stande geweiht und findet sich als mainzischer Domherr. Nachdem er mainzischer Statthalter in Erfurt gewesen, starb er am 17. April 1452 [55].

Gottschalk v. B. war Marschall bei dem Erzbischof Dietrich v. Mainz, einem gebornen Herrn v. Isenburg. Dieser wurde 1460 mit dem siegegewohnten Pfalzgrafen Friedrich, welcher, vom Landgrafen Ludwig u. a. unterstützt, eine ansehnliche Macht besaß, in eine erbitterte Fehde verwickelt. Gottschalk kämpfte in derselben an der Seite seines Herrn, bis er am 4. Juli 1460 in der unglücklichen Schlacht bei Pfedersheim unter den Schwertern der siegenden Hessen seinen Tod fand. Er besaß neben andern Gü=

tern auch die Burg Waldeck im Rheingaue zu mainzischem Mann- und Burglehen; nach seinem Tode fielen dem Erzstifte dieselben wieder heim[56]).

Engelhard v. B. und Carl v. Lüder kamen 1460 mit dem Fürsten Heinrich v. Henneberg in Streit. Er betraf 3 Pferde, welche des Stifts zu Schmalkalden Leute zu Kaltensundheim geraubt und in das Schloß Buchenau geführt hatten[57]).

Im J. 1467 führt uns die Geschichte einen Familien-Streit vor, der sich um so gefährlicher gestaltete, als auch die benachbarten Fürsten mit hinein verwickelt wurden.

Ritter Curt v. Wallenstein, ein Abkömmling der alten Grafen v. Schauenburg am Habichtswalde, hatte sich mit Anne, einer Erbtochter v. Buchenau, verehelicht und der Sohn dieser Ehe, der Ritter Simon v. Wallenstein, hatte, vermöge des geistlichen Lehnrechts, die Rechte seiner Mutter ererbt. Doch die Geltendmachung dieser Rechte fachte unter der Familie v. Buchenau selbst einen heftigen Streit an. Während Heinrich, Engelhard, Neidhard und Caspar d. j. v. B. sich für Simon's Aufnahme in die Ganerbschaft erklärten, waren Georg und Bosso v. B. durchaus dagegen und verlangten, da Simon schon im Besitze war, seine unverzügliche Entfernung. Simon war des Landgrafen Ludwig's Marschall und Liebling und dieser nahm sich deshalb seiner Sache an, da ohnedem Buchenau ein den Landgrafen von Hessen offenes Schloß war. Schon hatte sich der traurige Bruderzwist zwischen den Landgrafen Ludwig dem Freimüthigen von Cassel und Heinrich dem Reichen v. Marburg erhoben und des letztern gewandter Hofmeister, der bekannte Hans v. Dörnberg, benutzte jede Gelegenheit, das unheilvolle Feuer der Zwietracht nicht allein zu unterhalten, sondern mehr und mehr und bis zu hellen Kriegesflammen anzufachen. Auch den v. buchenauschen Familien-Streit wußte er hierzu zu benutzen, indem er die Gegenpartei Simon's durch Hülfeversprechungen zur Hartnäckigkeit anreizte. Auch benachbarte Fürsten und Grafen suchte er zu gewinnen und mit in die Sache zu ziehen, welches ihm um so leichter wurde, da sein Herr ganz unter seiner Leitung stand, so daß dessen Bruder, Landgraf Ludwig, wohl sagen konnte: „Er sey nicht weise genug zu wissen, ob Hans v. Dörnberg Landgraf an der Lahn sey, oder sein Bruder." In einer Zusammenkunft zu Fulda brachte Hans am 24. Dec. 1467 zwischen dem Landgrafen Heinrich, dem Abte Reinhard v. Fulda, einem gebornen Grafen v. Weilnau, dem Grafen Wilhelm v. Henneberg und Ludwig Hrn. v. Isenburg, Grafen zu Büdingen, ein Bündniß gegen die simonsche Partei zu Stande, worin jedoch des Landgrafen Ludwig nicht gedacht wird. Der Landgraf versprach 50 reisige Pferde zu einem täglichen Kriege gegen Buchenau zu stellen. Eben so viel versprachen die Uebrigen zusammen. Ferner kamen sie überein, gegen die Burg Buchenau zu ziehen, der Landgraf und der Abt für eigene, die andern aber auf des Landgrafen Kosten, mit aller ihrer Macht, um dieselbe zu erobern [58]). Später schlossen sich diesem Bunde auch noch Graf Siegmund von Gleichen, Braun Edelherr v. Querfurt, Stamm v. Schlitz gen. v. Görtz ꝛc. an. Doch auch Landgraf Ludwig suchte sich Bundesgenossen zu verschaffen und am 3. März 1468 versprach ihm Herzog Friedrich v. Braunschweig Hülfe gegen seine Feinde, wovon er jedoch ausschloß die Herzöge Wilhelm, Albert und Ernst v. Sachsen, die Markgrafen Friedrich und Albert v. Brandenburg, den Landgrafen Heinrich v. Hessen, die Grafen v. Schwarzburg und Stollberg und den Edelherrn v. Homburg.

Im Sommer des J. 1468 wurden an einem Tage unter Trompetenschall vierzehn Fehdebriefe auf Buchenau abgegeben. Da Simon nicht zu Hause war, nahmen sie seine Gattin Margarethe v. Dalwigk und Engelhard v. Buchenau ab und gaben, nach der Sitte der Zeit, den Herolden und Boten Speise und Trank. Als nun Simon von dem Hoflager seines Fürsten nach Buchenau zurückkehrte und die Feindesbotschaften vernahm, da wäre es ihm wohl zu verzeihen gewesen, wenn ihn solche drohende Lage in Schrecken und Furcht gesetzt; aber an Geist seinen Vätern ähnlich, blickte er mit Ruhe und gefaßter Erwartung dem Kampfe entgegen. „Es sey ihm Leid," sagte er, „daß ihn jene Herren befehden und hassen woll„ten, denen er allezeit zu Diensten bereit gewesen sey, doch „so müsse der Knecht oft seines Herrn entgelten und mit ge„nießen; sie sollten nur nicht verzagen, das könnte nicht „allein mit Briefen zugehen, denn da gehöre mehr zu, als „ein Paar rother Schue zum Tanze. Würde nur Land„graf Heinrich abstehen, vor den andern würde ihm nicht „bangen; doch wolle er Gott walten lassen."

Die Fehde begann wie gewöhnlich mit Streif- und Raubzügen und einzelnen Neckereien, bis endlich die Verbündeten mit 4000 Mann Reitern und Fußvolk im Herbste vor Buchenau erschienen. Schon waren sie mit der Theilung der Beute einig: der Landgraf und der Abt sollten Buchenau, der Henneberger Engelhard v. Büchenau und der Isenburger Simon v. Wallenstein als Gefangene erhalten. Doch der letztere meinte: „da sey Gott und das h. Kreuz vor." Simon war auf den Fall einer Belagerung vorbereitet; er hatte zwar nicht viele, aber um so bessere und versuchtere Streiter an sich gezogen. Und was dem Schlosse durch seine niedere Lage im Thale abging, das ersetzten dessen mächtige Gräben und Wälle; zwar wurde es beherrscht von den nahen Thalwänden, welche es übertragten; aber die Belagerungskunst war damals noch in ihrer Kindheit und das Wurfgeschütz zwar schon vorhanden, aber noch zu unvollkommen, als daß dasselbe mit Nachdruck hätte wirken können.

Der Angriff der Belagerer geschah zuerst auf ein hölzernes, mit Lehm bekleidetes Blockhaus, ein Außenwerk der Befestigungen, welches nur durch 2 Reisige, 2 Fußknechte und 2 Bauern vertheidigt wurde. Alle andern befanden sich auf der Burg, deren Lage um so schwieriger seyn mußte, da ein Theil derselben ebenfalls feindlich war. Der Angriff war heftig, aber das kleine Häufchen, unterstützt durch die Geschütze des Schlosses, warf die Stürmenden mit beträchtlichem Schaden zurück. Von den Isenburgern blieb Kuntz v. Masbach und von den Hennebergern der Vogt v. Strauch. Dieser Unfall und die Nachricht von dem Nahen des Landgrafen Ludwig bewog die Feinde zur Aufhebung der Belagerung und zu eiligem Abzuge.

„Und sie zogen davon wie die Hallgänse, die sich verirrt
„haben und einer klagte dem andern seine Unfälle — —
„und zogen also heim mit ihren Senfmühlen," sagt der
Chronist.

Simon ritt hierauf seinem Herrn entgegen, der, in
Buchenau angelangt, Georg und Bosso völlig aus
dem Besitze ihres Ganerbantheils vertrieb [59]).

Hiermit war die Fehde jedoch noch nicht abgethan und
Simon v. Wallenstein und seine ihm zugethanen Vettern
Heinrich, Neidhard, Engelhard und Caspar
v. Buchenau, Hermann und Georg Riedesel, Otto v. d.
Malsburg, Robert v. Hanstein, Schönberg Spiegel zum
Desenberg, Reinhard v. Dalwigk, Herting v. Eschwege,
Thimo v. Wildungen und Sittich und Wigand v. Holzheim
streiften auf Landgraf Heinrich und brannten und raubten
auf seinem Gebiete. Deshalb gab derselbe am 5. Novbr.
1468 seinem geheimen Rathe und Canzler, Doctor des
deutschen Ordens, Meister Dietrich v. Kube Vollmacht,
jene Ritter als Brecher und Verletzer des von Pabst und
Kaiser zum Besten der Kirche und zu besserer Bekämpfung
der Ketzer und Ungläubigen, unter Androhung großer Stra=
fen anbefohlenen, fünfjährigen Landfriedens, anzuklagen,
und nicht allein ihre Verurtheilung in die Strafe, sondern
auch zu einem Schadensersatz, zu verlangen. Der Erfolg die=
ser Klage ist jedoch unbekannt. Auch im folgenden Jahre zo=
gen die v. Buchenau gegen die nachbarliche, dem Land=
grafen Heinrich zustehende, Burg Haunech auf dem hohen
felsenreichen Stoppelsberge, und eroberten und zerstörten
dieselbe [60]).

Landgraf Ludwig behielt die Burg Buchenau mit seinen Truppen besetzt; zwar wurde auf dem wegen der Ausgleichung der beiden fürstlichen Brüder am Spieß am 23. Juni 1469 gehaltenen Landtage bestimmt, daß er die vertriebenen v. Buchenau wieder in den Besitz ihres Antheils setzen sollte; dieses war aber im folgenden Jahre noch nicht geschehen, denn in dem von beiderseitigen Schiedsrichtern am 17. Mai 1470 erlassenen Erkenntnisse wurde ausdrücklich bemerkt, daß Landgraf Heinrich, gestützt auf den letzten Scheid, seinen Bruder wegen der Erfüllung des ersten Artikels desselben, das Schloß Buchenau und das (damals als Pfand dazugehörende) Gericht Heringen, sowie einige andere Güter betreffend, angesprochen, wogegen Ludwig in seinen Schriften geantwortet: „daß sedder dem Scheide kein Gebrauch an ihm gewesen sey." Jene Richter sprachen deshalb, daß Landgraf Ludwig den v. Buchenau ihr Schloß, das Gericht Heringen ꝛc. wieder einantworten sollte, in allermaßen das der vorige Scheid klar ausweise, wobei jedoch das den beiden Landgrafen zustehende Oeffnungs-Recht vorbehalten bleiben sollte. Die Uebergabe sollte am 3. Juni geschehen und an diesem Tage jeder der Landgrafen drei seiner Räthe nach Hersfeld schicken, um unter dem Obmanne Heinrich v. Boineburg zu Wildeck die streitigen Ansprüche zwischen den v. Buchenau und Simon v. Wallenstein auszugleichen [61]. Dieses geschah auch, doch die Art und Weise dieser Ausgleichung ist nicht bekannt; wie es scheint, wurde Simon mit einer Summe abgefunden. Wenigstens im J. 1471 war der Streit beigelegt und Heinrich, Appel, Bosso, Neidhard,

Caspar, Engelhard u. a. v. Buchenau erneuerten mit Landgraf Ludwig die Eröffnung am Schlosse Buchenau.

In der Fehde des Kurfürsten und Pfalzgrafen Friedrich gegen seinen Vetter Herzog Ludwig v. Veldenz, der Schwarze genannt, und die Grafen v. Leiningen im J. 1471 zogen viele hessische Ritter zu des erstern Heere, unter denen uns auch v. Buchenau genannt werden [62].

Appel v. B. verkaufte 1471 mit Einwilligung Georg's und Bosso's v. B. und des letztern Sohns Gottschalk seinen Erbtheil an Gütern zu Rotensee, Ober- und Niederhaune, dem Gericht Schildschlag und dem Hauneflusse dem Kloster St. Johannesberg für 60 Gulden; gleichwie 1473 Caspar v. B. gen. v. Lindheim, mit der Vorgenannten Einwilligung, demselben seine Güter zu Niederhaune, Georgenstadt, Unterbreizbach, Milnrod und Schildschlag für 106 Gulden. Den Beinamen v. Lindheim führte er von dem gleichnamigen Orte in der Wetterau, wo er durch Aufnahme in die dasige Ganerbschaft einen Burgsitz erworben hatte.

Neidhard v. B. wohnte 1476 unter Landgraf Hermann der tapfern Vertheidigung von Neuß bei [63].

Der vorgenannte Caspar v. B. wurde 1479 mit dem Stifte Würzburg in einen Streit verwickelt, in dessen Folge er demselben seinen Fehdebrief sandte. Mit schrecklichen Verwüstungen begann er die Fehde. Am Pfingsttage (30. Mai) des genannten Jahres fiel er mit seinen Ganerben zu Friedberg und Lindheim in das Amt Rothenfels am Main, zwischen Aschaffenburg und Würzburg, und brandschatzte zu Carlbach, Birkenfeld und Kraußheim an 500 Gulden, ermordete 4 Männer zu Carlbach, 4 zu Birkenfeld und 3 zu Neustadt und brannte zu Kraußheim 16 Häuser und etliche Scheunen nieder, mit allem, was sie enthielten, wobei an 6 Unglückliche in den Flammen ihren Tod fanden. Der Bischof sandte nun auch seine Reiter aus nach der Wetterau, welche Lindheim mit einigen Feuerpfeilen beschossen und das Vieh mit forttrieben, auch den Ganerben von Friedberg das Dorf Rendel niederbrannten. So wurde sich gegenseitig geschadet, bis endlich durch die Vermittlung des Pfalzgrafen Philipp am 11. Febr. 1480 eine Sühne zu Stande kam, welche die Fehde beendete [64]. Caspar v. B. trat 1480 in die Dienste der Stadt Frankfurt und wurde deren Amtmann zu Bonames, als welchen man ihn bis 1483 findet [65].

Bosso v. B. und seine Hausfrau Anne und ihr Sohn Gottschalk liehen 1479 an Landgraf Heinrich von Hessen 2200 Gulden, wofür die Städte Gießen und Grünberg die Bürgschaft übernahmen, und lösten 1484 vom Kloster Immichenhain ein Gefälle von 50 Vtl. Früchte zu Neukirchen mit 210 Gulden an sich. Gottschalk besaß auch einen Pfandantheil an Geisa und Rockenstuhl.

Die Zeiten der alten Ritterbündnisse zu Schutz und Trutz, wie sie uns besonders das vierzehnte Jahrhundert in dem Sterner-, Löwen-, Minne-, Hörner- und andern Bünden zeigt, waren vorüber und nur leer und ohne Bedeutung hatten sich noch ihre Einrichtungen erhalten, während ihr Geist und ihr Wesen schon längst mit ihrer Zeit untergegangen war. Wie aber stets die Formen länger dauern, als der Geist, und wo dieser schon verschwunden, gleichsam als dessen Schatten noch unter den Lebenden wandeln, so war es auch mit den Bündnissen, welche zu Ende des fünfzehnten und im sechzehnten Jahrhunderte entstanden. In die Classe dieser gehörte auch die Gesellschaft des heil. Ritters St. Simplicii, welche 1491 Abt Johann von Fulda stiftete und an der auch die v. Buchenau Theil nahmen. Vier Ahnen wurden von jedem Mitgliede verlangt, und nicht allein Männern, sondern auch Weibern wurde der Eintritt gestattet. Ein mit religiösen Zierathen versehenes Bild des Heiligen war das Ordenszeichen. Zu den vier Vorstehern der Gesellschaft gehörte Caspar v. Buchenau [66]).

Engelhard v. B. trieb um diese Zeit ein eben nicht zu empfehlendes Leben. Mit einem Weibe („einer bösen Brenken") in wilder Ehe verbunden, dessen Gatte noch lebte, verschleuderte er, durch dieses angereizt, auf die leichtsinnigste Weise sein Vermögen, so daß er auch zuletzt an seine Stammgüter griff. Seine Lage kennend, drängte sich Hans v. Dörnberg an ihn und vermochte ihn endlich, beinahe sein ganzes, ehemals mit seinem verstorbenen Bruder Caspar gemeinschaftlich besessenes, Erbe an den Landgrafen Wilhelm III. von Hessen-Marburg zu verkaufen. Der Vertrag hierüber kam am 5. April 1494 zu Stande. Außer Zinsen und Häusern zu Hersfeld, waren es eine Menge bei Buchenau und Hünfeld gelegene Dörfer, Höfe, Mühlen, Wüstungen, Wälder, Lehnsleute und Hörige. Nur sein Antheil an seiner Stammburg und an den Gütern in deren Burgfrieden behielt er sich vor. Die Dörfer waren insbesondere, theils ganz, theils theilweise: Rothensee, Schörsbach, Schloßau, Betzenrode, Sieglos, Wippershain, Gebstadt, Petershain, Eitra, Siegwinden, Dittlosrode, Cornbach, Schwarzenborn, Giesenhain, Stendorf, Thalhausen, Wehrshausen, Gericht Schildschlag, Kühnbach, Neuenkirchen, Meisenbach, Müsenbach, Odensachsen, Wölf, Soisdorf, Bremen, Borst, Ober- und Niedersilinx (Silges?), Kirchhasel, Leimbach, Hünfeld, Eiterfeld, Landershausen, Zelle, Lengsfeld, Eiterfeld, Werda, Murfeld, Conrode ꝛc., von denen ein Theil während der Zeit ausgegangen ist. Ein Drittel dieser Güter stand Ludwig v. B. zu. Die Kaufsumme betrug 2000 Goldgulden und eine jährlich zu Alsfeld und Treisa fällige Rente von 100 Guld. Noch an demselben Tage wies er seine Lehnsmannen, Leibeignen, Hörigen, Hintersassen, Landsiedel ꝛc. mit ihren Eiden an den Landgrafen und zeigte den Aebten Johann von Fulda und Volprecht von Hersfeld als Lehnsherren den Verkauf mit der Bitte an, die genannten Güter dem Landgrafen zu Lehn zu geben. Während dieses auch vom Abt von Hersfeld hinsichtlich der hersfeldschen (insbesondere des Gerichts Schildschlag) geschah (27. Sept. 1495), widersprach jedoch der Abt von Fulda hinsichtlich der fuldischen, und wirkte, trotz dem Drohen des Landgrafen, bei dem Kaiser Maximilian die Nichtigkeitserklärung des Kaufes aus. Hans v. Dörnberg war hierüber so aufgebracht, daß er den Unterhofmeister Hans v. Ehringshausen vermochte, einen Einfall in das Fuldische zu thun, wobei das Dorf Hauswurz eingeäschert wurde. Der Abt zog darüber gegen Engelhard v. Buchenau. Doch dieser hatte sich während dessen verstärkt und zog ihm entgegen. Bei dem Zusammentreffen war er beinahe zehnmal stärker als die Fuldaer und trieb diese deshalb leicht zurück. Da diese aber sahen, daß sie nicht unbeschädigt durch die Flucht entkommen würden, wendeten sie schnell um und warfen sich wüthend auf ihre Verfolger. Es entstand nun ein hitziges Gefecht, aber die Schnelle des Angriffs hatte entschieden und rühmlicher Sieg krönte ihren Muth. Die Buchenauer mußten in der Flucht ihre Rettung suchen und außer vielen Knechten und Herting v. Hornsberg fiel auch Engelhard in die Hände der Sieger. Landgraf Wilhelm der Mittlere von Hessen-Cassel soll sich bei diesem Zwiste des Abts Johann angenommen haben, so daß sich Wilhelm III. mit dem Erzbischofe Ernst von Magdeburg und dem Herzoge Erich v. Braunschweig gegen dieselben verband.

Schon im J. 1495 hatte Kaiser Maximilian den Landgrafen und den Abt vor sich entboten und den erstern vermocht, von dem Kaufe abzustehen. Engelhard sollte dagegen die Lehne zum Besten seines Vetters Gottschalk v. B., Bosso's Sohne, öffnen. Max bekannte dieses durch einen zu Worms am 7. August 1495 aufgestellten Scheid. In Folge dieses Scheids überließ nun am 23. Decbr. d. J. der Landgraf die von Engelhard ihm verkauften fuldaischen Lehngüter für 2400 Gulden an jenen Gottschalk; doch erst ein Jahr nachher bat Engelhard den Abt Johann, jenen mit denselben zu belehnen. Aber auch dem Verkaufe an Gottschalk traten Hindernisse in den Weg; noch vor dem Abschlusse des Kaufvertrags erhoben Ludwig v. Baumbach und Johann v. Haune im Namen ihrer Hausfrauen Ansprüche auf die Güter und machten beim Abte eine Klage anhängig, in deren Folge der Landgraf dem Gottschalk versprach, ihm, wo es nöthig, zu Recht zu vertreten. Der Abt setzte ein Manngericht nieder und lud Gottschalk zu dreimalen vor: auf den 22. Mai, 19. Juni und 10. Juli. Da das Urtheil für Gottschalk ungünstig ausfiel, ergriff derselbe am 20. Sept. 1497 die Berufung an den Kaiser. Ueber den Erfolg der Sache finden sich keine weitern Nachrichten vor.

Da in dem Königsscheide mehrerer fuldischen Lehngüter nicht gedacht war, welche ehemals Caspar v. B. allein besessen und nach seinem Tode auf seinen Bruder Engelhard übergegangen waren, der sie mit den andern Gütern dem Landgrafen verkauft, so machte derselbe 1498 den Versuch, wenigstens mit diesen belehnt zu werden. Er ertheilte zum Zwecke dieser Unterhandlung seinen Räthen Joh. Schwertzel zu Willingshausen und Joh. v. Beldersheim Vollmacht, welche dann auch am 2. August zu Fulda darum nachsuchten, aber zur Antwort erhielten: Daß Appel v. B. etliche fuldische Lehen gehabt habe, die nach seinem Tode auf seine nächsten Erben Caspar v. Buchenau und Ludwig v. Baumbach gekommen seyen und in deren Besitze sich nach Caspar's Tode Ludwig nun allein befände, aus welchem Grunde eine Belehnung des Landgrafen damit nicht Statt finden könne [67].

Engelhard wurde um diese Zeit Rath des Landgrafen und dessen Amtmann auf der Burg Hauneck. Als solcher hatte er auch das Gericht Schildschlag inne, weshalb er 1497 erklärte, daß, sobald er diese Stelle niederlege oder sterbe, dasselbe wieder dem Landgrafen als Eigenthum zu= fallen sollte. Im J. 1499 sorgte er im Stifte Hersfeld für sein Begräbniß und stiftete Seelenmessen auf den Fall seines Ablebens. Nachdem er sich noch am 10. Februar d. J. mit dem Kloster St. Johannesberg wegen ihrer ge= genseitigen Gerechtsame in den Dörfern Ober= und Nieder= haune verglichen, scheint er nicht lange nachher verstorben zu seyn.

Die Geschichte der v. Buchenau bietet von nun an nur noch eine Menge von Besitzstreitigkeiten, besonders mit den Abteien Hersfeld und Fulda, sowie den Probsteien St. Johannesberg und St. Petersberg, dar. Diese haben je= doch zu wenig Interesse, als daß ich mich mit deren Dar= stellung befassen könnte, da auch ohnedem ein Ueberblick der= selben zu schwierig ist. Die immer schon große Masse der Nachrichten, die mir hierüber zu Gebote stehet, reicht nicht dazu hin und das noch in Buchenau befindliche Archiv ist zu sehr in Unordnung, und selbst seiner wichtigsten Ur= kunden beraubt, die theils auf der Tann und theils in Schweinfurt vor den reichsritterschaftlichen Gerichten ge= braucht worden, als daß hier eine hinlängliche Ausbeute möglich gewesen wäre. Ich erwähne deshalb nur noch die Entführung des jungen Grafen Schwarzburg, an der Gottschalk v. Buchenau Theil nahm, um dann schnell zu Ende zu eilen.

Ein Adeliger, Namens Jost Hacke, wurde 1549, we= gen einiger Irrungen, des Grafen Albrecht v. Mansfeld Feind. In offener Fehde gegen denselben etwas auszurich= ten, mochte ihm zu gewagt scheinen; deshalb nahm er, um seine Rache zu befriedigen, seine Zuflucht zu einem Unternehmen, welches eines Räubers würdig ist. Es unterstützte ihn hierbei ein ziemlicher Anhang, den er von hessischen und fuldischen Edelleuten hatte. Zu denselben gehörten insbesondere außer Valentin Willigen und seinem Schwager Curt N. N. zu Kirchheim, welche in einem Hause wohnten und damals mit 8 Pferden ritten, auch Gottschalk v. Buchenau und Emmerich und Wilhelm v. Dörnberg. Von diesen unterstützt, stieg Hacke, die Abwesenheit des Grafen Günther v. Schwarzburg und dessen Gemahlin benutzend, am 20. August 1550 zwischen 11 und 12 Uhr des Nachts in das Schloß zu Sondershausen ein und entführte die jungen Grafen Albrecht VII. v. Schwarzburg und Hugo v. Mansfeld und nahm auch sonst noch mit, was ihm gefiel. Als die in Furcht und Schrecken gesetzten Diener endlich Lärm machten, war es zu spät, denn eilends zogen die Räuber mit ihren Gefangenen nach Hessen zu. Nachdem sie im Dorfe Falken an der Werra übernachtet, machten sie auf das v. baumbachsche Schloß Tanneberg und von da nach Buchenau, wo sie sich trennten. Emmerich v. Dörnberg nahm die Grafen mit auf den Herzberg und behielt sie hier bis zu Anfang Octobers; dann nahm sie Willigen in seinen Gewahrsam und endlich nach 14 Tagen Gottschalk v. B. nach Buchenau, wo sie bis nach Allerheiligen (1. Nov.) blieben. Später wurden sie nach der Pleissenburg im Vogtlande, Markgrafen Albrechts v. Brandenburg vornehmste Feste, gebracht und erst im andern Jahre, nachdem Hacke etliche 1000 Gulden erhalten, wieder in Freiheit gesetzt[67].

Hermann v. Buchenau hatte 1547 zwei Kinder

hinterlassen: Conrad Hermann und Dorothea, welche in zwei Ehen Kraft Georg v. Boineburg und Heinrich Roswurm zu Gatten hatte. Obgleich der Bruder ihr 2000 Thlr. als Abfindung verschrieben, wurde sie dennoch 1571 klagbar und forderte die Hälfte der elterlichen Hinterlassenschaft, sowohl die Allodien, als die Lehen, welche zu 200,000 Thlr. in Anschlag gebracht waren. Dieser Proceß wurde mit manchen Unterbrechungen vor dem Hofgerichte zu Fulda und den Reichscammergerichten zu Speier und Wetzlar geführt, und zuerst von den roswurmschen Töchtern Anne Clara, Gattin Georg Friedrich's v. Boineburg zu Lengsfeld, und Anne Juliane, Gattin Ravon's v. Wechmar zu Rosdorf und später durch deren Erben betrieben. Erst im Anfange des vorigen Jahrhunderts, nachdem die streitigen Güter (welche man 1719 zu 600,000 Thlr. veranschlagte) größtentheils von den v. Buchenau an Fulda verkauft, mancherlei Verhandlungen, insbesondere wegen eines Verkaufs der Güter zuerst an Sachsen, dann an Hessen, sich zerschlagen und die Proceßkosten schon die Summe von 2300 fl. überstiegen, blieb derselbe unerledigt liegen[69]).

Mehrere v. Buchenau zeichneten sich in den Kriegen Landgrafen Philipps des Großmüthigen und später auch im dreißigjährigen Kriege aus. Die Schicksale des Schlosses Buchenau in dem letztern sind jedoch nicht bekannt.

Das Gericht Schildschlag, von welchem schon früher Engelhard v. B. seinen Antheil an Hessen verkauft und das die v. B. von Hersfeld zu Lehn trugen, kam endlich ganz an die Landgrafen. Ernst Adolph v. B. verkaufte seinen Antheil zuerst am 9. Nov. 1720 an den Landgrafen

Carl von Hessen; Joh. Wolf v. B. folgte ihm darin am 25. Nov. d. J., sowie Anna Margarethe v. B. geb. v. Trümbach und Sabine Dorothea v. B. geb. v. Körnberg, beide als Vormünderinnen ihrer Kinder, am 11. Jan. 1721 und am 18. Jan. 1722.

Schon zu Ende des siebenzehnten Jahrhunderts hatte die Abtei Fulda einen Theil von Buchenau erworben, welchen dieselbe 1692 an Wolf Christoph Schenk zu Schweinsberg vertauschte. Dieser Theil, der aus einem großen massiven Hofe besteht, liegt nicht innerhalb der Gräben des eigentlichen Schlosses, sondern tiefer im Dorfe. Damals lebte Wolf Herbold v. Buchenau, der nach seiner ersten Gattin Ursula v. Boineburg Tode mit Catharina v. Guttenberg eine zweite Ehe einging. Bei seinem Tode hinterließ er zwei Kinder Elisabeth und Friedrich Wilhelm. Erstere vermählte sich 1702 mit dem Wolf Daniel von Boineburg zu Lengsfeld, kurmainzischen und fuldischen Geheimen-Rath, der ein Dritttheil der Herrschaft Buchenau von Georg Franz, Joh. Wolf und Adolph Georg v. Buchenau an sich kaufte. Auch sie hinterließ zwei Kinder Polizine Amalie, vermählt mit einem v. Wolfskehl, und Philipp Christoph v. B.-L. Dieser erzeugte mit seiner Gattin, einer gebornen v. Zobel, drei Kinder, von denen eine Tochter unverehlicht zu Fulda, und ein Sohn Joseph, welcher wahnsinnig, zu Cöln starben, und nur Philippine übrig blieb. Diese verehelichte sich mit dem Oberforstmeister Friedrich v. Warnsdorf zu Fulda und brachte ihren Antheil an

Buchenau auf ihren Sohn Heinrich Christian, den jetzigen Obergerichts-Director v. Warnsdorf zu Fulda.

Friedrich Wilhelm v. Buchenau hinterließ mit seiner Gattin Sabine Dorothee v. Körnberg (zu Nürnberg) elf Kinder, 8 Töchter und 3 Söhne, von welchen jedoch nur Justus Friedrich v. Buchenau Nachkommen hatte. Mit seiner Gattin Helene Dorothea Sophie Meisenbug hatte er zwei Kinder: Caroline, welche 1816 zu Rasdorf unverehelicht starb, und Julius v. B., vermählt mit Justine Delius von Versmund, mit dessen beiden Söhnen Carl und Ludwig das alte Geschlecht der von Buchenau erlosch. Nachdem ersterer ohne Erben gestorben, beendete auch der letztere, durch das Bekenntniß eines Mädchens auf ihn in seinen Gefühlen verletzt, am 22. Mai 1815 durch einen Schuß sein Leben. Es erhob sich nun ein Streit zwischen dem Lehnsherrn, dem Kurhause Hessen, als Besitzer von Fulda, und den Nachkommen einer Tochter von Ludwig's Urgroßvater: Marie Magdalene, vermählt an Wilhelm Gottfried v. Seckendorf, über die hinterlassenen Güter, welcher jedoch vor Kurzem zu Gunsten des erstern entschieden worden ist. So besitzen dann jetzt von den buchenauschen Gütern $\frac{3}{8}$ die Schenke zu Schweinsberg, $\frac{1}{8}$ die v. Warnsdorf in Gemeinschaft mit dem Lehnsherrn, und $\frac{4}{8}$, als den Antheil Ludwig's v. B., gleichfalls die Lehnsherrschaft, welche letztere bis auf die Gegenwart sich unter der Verwaltung eines Administrators befand.

Obgleich schon aus der vorhergehenden Geschichte der v. Buchenau ein Ueberblick ihrer Besitzungen möglich ist, so ist dieser doch bei der Größe und Weitläufigkeit derselben nicht allein zu schwierig, sondern auch zu unvollständig. Ich gebe deshalb hier nochmals ein gedrängtes Verzeichniß derselben und zwar nach einem 1601 in dem oben erwähnten roswurmschen Rechtsstreite dem R.-C.-Gerichte zu Speier übergebenen und 1706 mit Bemerkungen an das R.-C.-Gericht zu Wetzlar gesandten weitläufigen Verzeichnisse. Dieses stellt sonach den Güterbestand der v. Buchenau im XVII. Jahrhundert dar.

1) **Das Schloß und das Gericht Buchenau:** Buchenau, Bodes, Erdmannrode, Soislieden, Giesenhain, Fischbach, Schwarzenborn und Branders. Es war dieses fuldisches Kunkellehn mit Ober- und Untergerichten, Gebot und Verbot, Jagden ꝛc.

2) **Im Amte Fürsteneck:** Malges, Betzenrode, Leimbach, Körnbach, Dittlofrod, Mengers, Eiterfeld, Neckrod, Wölf, Ober- und Unterufhausen und Arzell.

3) **Im Amte Mackenzell:** Rosbach, Großenbach und Silges.

4) **Im Amte Haselstein:** Haselstein, Stendorf, Treischfeld und Soisdorf.

5) Güter im Amte Hohensteinbach.

6) **Das Gericht Neukirchen:** Neukirchen, Meisenbach, Odensachsen, Kirschenmühle, Stegwinden und Hermannspiegel. Dieses Gericht, welches fuldisches Kunkellehn, war früher den v. Haune und kam durch Walpurge v. Haune

an deren Gatten Hermann v. Buchenau. Im Anfang des XVIII. Jahrhunderts war es an die v. d. Tann versetzt.

7) Im Amt Rockenstuhl: Borscha, Geismar und Spala.

8) Das Gericht Unterhaune: Ober- und Unterhaune und Rothensee. Mit der Gerichtsbarkeit, den Jagden, Fischereien ꝛc., hessisches Mannlehn.

9) Im Amte Landeck: Wehrshausen und Unterweisenborn.

10) Das Gericht Schildschlag: Eitra, Wippershain und Steglos. Früher hersfeldisches und dann hessisches Lehn. Woher es seinen Namen hat, ist mir unbekannt; der gegenwärtige ist aus Schildslo verderbt worden.

11) Das Gericht Langenschwarz: Langenschwarz, Reimbach, Hechelmannskirchen und Schlotzau. Fuldisches Kunkellehn. Zum Theil durch Walburge v. Buchenau geb. v. Haune erkauft. In ihrem Testamente von 1600 vermachte sie ihren Antheil ihrer Enkelin Levine Roswurm, die aber nicht zum Besitze kam. Der Oberst Wolf Herbord v. Buchenau vertauschte es an Herbold Wolfgang Frhrn. v. Guttenberg gegen dessen Antheil am Gericht Schildschlag, der es darauf an Fulda verkaufte.

12) Im Amte Vach: Pferdsdorf, Breitzbach und Mosa.

13) Völkershausen.

14) Ein Haus zu Hersfeld, welches Georg Christoph v. Buchenau verkaufte, und ein Haus zu Fulda, welches Abt Placitus v. Fulda erkaufte.

15) Das Gericht Kälberau im Hanauschen, mit dem gr. und kl. Weinzehnten.

16) Burggüter zu Gelnhausen.

17) Güter zu Orbe, im Mainzischen, unfern Gelnhausen. Letztere drei verkaufte Wilhelm v. Buchenau an seinen Schwager Wolfgang Daniel v. Boineburg zu Lengsfeld.

Alle diese Güter wurden 1706 zu 600,000 Thlr. veranschlagt [70]).

Das Wappen der Familie v. Buchenau hat im goldnen Felde einen rechtsgekehrten grünen Eisvogel mit einer goldnen Krone, einem silbernen beringten Halsbande und aufgehobenem rechten Fuße. Zwischen dem ausgebreiteten goldnen Adlerfluge steht ein gleicher Vogel. Die Helmdecken sind golden und grün.

Schließlich erwähne ich noch eines merkwürdigen Gebrauchs. Das hessische Dorf Salzberg (Kreis Rotenburg) mußte nämlich alljährlich am St. Walpurgistage den v. Buchenau 6 Knacker (à 6 Hllr.), in alter hessischer Münze liefern. Der Gemeindsmann, der diesen Zins überbrachte und das Walperts-Männchen genannt wurde, mußte, das Wetter mochte auch noch so ungünstig seyn, des Morgens früh Punkt 6 Uhr zu Buchenau seyn und auf einem besondern Steine an der Schloßbrücke sich niedersetzen. Verspätete er sich, so verdoppelte sich progressiv mit jeder Stunde der Zins, und am Abend hätte ihn die Gemeinde nicht mehr zu zahlen vermocht. Deshalb wurden die Salzberger jedesmal, wenn die Zeit herannahte, von ihrem Beamten an ihre Verpflichtung erinnert und die Gemeinde schickte der Vorsicht halber dann zwei Abgeordnete nach Buchenau, für den Fall, daß einem ein Unfall begegnete, doch ging der Stellvertreter nicht bis zum Ziele, sondern blieb schon in Bodes, ½ St. v. Buchenau. Das Walpertsmänn= chen mußte nun die v. Buchenau durch ihren Thorwart begrüßen lassen, worauf es erst in das Schloß ging und seine Knacker zahlte. War dieses geschehen, so wurde es nach Vorschrift 3 Tage lang reichlich bewirthet. Schlief das Walpertsmännchen nun während dieser Zeit nicht ein, so waren die Zinsherren verpflichtet, es lebenslänglich zu ver= pflegen, geschah jedoch das Gegentheil, so wurde es alsbald zum Schlosse hinausgeschafft. — Schon an 300 Jahre war diese merkwürdige Zinszahlung im Gebrauche und be= stand noch im Anfange dieses Jahrhunderts. Doch im Wechsel der Verhältnisse und im Untergange so man= ches Alten, unterblieb endlich auch dieser Walpertszins. Worin mochte aber eine solche sonderbare, für beide Theile lästige, Verpflichtung ihre Entstehung gefunden haben? —

Anmerkungen.

1) Wenk III. Ukbch. S. 28.
2) Schannat Trad. Fuld. 257.
3) O. Urk. und mehrere alte Copialbücher im kurh. H. u. St. Archiv. Das Dorf Kreuzberg hat man (auch Wenk III. S. 96 in der Ueberschrift der Urk. v. 1217) für das Klo= ster Kreuzberg an der Werra gehalten und so die v. Bu= chenau als dessen Vögte annehmen wollen. Doch diesem widerspricht der klare Sinn der Urkunde. Daß das Dorf Kreuzberg geheißen, schließe ich daraus, daß der Name des= selben nicht genannt wird, der St. Johannisberg aber un= ter diesem Namen erscheint: „de uilla que sita est sub monte Sancti Johannis qui dicitur Cruceberc."

4) Gudenus C, d. I. 482, et Schannat D. et H. Fuld. p. 158.
5) Ludwig Reliqua Manuscripta X. 162, u. abschr. Urk.
6) O. Urk., Copialbch., Bernhard's Beschr. v. Hersf. Handsch. S. 139, Ludw. Rel. Manuscr. X. 162, Wenk II. 507, Schannat Buch. v. 378, Sagitar. H. Goth. 103, et Schannat Prob. Cl. F. 205.
7) Die 3 ungebotenen Dinge (tria malla principalia) waren Gerichte, welche nur dreimal des Jahres und an festgesetzten Tagen auf den gewöhnlichen Malstätten gehegt wurden und hießen deshalb ungeboten, weil Niemand dazu besonders vorgeladen wurde. Ein Gericht über Hals und Hand ist ein peinliches (Criminal=) Gericht.
8) Orig. U. u. ein altes Copialbuch d. Kl. St. Petersbg. im kurh. H. u. St. Archiv.
9) O. Urkunden.
10) Schannat Buch. v. 343.
11) S. Brandenfels 1. B. S. 313 u. 322, Anmerkg. 9 u. 10.
12) Schannat P. Cl. Fuld. 278.
13) Schneider's Erbachsche Histor. I. Ubch. S. 67.
14) Schannat C. P. H. F. 261.
15) Id. P. Cl. F. 278.
16) Id. 278 et 279.
17) Fries ap. Ludwig Script. Würzbg. 658.
18) Urk. Ausz. im Rept. d. hess. G. Archivs z. Ziegenh. — Man hat die v. B. bisher immer als Theilhaber am Sternerbunde und selbst als Häupter desselben betrachtet. Diese Annahme stützte sich auf ihre Theilnahme an dem spätern Bunde gegen die Stadt Hersfeld, besonders aber auf die Erzählung des Anonym. bei Senkenberg u. die hess. Reimchronik; diese sind aber, besonders in der Zeitbestimmung, so verwirrt, daß man die erzählten Vorfälle eben so gut auf den Sternerbund, als auf das spätere Verbündniß v. 1385 ꝛc. gegen den Landgrafen Hermann beziehen kann,

und meiner Ansicht nach darf man sie auch nur auf das letztere beziehen. Abgesehen davon, daß kein Chronist die v. B. als Sternbündner nennt, so geht auch aus der so eben im Texte gedachten Verpfändungs=Urkunde hervor, daß sie zu dieser Zeit in den Diensten des Landgrafen standen. Auch der später erzählt werdende Angriff auf Rotenburg hätte in dieser Zeit noch nicht geschehen können, da ihnen Rotenburg erst jetzt versetzt worden. Eben so sehr spricht aber auch für meine Ansicht der Umstand, daß Eberhard vom Landgrafen von Thüringen Truppen erhalten, Cassel belagern und Immenhausen zerstören helfen, da dieser im Sternerkriege ein Verbündeter des Landgrafen Hermann war.

19) S. Burghaune 1. B. S. 92 ꝛc.
20) Sch. C. P. H. F. 275.
21) Ibid. 276, et Schannat C. P. H. et D. F. 317.
22) Gud. C. d. III. 557.
23) Joann. I. 697.
24) Anonym. ap. Senkenbg. III. p. 372 etc. S. oben Anmerkung 18.
25) Schultes dipl. Gesch. d. H. Hennebg. II. Urkbch. S. 172.
26) Die Einzelnheiten über die v. Buchenau erzählt der Anonym. ap. Senkenbg., jedoch ziemlich verwirrt und am unrechten Orte. Wegen des ganzen Krieges sind die Angaben der Chronisten sehr widersprechend. Am vollständigsten ist noch Lauze in s. hess. Chr. (Handschr. auf der kurhess. Landesbibliothek), besonders aber treu und zuverlässig die Nachricht eines Zeitgenossen in der hess. Zeitrechnung. Fortsetzg. 23.
27) O. Urk. im kurh. H. u. St. Archiv.
28) Spangenbgs. hennebg. Chr. v. Heim II. 36 u. 408.
29) Chronic. Schwarzbg. ap. Schöttgen. I. 219.

30) Schultes dipl. G. d. H. Hennebg. II. U. 188.
31) Schannat C. P. H. F. 284.
32) Schultes dipl. Gesch. d. H. Hennebg. II. U. 193.
33) Fast. limburgensis p. 120, und nach ihr die übrigen hess. Chronisten. Orig. Urk. im kurh. H. u. St. Archiv. Fries 674 u. 678.
34) Senkenbg. III. 401.
35) Schultes Beitr. z. fränk. u. sächs. Gesch. 367.
36) Hönn's sächs. cobg. Hist. II. 95.
37) Müller's sächs. Annalen 3., u. Güthens meiningsche Chr. 175.
38) Schannat P. Cl. Fuld. 280.
39) Rothe's thüring. Chr. ap. Menken. S. H. Germ. II. 1816, et Schöttgen et Kreisig. I. 106.
40) Gud. C. d. IV. 57.
41) Bangens thüring. Chr. 152.
42) Faber's Staatsarchiv. B. LXXXVI. p. 522, und Spangenbg. hennebg. Chr. v. Heim III. 123.
43) Sch. C. P. H. F. 290.
44) Beurkundete Darstellg. ꝛc. der ꝛc. dem Kurhaus Hessen ꝛc. auf die Landeshoheit und das Eigenthum ꝛc. des Joßgrundes ꝛc. Beil. 18. S. 13.
45) Außer den gewöhnlichen Chr., besonders Auszüge aus Rohe's wallenstein'scher Chr. Handsch. S. Wallenstein.
46) S. Rohe u. den Anonym. bei Senkenberg, und die hess. Chron.
47) Dieselben und Schannat, Brower, Minzer, Joann., Gudenus u. a.
48) Hönne's sächs. cobg. Hist. II. 296.
49) Spangenbg. hennebg. Chr. v. Heim II. 268.
50) Schultes dipl. Gesch. d. gräfl. H. Hennebg. I. U. 558.
51) Senkenbg. Sel. jur. et hist. V. 603.

52) Fries 780.
53) Spangenbg. hennebg. Chr. II. 36.
54) Schannat Cl. F. 127.
55) Gud. c. d. IV. 852 et II. 899.
56) Senkenbg. III. 421 nennt diesen Marschall fälschlich Gottfried, s. Gesch. des Kurfürsten Friedrichs I. v. d. Pfalz, S. 183, Anmerkg. 11 S. 184. Bodmann's rheingauische Alterth. I. 363.
57) Spangenbg. hennebg. Chr. Fol. 219.
58) Schannat P. H. F. 314.
59) Orig. Urk., Senkenbg. III. 449 etc., Spangenbg. hennebg. Chr. v. Heim I. 485 ꝛc., Gerstenbg. u. a. Schannat C. P. H. F. 343.
60) Ungedr. Urk. u. Gerstenbg. 538.
61) Kopp's Bruchst. zur Erläuterung v. deutschen Gesch. und Rechte II. 73 u. 75.
62) Senkenbg. III. 479.
63) Das. 497.
64) Fries 856.
65) Neue Frankf. Chr. I. 525.
66) Schannat C. P. H. F. 326. Lünig R. A. S. P. Cont. III. T. XII, wo jedoch aus einem Fehler 1403 steht.
67) Spangenbg. hennebg. Chr. v. Heim II. Schannat Pr. Cl. F. 211 et 212. Orig. Urk. u. Urk. Ausz. im Repert. d. hess. G. Arch. z. Ziegenh.
68) Chron. Schwarzb. ap. Schöttgen et Kreisig S. R. G. I. 717.
69) Aus einer ausführlichen Nachricht des Herrn Majors A. Frhrn. v. Boineburg-Lengsfeld zu Weiler.
70) Mitgetheilt durch denselben.

VII.

Densburg.

Nicht wehte der Frieden auf diesem Gefilde,
Den jetzt der Wandrer so freundlich begrüßt,
Hier rasselten Speere, hier klirrten Schilde.
A. Hagen.

7.

Densburg.

In dem engen, rings von waldigen Höhen umschlossenen Thale des Flüßchens Gilsa zieht sich von dem Dorfe Densburg (1 St. von Jesberg und 2 Stunden von Haina) gegen Westen ein niederer Felsenrücken hin, auf dessen äußerster südwestlicher Spitze das nur noch in sehr spärlichen Resten sichtbare Schloß Densburg lag. Trotz seiner niedern Lage hatte es doch für die Zeit seiner Gründung eine Achtung gebietende Festigkeit, zu deren Erzeugung Kunst und Natur ihren Beitrag gegeben. Während die steilen felsigen Nord- und Westseiten noch jetzt von sumpfigen Wiesen, die früher wohl ein wirklicher Sumpf gewesen seyn mögen, unzugänglich gemacht werden, wurde beim Baue auf der Süd- und Ostseite der Felsen durchbrochen und so der übrige Theil des Rückens, auf dem die Kirche und an seinem sanften Hange herab Bauernwohnungen stehen, von dem Schlosse durch einen tiefen Graben getrennt.

Von der kleinen Burgstätte auf die Burg zu schließen,

war dieselbe nichts weniger als groß und mag nur aus einem Gebäude und einem Thurme bestanden haben. Aus den Trümmern selbst läßt sich jedoch darüber keine Vermuthung ziehen, denn diese sind zu unbedeutend und bestehen nur noch in einigen am Abhange sich hinziehenden Resten von Widerlagsmauern, von denen sich nur am westlichen Rande ein kleines Stück über den Boden erhebt. Die Burgstatt selbst wird durch von Gras überzogene hohe Haufen Schuttes bedeckt, unter denen sich wohl bei Nachgrabungen noch manches Alterthümliche finden könnte.

Erst im vierzehnten Jahrhundert wurde die Densburg erbaut[1]), das Dorf findet sich dagegen schon im elften Jahrhundert. Am 4. November 1095 stellte hier (zu Denisburc) der mainzische Erzbischof Wetzel eine, die Vertheilung verschiedener Güter zwischen den Vorstehern und den Brüdern der fritzlarschen hohen Kirche betreffende, Urkunde aus, in der die Kirche in Urf (Urpha) als Mutterkirche der in Densburg genannt wird[2]). Im J. 1315 wird dasselbe noch villa Denspurg genannt[3]). Später erhielt Johann Grüßing von Falkenberg das Dorf Densburg mit mehreren andern Gütern von dem Erzstifte Mainz verpfändet und baute nun eine Burg daselbst. Dieser Bau geschah, wie es scheint, erst nach dem Jahre 1346; denn in diesem Jahre, in dem Densburg zuerst im falkenbergschen Besitze erscheint, wird dasselbe noch nicht als Burg genannt[4]). Eine lange Reihe von Jahren wurde diese Burg die Veranlassung zu Zwistigkeiten zwischen Mainz und Hessen, denn dieses letztere widersetzte sich dem Baue der neuen Burg, da diese ihm, so nahe an seinen Grenzen, bei den öftern Fehden mit dem Erzstifte gefährlich zu werden drohte. Da dasselbe jedoch diesen Widerspruch nicht beachtete, und auch über andere Güter sich zwischen beiden Zerwürfnisse erhoben hatten, so brach 1350 die Fehde aus. Es waren Landgraf Heinrich II. oder Eiserne und sein Sohn Otto der Schütz mit dem Erzbischofe Heinrich von Mainz, genannt Bursemann. Mancher Kampf wurde gestritten und mehrere Burgen und Festen erstiegen; auch der Densburg fiel dieses Loos, sie wurde von den Hessen erobert und zerstört. Erst im J. 1353 endete eine Sühne die verwüstende Fehde und die Streitenden schlossen ein Schutz- und Trutzbündniß. Unterdessen starb Erzbischof Heinrich und sein Nachfolger Gerlach richtete im Mai 1354 mit dem Landgrafen eine neue Sühne auf, in der jener den Abbruch der Densburg versprach und zwar sollte dieses noch vor Johannistag geschehen. Grüßing hatte dieselbe nämlich nach ihrer Zerstörung wieder hergestellt. Der Abbruch geschah jedoch nicht; erst nachdem auch die niedergesetzten Austrägen im folgenden Jahre, in Folge jenes Versprechens, darauf erkannten, wurde die Burg niedergerissen [5]).

Doch wenige Jahre später baute Johann v. Falkenberg die Burg von neuem wieder auf; Erzbischof Gerlach gab ihm hierzu am 6. Sept. 1359 die Erlaubniß und ernannte ihn und seine Erben zu Erbburggrafen auf derselben. Als Zubehörungen des Schlosses werden die Dörfer Densburg und Rommershausen genannt [6]).

Die Densburg blieb nun im Lehnbesitze der Familie von Falkenberg, doch nicht immer unausschließlich. Schon

Johann Grüßings Tochter brachte einen Theil derselben an ihren Gatten von Dernbach, deren Kinder sich noch 1426 in dessen Besitze befanden [7]).

Als Landgraf Hermann 1380 einen Streifzug gegen die mainzischen Festen in Oberhessen unternahm, griff er auch die Densburg an; aber nur das Dorf vermochte er zu erobern [8]). Damals (1386) bewohnten sie Hans und Werner v. Falkenberg, Johann Grüßings Söhne.

Im J. 1455 hatte Ebert v. Dernbach mit Hans v. Falkenberg einen Streit wegen eines vom Erzbischof Conrad v. Mainz über die Densburg gegebenen Briefes. Sie kamen darüber zu einer Fehde, die endlich durch beiderseitige Freunde beigelegt wurde. Hans sollte die Urkunde und Ebert ein schriftliches Bekenntniß dem Abte Johann von Haina in seinem Kloster einhändigen; wegen des Schadens aber, welchen Hans dem Ebert zugefügt, sollten binnen vier Wochen Schiedsrichter entscheiden. Die eigentliche Streitsache wird nicht klar.

Wenige Jahre später findet man die v. Urf in dem Besitze der Densburg. Hans v. Urf nahm dieselbe 1458 von Hessen zu Lehn und sein Sohn Heinrich verkaufte dieselbe 1483 für 600 rh. Goldgulden an den Landgrafen Wilhelm von Hessen [9]). Wohl wird man hier fragen, wie sie dieses konnten, da doch Densburg mainzisches Lehn war? Bei dem Mangel an Nachrichten hierüber läßt sich dieses nicht erklären; denn daß der mainzische Lehnbesitz sich eingeschläfert habe, ist nicht denkbar.

Noch vor jenem Verkaufe wurde das Schloß verwüstet. In dem für Hessen so traurigen Bruderzwiste der Landgrafen Ludwig II. und Heinrich III. griff ersterer mit seinen böhmischen Hülfsvölkern auch die Schlösser des Erzbischofs Adolph von Mainz, seines Bruders Verbündeten, an und erstieg und zerstörte nicht allein Jesberg und das nahe Schönstein, sondern auch die Burg Densburg[10]). Die Zerstörung der letztern war jedoch wahrscheinlich nicht bedeutend und sie erstand deshalb bald wieder aus ihren Trümmern. Im J. 1489 räumte sie nebst dem benachbarten Schönstein und allen ihren Zugehörungen Landgraf Wilhelm dem Hermann Huhn von Elkershausen, welchem er außer 400 Gulden auch 50 Gulden jährliches Dienstgeld schuldete, auf lebenslang als Amtmann ein. Er sollte aber nichts von den Gütern veräußern, sondern dieselben bei allen ihren Rechten erhalten, die Unterthanen schützen und schirmen und die Schlösser in gutem Baue erhalten. Nach seinem Tode sollten dieselben dem Landgrafen wieder frei heimfallen. Nachdem dieses geschehen, versetzte der Landgraf beide Burgen im J. 1506 an Otto Hund d. j. für 1000 Gulden, von denen derselbe jedoch nur 400 zahlte und 600 nachgelassen erhielt. Von Otto ging diese Pfandschaft auf seine Söhne Otto, Bernhard und Georg über, von denen Landgraf Philipp 1543 den Schönstein wieder einlöste[11]), welches wahrscheinlich auch schon früher mit der Densburg geschehen war. Ob diese nun in sich selbst zerfiel oder zerstört wurde, ist nicht bekannt. Später findet sich ihr Name nicht weiter.

Anmerkungen.

1) Rothe in f. thüring. Chr. ap. Menke S. K. G. II. 1730. erzählt zwar, daß Landgraf Conrad von Thüringen bei seinem Zuge gegen Fritzlar im J. 1232 auch das mainzische Schloß Densburg zerstört habe; dieses kann jedoch nur ein Irrthum seyn.
2) Würdtwein D. M. III. 378.
3) Gudenus C. D. I. 390.
4) Wenk II. Ubch. S. 362.
5) Ungedr. Urk. Wenk u. Rommel.
6) Wenk II. S. 400.
7) Arnoldi's Miscellaneen S. 259.
8) Gerstenbg. S. 501.
9) Ungedr. Urk. und Arnoldi S. 441.
10) Lauze. Gerstenb.
11) Urk. Ausz. im Repert. d. ziegenh. Gesammtarchivs.

VIII.

Sensenstein.

Hat hier die Zerstörung gewaltet,
Vor welcher das Herrliche fällt?
Wie ist diese Wildniß gestaltet!
Stand hier eine blühende Welt?
     Tiedge.

8.

Senfenstein.

Da, wo sich der, zwischen der Losse und Nieft hinlaufende Bergrücken des Kaufunger-Waldes gegen Norden endet und seine steilen Höhen sich schon sehr verflächt haben, lag ehemals die Burg Senfenstein, deren Namen noch in dem des neben ihr liegenden Staatsguts fortlebt. Von Cassel gelangt man bequem in 2 St. über die Dörfer Bettenhausen und Heiligenrode und das freundliche Gut des verstorbenen Generals v. Schliefen, Windhausen, zum Ziele.

Dicht neben jenem Staatsgute lag die Burg, jetzt nur noch in ihren hie und da zwischen dem Grase hervorschimmernden Grundmauern vorhanden, die nur an wenigen Stellen sich noch etwa einen Fuß hoch über den Boden erheben. Aus diesen Mauerresten auf die Form der Burg zu schließen, möchte es scheinen, daß diese ein Kreuz gebildet habe; solche Schlüsse sind jedoch zu gewagt, als daß man sie als Thatsachen anführen darf. Nur soviel läßt sich mit Sicherheit erkennen, daß das Thor gegen Süden lag. Die Befestigungs-Werke der Burg waren nicht unbedeutend, noch jetzt umschlingen zwei Gräben, zum Theil noch mit Wasser gefüllt, und ein Wall, der jene von einander trennt, die Burgstatt. Auch der Brunnen ist noch erhalten.

Die Aussicht, obgleich nur auf die Abendseite beschränkt, ist dennoch sehr schön; man sieht Cassel, den ganzen Habichtswald mit Wilhelmshöhe und überblickt so den größten Theil des herrlichen Fuldathals.

Die Chronisten erzählen von der Erbauung des Sensenstein's und der Entstehung seines Namens, daß in den Kämpfen des Landgrafen Hermann mit dem Herzoge Otto dem Quaden von Braunschweig, dieser der hessischen Grenze gegenüber eine Burg erbaut, um aus dieser seinem Feinde möglichst schaden zu können, und sie, ihren Zweck anzudeuten, Sichelstein genannt habe. Um jedoch den, von dieser ausgehenden, Räubereien zu steuern, habe der Landgraf eine andere zum Trotze erbaut und um gleichsam ebenfalls durch ihren Namen zu sagen, daß er mit dieser mehr, als der Herzog mit jener, auszurichten gedenke, diese Sensenstein genannt. Wenn sich auch gegen die Wahrheit dieser Erzählung nichts einwenden läßt, so bedarf dieselbe doch hinsichtlich der Namensentstehung einiger Erläuterung; der Sichelstein bestand nämlich schon im elften Jahrhundert und hatte damals eine eigne Familie zu seinen Bewohnern; nach deren Erlöschen scheint diese Burg in Trümmer gesunken zu seyn, auf denen Otto dann den neuen Sichelstein erbaute. Wenn also auch der Bau des Sichelsteins neu war, so war dagegen der Name schon alt.

Hinsichtlich des Sensenstein's ist jene Art der Namensentstehung jedoch nicht unwahrscheinlich. Zwar behauptet Winkelmann, daß auch er schon früher vorhanden, im vierzehnten Jahrhundert aber nur noch ein Thurm übrig gewesen sey, ja daß ehemals selbst eine Familie seinen Namen geführt; aber wodurch läßt sich dieses beweisen, woher will Winkelmann diese Nachricht genommen haben? Nirgends findet sich eine Spur vom Sensenstein vor dem vierzehnten Jahrhundert und erst im fünfzehnten wird er urkundlich genannt. Der Bau des Sensenstein's geschah nach jener Erzählung um das J. 1373, in dem Kriege des Sternerbundes gegen den Landgrafen Hermann den Gelehrten von Hessen. Seine Schicksale während desselben, wie auch die in den spätern Fehden mit Braunschweig sind jedoch nicht bekannt und erst vom J. 1438 an können wir seine Geschichte mit Sicherheit aufstellen. In diesem Jahre belieh Landgraf Hermann's Sohn, Ludwig I., den Ritter Sittig von Berlepsch mit demselben [1], um ihn wegen der von seinem Großvater Thilo verlornen Stammgüter zu entschädigen. Landgraf Heinrich III., der wegen der Jagd im Kaufunger-Walde das Schloß ungern vermißte, tauschte dasselbe im J. 1461 wieder ein, indem er Sittigen dagegen seine Stammburg Berlepsch nebst andern Gütern zurück gab [2]. Wahrscheinlich behielten es nun die Landgrafen im eignen Besitze, wenigstens finden sich weder Burgmannen noch Pfandinhaber. Erst im 17. Jahrhundert findet es sich wieder, aber schon in Trümmern. Landgraf Moritz belieh im J. 1601 seinen Rath Eberhard v. Weihen mit dem Hofe Sensenstein zu Mannlehn. Zu demselben gehörten der alte verfallene Burgsitz, Vorwerke, Scheunen, Ställe ꝛc., Zehnten zu Oberkaufungen, Heiligenrode, Escherode und Dalheim, Feuerung und Mast im Kaufunger-Walde ꝛc. So blieb Sensenstein im Besitze der v. Weihen, bis es im J. 1677 der braunschweigsche Drost des Hauses und Amts Rothen, Wilhelm v. Weihen, an den spätern hessischen Geheimenrath und Regierungs- und Consistorial-Präsidenten Grafen Johann Dietrich v. Kunowitz in Ostralück und Laucka für 2437½ Thaler verkaufte.

Dieser neue Besitzer beschloß nun alsbald die völlige Wegräumung der Burgtrümmer, um ihre Steine bei den Gebäuden, die er von neuem neben dem Schlosse aufführte, zu verwenden. So ließ er am 23. Februar 1677 den Thurm sprengen. Dieser hatte eine Höhe von 70 Fuß, seine Mauern waren unten 7, oben 5 Fuß dick und der Durchmesser seines innern Raums im Lichten betrug 7 Fuß. Im J. 1680 baute dieser Graf unten am Berge nach der Niest zu über einem Springbrunnen ein schönes Brunnenhaus und legte mehrere Teiche an. Im J. 1682 erbaute er neben der Ruine die noch jetzt zum Theil erhaltenen Gebäude. Nur sehr wenig blieb von den alten Gebäuden übrig. Doch schon im J. 1699 verkaufte jener Graf das sehr verbesserte und verschönerte Gut der Landgräfin Marie Amalie von Hessen für 7300 Thaler. Nachdem die Zubehörungsstücke durch Käufe noch sehr vermehrt worden, überließ Landgraf Friedrich II. dasselbe im J. 1767 dem damaligen General-Major M. E. v. Schiesen auf Erbleihe gegen die jährliche Zahlung von 250 Thalern, der es jedoch schon im J. 1772 dem Landgrafen für 15,000 Thaler wieder überließ ³). Gegenwärtig ist das Gut Senfenstein als Staatsgut verpachtet.

Anmerkungen.

1) Kuchenb. hess. Erbhofämter. S. 83, not. e.
2) Daselbst u. ungedr. Urk.
3) Winkelmann II. S. 289 u. hess. Zeitrechnung. Fortsetz. 21. Orig. Urk. im Staatsarchiv.

IX.
Altenburg
bei Felsberg.

Mit einer Ansicht.

Wild ist der Berg und schauderhaft,
Doch fröhlich anzuschauen;
Er steigt empor in voller Kraft,
Und mahnt uns an die rauhen
Altdeutschen Väter, stark und kühn,
Warum singt denn kein Deutscher ihn?
Jakobi.

Altenburg

9.

Altenburg.

In einer der fruchtbarsten Gegenden Niederhessens, da wo sich die Edder und Schwalm vereinigen, erhebt sich aus üppigen Saatgefilden ein mächtiger Basaltkegel, dessen Gipfel sich in zwei Häupter theilt. Auf dem südlichern und höhern steigen die Ruinen des Schlosses Altenburg empor; auf dem nördlichen findet sich eine durch Kunst und Natur terrassenförmige Fläche mit Tannen und Lerchen bepflanzt und der Fuß des Hügels von freundlichen Gartenanlagen umschlungen. Zwischen beiden Felsenhügeln liegt das jetzige Herrenhaus, der vormalige Wittwensitz, nebst den ebenfalls von Gärten umgebenen Oeconomie-Gebäuden und tiefer unten am Burgberge das Dörfchen Altenburg mit seinen 25 Häusern und einer großen kurheff. Erbleihemühle.

Die Höhe des Burgbergs vermag nur einzeln und für sich selbst betrachtet zu imponiren, sie verschwindet dagegen sehr im Vergleiche mit den nachbarlichen Höhen und auch schon der Felsengipfel der Felsburg drängt sie zurück. Seine

Hänge sind meistens steil, ja zum Theil unersteigbar. Während die nördliche Seite noch zu Gartenanlagen benutzt worden, ist die östliche doch schon zu steil dazu und die südliche und westliche mit ungeheuern Felsenblöcken geschmückt, welche das Bild der Ruine vom jenseitigen Ufer der Flüsse besonders malerisch machen.

Der Weg zu der, nun seit 20 Jahren völlig in Trümmer gestürzten, Burg führt durch den gedachten Herrenhof, zwischen zwei niedern, noch mit Scharten versehenen Mauern empor, durch das gegen Norden liegende Thor, welches ehemals durch ein thurmähnliches Gebäude gedeckt wurde, in das Innere der Ruine auf den Burghof. Dieser war ehemals von vier Seiten bebaut. Der gegen Osten liegende Bau, von 125' Länge und 2 Stockwerken Höhe, wurde erst 1540 durch Georg v. Boineburg zu Lengsfeld, Doctor beider Rechte und Ritter des heiligen Grabes, aufgeführt; da er aber seit dem Tode des Oberstallmeisters Carl v. Boineburg-Lengsfeld 1760 leer gestanden und dadurch baufällig geworden, wurde er 1811 bis auf das untere Stockwerk abgebrochen. Dieses letztere steht noch und sein Binnenraum dient zu einem Gemüsegärtchen. Der Bau nach Süden, der einen Winkel nach Westen bildet, südlich von 50' und westlich von 80' Länge, war das ehemalige alte Schloß, welches aber im Bauernkriege, welcher sich in Hessen nur bis hierher ausbreitete, abbrannte und nicht wieder hergestellt wurde, so daß jetzt nur noch die leeren Mauern des Erdgeschosses stehen. Diese zeigen südwestlich ein mit einem Fenster versehenes Rondel und heben sich westlich noch besonders hoch, wo sich zwei Fensteröffnungen zeigen.

An der westlichen Mauer erhebt sich eine mächtige Basalt=
klippe, von welcher der schon erwähnte Thurm bis zu einer
Höhe von etwa 50' empor steigt. Seine untere Mauer
hat $5\frac{1}{2}'$ und seine obere 5' Dicke, und sein Durchmesser im
Lichten $7\frac{1}{2}'$. In ihm befand sich ehemals das Verließ; als
man vor einigen Jahren Holztreppen in dem Thurme an=
legte, um von seinen Zinnen die köstliche Fernsicht genießen
zu können, so war man genöthigt, das runde Decken=Ge=
wölbe des Gefängnisses, in dessen Mitte sich nur eine kleine
viereckte Oeffnung zur Hinablassung der Gefangenen befand,
erst zu durchbrechen.

Wenn man auf den beinahe leiterähnlichen Holztrep=
pen, deren man vier im Innern zu befestigen gesucht hat,
empor steigt, so läßt sich dabei ein kleines Grausen nicht
unterdrücken, denn je höher man kömmt, um so mehr Ge=
fahr scheint zu drohen; der Blick in das Innere hinab er=
regt Schwindel und die vom Regen zum Theil getroffen
werdenden Stufen vermögen den Muth nicht zu beleben.
Doch oben angelangt, vergißt man die unter dem Fuße dro=
hende Gefahr und weidet das Auge an der ungemein freund=
lichen Aussicht. Hier bietet sich eine der malerischsten Ge=
genden Hessens, geschmückt durch die reichsten und mannich=
faltigsten Naturscenen, dar. Während die schwarzen Ba=
saltklippen des Berges schaurig empor starren und unter
denselben sich friedlich das Dörfchen, umgrünt von frucht=
baren Gärten, ausdehnt, wogen zwischen üppigen Wiesen=
matten die mit freundlichen Auen geschmückten Flüsse, die
goldgeschwängerte wilde Edder und die sanftere Schwalm
daher, bis sie sich am Fuße des Berges vereinen. Gegen

Morgen breitet sich ein weiter Wiesenplan aus, begränzt durch das Städtchen Felsberg, über dem auf einem mächtigen Basaltfelsen die weitläufigen Trümmer seines Schlosses mit einem hohen Thurme zu den Wolken streben. Weiter rechts an der Edder liegt das Dorf Gensungen und über demselben erhebt sich einer der höchsten niederhessischen Berge, der Heiligenberg, mit seinen Schloßtrümmern und dem, an seinen Abhängen liegenden, Staatsgute, der Mittelhof genannt, und dem ehemaligen Kloster Eppenberg. Gegen Mittag lugen die Kirchthürme der nähern Dörfer theils aus lachenden Saatfluren, theils aus engen Bergschluchten herauf, doch ein zackig geschweifter Waldrücken hemmt den weitern Blick. Um so weiter schweift derselbe aber gegen Abend bis zu den waldigen Gipfeln des Knülls und des Kellergebirges, aus deren Vorhöhen die Schwalm und Edder herabströmen. Im Vorgrunde eröffnet sich das von den Dörfern Lohne und Harle eingefaßte Rundgemälde, in deren Mitte über dem glänzenden Wasserspiegel die weißen Prachtgebäude des kurfürstlichen Jagdschlosses Wabern, bekannt durch die ehemals daselbst gehaltenen Reiherbeizen, hervorleuchten. Links das Städtchen Borken und den Hof Kalbsburg, rechts am Hange eines Berges Fritzlar mit seinen prangenden Thürmen. In weiterer Ferne hebt sich aus dem Gebirge der Thurm des Löwenstein's. Gegen Mitternacht begränzen den Horizont die waldeck'schen und westphälischen Gebirge bis zum Habichtswalde, über dem stolz der Herkules herauf strebt. Basaltkegel von den seltsamsten Formen bedecken die Fläche, wie der schauerliche Maderstein, die Burgberge von Gudensberg, der Scharfenſtein, der ſagenreiche Odenberg und weiter die alte Schauenburg. — Dieſe herrliche Ausſicht bietet jedem Freunde der Natur, wie jedem Freunde der Geſchichte, denn die Gegend iſt reich durch die Thaten der Vorzeit, einen lohnenden Genuß. Selten geht deshalb im Sommer ein ſchöner Sonntag vorüber, an welchem nicht Geſellſchaften ſich hier einfinden, um ungeſtört zu genießen, indem die Beſitzer, die Freiherrn v. Boineburg-Lengsfeld, ſelten dieſen Ort beſuchen und die Pächter Sorge tragen, durch eine freundliche Bewirthung, in den mit vielen Ruheplätzen geſchmückten Anlagen, den Aufenthalt angenehm zu machen.

Sowohl gleich rechts am Eingange, ſowie auch in der Mitte der Burgſtätte, befinden ſich noch erhaltene Kellergewölbe.

Nun zur Geſchichte des Schloſſes.

Wie man aus dem Namen der Altenburg ſchließen muß, beſtand ſie ſchon früher, als die Felsburg, welche ſicher die neuere, d. h. ſpäter begründete Burg iſt. Obgleich jene erſt im Anfange des vierzehnten und dieſe ſchon im Anfange des zwölften Jahrhunderts erſcheint, ſo kann dieſes nicht dagegen ſprechen. Felsberg war damals im Beſitze eines eigenen Grafenhauſes, das von ihm ſeinen Namen führte, welcher im J. 1100 zuerſt genannt wird. Dieſem gehörte auch ſicher die Altenburg und nicht unwahrſcheinlich iſt die Vermuthung, daß dieſe ihr erſter Stammſitz geweſen, den ſie ſpäter nach Erbauung der Felsburg auf dieſe verlegt. Sind dieſe Annahmen nicht zu gewagt, ſo läßt ſich das Daſeyn der Altenburg bis ins elfte Jahrhundert hinaufführen; und bedenkt man dann noch ferner, daß diese Gegend zu den am frühesten angebauten des Hessenlandes gehörte, daß hierhin Mattium, der Hauptsitz der Katten, gelegt wird, so möchte man auf ein noch höheres Alter der Altenburg schließen und sie sicher zu den ältesten Burgen Hessens zählen können. Sollten die Katten in ihren Kämpfen, insbesondere gegen die Römer, die, wahrscheinlich in dieser Gegend (15. J. nach Chr.) die Katten am Ufer der Edder schlugen, dann selbst darüber setzten und jenes Mattium zerstörten, sollten sie wohl nicht die vielen Basaltkegel dieser Gegend, an sich fest, noch mehr befestigt haben und insbesondere den Hügel der Altenburg, der durch seine Lage an der Vereinigung zweier Flüsse, ihnen von besonderer Wichtigkeit seyn konnte und mußte?! Freilich kann diese Fragen Niemand beantworten, es sind nur Vermuthungen, immer wahrscheinlicher, als so viele Hypothesen, die aufgestellt worden sind, die Geschichte jener Zeiten zu vervollständigen oder zu erläutern.

Die Geschichte der Grafen v. Felsberg ist sehr dunkel. Sie finden sich noch in der letzten Hälfte des dreizehnten Jahrhunderts und scheinen erst gegen das Ende desselben ausgestorben zu seyn. Es ist deshalb auch unbekannt, wann die Felsburg, und mit ihr die Altenburg, an die Landgrafen gekommen sey. Erst gegen das Ende jenes Jahrhunderts erscheint die erstere in dem Besitze derselben, in dem der Altenburg jedoch erst im J. 1322, in welchem man dieselbe auch überhaupt zuerst genannt findet. Im J. 1322 lernen wir sie zuerst kennen. Damals hatte sie die Familie v. Besse, die sich von ihrem Sitze auf dem Schlosse Felsberg auch v. Felsberg nannte, als Lehen im Besitze. Nachdem aber der Ritter Werner v. Besse gestorben, schloß in jenem Jahre dessen Wittwe und deren Söhne mit dem Landgrafen Otto einen Vertrag, zufolge dessen sie demselben für 4 Hufen Land vor Felsberg und 39 Mk. Silber, außer mehreren andern Gütern, auch die Altenburg und die darunter liegende Mühle, abtraten. Später finden sich die v. Elben, v. Holzheim, v. Linnen ꝛc. im Besitze der Burg. 1352 versprach Landgraf Heinrich seine Einwilligung zu geben, wenn die Gebrüder Hermann und Gottschalk v. Holzheim jenen Theil des Schlosses Altenburg, den die v. Elben im Besitze hätten, an sich bringen könnten. Etwa fünf Monate später belieh der Landgraf die genannten Brüder mit ihrem Wohnhause an dem Burgthore, mit zwei Höfen am Fuße des Schloßbergs und einem Holz- und einem Schafhause zu Erbburglehen, wogegen ihm dieselben ein, neben dem Hause Johann's v. Linnen gelegenes, Haus gaben.

Im J. 1367 befand sich der mächtige Ritter Conrad Spiegel zum Desenberg in einer ernsten Fehde mit dem Abte Berthold v. Hersfeld. Am 21. September (Donnerstag in den Frohnfasten) d. J. kam es bei der Altenburg zu einem blutigen Gefechte, in welchem Conrad an 300 Hersfelder niederwarf und die übrigen in die Flucht jagte [1]).

Im Anfange des fünfzehnten Jahrhunderts befand sich die Altenburg im Pfandbesitze Heinrich's und Hermann's Gebrüder und ihres Vetters Hermann's v. Holzheim, welche die Hälfte und ein Achttheil inne hatten, ferner Thilo's

v. Elben und Werner's v. Gilsa; sie hatten das Schloß zum Theil erneuert und unter andern den „Mantel um die alte Burg" gebaut; sie stellten hierüber 1404 eine Urkunde aus, in der sie versprachen, die Burg gegen Zahlung des Pfandschillings und der Baukosten wieder zurückgeben zu wollen. Dieses geschah jedoch nicht vor dem J. 1415, denn in einem Vergleiche d. J. zwischen den v. Holzheim und dem Landgrafen Ludwig, wird dem letztern die Lösung wiederholt gestattet.

Als 1428 die Gebrüder Claus und Reinhard v. Linnen mit Hermann Holzsadel und dessen Sohn Carl eine Erbverbrüderung errichteten, und der Landgraf ihre bisher gesonderten Lehen beiden Theilen nun ins Gesammt lieh, kamen die Holzsadel auch zu einem Antheil an dem Hause der v. Linnen auf der Altenburg an einem dazu gehörenden Baumgarten.

Im J. 1489 erhielt Thimo v. Wildungen einen Burgsitz auf der Altenburg [2]).

Mit Heinrich v. Holzheim erlosch dessen Familie im Mannsstamme. Sein Sohn Joachim war schon vor ihm gestorben und er hinterließ nur zwei Töchter, Margarethe und Anne. Schon 1527 hatte Landgraf Philipp den ehemaligen Landhofmeister und Regenten von Hessen Ludwig I. v. Boineburg zu Lengsfeld, zur Sühne und Aufhebung eines Processes am Reichskammergerichte, die Anwartschaft auf die Altenburg und die übrigen Lehngüter, welche nach Heinrich's v. Holzheim Absterben heimfallen würden, ertheilt, unter der Bedingung, „das Haus wieder aufzubauen." Ludwig mußte ein solcher Gütererwerb um so angenehmer seyn, da die Altenburg nahe bei seinen, von seiner Mutter Anne, Erbtochter Hermann's Lugel, ehemals landgräflichen Raths und Amtmanns zu Vach, ererbten Gütern zu Felsberg, Maden, Gensungen ꝛc., lag. Doch er selbst erlebte den Heimfall nicht mehr, erst ein Jahr nach seinem Tode, im J. 1537 starb Heinrich v. Holzheim. Ludwig's ältester Sohn Georg v. Boineburg, wegen seiner Gelehrsamkeit schon jung von der Universität Marburg zum Doctor beider Rechte ernannt, konnte, obgleich er (schon von Haus aus) landgräflicher Rath war, dennoch nicht die Einweisung in die übrigen holzheimschen Güter erhalten und der Landgraf suchte, wie die darüber vorhandenen Nachrichten sagen, mit leeren Ausflüchten sich zu helfen; ja als Georg nach Cassel ritt, um den Landgrafen persönlich zu sprechen, verläugnete sich derselbe: „er sey zu Herzog Heinrich von Braunschweig nach Fürstenberg geritten," hieß es. Diese Güter wurden später an andere vergeben, welche man für neuere Dienste belohnen wollte und vielleicht auch mußte. Bei der brüderlichen Theilung erhielt Ludwig's jüngster Sohn Ludwig III. das Schloß Altenburg nebst Felsberg, Maden, Böddiger und die beträchtlichen waldeckschen Lehen. So lange er noch minderjährig war, stand er unter seines ältesten Bruders Vormundschaft, der auch das abgebrannte Schloß wieder aufbauen ließ, obgleich der westliche Flügel in seinen Trümmern liegen blieb. Noch sind die Baurechnungen und der Riß vorhanden, aus denen man ersieht, daß der Bau aus zwei Stockwerken bestand und an 800 Gulden kostete. Dieser Ludwig III. v. Boineburg war 1518 geboren, studirte zu Wittenberg und wurde später Rath des Landgrafen. 1553 wurde ihm Homberg an der Ohm mit dem Amte und wenig später auch das Amt Borken verpfändet. Er hielt sich deshalb auch wenig auf der Altenburg auf, wogegen Homberg sein gewöhnlicher Wohnsitz war. Er starb auf der Flucht vor der Pest zu Hardehausen im Paderbornschen am 26. Febr. 1568 und wurde in der Kirche zu Homberg beigesetzt, wo man noch jetzt seinen Grabstein sieht. Von seinen 5 Kindern, von denen 1604 zwei unverheirathet starben, folgte ihm im Besitze der Altenburg Heidenreich. Dieser, den Landgraf Wilhelm IV. zu seinem Hofjunker und Rath ernannt, hatte unter der Regierung des Landgrafen Moritz das Unglück, in einem Streite zu Cassel Friedrich v. Baumbach zu erstechen (20. Aug. 1592). Nach der bekannten schnellen Justiz des Landgrafen sollte er am nächsten Tage schon hingerichtet werden; da aber die beiderseitigen Verwandten sich verglichen, indem Friedrich in das Rappier seines Gegners, das derselbe zur Vertheidigung gezogen, hinein gerannt war, so erhielt Heidenreich eine gefängliche Haft von zwei Jahren, nach deren Ablauf er sein Vaterland verließ und die Altenburg seinem jüngern Bruder Urban gegen eine Summe Geldes abtrat. Er starb als holsteinscher Geheime=Rath und Hofmarschall im J. 1613. Urban, ausgezeichnet durch seine Gelehrsamkeit und kriegerischen Muth, den er im dreißigjährigen Kriege vielfach bezeigte, war 1585 landgräflicher Hofmarschall, 1608 Oberamtmann und Statthalter der Herrschaft Schmalkalden, in der er die reformirte Glaubenslehre thätiger, als bisher geschehen, einführen sollte; nachdem jedoch dieselbe 1626 an die hessen-darmstädtische Linie gekommen, wurde er Landvogt an der Werra und Oberstlieutenant dieses Quartiers. Thätig bei der Eroberung des Fürstenthums Fulda, wurde er 1632 dessen Statthalter; er starb im 86sten Lebensjahre als Commandant von Ziegenhain. Auch er hatte die Altenburg, welche der Krieg sehr verwüstet, nicht bewohnt und nur seine Wittwe Anne Elisabeth v. Beuren bezog dieselbe als ihren Wittwensitz. Urban's Sohn Joh. Friedrich, der mit Elisabeth, der Tochter des berühmten hessischen Generals v. Geiso, vermählt war, wohnte zwar ebenfalls nicht zu Altenburg, er ließ aber den von Georg v. Boineburg aufgeführten, wahrscheinlich inzwischen wieder baufällig gewordenen Bau niederbrechen und einen neuen zweistöckigen an dessen Stelle setzen, von welchem gleichfalls der Riß noch vorhanden. Nach Joh. Friedrich's 1647 erfolgtem Tode gelangte dessen Sohn Joh. Urban zum Besitze der Altenburg. Er war der erste seiner Familie, der dieselbe bewohnte und auch auf derselben starb (1721). Er baute das jetzige s. g. Herrenhaus, am Fuße des Burgbergs, welches er zum Wittwensitze bestimmte, nebst mehreren andern ökonomischen Gebäuden. Sein Sohn Carl, der seine letzte Lebenszeit auf der Altenburg zubrachte, starb unverehelicht (1764) und wurde von Georg August Adelbert Wilhelm v. Boineburg-Lengsfeld, einem Abkömmlinge Ludwig's, eines der Söhne des ersten Besitzers der Altenburg Ludwig's I., beerbt. Ein weitläufiger Proceß sowohl mit dem Lehnhofe, als den Allodialerben, der erst 1801 verglichen wurde, verursachte, daß die Altenburg unbewohnt blieb und nur die Pachtgebäude mit dem

Herrenhause im nothdürftigen Baue erhalten wurden; endlich wurde das Schloßgebäude 1811 ganz abgebrochen, jedoch mußten 1816 statt dessen unten im Hofe neue Scheunen, Stallungen, eine Branntweinbrennerei und eine Pachterwohnung gebaut werden [3]).

Ehemals ging bei der Altenburg über die Eder eine Brücke, welche schon 1453 genannt wird und vor etwa 80 Jahren abgebrochen wurde, über welche damals eine Hauptstraße führte. Wie sich aus Mehrerem schließen läßt, gehörte diese den ältesten Zeiten unsers Vaterlandes an, in denen sie von Fritzlar durch das Gebirge über Homberg nach Thüringen führte.

Anmerkungen.

1) Dieses Gefecht, eine Chroniken-Nachricht, wird durch eine noch ungedruckte Urkunde bestätigt, in welcher der Abt Berthold und der Stadtrath zu Hersfeld unterm 22. Novbr. (St. Cecilientag) 1368 bekennen, daß sie dem Landgrafen von Hessen und allen den Seinen nicht verdenken wollten, oder Ansprache machen, wegen ihrer Niederlage bei der Altenburg, welche sie auf den Donnerstag in den Frohnfasten durch den Ritter Conrad Spiegel und seine Helfer erlitten. Sie dankten hingegen für die vermittelte Einung wegen ihrer gefangenen Freunde und Diener.

2) O. U. im kurh. H.- u. St.-Archiv, u. Urk.-Ausz. im Rpt. d. hess. Ges.-Archivs z. Ziegenh.

3) Nachrichten, mitgetheilt durch die Güte des Hrn. Majors Frhrn. v. Boineburg-Lengsfeld zu Weiler.

X.
Frauenberg.

Entstehend und verschwindend
Und wiederkommend, kreis't,
Durch Form und Zeit sich windend,
Die Welt vor unserm Geist.
Viel Großes ist verschwunden;
Und rastlos wälzt die Zeit
Ein Heer von Scheidestunden
Durch die Unendlichkeit.
Die Felsen dort im Thale,
Voll Schäferflötenspiel,
Sind graue Todtenmale
Der Welt, die hier zerfiel.
Wie eine Wundennarbe,
Tief in die Zeit geprägt,
Die ihre Todtenfarbe
Mit Morgenroth belegt:
So ödet, dunkel trauernd,
Die alte Burg herab,
Und predigt: „Nichts ist dauernd,
Und ruhig nur das Grab! —"
     Tiedge.

10.

Frauenberg.

Auf dem sich am linken Lahnufer hinziehenden Sandsteingebirge erhebt sich, 1½ Stunde südlich von Marburg, ein frei emporstrebender Basaltkegel, von dessen luftigem Gipfel die Trümmer der Burg Frauenberg herabschauen.

Wenn man von Marburg aus den Capeller-Berg überstiegen und eine schattige Waldung durchwandelt, steigt man neben einigen ländlichen Hütten hin, erst zwischen Fluren, dann die öden, nur durch wohlriechende Haide und wildes Gesträpp belebten, nur auf zwei Seiten von Wald beschatteten, felsigen Hänge des Burgbergs empor. Am Ziele angelangt, findet des Steigers Mühe Belohnung. Hier, an diesem erhabenen Orte, wo eine reinere Luft, als in der Tiefe der Thäler, wehet, wo ein beengendes Wonnegefühl die Brust durchschauert, hier weiden sich Geist und Sinne an einer herrlichen Gegend, einer der schönsten unseres alten Hessenlandes. Dort nördlich erhebt sich das amphitheatralische Marburg mit seiner Krone, dem alten Schlosse, und neben ihm hinweg erblickt man im bläulichen Nebel die grauen Trümmer der Burg Elnhoch. Nordöstlich übersieht man die weite Wiesenebene der Ohm, die hohe felsenreiche Amöneburg, Kirchhain und Schweinsberg, sowie mehr östlich Homberg an der Ohm mit vielen Dörfern und Weilern und im Hintergrunde einen Theil des Vogelsgebirgs; gegen Süden die Gegenden von Giesen und Wetzlar, die Trümmer der Staufenburg, der Gleiburg u. a. und gegen Norden die freundlichen Ufer der Lahn mit ihren Bergen.

Nichts weniger als groß und geräumig war die ehemalige, jetzt nur noch in spärlichen Trümmern vorhandene Burg; ihr innerer, von Heidekraut überzogener, Raum hat nicht mehr als etwa 32 Schritte Länge und 22 an Breite. Von den eigentlichen Burggebäuden sieht man nur noch wenig, und auch von den Ringmauern und Thoren ist nicht mehr viel erhalten; von einem Thurme findet sich aber nirgends eine Spur. Wie es scheint, bildete die Burg gegen Südwest einen Bogen. Ihre Mauern sind von Basalt und außen mit behauenen Sandsteinen bekleidet; von der sie umschließenden Ringmauer sieht man nur noch einzelne Stücke, wie auch die Spuren des Thores. Von dem innern gewölbten Burgthore besteht nur noch wenig, selbst die noch vor nicht langen Jahren sichtbaren kleinen Seitenthürmchen sind verschwunden. Wenn man auf die innere Mauer, zu dem auf derselben aufgestellten Vermessungssignale steigt, sieht man noch eine Brustwehr, die einen Umgang deckte, der früher auf derselben hingelaufen.

Die Festigkeit der Mauern, die an 10—12 Fuß Dicke haben und auf dem Felsen ruhen, ist außerordentlich und die Trümmer würden noch lange dem Wetter und der Zeit getrotzt haben, wenn nicht die verwüstende Hand des Eigennutzes zwischen ihnen gewüthet und ihren völligen Untergang gewaltsam herbeigeführt hätte. So wurden ihr in der westphälischen Zeit eine Menge Steine, um sie zum Straßenbau zu brauchen, geraubt, und auch in neuerer Zeit durch die Umwohner ihr gar mancher Schaden zugefügt.

Die Frauenburg hatte ihre Entstehung der Stammmutter des hessischen Fürstenhauses, Herzogin Sophie von Brabant, Mutter des ersten hessischen Landgrafen Heinrich mit dem Beinamen das Kind von Brabant, zu danken. Die gleich beim Beginne ihrer vormundschaftlichen Regierung sich mit dem Erzstifte Mainz erhebenden Zwistigkeiten nöthigten sie, zum Schutze gegen die mainzische Feste Amöneburg eine andere Burg zu errichten, und sie baute deshalb um's J. 1252 die Frauenburg, deren Name auch noch später an die Erbauerin erinnern sollte. Nach Vollendung des Baues setzte sie zur Bewachung und Vertheidigung Burgmannen hin, denen sie meist in den benachbarten Dörfern ihre Burgmannslehne anwies. Von diesen findet man zuerst im J. 1315 einen Adolph von Frauynberg, einen Sohn des Ritters Werner v. Schröck (Scrikeda) und dessen Gattin Diliga. Noch in dem J. 1344 und 1357 erscheint ein Adolph v. Frauenberg, der auch heißet Rue, also wahrscheinlich ein Glied der Familie Rau v. Holzhausen war.

Ludwig, einer von des Landgrafen Heinrich I. Söhnen, hatte sich dem geistlichen Stande gewidmet, wurde Bischof zu Münster und regierte als solcher 45 Jahre. Dieser erhielt als Abfindung an den väterlichen Landen im J. 1311 die Gegend um Marburg, auf dessen Schlosse er oft und lang weilte und große Summen zu dessen Ausbau verwendete. Zu den ihm zustehenden Orten gehörte auch die Burg Frauenberg mit ihren Zubehörungen. Im J. 1329 versetzte er dieselbe an Volprecht v. Dernbach für 200 Mk. Pfenn.; nachdem dieser gestorben und ihm sein Sohn Johann im Besitze gefolgt, löste die Stadt Marburg den Frauenberg im Namen des Bischofs Ludwig wieder ein, wogegen derselbe im J. 1355 für diesen „gethanen Dienst, Gunst und Freundschaft" auf alle etwa an Marburg habende Ansprüche verzichtete und alle Rechte und Freiheiten desselben bestätigte. Damals hatte die Burg auch schon eine Capelle, deren Altar Ludwig von Neuem beschenkte und einweihte und zu der 1347 der Probst des St. Stephansstifts zu Mainz den Geistlichen Ludwig v. Gladenbach zum Pfarrer vorschlug. Dieser, der zugleich auch Pfarrer zu Beldershausen wurde, trat 1377 die Besorgung der Frauenberger Capelle einem andern Priester, Thielemann Spaden, ab.

Ungeachtet jener Ablösung finden sich die v. Dernbach auch noch später im Besitze, bis Johann v. Dernbach 1364 die Burg mit dem Gerichte Wittelsberg an den reichen Hermann v. Treffurt weiter verpfändete [3]. Dieser setzte 1370 einen eignen Amtmann, Johann v. Hohenminne, auf Frauenberg, der dasselbe an seiner Statt bewachen und die Einkünfte, von denen er ihm jährlich 40 fl. abzuliefern versprechen mußte, erheben sollte. Bei dieser Gelegenheit lernt man Rudolph Scheuernschloß als Burgmann zu **Frauenberg** kennen. Nachdem Hermann um das J. 1374 gestorben und seine meisten Besitzungen an Hessen zurückgefallen waren, gab Landgraf Hermann die **Frauenburg** mit den Dörfern Veltershausen und Vortshausen im J. 1387 dem Ritter Johann von Schwalbach amtsweise ein, so daß er darauf wohnen und sie treulich bewahren sollte; auch wies er demselben 5 Mark Pfennige und einige andere jährliche Gefälle in den Dörfern Moischeid, Wittelsberg und dem ausgegangenen Lambrechtshausen an.

Als Landgraf Ludwig den Ritter Eckhard Riedesel 1416 zu seinem zweiten Amtmann am Lahnstrom ernannte, wies er demselben die **Frauenburg** zur Wohnung an. Von diesem ging sie mit den schon oben genannten Dörfern 1428 für 800 rh. Gulden als Pfandschaft auf Henne von Weitershausen über und man findet zuletzt im J. 1470 noch die Gebrüder Dietrich und Friedrich Scheuernschloß im Pfandbesitze derselben [4]).

Im J. 1489 lag die Burg schon in Trümmern. Man sieht dieses aus einer Urkunde des Erzbischofs Berthold von Mainz vom genannten Jahre, in welcher derselbe erlaubt, daß der Altar auf dem **wüsten Schlosse Frauenberg** mit allen seinen Gerechtsamen und Einkünften in die Liebfrauen-Capelle des Schlosses Marburg verlegt werde [5]). Die Zerstörung fällt also zwischen die Jahre 1470 und 1489, aber die Ursache derselben ist unbekannt. Daß **Frauenberg** als Raubschloß zerstört worden, ist im höchsten Grade unwahrscheinlich; im Gegentheile mochte dieſes weit eher, — da in dieſer Zeit keine bedeutende Fehde in dieſer Gegend vorfiel — durch innern Verfall oder, was noch wahrſcheinlicher iſt, durch eine Feuersbrunſt geſchehen ſeyn.

Anmerkungen.

1) Beſchreibungen des Frauenberg's findet man in: Journal von u. für Deutſchland, mit einer Anſicht der Ruine, Juſti's heſſ. Denkwürdigk. Juſti's Vorzeit. Jahrg. 1823. S. 1—32, mit einer neuern Anſicht, und in Gottſchalk's Ritterburgen und Bergſchlöſſer Deutſchlands. Ueber die geognoſtiſche Beſchaffenheit des Burgbergs ſ. außer dem, was den eben angezeigten Beſchreibungen angefügt iſt, insbeſondere Creuzer's Verſuch einer Ueberſicht von der geognoſtiſchen Beſchaffenheit der nächſten Umgebung der Stadt Marburg S. 8 ꝛc. Die auf dem Umſchlage zu Juſti's Vorzeit Jahrg. 1827 gegebene alte, aus Gerſtenberger's handſchriftl. Chronik auf der kurheſſ. Landes=Bibliothek entnommene, Anſicht des Frauenberg's iſt unmöglich treu, Gerſtenberger hatte ſie nicht nach der Natur, ſondern höchſtens aus ſeinem Gedächtniſſe gezeichnet. Auch bei den andern von ihm in dieſer Chron. gegebenen Anſichten iſt oft nicht die mindeſte Aehnlichkeit mit dem Urbild ſelbſt anzutreffen.
2) Ungedruckte Urkunden.
3) Wenk III. Urkbch. S. 275.
4) Ungedr. Urk.
5) Joann. R. M. II. p. 803.

XI.

Naumburg.

Hoch von dieses Berges Haupte
Schaute einst ein stolzes Schloß,
Weit hin über grünbelaubte
Thäler tief und Berge groß.
Auf ihm wohnten einstens viele
Männer tapfer, stark und kühn,
Die zum männlich blut'gen Spiele
Oefters sah die Vorzeit ziehn.
 Doch aus seinen grauen Hallen
 Sah das Schloß sie alle wallen
 Zu der feuchten Moderluft
 Ihrer Väter dunkeln Gruft.
Oft des Krieges Fahnen wehten
Zu des Schlosses Mauern her,
Und gar Mancher mußte röthen
Sie mit seinem Blute schwer.
Ach, des Feuers rothe Flammen
Und der Schwerter heller Glanz,
Hielten brüderlich zusammen
Dann des Todes blut'gen Tanz.
 Endlich sank in wilder Stunde
 Diesem grausen Brüderbunde,
 Durch des Feuers zehrend Glühn,
 Auch das Schloß zum Opfer hin.
      G. L.

11.

Naumburg.

Südöstlich über dem kurhessischen Städtchen Naumburg, dicht an der waldeckschen Grenze, erhebt sich ein, meist mit Buchen und Ahorn bewaldeter Berg, auf welchem ehemals das Schloß Naumburg lag.

Von der Stadt aus, welche sich am Burgberge hinaufzieht, steigt man zwischen kleinen Gärtchen zu dem Gipfel des Berges empor. Oben aber blickt man sich vergeblich nach Mauern um, denn jede Spur des ehemaligen Schlosses ist verschwunden. Nur hohe, von Gras und Disteln überzogene Schutthaufen, zwischen denen nur noch hier und da ein Mauerstück hervor schaut, sind die einzigen Zeugnisse, daß einst hier Gebäude gestanden. So hat hier die zerstörende Hand des Menschen gehauset!

Durch die hohen Bäume, welche die Oberfläche beschatten, wird die Aussicht sehr beschränkt. Gegen Norden erblickt man Burghasungen, die Schauenburg und den Habichtswald. Nordöstlich tritt dem Auge der Weidelberg entgegen, südöstlich öffnet sich das Thal der Elbe und südwestlich ein Theil des Fürstenthums Waldeck.

Erst in der letzten Hälfte des XII. Jahrhunderts lernen wir die Naumburg (Neuenburg, novum castrum) und zwar als den Sitz eines Grafengeschlechtes, kennen, das sich von derselben Grafen von Naumburg (comites de novo castro) nannte. Außer diesem Schlosse besaß dasselbe auch noch das benachbarte Schloß Weidelberg mit den dazu gehörenden umliegenden Gütern. Es hatte diese Besitzungen noch als freies, von keinem Lehnsherrn abhängiges, Eigen zu erhalten gewußt. Wie groß der Bezirk der Zubehörungen jener Schlösser war, läßt sich jetzt nicht mehr mit Zuverlässigkeit angeben. Mit Sicherheit lassen sich zu denselben nur die Stadt Naumburg, welche erst zu Ende des XII. oder Anfang des XIII. Jahrhunderts begründet wurde, denn noch 1207 wird sie „nova villa ante castrum Nuweburch" genannt [1]), ferner die Dörfer Altendorf, Altenstädt und Ippinghausen, sowie die um Naumburg gelegenen, aber nicht mehr vorhandenen, Dörfer Immenhausen, Beltershausen, Herberge, Namenhausen und wahrscheinlich auch Hattenhausen und Todtenhausen, rechnen. Etwa diese Orte, wenn nicht noch mehr, scheinen früher einen eignen Gerichtsbezirk, wahrscheinlich eine Cent, gebildet zu haben, über welche den Grafen das Richteramt zustand. Man kann dieses mit ziemlicher Sicherheit annehmen, obgleich diese Annahme sich erst auf eine Urkunde des XIII. Jahrhunderts begründen läßt, wo, wenn auch die Gauverfassung damals schon längst erloschen war, sich doch noch immer hier und da einzelne Reste derselben, welche den Umwäl-

zungen der Zeit widerſtanden, erhalten hatten. Jene Ur=
kunde iſt ein Schreiben des Erzbiſchofs Werner v. Mainz
an den Gr. Widekind v. Naumburg vom J. 1266,
wegen des Verkaufs der Schlöſſer Naumburg und
Weidelberg, der unten noch weiter erwähnt werden
wird. Darin heißt es nämlich: „Specialiter eciam di-
midietatem Comicie Lantgravii, que Hagebuken dicitur
et adiacebat vestris Castris predictis (sc. Naumbg. et
Wedelbg.), titulo Pignoris hactenus habitam, et, donec
redimatur, habendam." Die genannte Comicia lag
demnach in der unmittelbaren Nähe jener Schlöſſer;
da nun letztere freies Eigen (Allodium) waren, das
Gericht aber den Landgrafen von Heſſen gehörte und
dieſe daſſelbe als Pfand den Grafen eingegeben hat=
ten, ſo läßt ſich wohl die Vermuthung aufſtellen, daß
dieſes ihnen früher, gleich den Schlöſſern zugeſtanden
habe, und erſt durch einen Verkauf an die Landgrafen ge=
kommen ſey. Näheres über dieſes Gericht iſt durchaus
nichts bekannt. Der obige Name deſſelben mag jedoch nicht
das Gericht ſelbſt, ſondern nur deſſen Mal= oder Dingſtätte
(Placidum) bezeichnet haben, wo unter einer Hainbuche,
ſo glaube ich das obige Hagebucken überſetzen zu müſſen,
das Gericht gehegt wurde. Auf dieſem Gerichte (Comiciae)
ruhte auch der Grafen=Titel (Comes). Doch darf man
ſich unter dieſem Gericht, wie ſchon geſagt, keine eigentli=
che Grafſchaft (Comitatum) im engern Sinne, ſondern nur
eine Unterabtheilung einer ſolchen, entweder eine wirkliche
Cent, oder einen andern von der alten Grafſchaft abgeriſſe=
nen Bezirk, über welchen ſie die Amtsgewalt erworben,

denken. Solcher Bezirke waren durch die Auflösung der Gauverfassung und die Zersplitterung der Grafschaften gar viele entstanden. Die Grafschaften, früher bloße Aemter, waren erblich geworden und ihre Inhaber hatten dadurch den Begriff des Amtes allmälig mit dem Bezirke, in dem sie ohnedem schon meist die Begütertsten waren, vereinigt, und so, beide verschmelzend, sich ein eignes territorium gebildet. Wenn nun solche Bezirke unter Mehrere zerfielen, gingen die Amtsrechte mit denselben auf die Erwerber über. Deshalb finden sich seit dem XI. Jahrhundert so viele Personen als Grafen, die in ihrem Geschlechte nie eine wirkliche Gaugrafschaft besessen; die größere Zahl besaß nur Herrschaften und einzelne Stücke des ehemaligen Gaubezirks mit Grafengewalt. Diese letztern darf man daher nicht immer mit den Grafen, in der engern Bedeutung dieses Wortes, in eine Classe setzen; sie bildeten vielmehr eine Mittelclasse zwischen diesen und den Freiherren (Dynasten), die sich jedoch, nach ihrem größern oder mindern Ansehen, bald diesen, bald jenen, nähert. Zu diesen, man kann sagen, Untergrafen gehörten auch die Grafen von Naumburg.

Wann und von wem die Schlösser erbaut wurden, darüber findet sich nirgends eine Spur. Doch läßt sich das annehmen, daß der Weidelberg früher entstanden, als die Naumburg, und der ursprüngliche Sitz der Grafen gewesen; denn eine neue Burg bedingt auch stets eine alte und diese kann in Folge ihrer Lage und ihrer Besitzer keine andere als die Weidelburg seyn.

Graf Poppo ist der erste, welcher mir bis jetzt von

den Grafen v. Naumburg bekannt geworden. Er erscheint 1170 als Zeuge in einer Urkunde des Erzbischofs Christian v. Mainz für das Kloster Weissenstein²). Ob dieser etwa der erste Graf v. Nbg. gewesen und als Sprosse eines andern Hauses hier Güter erworben und durch Niederlassung auf denselben ein neues Geschlecht begründet, darüber sind meine Nachforschungen bis jetzt noch immer fruchtlos geblieben. Im J. 1182 findet sich ein Edler Arnold v. N. in einem Tauschvertrage zwischen dem Landgrafen Ludwig v. Thüringen und dem Kloster Hasungen³). Im J. 1196 findet sich Volkwin I.⁴) in dem Gefolge des Erzbischofs Conrad v. Mainz, sowie 1199 in dem Gefolge des thüringischen Landgrafen Hermann. Seine Gattin hieß Meina. Er hatte Güter zu Gisenrod, Hainrode, Mainbolderode, Breitenbach und Millebach im Hersfeldschen, welche die v. Rotenburg, v. Zennern, v. Millebach, v. Ruthen ꝛc. von seinem Hause zu Lehn trugen. Diese Güter verkaufte er, in Gemeinschaft mit diesen, seinen Lehnmannen, 1197 dem Kloster Blankenheim, worüber der Abt Sifried von Hersfeld auf der Naumburg den Vertrag ausstellte. Auf welche Weise diese Güter in den Besitz der Grafen gelangt, ist nicht bekannt, und Vermuthungen darüber aufzustellen, zu gewagt. Volkwin's Söhne waren Widekind I. und Ludwig. Ersterer, der sich 1216 zuerst findet, gab mit seiner Gattin Osanna und seinem Sohne Volkwin II. und seinem Bruder Ludwig, der deutscher Ordensritter wurde, 1234 Güter zu Wildungen, Altendorf und Amönau dem deutschen Orden zu Marburg. Von den Landgrafen zu Thüringen hatte er den großen und kleinen Zehnten zu Wetter zu Lehn, welchen er 1235 dem Kloster Haina übertrug. Diese Zehnten waren ein mainzisches Lehn der Landgrafen. Da ein Glied seiner Familie dem Kloster Merxhausen durch seine Heerden Schaden gebracht hatte, so gab er 1242 zur Entschädigung demselben Güter zu Hartradshausen, wozu auch seine Gattin und Kinder: Bertha, Volkwin II. und Widekind II. ihre Einwilligung ertheilten. 1243 entsagten die Genannten dem Kloster Haina gegenüber ihren Ansprüchen, die sie auf Güter zu Westheim, Heimbach, Netphe und Wetter gemacht. Man sieht hieraus, daß die Grafen v. Naumburg auch in Oberhessen, besonders der alten Grafschaft Wetter, nicht unansehnliche Güter besessen haben, über deren Erwerbung sich jedoch eben so wenig etwas Sicheres sagen läßt, als über die der hersfeldschen Güter. Widekind bestätigte 1244 dem Kloster Blankenheim jenen Güterverkauf seines Vaters, und wurde mainzischer Burgmann zu Battenberg. Später übergab er entweder seine Güter seinem Sohne Volkwin, oder trat noch in den geistlichen Stand; denn 1261 erscheint er als Zeuge bei einer Verfügung desselben über Güter, ohne an dieser selbst Antheil zu nehmen. Volkwin II. entsagt nämlich 1261 gegen das Kloster Haina seiner Ansprüche auf Güter zu Möln und Fischbach. Es geschah dieses im Kloster Werbe, im Waldeckschen. Kurz nachher muß Widekind gestorben seyn. Nachdem auch Volkwin die Kirchen und Capellen zu Ippinghausen, Altendorf und Immenhausen dem Erzbisthum Rügen geschenkt [6]), findet er sich am 9. März 1265 zuletzt; er verzichtete an diesem Tage gegen das Kloster Haina auf Heldburghausen. Am 10. November d. J. lebte er nicht mehr. Sein Bruder Widekind, welcher Domherr zu Halberstadt geworden, wurde Vormund seiner hinterlassenen minderjährigen Söhne. Dieser Widekind entschloß sich, trotz seines geistlichen Standes, zur Veräußerung der Stammgüter seiner Familie. Im J. 1265 verkaufte er für sich und seine Mündel nicht allein den Weidelberg, sondern auch Stadt und Schloß Naumburg an den Landgrafen Heinrich I. von Hessen; die Kaufsumme war auf 1200 Mark r. S. oder 2000 Mk. kölln. Pfennige festgesetzt und sollte in bestimmten Fristen bezahlt werden. Ob etwa die Zahlungen vom Landgrafen nicht vertragsmäßig erfolgten, oder die Minderjährigen dem Verkaufe widersprachen, oder was sonst die Ursache gewesen, weiß man nicht, genug, der Verkauf kam nicht zum Vollzuge und im folgenden J. 1266 verkaufte Widekind seine ihm an jenen Gütern zustehende Hälfte allein an den Erzbischof von Mainz für 400 Mark Pfennige. Die Güter werden nur im Allgemeinen genannt; nämlich die Hälfte der Stadt und Burg Naumburg, der Burg Weidelberg, die Hälfte der Vasallen, Dienstmannen und Hörigen, die Hälfte der Dörfer, Gerichte ꝛc., so wie auch die Hälfte der den Grafen von den Landgrafen versetzten comiciae Hagebucken. An der andern, Widekind's Neffen zustehenden, Hälfte behielt sich der Erzbischof ein Näherrecht vor, in deren Besitz er auch nicht lange nachher gekommen seyn mag.

Widekind, der zuerst 1246 als halberstädtscher Domherr erscheint, findet sich 1269 auch als mainzischer

Domherr und stiftete, vermöge einer von ihm zu Mainz ausgestellten Urkunde, mit Gütern in Brüngelshausen vier Seelenmessen im Kloster Kaldern⁷). Nachdem er der Präpositur zu Fritzlar vorgestanden, findet er sich zuletzt 1276 als Probst zu Heiligenstadt. Mit ihm starb das letzte männliche Glied seiner Familie, denn seine Neffen, die sich nirgends namentlich aufgeführt finden, waren sicher schon früher verstorben. Dagegen lebte Widekind's Schwester Bertha noch 1286. Sie hatte sich zuerst und zwar vor 1248 mit dem Grafen Berthold v. Felsberg vermählt und mit diesem zwei Söhne Widekind und Berthold erzeugt. Nach dessen Tode ehelichte sie Giso Edlen v. Ziegenberg⁸). Als sie mit Genehmigung jener Söhne in jenem Jahre dem deutschen Orden zu Marburg einen Leibeignen schenkte, nannte sie sich, obgleich ihr zweiter Gatte damals noch lebte und dabei gegenwärtig war, dennoch Domina Bertha de Novo Castro. Wahrscheinlich erbte sie den Rest der Stammgüter ihrer Familie.

Die Grafen v. Naumburg führten in ihrem, sowohl von einem wagerecht, als auch einem von der rechten obern nach der linken untern Ecke laufenden Balken, durchschnittenen, Wappenschilde einen nach der Rechten blickenden aufgerichteten, ungekrönten Löwen. Dieses führte wenigstens Widekind I. Davon verschieden waren jedoch die Wappen der beiden Brüder Volkwin II. und Widekind II., wovon der letztere jedoch später sein Familienwappen mit einem geistlichen vertauschte. Jenes zeigte einen in drei Felder quer getheilten Schild, wovon das obere drei der Länge nach herablaufende schmale Balken und das mittlere ein enges Gitter hatte; nur das untere Feld war leer.

Jener zweite Verkauf an Mainz scheint den Landgrafen gereizt zu haben; mehrere andere Mißhelligkeiten traten hinzu und es kam 1271 zur Fehde. Heiligenberg, Weidelberg und Naumburg wurden erobert. Der Erzbischof griff dagegen zu den geistlichen Waffen, that den Landgrafen mit seinen Bundesgenossen in den Bann und sprach über das Hessenland das Interdict aus. Da er jedoch hiervon nicht die gewünschte Wirkung sah, so wirkte er auch 1274 noch die Reichsacht aus. Erst 1277 wurde diese wieder aufgehoben und erst 1283 der Erzbischof durch eine Schlacht bei Fritzlar genöthigt, auch Bann und Interdict zurückzunehmen. Jene Burgen gab Hessen dagegen wieder zurück.

Im J. 1297 am 20. Septbr. (XVII. Kal. Octbr.) befand sich Erzbischof Gerhard v. Mainz auf der Naumburg, wo er dem Kloster Nordshausen den Bestätigungsbrief ertheilte [9].

Im J. 1323 erhielten Thilemann und Johann Hr. v. Itter vom Erzstifte ein Burglehn auf der Naumburg, von denen ersterer noch 1333 als dasiger Amtmann erscheint. Auch die Familie Hund und die v. Elben hatten Burgsitze auf der Naumburg [10].

Im J. 1345 verpfändete der Erzbischof Heinrich v. Mainz das Schloß und die Stadt Naumburg, nebst dem dazu gehörenden Amte, an den Grafen Otto II. von Waldeck gegen die Zahlung von 1000 Mark Silber, welche Summe später auf 2000 Mk. erhöht wurde, indem die

Grafen v. Waldeck 1379 noch 1000 Mk. an den Erzbischof Adolph zahlten [11]). Die Pfandschaft der Grafen v. Waldeck erstreckte sich jedoch nur über einen Theil der Naumburg; den übrigen Theil hatte Thilo v. Elben im Pfandbesitze. Beide gingen später auf die Familie der v. Hertingshausen über. Da sich nun die Geschichte der Naumburg mit der letzteren Familie genau verknüpft, so nehme ich mir die Erlaubniß, das Nähere über diese, in mancher Hinsicht merkwürdige, Familie hier mitzutheilen.

Geschichte der Familie v. Hertingshausen und des Schlosses Naumburg.

Die niederadlige Familie v. Hertingshausen hatte ihren Stammsitz in dem, etwa 3 St. südlich von Cassel an der Frankfurter Heerstraße liegenden Dorfe Hertingshausen. Obgleich dieses selbst sich schon im XI. Jahrhundert findet, so lernen wir die Familie doch erst in der letzten Hälfte des XIII. Jahrhunderts kennen. Ritter Ludwig I., der 1257 eine zu Felsberg ausgestellte Urkunde bezeugte, ist bis jetzt noch der Aelteste, den ich von der Familie gefunden [11]). Wahrscheinlich war Friedrich I. sein Sohn. Dieser, der sich zuerst 1303 findet, kaufte 1310 von der Wittwe eines Ritters Sprengel Güter in Melsungen. 1312 findet er sich zuletzt. Er hinterließ 5 Kinder: Otto, Friedrich II., Ludwig II., Hermann I. und Irmengard, welche 1337 dem Kloster Nordshausen eine Hufe Land in Altenbaune verkauften. Friedrich focht 1346 in der Fehde des Erzstifts Mainz gegen den Landgrafen Heinrich v. Hessen. Die Ritter Thilo v. Uschlacht, Stephan v. Schartenberg, Ludwig Wolf und Lutze v. Schlutwingsdorf fielen in derselben in mainzische Gefangenschaft und der Erzbischof Heinrich gab sie in Friedrich's und der v. Falkenberg Hände, um sie in ihren Gefängnissen zu verwahren. Auch sollten sie dieselben schätzen, doch Niemand anders, als ihm, dem Erzbischofe, das Lösegeld geben, welches sie an Eides Statt geloben mußten [13].

Otto, dem 1346 20 Mark aus der Bede von Cassel verschrieben waren [14], starb 1352 und wurde im Kloster Breitenau beigesetzt. Seine Brüder Friedrich und Hermann stifteten ihm daselbst 1353 am 6. Juli eine Seelenmesse, die jährlich am 9. September begangen werden sollte. Friedrich verkaufte 1352 Güter zu Niederzwehren und erwarb 1353 mit seinem Bruder Hermann ein Gefälle aus den Gütern des Klosters Breitenau zu Hertingshausen. 1362, wo beide Güter bei Gudensberg und zu Großenengliß verkauften, hatte Ritter Hermann auch eine Fehde mit dem Grafen Gottfried v. Ziegenhain, dem insbesondere Joh. Waldvogel v. Loshausen und Wiegand v. Erwichshausen als Genossen zur Seite standen. Die Veranlassung der Fehde scheint ein Streit wegen Schwarzenborn gewesen zu seyn. An dem Sonntage vor Pfingsten kam eine Sühne zu Stande, nach der alle Gefangenen frei und alle noch nicht bezahlten Schätzungen niedergeschlagen seyn sollten. Auch versprach Hermann, einen in seinen Händen befindlichen Brief dem Grafen zurückzugeben. Im folgenden Jahre kam Hermann mit den v. Elben wegen eines Gutes zu Hertingshausen und des Zehnten zu Han-

genbaume, welche sie in Ganerbschaft besaßen, in einen
Streit. Am Montage vor Himmelfahrt (8. Mai) hegte
zur Schlichtung desselben der Richter Gumbert v. Kaufungen ein Gericht zu Hertingshausen, auf welchem außer vielen von Adel, auch der Landgraf Hermann und der Graf
Gottfried v. Ziegenhain erschienen. Da Hermann sich
nicht stellte, so wurde erkannt, daß er die v. Elben in ihren
Rechten nicht mehr hindern und wehren sollte[15]). Im
J. 1366 hatte er mit seinem Bruder Friedrich und seinem Sohne Friedrich eine Fehde gegen den Landgrafen
Heinrich; nachdem dieselbe gesühnet, brach sie jedoch im
folgenden Jahre von neuem aus; der Landgraf warb zu
derselben mehrere Ritter, unter andern auch Heinrich
v. Hanstein und dessen Sohn Burghard. Die Ursache
und der Ausgang dieses Streites sind nicht bekannt. 1369
waren jene Mißverhältnisse gänzlich beseitigt, so daß der
Landgraf sich selbst für Hermann gegen den Grafen
Heinrich v. Waldeck mit allen seinen Schlössern und Gütern verbürgte. Hermann scheint bald nachher gestorben
zu seyn. Auf welcher Seite die v. Hertingshausen sich
während des Sternerkrieges befanden, läßt sich nicht ersehen. Im J. 1375 erklärten die Landgrafen Heinrich und
Hermann, für Heinrich v. Hanstein und dessen Sohn Ditmar an Friedrich I. v. H. 300 Mk. S. zahlen zu wollen,
und versetzten demselben dafür die Hälfte des Schlosses Grebenstein, mit dem halben Gerichte daselbst und den dazu gehörenden Dörfern, der Hälfte der Dienste und einer jährlichen
Korngülte von 70 Mltr. Wenn er ohne Kinder stürbe, sollte
diese Pfandschaft auf seinen Schwager Bernhard Marschalk

fallen. Da Heinrich v. Hanstein in jenem Kriege auf der Landgrafen Seite focht, so könnte sich wohl, wenn man diese Summe für Schatzung annehmen wollte, daraus der Schluß ziehen lassen, daß auch die v. Hertingshausen, gleich so vielen andern ihrer nachbarlichen Standesgenossen, sich dem Bunde des Sternes angeschlossen hätten. — Friedrich II. und sein Neffe Friedrich III. verkauften 1376 mehrere ihrer Güter, namentlich ihr Drittheil am Nepphenhain, ihr Zwölftel am Zehnten zu Thorheym und ein Gehölze zu Wolfirrade, mit der Bewilligung des Lehnsherrn Grafen Gottfried v. Ziegenhain, an Curt v. Alnhausen. Friedrich II. findet sich 1381 auch in dem Pfandbesitze des waldeckschen Schlosses Landau. Er scheint wenig später gestorben zu seyn. Friedrich III., Hermann's Sohn, war einer der berühmtesten Ritter seiner Zeit und der unzertrennliche Freund und Gefährte des bekannten Ritters Kunzmann v. Falkenberg. Im J. 1382 schoß er in Gemeinschaft mit Hermann v. Schartenberg und Thilo Wolf v. Gudenberg dem Landgrafen Hermann 200 kl. Gulden zu einer Zahlung an Berlt Hrn. v. Beuren und dessen Sohn Wilhelm vor. 1384 wurden ihm vom Landgrafen jährlich 30 Mk. S. auf die Stadtbede von Zierenberg angewiesen, welche Summe später auf 40 Mk. erhöht wurde; auch verbürgte er sich 1385 für den Landgrafen wegen einer Summe von 600 Goldgulden gegen den bekannten Ritter Conrad Spiegel.

Um diese Zeit gelangten die v. Hertingshausen zu dem Besitze eines Theils der Naumburg. Erzbischof Gerlach hatte denselben an Thilo v. Elben für die Summe von 451

Mk. S. verpfändet gehabt; als nun Thilo gestorben, löste Friedrich v. H. die Pfandschaft von dessen Erben an sich. Erzbischof Adolph kam, um die Verhältnisse sicher zu stellen, 1384 selbst nach der Naumburg und errichtete am 11. Mai einen Pfandschaftsvertrag. Den übrigen Theil besaßen noch die Grafen von Waldeck, die denselben jedoch später gleichfalls, durch eine Verafterpfändung, den v. Hertingshausen überließen. Die Zeit, wann dieses geschah, läßt sich nicht angeben, doch glaube ich sie noch vor das J. 1400 setzen zu können.

Da Friedrich auch mit Hessen in Pfandschaftsverhältnissen stand, so mußte seine Lage in den Kriegen dieser Zeit, an denen auch Mainz gegen Hessen Theil nahm, oft peinlich werden. Doch blieb er dieses Jahrhundert hindurch stets dem Landgrafen treu, und stand bei demselben, als einer seiner wackersten Ritter, in großem Ansehen. So focht er in dem blutigen Kriege in den J. 1385—1389, wo Hessen von allen seinen Nachbarn feindlich überzogen wurde, stets auf der Seite des Landgrafen. 1385 erhielt er mit mehreren v. Falkenberg die von Hessen an Mainz verpfändeten Städte Wolfhagen, Immenhausen und Grebenstein übergeben. Durch seine vielfältigen Dienste war ihm der Landgraf die Summe von 950 Goldgulden schuldig geworden, wofür derselbe ihm und seinen Söhnen den Balhorner Wald und die Dörfer Balhorn, Hadamar, Lohne, Heimarshausen, Fischbach, Motzlar, Emserberg und Offenhausen versetzte. 1388 wurden ihm und Thilo Wolf von Gudenberg die Amtmannschaft über Cassel aufgetragen, während welcher dasselbe belagert wurde. Mit jenem

Amte hatten sie zugleich die Stadt im Pfandschaftsbesitze. 1389 schlug Landgraf Hermann noch 1600 Gulden auf den Pfandschilling. 1386 hatte Friedrich mit seinen Söhnen auch von Curt Schultheiß von Holmar den vierten Theil des Gerichts Iste für 50 Mk. S. und 55 Goldgulden erworben.

In jenem Kriege, in welchem Cassel dreimal belagert wurde, hatten casselsche Bürger sich vereinigt, dem Feinde die Thore zu öffnen. Doch die Pläne der Verräther waren entdeckt und vereitelt und sie selbst zum Theil gefangen worden. Im J. 1391 wurde über dieselben ein öffentliches Gericht auf dem Markte zu Cassel gehalten, in welchem unter anderm auch die Gütereinziehung der Angeklagten ausgesprochen wurde. Diese vertheilte der Landgraf unter seine Getreuen. So erhielt Friedrich mit Thilo Wolf und Otto Groppe v. Gudenberg ein Haus zu Cassel in der Hergergasse, nebst Ländereien unterm Weinberg nächst der Fulda und zu Kirchditmold zu Erbburglehn. In demselben Jahre findet man ihn auch im Banglerbunde; dieser stand unter den mächtigen Herren v. Padberg und brachte besonders Paderborn vielen Schaden, bis endlich der Bischof an Hundert der Bündner fing, die sich mit einer großen Summe lösen mußten; auch Friedrich war dabei in Gefangenschaft gerathen [16]). Im J. 1392 nahm der Erzbischof Conrad von Mainz Friedrich feierlich zum Lehnsmann des Erzstifts auf. Er zahlte ihm dafür 700 fl. und Friedrich ließ sich dagegen mit einem Fruchtgefälle von 16 Maltern aus seinem Allodial-Vorwerke zu Brunslar belehnen. Im J. 1395 wo er der Verlobung des Grafen Ernst v. Gleichen mit der Gräfin Elisabeth v. Waldeck beiwohnte [17]), versetzte ihm der Landgraf die Hälfte der Burg Schartenberg und der Stadt Zierenberg, und bestellte ihn über die andere Hälfte zu seinem Amtmann; er sollte drei Viertheile aller Renten für sich einnehmen. 1396 errichtete er mit dem Landgrafen sowohl über Schartenberg, als Zierenberg, einen Burgfrieden; auch erhöhte der Landgraf in diesem Jahre die Pfandsumme auf die obengedachten Dorfschaften auf 1000 Goldgulden. Im J. 1397 trat er mit seinem Sohne Hermann und seinem Freunde Kunzmann in die Sichelgesellschaft; in diesem Bunde, der die Sicherung der Kirchen, Geistlichen, Pilger, Bauern und Kaufleute zum Zwecke hatte, befanden sich auch Landgraf Hermann von Hessen und Herzog Otto von Braunschweig. Da aber diese beiden Fürsten kurz nachher sich entzweiten, so scheint sich auch der Bund bald wieder aufgelöst zu haben, denn noch in demselben Jahre verpflichten sich Friedrich und Kunzmann, dem Landgrafen gegen den Herzog beizustehen. Im J. 1399 begingen Heinrich und Thilo Schützeberg und Otto Tattern in der Stadt Zierenberg und deren Umgegend mehrere Friedensbrüche, so daß sie Friedrich mit Hülfe des Stadtraths fing und in des Landgrafen Gefängniß lieferte. Die zuerkannte Leibesstrafe wurde auf Fürbitten in eine Geldbuße von 600 Gulden verwandelt, welche sie binnen Ostern an Friedrich zu zahlen versprachen und dafür ihre Güter in und um Zierenberg als Pfand einsetzten. Im J. 1400 wurde Friedrich der Mörder des Herzogs Friedrich v. Braunschweig. Doch noch ehe dieses geschah, stand er und seine Söhne verbunden mit dem Grafen Heinrich von Waldeck, den v. Padberg, v. Biermünden, v. Gudenberg, v. Dersch, v. Biedenfeld, v. Dalwigk, Hund 2c., zusammen an 52 Personen, in einer Fehde gegen Heinrich Riedesel und Curt v. Treisbach, weil dieselben sie ohne Ursache geschunden und beraubt. Am 14. Mai 1400 zeigten sie diese Feindschaft dem Landgrafen Hermann an und verwahrten ihre Ehre, wenn sie an dem Schlosse Bürgeln, an Schönstädt und dem Gerichte, welche hessisches Lehn waren, Schaden verursachen würden.

Mit der Regierung des Kaisers Wenzel unzufrieden, bildete sich unter den Kurfürsten des Reichs eine Partei, die auf dessen Entthronung hinarbeitete. Zu diesem Zwecke versammelten sich den 1. Februar 1400 die vornehmsten Reichsfürsten unter dem Vorsitze des mainzischen Erzbischofs, des schlauen Johann II. Von diesen Umtrieben hatte sich bisher Herzog Friedrich von Braunschweig entfernt gehalten; doch da auch er unterm 6. Februar von der Versammlung eingeladen wurde, begab er sich in Gesellschaft seines Schwagers, des Kurfürsten Rudolph III. von Sachsen, und seines Bruders, des Herzogs Bernhard, noch in demselben Monat nach Frankfurt. Am 22. Mai wurde Wenzels Entthronung feierlich ausgesprochen. Während der Kurfürst von Sachsen den Herzog Friedrich zur Wahl in Vorschlag brachte, bemühte sich der Erzbischof Johann für den Pfalzgrafen Ruprecht und augenscheinlich mit mehr Glück. Herzog Friedrich verließ deshalb mit seinem Bruder Bernhard und seinem Schwager Rudolph alsbald Frankfurt, um nach

Hause zu ziehen. In ihrem Gefolge befanden sich Fürst Stegmund v. Anhalt, Conrad v. Soltau, der Bischof von Verden, ein berühmter Gottesgelehrter, der Probst v. Verden Heinrich Lesch, die Grafen v. Barby, v. Schraplau, v. Hohnstein und v. Schwarzburg. Zusammen mit Reisigen und Dienern an 400 Personen. Als sie den Löwensteiner-Grund durchzogen hatten, wurden sie in einem Hohlwege, nahe vor dem Dorfe Kleinenglis, von einem Haufen Bewaffneter überfallen. Es war dieses der junge Graf Heinrich v. Waldeck, mainzischer Oberamtmann in den hessischen Besitzungen, die Ritter Friedrich v. Hertingshausen und Kunzmann v. Falkenberg mit etwa 200 Bewaffneten, worunter Heinrich und Werner v. Gudenberg, ein v. Löwenstein, Werner v. Hanstein und die v. Padberg waren. Nachdem der Troß des Herzogs und seiner Begleiter abgeschnitten, entspann sich ein hitziger Kampf, nur wenige konnten entrinnen. Mit verzweiflungsvoller Tapferkeit wehrte sich Herzog Friedrich, bis ihn Friedrich v. Hertingshausen, unterstützt von Kunzmann v. Falkenberg, erstach; auch der Probst v. Verden büßte hier sein Leben ein; Kurfürst Rudolph, Herzog Bernhard, der Bischof von Verden und viele Grafen und Ritter wurden gefangen und nach dem Schlosse Waldeck geführt. Fürst Stegmund entkam durch die Schnelligkeit seines Rosses; auch Volrad v. Waldenstädt, ein trefflicher Ritter, entfloh, doch schwer verwundet, gelangte er nur bis Wolfhagen und gab daselbst seinen Geist auf. Reich war die Beute der Räuber, sie führten eine Menge von Kleinodien, Geschirren, Ringen, Ketten 2c. mit nach Waldeck.

Diese That geschah am 5. Juni des J. 1400. Noch jetzt bezeichnet die Stätte des Ueberfalls ein hohes steinernes Kreuz.

Nicht wohl in bloßer Raublust konnte eine so kecke Frevelthat ihren Ursprung haben, es mußte ein Mächtiger seyn, der die Verbrecher dazu bewogen hatte und dieselben vor einer zu scharfen Ahndung sichern konnte. Ganz Deutschland bezeichnete den mainzischen Erzbischof Johann als den Stifter der That. Er war zum Theil der Lehnsherr der Unternehmer und selbst naher Verwandter des Grafen Heinr. v. Waldeck. Mochte auch Johannes vor dem neuen Kaiser Ruprecht einen Reinigungseid schwören, mochten auch Graf Heinrich und die Ritter Friedrich und Kunzmann ihm eine eidliche und urkundliche Erklärung ausstellen, daß er unschuldig sey an der That, daß er selbst nichts von derselben gewußt, so vermochte dieses dennoch nicht den Verdacht seiner Zeitgenossen und der Nachwelt zu vernichten.

Erst im Anfange des künftigen Monats wurden die Gefangenen, nachdem sie und ihre Verwandten vorerst Urfehden ausgestellt, ihrer Haft entlassen. Der Kaiser vermochte die betheiligten Fürsten, auch den Landgrafen Hermann von Hessen, auf jede Selbstrache zu verzichten und die Bestrafung der That seiner Entscheidung zu überlassen. Als jene aber die Schwäche des Kaisers, der den Erzbischof fürchtete, sahen, da verbanden sie sich zu ernster That. Während sich die Grafen v. Ziegenhain, v. Isenburg und v. Wied auf die Seite des Erzbischofs begaben, schloß sich selbst Graf Adolph v. Waldeck, jenes Heinrich's Bruder, den verbündeten Fürsten an. Hierauf erneuerten die Herzöge v. Braunschweig und die Landgrafen von Hessen und Thüringen den Landfrieden und forderten den Erzbischof auf, demselben beizutreten, dabei jedoch erklärend, daß der Graf Heinrich v. W. und die Ritter Friedrich v. H. und Kunzmann v. F. davon ausgeschlossen seyen, „weil sie „Rehrauf begangen auf des Reiches Straße, während „der Entbietung der Kurfürsten an Herzog Friedrich und „dem Dompropst zu Verden, ohne deren Schuld, wider „Gott, Ehre und Recht." Da der Erzbischof dieses (am 25. Jan. 1402) verweigerte, wurde der Rachekrieg beschlossen. Mit 12,000 Mann eröffneten sie denselben auf dem Eichsfelde. Zuerst wurde die Burg Giboldehausen umschlossen, auf welcher sich Friedrich v. H. befand. Aber er entfloh aus derselben und eilte nach seiner Naumburg, welche er, mit dem Weidelberge, in Vertheidigungsstand setzte. Die Verbündeten folgten ihm hierauf nach Hessen und eroberten Hofgeismar und Heiligenberg, griffen Waldeck an und belagerten die Naumburg. Die Umgegend wurde verwüstet, die benachbarten Dörfer und Mühlen verbrannt, Feuer in die Burg geworfen und dieselbe heftig bestürmt; aber vergeblich, sie widerstand der Macht der Belagerer, so daß diese, da die Gegend keine Lebensmittel mehr darbot, wieder abziehen mußten. Später zogen Graf Heinrich und Friedrich v. H., dem der Landgraf auch seine bedeutenden Pfandschaften, welche, freilich sehr übertrieben, auf 12,000 Gulden angeschlagen wurden, eingezogen hatte, mit 350 Glenen vor Cassel und versuchten durch den hinter dem Schlosse gelegenen Baum-Garten, an dessen Stelle später die Aue angelegt wurde, das Schloß zu überfallen;

da ihnen aber dieser Anschlag mißlang, verwüsteten sie die ganze Umgegend und brannten 12 Dörfer nieder. Erst im September 1402 vermochte der Kaiser eine vorläufige Sühne zu Stande zu bringen und erst im folgenden Jahre, am 3. Februar, fällte er über die Mörder ein Urtheil. Die Ritter Friedrich v. Hertingshausen und Kunzmann v. Falkenberg sollten der Seele des Ermordeten eine ewige Messe und einen Altar zu Fritzlar stiften, eidlich versprechen, an den Verwandten des Herzogs keine Rache zu nehmen, so lange in einem Thurme sitzen, wie es dem Kaiser beliebe, nach ihrer Loslassung zehn Jahre Deutschland meiden, vier Jahre ohne Gnade und sechs Jahre mit Gnade [18]).

So war nun zwar das Urtheil gefällt, aber an eine Vollziehung desselben wurde nicht gedacht. Sowohl Kunzmann als Friedrich waren gesichert unterm Schutze des Erzbischofs, der sie in seine Dienste genommen. Zwar lassen die braunschweigischen Chronisten Friedrich von den Herzögen von Braunschweig gefangen, dann geviertheilt und auf's Rad geflochten werden. Dieses ist jedoch nicht der Fall, er lebte im Gegentheile noch bis 1422 und starb eines natürlichen Todes.

Im September des J. 1400 hatte er mit seinen Söhnen die Hälfte seines Gerichtes zu Dorla für 100 rh. Gulden dem Kloster Breitenau versetzt, wozu der Graf Engelbrecht v. Ziegenhain, als Lehnsherr, seine Einwilligung gegeben. Im J. 1407 kam er im October mit dem Erzbischofe Johann v. Mainz auf dem Schlosse Lahnstein, am Rheine, zusammen, um sich wegen der in dem vorerwähnten Kriege demselben geleisteten Hülfe und der darin erlittenen Verluste auszugleichen. Am 16. Octbr. schlossen sie einen Vergleich. Sie kamen darin auf die Summe von 1270 Gulden überein, worin außer 770 fl., worüber **Friedrich** schon Schuldbriefe hatte, auch eine noch nicht ganz abgezahlte Summe für einen Bau auf der Weidelburg, welchen **Friedrich** für das Erzstift gethan und die Entschädigung für die Güter, welche der Landgraf von **Friedrich** eingezogen, mit begriffen waren. Der Erzbischof wies ihm zu seiner Befriedigung 2 Turnosse von dem Rheinzolle zu Lahnstein an. 1409 findet man ihn mit seinem Freunde Kunzmann in der Rittergesellschaft vom Luchse, zu der am 17. Januar 1400 auch der Erzbischof Johann von Mainz trat [19]. Später kam er und sein Sohn Hermann nochmals mit dem Landgrafen in einen Streit, insbesondere wegen der Gerichte Alten- und Neuenbrunslar und der dazu gehörenden Dörfer. Der Landgraf griff deshalb zu den Waffen und nöthigte sie 1410, auf ihre gemachten Ansprüche zu verzichten und selbst die von Dietrich v. Gilsa erhobene Schätzung für ihren Theil niederzuschlagen. Auch mußten sie sich durch einen Eid verbindlich machen, nie wieder des Landgrafen Feinde zu werden. Noch 1411 entschädigt der Landgraf die v. Gilsa wegen des durch **Friedrich**, die Spiegel zum Desenberg und die v. Padberg bei einer Niederlage erlittenen Schadens an Gefängniß, Schatzung ꝛc. mit 400 Goldgulden. Im J. 1413 stand Ritter **Friedrich** und seine beiden Söhne in einer Verbindung mit den Hund v. Holzhausen, v. Holzheim, v. Adelepsen, v. Löwenstein-Westerburg, v. Hanstein, v. Freden, v. Harhausen, v. Elben, v. Weidelberg, v. Herzenrode, v. Bovenden, v. Neuhauß ꝛc. In deren Gefangenschaft waren Goderd v. Keppenrode gen. Hauenkula, Ebert v. d. Heide, Gerwin Hade und noch 16 andere gefallen, welche am 10. August eine Urfehde beschwören mußten. 1414 erkaufte Friedrich von dem Ritter Friedrich v. Padberg eine jährliche Rente von 10 Schillingen alter Königsturnosse, auf dem Rathhause zu Fürstenberg fällig, für 100 Schillinge derselben Münze. Im J. 1416 stand er in dem großen Bunde des tapfern Simon's v. Wallenstein gegen die Stadt Hersfeld. Auch befand er sich in einer Verbindung mit dem Abte Werner v. Hasungen; beiden schuldete der Landgraf 50 Mk. S. (à 56 alter Turnosse). Herzog Heinrich v. Braunschweig versprach als Vormund des noch minderjährigen Landgrafen Ludwig I. am 29. April d. J., diese Summe bis Martinitag zu zahlen, wofür sich die Stadt Grebenstein verbürgte. Nachdem er 1421 mit seinen Söhnen die Spiegel zum Desenberg bei Wolfhagen niederwerfen und zum Theil gefangen nehmen helfen, starb er im J. 1422 im hohen Alter. Mit seiner Hausfrau Lukarde (Luzie, Luckelin) hatte er 4 Kinder erzeugt: Hermann II., Otto, Berthold und Agnes, gewöhnlich Nesa genannt. Otto starb schon vor dem J. 1400 und Agnes wurde im J. 1412 an den bekannten Ritter Reinhard v. Dalwigk, der Ungeborne genannt, vermählt.

Hermann II. findet sich 1411 in mainzischen Diensten und zwar als Landrichter (judex provincialis). 1421 versprach er mit seinem Bruder Berthold, das von ihrem Vater im J. 1400 an das Kloster Breitenau versetzte halbe Gericht Dorla binnen den nächsten 10 Jahren nicht zu lösen, und 1424 erhöhten beide die Pfandsumme auf 140 Gulden.

Schon früher waren sie mit Mainz und Waldeck wegen Naumburg in Streitigkeiten gerathen. Nachdem Graf Heinrich V. v. Waldeck am 2. Juli 1422 Berthold zum Amtmanne über seine beiden Theile an der Naumburg bestellt hatte, verweigerten er und sein Bruder, sowie ihr Schwager Reinhard, sowohl dem Erzbischofe, als dem Grafen, das denselben als Lehns- und Pfandherren zustehende Oeffnungsrecht. Erzbischof Conrad und Graf Heinrich verbanden sich deshalb am 22. November, um ihr Recht geltend zu machen. Zu diesem Zwecke sollte der Erzbischof vorerst 20 und Graf Heinrich 10 Gewaffnete in die Stadt Naumburg legen. Im Falle es aber hierüber zu einer Fehde komme, sollte der erzbischöfliche Amtmann zu Battenberg, sowie des Grafen Diener Hans Hauck bestimmen, wie viele Leute noch jeder Theil zur Verstärkung zu geben habe. Nachdem diese Sache friedlich beigelegt worden, kamen Hermann und Berthold mit der Stadt Naumburg selbst in Streitigkeiten. Erzbischof Conrad kam deshalb 1424 nach Fritzlar und errichtete zwischen ihnen am 1. Mai einen Scheid. Die Stadt sollte den v. Hertingshausen treu und gehorsam seyn, und diese sie dagegen beschützen und beschirmen, wie es ihnen als Amtleuten zukomme. Im Falle sich die Stadt für die v. H. verbürgt, sollten diese sie deshalb schadlos halten, dagegen aber auch die etwa noch rückständigen Zinsen ꝛc. den v. H. zahlen. Sollten etwa die Grafen v. Waldeck an die v. H. wegen der Naumburg Ansprüche machen, so wolle er Macht haben, diese zu scheiden.

Im J. 1424 wurde Hermann vom Grafen Johann v. Ziegenhain mit dem halben Dorfe Dorla, dem Zehnten zu Stockhausen, dem halben Zehnten zu Uttershausen, einem Burglehn zu Borken und der Hälfte des Dorfes Pfaffenhausen beliehen.

Berthold verband sich mit dem Erzbischofe Conrad v. Mainz gegen den Landgrafen Ludwig v. Hessen und focht im J. 1427 in der Fehde gegen denselben [20], welche durch die Vermittlung mehrerer angesehenen Fürsten im Sept. d. J. gesühnet wurde. Die Waffen sollten nun gegen die ketzerischen Hussiten getragen werden, doch die Kunde von deren alles besiegendem Heldenmuthe schüchterte Viele ein und vermochte Manchen, obgleich schon gerüstet, ja sogar schon auf der Reise begriffen, sich wieder ruhig in der gemächlichern Heimath niederzulassen. Jener Frieden war für Mainz sehr ungünstig und der Erzbischof scheint, um die Bedingungen desselben abzuschütteln, eine neue Fehde zu beginnen im Sinne gehabt zu haben, welche jedoch nicht zum Ausbruche kam. Als Erzbischof Conrad zu Ende des Jahres nach Fritzlar kam, schloß er daselbst am 31. Decbr. mit Berthold v. H. ein Bündniß ab, im Falle eines Krieges gegen den Landgrafen Ludwig von Hessen und den Landgrafen Friedrich d. j. von Thüringen, innerhalb der nächsten drei Jahre. Berthold versprach in solchem Falle selbst mit sechs Glenen, jede Glene aus mindestens drei Pferden, guter reisiger und gewappneter Leute bestehend [21], zum Dienste des Erzbischofs zu reiten. Dieser machte sich dagegen, außer zur Ersetzung der Schäden, zur Zahlung von 250 Gulden verbindlich.

Nachdem Hermann gestorben, folgte ihm auch wenig später sein Bruder Berthold.* Nur letzterer hatte mit seiner Hausfrau Kunigunde einen Sohn hinterlassen:

Friedrich IV., welcher um Weihnachten des J. 1423 auf der Naumburg geboren worden war [22]). Bei seines Vaters Tode noch minderjährig, bestellte 1431 am 25. Mai zu Wiesbaden der Erzbischof Conrad von Mainz, Friedrich's Oheim, Reinhard v. Dalwigk, zu seinem Vormunde und Stellvertreter hinsichtlich der ihm obliegenden Amtmannschaften über Naumburg und Weidelburg. Letztere Burg hatte, wie man aus dem obengedachten Vertrag von 1407 sieht, Friedrich III. wenigstens schon im Anfange dieses Jahrhunderts im Besitze. Der Erzbischof bestätigte bei dieser Gelegenheit den von seinem Vorfahr Johann mit Friedrich III. v. H. und seinen Söhnen über die beiden Schlösser Naumburg und Weidelberg geschlossenen Pfandvertrag. Graf Heinrich v. Waldeck folgte dem Erzbischofe hinsichtlich der Vormundschaftsbestellung und der Bestätigung der Pfandschaft am 2. Juni.

Friedrich's Leben ist so eng mit dem seines Oheims Reinhard v. Dalwigk, der durch seine Hausfrau zu dem Mitbesitze der hertingshäusischen Güter gelangt war, verwebt, daß ich mich zur Vermeidung von Wiederholungen lediglich auf die Familiengeschichte der v. Dalwigk beziehe und nur hier eine gedrängte Uebersicht der Hauptpuncte sowohl in der Geschichte der v. Hertingshausen, als auch der Naumburg geben werde.

Schon 1431 stiftete Reinhard mit seiner Hausfrau und seinem Neffen Friedrich in der Stadtkirche zu Naumburg einen Altar zum Gedächtnisse Friedrich's und Berthold's v. H. und deren Hausfrauen. Sie weihten denselben der heil. Jungfrau Maria nebst noch 11 andern Heiligen. Die Güter, welche sie dieser Stiftung bestimmten, lagen insbesondere zu Naumburg, Hattenhausen und Fürstenberg und waren nicht unansehnlich. Im J. 1437 trugen dieselben die Weidelburg mit ihren Zubehörungen dem Landgrafen Ludwig I. von Hessen auf, und ließen sich von demselben damit belehnen. 1439 stellten die Grafen Heinrich und Walrab v. Waldeck wegen der Pfandschaft über Naumburg (Burg und Stadt, „den Bruel daz gerichte darselbis" und die Dörfer Altenstädt, Altendorf und Beltershausen) eine Urkunde aus, in welcher sie erklärten, daß der Pfandschilling 2000 fl. betrage. Schon im J. 1444 zog ihr unruhiges Leben ihnen die Feindschaft von Hessen und Mainz zu und Naumburg und Weidelburg wurden erobert. Nachdem sie beide wieder zurückerhalten, wurden sie in Fehden mit ihren Nachbarn verwickelt und 1448 wieder des Landfriedensbruchs angeklagt. Landgraf Ludwig zog nun nochmals gegen sie und eroberte beide Burgen, von denen sie nur Naumburg zurückerhielten, dagegen auf die Weidelburg verzichten mußten. Von neuem erhoben sich nun wieder die Streitigkeiten mit ihren Nachbarn und blutiger als früher. 1452 wurde

Friedrich in einem Gefechte ein Bein abgehauen. Erst 1454 kam eine ernstliche Sühne zu Stande. Während dieser Fehden waren jedoch auch Reinhard und Friedrich in Zwistigkeiten über die Naumburg gerathen. Durch die Vermittelung ihrer Freunde vereinigten sie sich 1453 zu einer Verbrüderung auf ein Jahr, um sich nach dessen Ablaufe die Naumburg gleich zu theilen, welches auch geschah. Das von Friedrich's Großvater erworbene Schloß Schartenberg war schon früher wieder abgelöst worden. Nachdem Reinhard 1461 gestorben, fiel ein Theil der von Friedrich mit diesem gemeinschaftlich besessenen Güter dem Landgrafen heim, während mit den andern Friedrich beliehen wurde. Am 7. und 8. März d. J. schloß er mit dem Landgrafen mehrere Verträge. Am 7. verglich er sich mit dem Landgrafen und der Stadt Zierenberg, wegen der ihm daselbst für 2000 fl. versetzten 200 fl. Renten dahin, daß diese auf jährlich 90 fl. bestimmt seyn und er sie so lange beziehen sollte, bis ihm 1000 fl. gezahlt würden; dagegen verzichtete er auf die übrigen 1000 fl. Hauptgeld und 110 fl. Zinsen. Von dem mit seinem Oheim, nach Verzichtleistung auf die Weidelburg, erhaltenen Gütern erhielt er am 8. März nur den Zehnten und einen Hof zu Hertingshausen, einen Hof zu Herboldshausen und den Zehnten zu Stockhausen zu Lehn, die übrigen Lehne zog der Landgraf als heimgefallen ein. An demselben Tage beleibzüchtigte er auch seine Hausfrau Dorothea mit Gütern zu Hebel. Gar bald nach Reinhard's Tode kam er mit dessen Schwestern in Streitigkeiten, welche als dessen Allodialerben auftraten. Ueber ein Vierteljahr=

hundert zogen sich dieselben hin, ehe sie ihre Erledigung fanden. Friedrich starb vor dem J. 1467 und hinterließ mehrere Kinder, welche damals noch minderjährig und unter meisenbugsche Vormundschaft gestellt wurden. Doch nur zwei derselben sind bekannt, Friedrich V. und Margarethe; letztere ehelichte zuerst Hans v. Bischofshausen und nach dessen Tode 1488 Burghard v. Boineburg. Bei dieser zweiten Verehelichung erhielt sie von ihrem Bruder 300 fl. Mitgift.

Friedrich V. Wegen der unter ihm fortgesetzten Streitigkeiten mit den Allodial-Erben Reinhard's von Dalwigk, beziehe ich mich auf dessen Geschichte. Im J. 1479 kam er mit Hans Wert in eine Fehde, welche ihm derselbe unter seines Junkers Gottschalk's v. Haxthausen Siegel am 5. Juni und zwar wegen Forderungen ankündigte. 1485 versetzte er ein Gefälle aus dem Zehnten zu Hertingshausen an Eckebrecht v. Grifte, sowie 1492 ein Gefälle aus Hebel und 1504 ein solches aus Altendorf. Im J. 1513 kündigten ihm die Grafen Philipp d. ä., d. m. und d. j. v. Waldeck die Pfandschaft an der Naumburg und setzten ihm einen Tag, das Geld zu Korbach in Empfang zu nehmen. Doch mancherlei Hindernisse traten verzögernd dazwischen und erst weit später, nach Beseitigung vieler Streitigkeiten, konnte die Ablösung zu Stande kommen. 1517 kam er mit der Stadt Naumburg in Streitigkeiten, welche am 17. Decbr. der Marschall Philipp Meisenbug und Bodo v. Bodenhausen, Statthalter zu Cassel, dadurch beilegten, daß ein Tag bestimmt wurde, zu dem jede Partei 4 ihrer Freunde schicken sollte, um die gegenseitigen Ansprüche auszugleichen. 1518 beleibzächtigte er seine Hausfrau Agnes geb. Schenk (zu Schweins: berg?) mit dem Burgsitz zu Naumburg, welchen er von Curt Nodung gen. v. Werda erkauft, mit dem Zehnten und der Mittelmühle vor Naumburg, welche er neu gebaut, mit der steinern Mühle, zwischen der vorigen und Immenhausen, einem Garten vor dem Immenhäuser Thore und Gefällen zu Gensungen, Hebel, Niedermöllrich rc.

Im demselben Jahre setzten die Grafen Philipp und Philipp einen Schultheißen zu Naumburg ein. Dieses Recht aber nahm Friedrich für sich in Anspruch und kam darüber mit den Grafen und später auch mit der Stadt in Streitigkeiten. Die mit der letztern wurden so bedeutend, daß sie in offene Feindseligkeiten ausarteten, und, nachdem der Erzbischof die Stadt in Strafe genom: men, Friedrich außerhalb Truppen sammelte, um die Stadt zu bekriegen. Die Bürger, ihre Schwäche gegen ihren Zwingherrn fühlend, unterwarfen sich und zwar auf Gnade und Ungnade. Am 29. August mußten sie sich ver: bindlich machen, innerhalb 3 Jahren zur Erstattung der durch die Werbung entstandenen Kosten 300 fl. an die v. Hertingshausen zu zahlen; denselben als Stell: vertretern des Erzbischofs alle ihre Privilegien, sowie die Siegel und Schlüssel der Stadt zu übergeben, und diesel: ben ohne deren Wissen nicht mehr zu gebrauchen; die pein: liche Gerichtsbarkeit sollten die v. Hertingshausen üben, auch die aus dem Stadtarrest entlassenen Gefange: nen strafen; nach Verschließung der Stadtthore sollten sie die Schlüssel den v. H. überantworten und ohne deren

Wissen und Willen Niemand des Nachts aus und ein lassen. Die v. H. sollten die Macht haben, den Schultheißen zu setzen und zu entsetzen und den Bürgermeister aus vier aus den Schöpfen Vorgeschlagenen zu wählen. Sie mußten auch den v. H. die Waffen ausliefern, welche ihnen dieselben jedoch wieder zurückgaben [23]).

Friedrich starb nach dem J. 1531. Er hatte 6 Söhne: Philipp, Johann, Burghard, Bernhard, Friedrich VI. und Hermann III., von denen Hermann schon nach 1525 und Friedrich nach 1531 nicht mehr erscheinen. Auch Philipp starb ohne Erben. Eine Tochter Dorothea wurde 1507 mit Johann v. Wildungen verehelicht und verzichtete für 300 fl. Mitsteuer auf alle weitern Ansprüche.

Mit den Brüdern Johann, Burghard und Bernhard wurde endlich, nach vielem Bemühen und mehreren abgehaltenen Tagen, 1544 Graf Philipp d. ä. v. Waldeck wegen der Ablösung der Naumburg einig. Der waldeck'sche Pfandschilling wurde auf 3620 Goldgulden und 80 Mk. S., der mainzische dagegen, durch einen Vertrag zu Niederwildungen erst auf 451 Mk. S. und 500 Goldgulden und dann später, als der Erzbischof zu Fritzlar in die Ablösung gewilligt, nach dessen Bestimmung, auf 3500 Goldgulden und 1000 fl. Münze Baugeld, festgesetzt.

Am 25. März d. J. zahlten die Grafen v. Waldeck an die v. Hertingshausen 8572½ Goldgulden und diese räumten ihnen die Naumburg, nachdem ihre Familie sie beinahe an zwei Jahrhunderte im Besitze gehabt hatte. Jene Brüder beschlossen am 1. Sept. d. J., daß, da

Naumburg lange als Stammgut bei ihrer Familie gewesen, so wollten sie die Ablösungssumme wieder als Stammgut an einen Ort anlegen; daran sollten aber Töchter, nach dem Gebrauche des hessischen Adels, nicht miterben, sondern davon abgefunden werden. Von den schon oben gedachten Söhnen Friedrich V. war Burghard hessischer Amtmann auf dem Schlosse Lichtenberg im Odenwalde. 1550 versetzte ihm Landgraf Philipp für 400 fl. ansehnliche Gefälle aus dem Amte Lichtenberg. Einer Sage nach soll er das Schloß bei einer Belagerung tapfer vertheidigt haben. Er starb am 29. März 1570 und wurde in der Kirche zu Babenhausen beigesetzt, wo noch jetzt sein Grabmal vorhanden[24]). Sein Sohn war Balthasar. Burghard's Bruder Bernhard ehelichte 1539 Barbara, Tochter Ewald's v. Baumbach zu Tanneberg, und erzeugte mit derselben einen Sohn Ewald, welcher in den deutschen Orden zu Marburg trat. Johann wurde 1535 mainzischer Amtmann zu Amöneburg. Seine Besoldung als solcher, bestand jährlich in 60 fl., 2 neuen Kleidern, 2 Fuder Wein oder 32 fl., einem gewissen Betrag an Stroh und Heu, sowie in Benutzung mehrerer Gärten, Huten und Fischereien. Als Vergütung erhielt er ferner für die Beköstigung 2 reisigen Knechte, 1 Knaben, 1 Bäckers, 1 Pförtners und 1 Thorhüters, für jede Person 10 fl., 2 Mlt. Roggen und $1\frac{1}{2}$ Mlt. Gerste, für Holz- und Wasserfuhren 30 fl., für Almosen 3 Mlt. Korn, für 4 reisige Pferde 11 Mlt. Hafer und für den Beschlag 10 fl., für die Jagdhunde 6 Mlt. Korn ꝛc. In demselben Jahre ehelichte er Ida v. Steinbach. 1540 versetzte ihm Landgraf Philipp das Schloß und Amt Sturmfels, westlich vom Vogelsberge, für 4400 Gulden. Diese Summe stieg durch eine Zahlung an Joh. Weiters (600 fl.) und durch neue Bauten, welche Johann am Schlosse vornahm (800 fl.), auf die Summe von 5800 Guld. 1548 wurde er auch hess. Amtmann zu Romrod. 1551 lieh er in Gemeinschaft mit Jost Rau v. Holzhausen zu Nordeck, Amtmann zu Nidda, den Grafen Wolfgang und Ludwig v. Stollberg 8000 fl. Nachdem er auch noch 1552 dem Grafen Johann v. Sain 1100 fl. auf Homberg an der Höhe geliehen, starb er im J. 1553. Er hinterließ 3 Söhne: Friedrich, Johann und Joh. Burghard, über welche alsbald wegen ihrer Minderjährigkeit Vormünder bestellt wurden. Diese stellten schon am 30. März und 17. April zu Sturmfels und Romrod die Inventare über Johann's Nachlaß auf. Man sieht daraus, daß dieser sehr bedeutend war; an Rüstzeugen nennt das romroder Inventar unter andern 1 ganzen Küraß, 3 blanke Harnische mit Knieknöpfen und Armzeugen, 4 Hauptharnische, 3 schwarze Harnische mit Kragen und Handschuen, 3 Pickelhauben ꝛc. 1556 trafen die Vormünder wegen der stollbergschen Pfandschaft mit Jost Rau einen Vergleich; sie traten die hertingshäusischen 4000 fl. demselben ab, dagegen übertrug dieser ihnen eine Verschreibung der Grafen v. Königstein über 2000 fl. Hauptgeld und 106 fl. Zinsen auf das Amt Ortenberg und versprach die andern 2000 fl. baar zu zahlen. Diese Zahlung erfolgte, wie bestimmt worden, auf den Martinitag und die Vormünder liehen nun die empfangenen 2000 fl. mit noch 500 fl. dem Landgrafen Philipp, der ihnen dagegen 125 fl. Renten aus dem Amte Wolfhagen verschrieb. Ungeachtet daß Naumburg von ihnen abgelöst worden, hatten die v. Hertingshausen außer einem Burgmannslehn, auch noch andere Güter daselbst. 1565 kamen sie mit den Grafen v. Waldeck in Zwistigkeiten, die so weit gingen, daß Friedrich v. H. den waldeckschen Amtmann zu Naumburg nicht allein wörtlich und thätlich mißhandelte, sondern sich auch seiner bemächtigte und ihn gefangen hielt. Am 20. August 1565 kam durch die Vermittlung Landgrafen Philipp's ein Vergleich zu Stande, in welchem man genaue Bestimmungen wegen des Schaafhaltens, der Jagd (die v. H. sollten nur Hasen jagen), der Fischerei, des Holzes, der Mast, des Brauens, Mahlens ꝛc. traf. 1567 wurde ihnen Sturmfels gekündigt, es kam aber nicht zur Ablösung. Am 2. Mai 1571 schlossen die v. H. zu Fritzlar mit der Wittwe Burghard's v. H. und deren Schwiegersöhnen Curt v. Radenhausen, Amtmann zu Fritzlar, und Hans Hermann v. Buseck gen. Münch wegen einiger Forderungen einen Vergleich; letztere verzichteten auf 800 Goldguld. und auf alle andern Forderungen gegen die Zahlung von 150 Thlrn.

Friedrich V. hatte schon 1559 Anne, die Tochter Walter's Nodung gen. v. Werda zu Bürgeln geehelicht und schritt nach deren Tode 1595 mit Walpurge Salomone Hansen's v. Weißensee Tochter, zu einer zweiten Ehe. Er erwarb durch Georg's v. d. Malsburg Tod (um's J. 1579) nicht allein einen Burgsitz zu Wolfhagen, sondern auch noch andere Güter daselbst und Mühlen zu Friedegassen. Im J. 1590 verglich er und seine Brüder sich mit den Grafen v. Stollberg wegen der Pfandschaft auf Ortenberg und diese versprachen, die Pfandsumme mit den rückständigen Zinsen, zusammen 2600 fl., im nächsten Jahre zu zahlen. Friedrich genoß insbesondere die Gunst des Kurfürsten Wolfgang von Mainz, der ihm selbst 1591 von Aschaffenburg aus ein Fuder Wein zum Geschenk schickte.

Friedrich hinterließ keine Söhne, auch Johann Burghard nicht. Dagegen hatte ihr Bruder Johann, welcher landgräflicher Stallmeister war, 1590 starb und in der St. Martinikirche zu Cassel beigesetzt wurde, mit seiner Gattin Maria v. Dernbach, deren sechs: Hans Philipp, Georg Bernhard, Friedrich Balthasar, Philipp Wilhelm, Wilhelm Moritz und Otto Werner, von denen die letztern drei schon vor 1606 und zwar ohne Kinder verstorben waren. Von den übrigen Brüdern hatte nur Friedrich Balthasar Söhne. Während ich der andern Brüder nicht näher gedenke, kann ich jedoch nicht umhin, wegen dessen schauderhaften Todes und dessen noch schauderhaftern Folgen, von diesem umständlicher zu sprechen, wohl umständlicher, als es streng genommen in dem Plane dieses Werkes liegen sollte. Doch wird diese Abweichung durch die für ihre Zeit zu charakteristische Geschichte, bei dem gütigen Leser Entschuldigung finden.

Friedrich Balthasar v. H. wurde am 4. August 1579 zu Cassel geboren. Nach seines Vaters Tode kam er, 11 Jahr alt, zu seinem Vetter Hans Hermann v. Buseck gen. Münch, hessischem Oberamtmann zu Darmstadt, und trat nach einem Jahre als Edelknabe in Dienste. In seinem 19ten Jahre, 1598, zog er mit dem Grafen Wilhelm v. Solms-Braunfels nach Ungarn und später nach den

Niederlanden. Nachdem er demselben an 9 Jahre gedient, ernannte ihn 1606 Landgraf Moritz v. Hessen zum Hauptmann und Kammerjunker, 1608 wurde er Stallmeister und zu Anfang des J. 1615 Hofmarschall und Geheimer Rath. Wenige Monde später, am 29. April, wurde er ermordet und am 4. Mai feierlich in der St. Martinskirche zu Cassel beigesetzt. Mit seiner Gattin Margaretha Elisabeth geb. Quade v. Landskrone hatte er zwei Söhne erzeugt: Hans Friedrich und Moritz. Weniger seine Ermordung, als deren Folgen, sind so furchtbar, so entsetzlich, daß sie mich wohl bestimmen könnten, den Mantel der Vergessenheit über sie hinzuwerfen, wenn sie nicht einen so tiefen Blick in den Charakter jener Zeit und eines Fürsten, der zwar einen gebildeten Verstand, aber ein um so rauheres Herz hatte, darböten.

An Landgraf Moritz's Hofe lebte ein Hofjunker, Rudolph v. Eckhardtsberg, aus Meissen gebürtig. Als dieser einst im landgräflichen Schlosse eine hohe Person umarmte und küßte, war der Hofmarschall unbemerkt der Zeuge dieser Scene und hinterbrachte sie dem Landgrafen. Als der verrathene Liebhaber dieses erfuhr und nun auch der Haß des Landgrafen ihm, und wohl auch der Geliebten, fühlbar wurde, da schwur er dem Verräther die blutigste Rache und entschloß sich alsbald zu deren Ausführung. Er verfügte sich zu diesem Zwecke am 29. April auf den Marställer-Platz und erwartete den Hofmarschall, der im Schlosse bei der Morgenmahlzeit war. Als dieser nun gegen 11¼ Uhr das Schloß verließ, um nach Hause zu kehren, trat ihm der Hofjunker mit den Worten: „Herr Marschall, da habe ich eine schöne Büchse, die beschaut 'mal," entgegen, doch als dieser sich ihm darauf nähert, sinkt er, durchbohrt von einer Kugel, nieder. Obgleich schwer in den Unterleib verwundet, lebte er doch noch beinahe 6 St. und verschied erst des Abends um 5 Uhr in seiner Wohnung.

Ruhig gab v. Eckhardtsberg, nach der vollbrachten schrecklichen That, die Büchse seinem Diener und ging nach seiner Wohnung, welche in der Entengasse (jetzt Petristraße) lag und die später Dr. Hund bezog. Der Landgraf sandte sogleich einen seiner Trabanten ab und als ihn der Junker aus dem Fenster bemerkte, rief er ihn zu sich hinauf. Als dieser seine Frage, ob er nichts neues wisse, verneint hatte, sagte er: „weißt Du denn nicht, daß ich den Hofmarschall erschossen?" Da auch dieses verneint wurde, zog der Junker einen goldnen Ring vom Finger mit den Worten: „Diesen Ring verehre ich Dir, um „meiner dabei zu gedenken, denn ich muß sterben und „um dieser That willen das Leben lassen." Inzwischen waren mehrere landgräfliche Einspännige, Trabanten und Soldaten angelangt, die ihn in seinem Zimmer bewachen mußten. Erst um 3 Uhr Nachmittags ward er in den Zwehrenthurm abgeführt. Da es Sonnabend war, so mußten, um den Sonntag nicht zu entheiligen, alsbald mehrere Schneider in den Thurm, um ihm die Trauerkleider und den Trauermantel anzumessen.

Am 1. Mai versammelte sich das peinliche Gericht, bestehend aus dem Bürgermeister und den Schöpfen von Cassel, auf dem Platze des Mordes zur Hegung des Halsgerichts. Dreimal wurde der Unglückliche auf der Folter gemartert, um das Bekenntniß ihm abzupressen, warum er den Mord vollbracht. Aber er schwieg; er flehte nur um Erbarmen und sank bei der dritten Folterung, von der Größe des Schmerzes überwältigt, in Ohnmacht. Um 4 Uhr wurde ihm sein Todesurtheil bekannt gemacht.

Am 3. Mai fand sich der Henker auf der Stätte des Mordes ein. Nachdem er auf den noch blutigen Platz Bretter gelegt, stellte er auf letztere einen Tisch und auf diesen einen Weiberstuhl; auf den Tisch legte er Messer und Beil und unter denselben stellte er einen Kessel mit Wasser, zur Auffangung des Blutes. Bald erschien auch der Unglückliche. Als er mit den zwei ihn begleitenden Geistlichen gebetet, fragte er nochmals den Oberstlieutenant v. Köderitz, der der Hinrichtung zu Pferde beiwohnen mußte, „ob es nicht möglich wäre, ihn mit dem Schwerte hinzurichten?" Doch dieser antwortete: „ich wünschte für Euch sterben zu können." Der Henker forderte ihn nun auf, sich in jenen Stuhl zu setzen und erinnerte ihn, getreu dem Charakter seines Bluthandwerks, an ein Geschenk: „Du Schelm, verkürze mich nicht." Am Fenster des Schlosses stand der Landgraf, um sich zu weiden am grausenvollen Schauspiele. Als v. Eckhardsberg ihn bemerkte, rief er: „Du Fürst, am jüngsten Tage „noch will ich dies Urtheil von Dir fordern," und setzte sich singend: „Was mein Gott will ꝛc." in den Stuhl. Der Henker schlang nun ein weißes Tuch um seinen Hals und legte ihn, unterstützt von seinen Helfern, nieder auf den Tisch und begann die fürchterlichste Menschenschlächterei. Nachdem er ihn entkleidet, hieb er ihm die rechte Hand ab, schnitt ihm den Leib auf und — riß ihm das Herz heraus und zeigte es, seine blutige Faust emporhebend, dem Landgrafen, der noch immer dastand und zusah. „Gnädiger Herr!" rief er, „das ist das „falsche Herz, das Euch Treue geschworen." Endlich trennte der furchtbare Schlächter den Körper mit dem Beile in vier Theile. — — Diese und die in den Kessel geworfenen Eingeweide wurden im Schinderkarren auf den Forst gefahren und unter dem Galgen verscharrt. — Während die Kleider und das Trauerpferd der Diener des Hingerichteten erhielt, nahm der Landgraf die übrigen Pferde zu sich und gab sie erst später dessen Brüdern zurück.

So unmenschlich und grausam diese Hinrichtung, so entsetzlich sind auch deren Folgen. Allgemein scheint sie auch empört zu haben, doch nur deshalb, weil v. Eckhardtsberg von Adel und nicht durch's Schwert hingerichtet worden; aus dieser Ursache wollten auch alle Hofjunker ihren Abschied nehmen.

Die erste Folge mußte der Henker empfinden. Da er die Leiche nicht tief genug verscharrt, wühlten sie am folgenden Tage die Schweine wieder heraus. Der Landgraf ließ ihn deshalb in's Schloß kommen und strafte ihn nicht allein mit Geld, seine Hofdiener mußten ihn auch mit Ruthen peitschen und darauf jagte er ihn aus seinem Dienste.

Eckhardtsberg hatte eine Braut, eine adlige Jungfrau am Hofe; nicht allein diese wurde wahnsinnig, auch seiner Mutter raubte das Verbrechen und Unglück ihres Sohnes den Verstand, sie wurde rasend und mußte an Ketten gelegt werden.

Des Hofmarschalls Wittwe kam später in eine Verbindung mit einem v. Lindenau, in deren Folge sie schwanger wurde. Um dieses in Cassel zu verbergen, ging sie mit des Landgrafen Tochter Elisabeth, Gemahlin des Herzogs Albrecht v. Mecklenburg, als Hofmeisterin nach Mecklenburg. Doch da ihre Niederkunft nahte, reiste sie wieder nach Cassel. Kaum im hertingshausischen Hause, bei der Martinikirche, angelangt, gebar sie einen Sohn. Ihre Mutter, eine strenge Frau, verweigerte ihr jedoch den längern Aufenthalt und ihr noch ungetauftes Knäblein in der Schürze, mußte sie ein anderes Unterkommen suchen. So verflossen 6 Wochen, als auch über sie des Landgrafen eiserne Härte hereinbrach. Er ließ ihr die Wahl, mit ihrem Kinde lebendig eingemauert zu werden, oder ihren Adel abzuschwören und auf ewig das Hessenland zu meiden. Sie wählte natürlich das letztere und ließ sich in Herborn nieder, wo sie später sich noch mit einem Lieutenant verheirathete. — Aber auch v. Lindenau sollte bestraft werden und Moritz reiste nach Sababurg, um in seiner Abwesenheit die Bestrafung vollziehen zu lassen. Doch Lindenau nahm Gift und starb. Dick aufgeschwollen und schwarz fand man seine Leiche. Als man dieses dem Landgrafen nach Sababurg meldete, fuhr er in seinem Zorne auf und befahl die Leiche zu verbrennen. Doch seine Freunde entzogen ihn diesem neuen Greuel und gaben ihm ein ehrliches Begräbniß, „damit," wie sich die alte Handschrift ausdrückt, „der Fürst an dem todten Leichnam keinen Frevel üben möchte."

Dieses ist der Verlauf einer Reihe blutiger Scenen, deren Quelle nichts anderes, als ein, freilich unerlaubter,

Kuß gewesen, der einen Verräther gefunden. — R. v. Eckhardtsberg hatte ein schweres Verbrechen, er hatte einen Meuchelmord begangen, das Gesetz brach ihm den Stab und der Gebrauch der Zeit bereitete ihm einen entsetzlichen Tod. Mag man auch annehmen, daß auf die Grausamkeit des letztern Moritz keinen Einfluß gehabt, so zeigt sich doch darin, daß er der unmenschlichen Hinrichtung zusehen konnte, und in den folgenden Vorfällen, sein Charakter in solcher Schrecklichkeit, daß man sich eines Schauders nicht erwehren kann. Die Geschichte, die parteilos das Gute und Böse der Menschen aufzeichnet, muß zwar seine hohe wissenschaftliche Bildung anerkennen, kann aber auch nicht umhin, sein Herz kalt und eisig und fremd jeder Regung menschlichen Mitgefühls zu nennen, sie kann ihn nicht als einen Menschenfreund, sie kann ihn nur als einen Tyrannen zeichnen.

Auch ein Bruder des Hofmarschalls, der ein Hoffräulein geschwängert, wurde deshalb vom Landgrafen Moritz aus seinen Diensten gejagt[25]). Die Rüstkammer und die Pferde des Hofmarschalls kaufte der Landgraf schon am 1. Juni 1615 von dessen Wittwe für 850 Thlr., welche Summe aber erst 1654 bezahlt wurde.

Friedrich Balthasar's Sohn Moritz, hessischer Geheimerath, Hofmarschall und Oberamtmann zu Darmstadt, hinterließ zwei Söhne, Joh. Friedrich und Ludwig Wilhelm. Letzterer, welcher kurtriersscher Cammerherr und Oberst war, erhielt 1680 die Belehnung des hessischen Erbküchenmeister-Amts, auf welches schon 1627 sein Großoheim Georg Bernhard eine Anwartschaft erhalten hatte [26]). Nachdem Joh. Friedrich im J. 1680 ohne Kinder verstorben, folgte ihm 1689 unter gleichen Verhältnissen auch sein Bruder Ludwig Wilhelm, so daß mit diesem sein Geschlecht erlosch.

Die hessischen Lehngüter der v. Hertingshausen bestanden zuletzt nur noch in dem Zehnten und einem Hofe zu Hertingshausen, Gütern zu Großenritta, Stockhausen, Uttershausen, einem Hofe zu Herboldshausen und einem Hause zu Cassel, nebst jährlich 40 Gulden aus der fürstlichen Cammercasse.

Ihr Wappen zeigte ein der Länge nach in zwei Hälften getheiltes Feld, das rechte blau mit einem halben silbernen Adler, das linke roth mit zwei schwarzen von der Rechten nach der Linken schief herablaufenden Balken. Den goldnen Helmflug zierten gleichfalls 2 schwarze Balken.

Nachdem Graf Philipp v. Waldeck die Naumburg wieder von den v. Hertingshausen an sich gelöst hatte, behielt er dieselbe im eignen Besitze, bis endlich das Erzstift Mainz dieselbe mit dem an denselben Grafen verpfändeten Theile der Herrschaft Itter im J. 1588 wieder an sich löste. Kurfürst Wolfgang kündigte ihnen beide Pfandschaften schon 1586, da sie sich aber widersetzten, so sah er sich genöthigt, Landgraf Wilhelm IV. v. H., als der Grafen ordentlichen Richter, um richterliche Hülfe anzusprechen. Um jedoch jedem Einwand wegen der Competenz des Landgrafen vorzubeugen, wirkte er beim Kaiser eine Commission auf denselben aus, um die Ablösung, bei entstehender Güte, ohne Verzug zu Ende zu bringen. Hierauf gaben endlich auch die Grafen v. Waldeck nach und die Einlösung wurde 1588 durch die hessischen Commissarien zu Fritzlar vollzogen. Vermöge des hier zu Stande gekommenen Vertrags sollte der Kurfürst den naumburgschen und itterschen Pfandschilling, statt mit 2600 Mk. S., mit 20177½ Goldgulden und noch besonders für den v. hertingshausischen Antheil am Pfandschilling an der Naumburg 3500 Goldgulden, mithin in einer Summe von 23,677½ Goldgulden den Grafen von Waldeck bezahlen, sowie ferner noch 7000 fl. (à 15 Batzen) für Baukosten, Accessionen, Meliorationen, erlittenen Schaden, Gerichtskosten ꝛc., in welcher Forderung wahrscheinlich der Hauptgrund der verweigerten Ablösung lag. Das Geld zur Ablösung (23000 fl. und 600 fl. Zuschuß) gab Landgraf Ludwig v. Hessen-Marburg, wofür ihm der mainzische Antheil an der Herrschaft Itter verpfändet wurde [27]).

Mainz hatte nun die Stadt und das Schloß Naumburg wieder im eignen Besitze und ließ dieselben durch seine Beamten verwalten und beschützen. Letzteres bestand damals, wie man aus den von Dilich und Marian gelieferten Ansichten sieht, aus mehreren zusammenhängenden Gebäuden mit einem nach Außen angebrachten, wie es scheint, sechseckigen Treppenthurme. Am hintern Theile des Schlosses befand sich der runde Hauptthurm. In den Hof trat man durch ein kleines mit vier Eckthürmchen versehenes Thorgebäude. Die Capelle des Schlosses war alt. Schon 1390 erließ der Vicar des Erzbischofs Adolph v. Mainz ein Schreiben, wonach er allen denjenigen, welche sich gegen die Capelle und den Altar im Schlosse Naumburg mildthätig erzeigen und an gewissen Festtagen dieselbe besuchen würden, Ablaß von den ihnen auferlegten Bußen verkündigte.

Bis zum dreißigjährigen Kriege war das Schloß Naumburg noch bewohnt, aber in diesem mußte es das Schicksal so vieler andern theilen. Am 30. April 1626 wurde es durch hessische und braunschweigische Truppen angezündet und sank mit 15 Häusern der Stadt in Asche. Seit dieser Zeit ist es Ruine, die aber durch den Raub der Steine immer mehr und mehr verschwand, so daß jetzt kaum noch Spuren davon sichtbar sind.

Die Stadt Naumburg kam mit den übrigen mainzischen Besitzungen in Hessen, im J. 1803, als Entschädigung für die abgetretene Rheinprovinz, an das Kurfürstenthum Hessen.

Anmerkungen.

1) Varnhagens Grdl. z. wald. Gesch. Ukbch. S. 33.
2) Orig. Urk. im kurheff. Haus= u. St.=Archiv. Die Zeugen dieser Urkunde folgen nachstehend: „De Laicis. Comes popo de uelsberch. Comes popo de nuemburch. Comes Albertus de Scoemburch. Ditmelle eccelesie aduocatus etc." Daß diesem Poppo unsere Naumburg angehörte, darüber kann wohl kein Zweifel seyn, denn auch die übrigen Zeugen gehören dieser Gegend an. Aber bei dieser einzigen Nachricht von ihm und bei seinem so häufigen Namen — denn außer jenem Poppo v. Felsberg findet sich auch ein Gr. Poppo v. Reichenbach, ein Gr. Poppo v. Hanstein 2c. sowohl in dieser Zeit, als in dieser Gegend — ist es nicht möglich, daß eine Untersuchung über ihn einen Erfolg haben kann.

3) Daſ. „testes — ſunt — — Hermannuſ frater Lantgrauii palatinuſ. Edelgerus comeſ in Lare. Burchardus comeſ in Wartberc. Gyſo in Gudeneſberc. Udo in Dobſtete. Ekhart in Godern. Arnoldt in nuwenburc. Gerlach in cassela. Meginwart in Wolfshanger. Henricus in Balehornum." Dieſer erſcheint zwar hier nur als Dynaſt, doch glaube ich nicht, ihn deßhalb als nicht unſerm Grafenhauſe angehörend betrachten zu müſſen. Solches Schwanken findet ſich häufig und auch ſpätere Glieder d. Gr. v. Nbg. nennen ſich nicht immer comes, ſondern auch vir nobilis.

4) Dieſen Volkwin hielt der für Heſſens Geſchichte unſterbliche Wenk für den vierten Sohn des Grafen Volkwin v. Schwalenberg, der, während ſein Br. Heinrich der Stammvater der Gr. v. Waldeck ward, der der Gr. v. Nbg. geworden ſey. Nicht unwichtige Gründe ſprachen für dieſe Annahme; aber es war ihm, dem ſonſt ſo Scharfſichtigen, entgangen, daß dieſer Volkwin ſchon 1185 Domherr zu Paderborn war und als ſolcher erſt nach 1236 verſtarb. Er konnte deshalb keine Nachkommen haben. S. Varnhagens Grdl. z. waldeck. Geſch. S. 269—274. Abgeſehen hiervon, müßte auch ſchon die ungleiche Theilung zwiſchen den Brüdern Heinrich und Volkwin und, da man die Gr. v. Nbg. nie in der mindeſten Verbindung mit den Gr. von Schwalenberg und v. Waldeck findet, eine ſo gänzliche Familientrennung auffallen und gegen eine gemeinſchaftliche Abſtammung Verdacht erwecken.

5) Hinſichtlich der Belege beziehe ich mich im Allgem. auf Wenk II. S. 1009 ꝛc. III. Ukbch. S. 92, 103 und 117. Das Uebrige iſt aus Orig. Urk. d. kurh. H.- und St.-Archivs geſchöpft.

6) Wie kam Volkwin nach der Inſel Rügen? in welcher Ver-

bindung stand er mit dem dortigen Erzbischofe? Diese Fragen werden sich gewiß jedem aufdrängen; aber die dürftigen Nachrichten hierüber reichen nicht zur Beantwortung hin. Aus den Urk. Ausz. im Repert. des hess. Gesammt-Archivs zu Ziegenhain ersieht man Folgendes: 1300 bestätigte Pabst Innocens dem Bischof v. Rügen das Patronatrecht der Kirche zu Ippinghausen und der dazu gehörenden 3 Capellen, wie Hr. Volkwin sie in seinem Briefe genannt habe. 1444 gab Erzbischof Henning v. Rügen dem Landgrafen Ludwig v. Hessen die Macht, statt seiner die Pfarrstellen zu besetzen, weil ihm die Erledigung derselben wegen der großen Entfernung zu spät bekannt werde und er deshalb seine Rechte nicht gehörig üben könne. 1445 verpflichtete sich Werner v. Gilsa, Domherr zu Rügen, gegen den Landgrafen: weil die erste Verschreibung, worin der Erzbischof H. v. R. den Landgrafen ermächtigt, etliche geistliche Lehne, insbesondere die der Kirchen zu Immenhausen, Ippinghausen und Altendorf, zu vergeben ermächtigt, nicht genügend befunden worden, demselben bis zu Pfingsten eine andere unter des Erzbischofs und des Capitels Siegel zugehen lassen zu wollen. Unterm 17. Juni 1455 erfolgte diese zweite Urkunde. 1446 bat der Erzbischof Henning den Landgrafen, den Werner v. Gilsa, Domherrn zu Rügen, zur Kirche zu Immenhausen zu befördern und dankte für die ihm sonst erwiesenen Gutthaten. Gleiches geschah auch vom Probst Dietrich, Dechanten und Capitel zu Rügen. — Ippinghausen ist jetzt ein Filial von Wolfhagen, sowie Altendorf von Elben. Immenhausen ist aber nicht mehr vorhanden; es lag in der Naumburger Stadtgemarkung, nach Elben hin, wo jetzt noch der Immenhäuser-Grund von ihm den Namen führt.

7) D. U. im kurh. H.- u. St.-Archiv.

8) Daß der erste Gatte Gr. Berthold v. Felsberg war, wird durch die Urk. bei Falke Trad. Corb. p. 869 wahrscheinlich und näher in der Gesch. d. Gr. v. Felsberg dargethan werden.
9) O. U. im kurh. H.- u. St.-Archiv.
10) Desgl.
11) Varnhagen S. 383.
12) O. U. im kurh. H.- u. St.-Archiv. Da die nachfolgenden Nachrichten größtentheils aus dieser Quelle geschöpft sind, so werde ich ferner nur zu den Nachrichten, welche aus andern Quellen genommen wurden, die Angabe derselben hierher setzen. Aus der großen Anzahl hertingsh. Urkunden in jenem Archive, besonders einer Menge von Briefen, Rechnungen ꝛc., deren Anzahl in die Hunderte geht, ersieht man, daß das hertingsh. Familien-Archiv hierhergekommen ist.
13) Würdtw. Subs. dipl. VI. 233.
14) Kuchenb. A. H. IV. 284.
15) Kopp's hess. G. V. I. Beil. S. 251.
16) Gerstenbg. ap. Schm. M. H. II. 507. — Der damals lebende Conrad v. Hertingshausen, Dechant der St. Martinskirche zu Cassel, gehörte nicht zu unserer Familie, sondern führte nur von seinem Geburtsorte, dem D. Hertingshausen, seinen Namen.
17) Sagitar. Histor. d. Graffch. Gleichen. S. 138.
18) S. im Allgemeinen: Steinruck. Waldec. disquisit. hist. de Friderico D. Brunsv. ac Lunebg. Justi's hess. Denkw. III. 393 ꝛc. Wenk's hess. Landes-G. III. 1934 ꝛc. Justi's Vorzeit, 1824. 294 ꝛc. v. Rommel's hess. Gesch. II. 234 ꝛc. u. Anmerkg. S. 171—175.
19) Gud. c. d. IV. 58.
20) Joann. R. Mog. I. 741.

21) Glene, auch Gleve, Glaeve, Gleff, Gleiwe, Gleffe, Glavien, Glevink, Gleuenigk, Glan, Glaene ꝛc. bedeutet eine Lanze, einen Speer, und kommt vom altdeutschen Glev. Ein Glevener oder ein Ritter mit einer Gleve war ein Ritter mit 2 bis 3 berittenen und meistens mit Lanzen bewaffneten Knechten; auch gehörten oft noch mehrere Fußknechte dazu.

22) Es geht dieses aus zwei Notariats=Urkunden v. 18. Oct. u. 16. Decbr. 1444 hervor, in denen dieses mehrere Personen, unter andern auch Friedrich's Amme oder „soghmoder" Else Heiderich, eidlich erklärten.

23) Hierauf bezieht sich die Erzählung Dilich's II. 239, daß die v. H. die Stadt Naumburg durch eine harte und grausame Behandlung dahin gebracht, daß diese den Grafen Philipp v. Waldeck um Hülfe gebeten, worauf derselbe die v. H. vertrieben. In wie weit dieses begründet, ersieht man aus dem Texte.

24) S. das Nähere, sowie die Inschrift d. Grabmals im hanauischen Magazin. 1780. 12. St. 3. B. S. 100.

25) Nach den Personalien in der bei s. Begräbniß vom Pf. Stein gehalt. Predigt, Cassel 1615, sowie der ausführl. Erzählung in: Th. Seibert, Pf. in Quentel, verschied. Gesch., die sich hin u. wieder in Hessen begeb. a. 1675. Handschr. f. d. kurh. Landes=Biblioth. zu Cassel.

26) Kuchenb. Erbhofämt. 87, 88 u. 92.

27) Häberlin's deutsche Reichshist. XV. 113—116.

28) Varnhagen. S. 383. Anmerkg. x.

XII.
Schauenburg.

Mit zwei Stammtafeln.

So endet alle Pracht der Welt
In Schutt und Staub und Asche.
Nur in der Unbeständigkeit
Ist Erdenglück beständig.
Es setzet Allem Ziel und Maas;
Es mischet Höh'n und Tiefen.
Jetzt ist die Losung Kampf und Sieg,
Jetzt Kampf und Fall und Ende.
    Nach Balde.

12.

Schauenburg.

Im Norden des ehemaligen hessisch-fränkischen Gaues, im jetzigen kurhessischen Kreise Cassel, drei Stunden südwestlich von dieser Stadt, erhebt sich westlich über dem Dorfe Hoof, zwischen den Höhen des Habichtwaldes, dem Langenberge und den kleinern Lindenberge und Schöneberge, ein hoher kegelförmiger Basaltberg, von dessen spizzem Gipfel die letzten Trümmer der Schauenburg, einst der Stammsitz eines mächtigen Grafengeschlechts, in die Ferne schauen.

Der Weg an dem freistehenden Burgberge hinauf führt beinahe bis zur Ruine durch Rottländer.

An der Stelle der ehemaligen Burg starrt jetzt ein wüster Trümmerhaufe empor, der schon aus weiter Ferne dem Auge gleich einem Felsenblocke erscheint. Die Fläche der Burgstätte ist nur klein und der Gebäude können nur wenige auf derselben gestanden haben. Doch jede Spur von diesen ist verschwunden und nur die Widerlagsmauer, auf welcher dieselben wahrscheinlich ruhten, ist noch vorhanden und umschlingt in einem unregelmäßigen Kreise den Berggipfel. Von den Befestigungswerken bemerkt man nur noch den rings unter jener Mauer herumlaufenden und etwa 350 Schritte messenden Graben und an demselben einige Mauerreste, wahrscheinlich eines Thurmes oder andern Werkes, zur Deckung des weniger steilen Abhanges; auch kann hier der Eingang gewesen seyn.

Die wenigen, noch übrigen, Mauern sind aus Basaltsteinen aufgeführt und haben meist an fünf Fuß Dicke. Bald werden jedoch auch sie nicht mehr seyn, denn man ist fleißig an ihrer gänzlichen Zerstörung. Zahllose Steine sind schon herabgestürzt und theils fortgeschafft, theils füllen sie noch den Graben und bedecken die Abhänge.

Bei einer vor Jahren geschehenen Nachgrabung fand man unter dem Schutte noch einen Kamin und einen Rittersporn.

Die Aussicht auf dem freien luftigen Gipfel ist schön und großartig und lohnt wahrlich dem Wanderer die Mühe des Steigens reichlich. Während sich nach einigen Seiten dem Blicke eine außerordentliche Ferne öffnet, bietet die Nähe durch die vielen spitzen Basaltkuppen ein herrliches Panorama dar. Gegen Mitternacht schaut man über die Gebirgsfläche des Habichtswaldes, über der sich stolz der Herkules erhebt, traulicher erscheinend, als aus dem tiefern Fuldathale, weil er hier der Erde näher steht, als dort, wo er gleich einem Gotte aus dem blauen Himmelszelte auf die tief unter ihm wandelnde Menschenwelt blickt. Gegen Morgen schaut man zwischen dem felsenreichen Herzsteine und Bauneberge hin, nach Oberzwehren, über die Fulda hinaus, die Höhen des Kaufunger Waldes und weiter hin die der Werragebirge, insbesondere den Weißner.

Südöstlich öffnet sich ein enges romantisches Thal und man erblickt die Dörfer Elgershausen, Alten- und Großenritte, Kirchbaune und Hertingshausen, erst am Söhrwalde findet das Auge einen Grenzpunkt, über dem jedoch noch in blauer Ferne der hohe Alheimer bei Rotenburg sichtbar wird. Gegen Mittag schaut man durch eine Bergöffnung, außer mehreren Dörfern, die Burgberge von Gudensberg, die Schloßthürme von Felsberg und Altenburg, sowie den hohen Heiligenberg. Gegen Abend eilt der Blick über die Dörfer Breitenbach und Martinhagen nach dem stolzen Weidelberge und der Naumburg, bis zu den waldeck'schen Gebirgen, aus denen sich Waldeck und Landau erheben.

Endlich nordwestlich tritt der hohe Ihsteberg, der felsenreiche, mit einem schönen Thurme gekrönte, Burghasungerberg, die Gudenberge, die Malsburg, die Trümmer der Kugelburg und der hohe stolze Desenberg entgegen.

Sind auch die spärlichen Reste der Burg kaum noch eines Besuches werth, so bietet dagegen die Umsicht von denselben einen um so schönern Genuß. Die ringsum sich erhebenden Berggipfel, alle mit dem lebendigsten Waldesgrüne bekleidet, dunkele Basaltfelsen, wohlbebaute Fluren und die aus den Thälern heraufschimmernden Dörfer, geben ein so erhabenes Gemälde, daß man es nur durch Schauen empfinden, nicht durch Worte zu schildern vermag.

Schon im XI. Jahrhundert findet sich die Schauenburg und zwar als der Sitz eines eigenen Grafengeschlechtes.

Ehe ich jedoch auf die Geschichte der Grafen selbst eingehe, will ich vorerst die Frage zu erledigen suchen, ob dieselben eine Comitiam, nämlich eine Grafschaft im ältern Sinne dieses Wortes, besessen, um so im voraus gleich den Standpunkt festzustellen, aus dem man dieses Geschlecht zu betrachten hat. Die Beantwortung dieser Frage ist jedoch schwierig, da nirgends eine bestimmte Nachricht darüber vorliegt.

Das Land der Franken — denn das übrige Deutschland hatte zwar ähnliche, doch nicht gleiche Einrichtungen — zerfiel in frühester Zeit in einzelne Gaue (pagos), an deren Spitze vom Kaiser ernannte Grafen standen. Die Gaue zerfielen wieder in Unterabtheilungen, in Hunderte (Centenas), denen Centgrafen (Centenarii), und diese wieder in einzelne Gemeinheiten (Marken), denen Gemeindevorsteher (Markrichter, gewöhnlich decani) vorstanden. Der Graf war der Führer des Heerbanns, erhob die königlichen Einkünfte und hielt die auf bestimmte Zeiten des Jahres festgesetzten Gaugerichte (placita), wo er unter Königsbann über Erbe, unbewegliches Eigenthum, Friedensbrüche und Freiheit, nach dem Ausspruche der Gaugenossen das Urtheil bestätigte. Die Centgrafen und Decanen standen unter seiner Aufsicht. Erstere sprachen über Frevel und persönliche und dingliche Klagen, welche nicht nothwendig vor das Gaugericht gehörten, letztere über geringfügige Sachen und Gemeindegegenstände nach dem Rechte der Mark. Doch schon in den Zeiten der Karolinger wurde der Grund dieser alt germanischen Verfassung untergraben. Schon frühe stellen sich Gau und Grafschaft als zwei völlig getrennte Begriffe dar, indem die Gaue in einzelne Grafschaften zersplittert wurden, wozu die allmälig zur Regel gewordene Erblichkeit des Grafenamtes und die Befreiung des geistlichen Gutes von der Grafengewalt, das Meiste beigetragen hatten. So sehen wir dann, besonders im XI. Jahrhundert, oft mehrere Gaue unter einem Grafen, oft mehrere Grafen in einem Gaue, ja selbst einzelne Stücke verschiedener Gauen in eine Grafschaft vereint. — In der Regel finden sich die Grafen als die mächtigsten Herren der Gegend; es war deshalb eine natürliche Folge, daß die Amtsrechte endlich dem Güterbesitze untergeordnet wurden, und auch die mit den erstern verbundene Würde auf die letztern überging. So geschah es dann, daß die Grafen das gräfliche Richteramt auch auf andere (vicecomites, vicarios) übertrugen und daß Vorstände einzelner Centen mehrere erwarben und in dem Untergange der alten Verfassung oft Gelegenheit fanden, diese in eine eigne Grafschaft zu verbinden und darüber, wenn auch nicht immer eigentliche Grafenrechte, doch eine, denselben sich nähernde, wenigstens die Rechte der Centgrafen übersteigende, Gewalt sich anzueignen.

Aehnliche Schicksale hatte der fränkische Hessengau. Schon frühe findet man ihn in verschiedene Grafschaften zertheilt; erst unter den Gisonen v. Gudensberg wurde er wieder, wenigstens zum größten Theile, in eine Grafschaft vereint. Die Hauptmalstätte war das alte Maden bei Gudensberg, der alle Centen des Gaues, als dem Gaudinge, unterworfen waren. Auch die Schauenburg lag, wie schon oben gesagt, im fränkischen Hessengau, doch die Grafen finden sich nie in dem Besitze eines Theils dieses Gaues als wirkliche Gaugrafen, das ist unbezweifelt. Hatten sie aber dennoch Amtsrechte, so konnten diese nur auf einzelnen Centen beruhen. Um nun diese entdecken zu können, ist es nöthig, nach der ältern Verfassung der Gegend zu forschen, in der sie ihre meisten Besitzungen hatten. Augenscheinlich ist dieses die Umgegend von Cassel; der Centen dieser Gegend geschieht jedoch erst in der Mitte des XIII. Jahrhunderts Erwähnung. In einer Urkunde[1]) von 1247 bekennen die Gebr. Hermann und Heinrich v. Wolfershausen, daß ihnen der Erzbischof Sifried v. Mainz die ehemals ihrem Vater von dem Landgrafen widerrechtlich entrissenen iurisdictiones que Cente vocantur — et specialiter iurisdictionem super villam Dyetmelle que oberste Gerichte vocatur wieder zu Lehn gegeben und daß er ihnen zur Sicherheit einer Schuld decimas suas in Kassel et in Velthagen, et insuper omnes centas quas Sculdeti in Kassel hactenus procurarunt verpfändet habe ꝛc. Diese Centen waren hiernach, gleich dem Gaugerichte zu Maden, im Lehnbesitze der mainzischen Kirche. Die Centen sind zwar nicht näher bezeichnet, aber sowohl Kopp als Wenk vermuthen die spätern 3 casselschen Aemter darunter und in deren Schöpfenstühlen die Centen selbst. Wenn auch die Gaugrenzen sich leicht verwischten, so lag es doch in der Natur der Centen, daß diese in ihrer Abgrenzung einen weit dauernden Charakter hatten. Ob man aber unter der unbestimmten Bezeichnung iurisdictiones que Cente vocantur — und omnes centae wirklich alle 3 Aemter in ihrem ganzen Umfange verstehen könne, möchte mindestens zweifelhaft seyn; nur so viel ist sicher, jene Centen muß man in diesen Aemtern suchen. Bei dieser Untersuchung kommen jedoch nur die zuerst genannten Centen in Betracht und es ist die Frage zu beantworten, wer übte ehemals das Centgrafenamt in denselben? — Gleich wie die Grafschaft meist von den Angesehnsten des Gaues besessen wurde, so war dieses auch in der Regel mit den Centen der Fall. Dieses waren nun in der nächsten Umgegend von Cassel unbezweifelt die Grafen v. Schauenburg. Sie hatten hier nicht allein ihren Stammsitz, sondern waren auch Vögte der Kirche zu Kirchditmold, welche der Sitz eines Decanats war, der vom Habichtswalde bis zum Kaufungerwalde und selbst bis Münden sich erstreckte. Sie hatten zu einer Zeit selbst die Vogtei über das Kloster Kaufungen, erhielten später die Vogtei über das Kloster Weissenstein und finden sich beinahe in allen Orten dieser Gegend begütert. Sie finden sich aber auch noch insbesondere als Vögte des Dorfes Kirchditmold selbst; als die Markgenossen desselben (liberi et serviles uidelicet incole thietmelle qui uulgo dicuntur Merchere) vor 1143 einer frommen Brüderschaft den Ort Weissenstein zur Anbauung schenkten, geschah dieses durch die Hand ihres Vogtes: per manum aduocati sui Adelberti de Scowenburch [2]). Mag nun auch bei der Vieldeutigkeit der Bezeichnung advocatus, die Bedeutung derselben, wenn man sie blos an und für sich betrachtet, zweifelhaft seyn, so wird man doch in Beziehung auf die Grafen v. Schauenburg sie nicht in dem Sinne, als Richter der Mark, sondern vielmehr als Vorsteher der Cent Kirchditmold nehmen können. Daß hier ein Gericht³) bestand, zeigt die oben mitgetheilte Urkunde von 1247. Es wird in derselben das **oberste Gericht** genannt; hierunter wurde im Mittelalter der Blutbann verstanden⁴); dieser ging zwar ursprünglich den Centen ab und erst mit dem Verfalle der Gauverfassung wurde er mit vielen derselben vereinigt. Die Worte jener Urkunde: iurisdictiones que Cente uocantur — et specialiter iurisdictionem super villam Dyetmelle que oberste Gerichte vocatur, sprechen deutlich für einen Verband mehrerer Centen. Ob nun zwar nach dem Wortsinne jener Stelle das **oberste Gericht** nur auf das Dorf Ditmold bezogen werden kann, so glaube ich doch nicht dasselbe in diesem engen Sinne verstehen zu müssen, sie scheint vielmehr nur anzudeuten, daß zu Ditmold die Malstätte sey, während das Gericht selbst jedoch die übrigen Centen umschloß. Dieses wird um so mehr wahrscheinlich durch eine spätere Urkunde. Nachdem die Landgrafen v. Hessen jenes Gericht als mainzisches Lehn erworben hatten, kamen sie später in einen Streit mit Mainz über die Lehne, mit denen dasselbe die Landgrafen beliehen, und ein Manngericht fällte 1325 ein Urtheil⁵); nachdem darin „die Grave„schaft vnd das Landgericht zu Hessen, daz man nennet daz „Gerichte zu Maden —— vnd alle die Zehnden die in die„selben Graueschaft vnd Landgerichte horent, si habe wer „si habe, oder sin verluwen oder vnverluwen" aufgeführt worden, wird später auch noch „daz Gerichte zu Dyetmelle

„vnd waz darzu horet" genannt. Da nun die Centen als solche schon bei dem Gaugerichte im Allgemeinen genannt worden, so konnte das Gericht zu Ditmold keine eigentliche Cent seyn, es mußte vielmehr eine höhere Bedeutung haben. Worin diese bestand, läßt sich freilich nicht mit Sicherheit bestimmen, da in späterer Zeit jede Spur eines Gerichtes zu Kirchditmold verschwindet. Nur so viel läßt sich mit einiger Wahrscheinlichkeit aufstellen, daß zu Kirchditmold ein Gericht bestand, dem mehrere umliegende Centen hinsichtlich des Blutbanns unterworfen waren, deren Einsassen jedoch, gleich den übrigen Freien des Gaues, auch auf dem allgemeinen Landgerichte erscheinen mußten [6].

Faßt man nun das Vorstehende zusammen, so, glaube ich, wird man mit aller Wahrscheinlichkeit annehmen können, daß die Grafen v. Schauenburg die Inhaber jenes s. g. obersten Gerichts zu Kirchditmold gewesen, daß dieses mehrere Centen umfaßt und sie auch in diesen das Centgrafenamt besessen haben. Wie dieses Amt nun in mainzischen Besitz übergegangen, davon wird weiter unten geredet werden.

Man kann die Grafen v. Schauenburg hiernach nur in die Classe der Untergrafen, einer Mittelklasse zwischen den Gaugrafen und Dynasten, setzen; sie scheinen sich jedoch mehr jenen, als diesen genähert zu haben; in jedem Falle überboten sie durch ihre Besitzungen und ihr sonstiges Ansehen die kleinern Grafen v. Naumburg.

Von den Grafen v. Schauenburg lernen wir zuerst Adelbert I. kennen, welcher 1089 einer Schenkung an die Abtei Helmarshausen als Zeuge beiwohnte [7]). Im

J. 1097 findet man die Gebrüder Adelbert II. und Megingoz zu Mainz, als ihr Nachbar Ditmar dem St. Albansstifte daselbst bedeutende Güter in Niederhessen übertrug [8]). Daß beide Söhne jenes ersten Adelbert's waren, ist möglich, ob zwar auch beide Adelbert's eine und dieselbe Person seyn können. Adelbert vermählte sich mit Emmicha, einer Tochter des Grafen Dammo von Willofsbach. In Gemeinschaft mit derselben schenkte er 1108 zwei Hörige (mancipia) der hersfeldschen Kirche. Unter den Zeugen in der darüber aufgestellten Urkunde findet sich ein Sohn und ein Sohn eines Oheims (patruelis) von Adelbert, doch ohne Nahmen [9]). 1109 befanden sich Adelbert und Megingoz an dem Hoflager des Erzbischofs Ruthard v. Mainz zu Fritzlar [10]). Adelbert's obenerwähnter Sohn war Adelbert III. Er verunglückte später auf eine unbekannte Weise. Sein Vater gab zu seinem Seelentheile 1123 dem Kloster Hasungen 2 Hufen in Westen (einem ausgegangenen, bei Hofgeismar gelegenen, Dorfe), nebst dem Theile eines von ihm gewaltsam dem Kloster entzogenen Berges, bei demselben Dorfe; wobei auch die Zurückgabe der andern Hälfte des Berges, in deren gleichfalls unrechtlichem Besitze er sich befände, erinnert wurde. Auch sein Bruder Megingoz schenkte dem Kloster eine Hufe in Zwehren [11]). 1126 und 1132 findet sich Adelbert als Vogt (advocatus) des Nonnenklosters Kaufungen [12]). Nach deutschem Rechtsgebrauche bedurfte jeder Unmündige eines Vertreters; in die Klasse dieser gehörte auch die Kirche, und die fränkischen Capitularien bestimmen deshalb, daß jedes geistliche

Stift einen Vogt haben solle, um daſſelbe in allen weltlichen Angelegenheiten zu vertreten. Dieſem Vogte lag nun die Beſchirmung der Kirche und deren Güter, die Befehligung deren Mannen und die Hegung des Gerichtes (Vogtsgerichts) ob. Für das erſtere erhielt er anſehnliche Benefizien und für ſeine Amtsverrichtungen waren ihm die Stiftshörigen mit Dienſten verbunden und ein Dritttheil der vom Gericht erkannten Bußen fiel ihm zu. Da wo die Klöſter durch kaiſerliche Stiftungen entſtanden, behielten die Kaiſer ſich entweder die Schirmvogtei ſelbſt vor oder gaben den Stiftern die freie Vogtswahl. So war Kaufungen eine Stiftung Kaiſer Heinrich II., anfänglich der unmittelbaren Schirmvogtei des jedesmaligen Kaiſers unterworfen. Heinrich II. ſagt hierüber in dem Stiftungsbriefe ausdrücklich: Providentes eciam in futurum advocatorum tirannide ne familiam monasterii aggravent, statuimus ut nullus secundus advocatus super eos ponatur etc. Dieſe Beſtimmungen wurden jedoch ſpäter nicht beachtet und Kaiſer Heinrich IV. veräußerte nicht allein das Eigenthum des Kloſters und deſſen Recht der freien Wahl der Aebtiſſin, ſondern ſetzte auch über daſſelbe einen Vogt. Es war dieſes der mächtige Graf Werner v. Grüningen, ein Liebling des Kaiſers. Dieſer findet ſich zuerſt 1102 in dem Beſitze der Vogtei. Nachdem er nun 1121 kinderlos geſtorben, folgte ihm darin Adelbert v. Schauenburg, wahrſcheinlich ebenwohl in Folge kaiſerlicher Beſtallung. Die Vogtei ging jedoch nicht auf ſeinen Sohn über [13]. Wie ſchon oben geſagt, beſaßen die Grafen die Vogtei über das Dorf Kirchditmold. Als nun die Bewohner deſſelben auf Anrathen des Magisters Bovo von Fritzlar den Ort Weissenstein, am Hange des Habichtswaldes, zur Ansiedelung einer frommen Brüderschaft bestimmten, geschah die Uebergabe desselben durch ihren Vogt Adelbert, der, zu größerer Sicherung der Stiftung, dieselbe dem Schirme des h. Martin's zu Mainz, in Gegenwart vieler Zeugen, unterwarf. Auch aus eignen Mitteln trug er zur Ausstattung des Klosters bei. Er schenkte demselben insbesondere den Ort Todtenhagen (Dudenhagen). Als Erzbischof Heinrich v. Mainz diese Stiftung 1143 bestätigte, lebte Adelbert nicht mehr und sein Sohn Sigebodo hatte, besorgt für des Vaters Seelenwohl, dem Kloster den Zehnten von Todtenhagen und aller darum liegenden Gewälde geschenkt. Während die Uebergabe des Orts Weissenstein selbst unter dem Erzbischof Adelbert I., also vor 1137, stattgefunden, geschah die letztere Uebertragung unter dessen Nachfolger Adelbert II., also zwischen den J. 1138 — 1141 [41]). Graf Adelbert II. starb hiernach vor dem J. 1141. Wie man sieht, ist nur wenig von ihm bekannt, aber dieses Wenige schon, insbesondere seine Vogtei über das damals reiche Kaufungen, spricht für seine Macht und sein Ansehen. Im Besitze sowohl der weltlichen als kirchlichen Vogtei über Kirchditmold, als der mächtigste Herr der Gegend und ohnedem Mitstifter, wurde es ihm leicht, sich auch die Schirmvogtei über das Kloster Weissenstein anzueignen, ja deren Erwerbung lag selbst in der Natur der Verhältnisse. Zwar erscheint er selbst nicht in deren Besitze, denn erst nach seinem Tode, im J. 1145, wurde das Kloster feierlich eingeweiht, aber er mochte sich dieselbe schon bei der erſten Stiftung geſichert haben. — Ehe ich nun zu ſeinem Sohne Sigebodo übergehe, habe ich erſt noch einiger anderer Glieder zu gedenken.

Im J. 1123 findet ſich ein Graf Conrad von Schauenburg in der Umgebung des Erzbiſchofs Adelbert I. von Mainz, als derſelbe den Stiftungsbrief des Kloſters Breitenau ausſtellte [15]). Wahrſcheinlich iſt dieſer der oben unter 1108 gedachte ungenannte Sohn des Vatersbruders Adelbert des II. Später erſcheint er nicht weiter; wie es ſcheint, war Adelbert IV., der ſich 1170 zuerſt findet, ſein Sohn. In einer Schenkungsurkunde des Erzbiſchofs Chriſtian v. Mainz von j. J. für das Kloſter Weiſſenſtein nennt er ſich Vogt der Kirche zu Ditmold (aduocatus Ditmelle ecclesie) [16]). Am 8. Novbr. d. J. findet man ihn in dem Gefolge des Herzogs Heinrich des Löwen zu Herteneburg [17]). Er lebte noch 1193, wo er in einer Urkunde des Erzbiſchofs Conrad von Mainz als Vogt des Kloſters Weiſſenſtein genannt wird [18]). Ob er Nachkommen hinterlaſſen, iſt nicht bekannt.

Sigebodo, Adelbert II. Sohn, war ein treuer Anhänger des Erzbiſchofs Heinrich I. v. Mainz, den er beinahe auf allen ſeinen Zügen begleitete. Im J. 1144 war er mit demſelben zu Erfurt, ſpäter zu Fritzlar und am 26. Nov. zu Rasdorf; ferner am 8. Octbr. 1148 zu Mainz, 1149 zu Lippoldsberg an der Weſer und 1155 zu Hofgeismar [19]). Als die Miniſterialen Rudolph und Dietrich v. Winterbüren dem Kloſter Weiſſenſtein das Gut Altenfeld übertrugen, zog Sigebodo als Schirmvogt des Kloſters mit einem anſehnlichen Gefolge heſſiſcher Ritter nach Goslar zum Hoflager des Herzogs Heinrich des Löwen, um dessen lehnsherrliche Bestätigung zu erwirken. Diese ertheilte Heinrich am 30. Nov. auf dem St. Georgenberge bei Goslar in Sigebodo's und seiner Begleiter Gegenwart[20]. Er hinterließ, wie sehr wahrscheinlich ist, als Söhne Arnold und Heinrich. Im J. 1184 verzichteten dieselben zum Besten des Klosters Weißenstein, in die Hände des Erzbischofs v. Mainz auf den Zehnten in Blickershausen (zw. Hedemünden und Ziegenberg). Auch gaben sie zugleich den Rottzehnten eines 2 Hufen großen Waldes bei Todtenhausen, einem Dorfe, das am Fuße des Habichtswaldes, bei Harleshausen, lag[21].

Arnold findet sich in einer Familienverbindung mit den Vögten v. Keseberg, die wahrscheinlich in einer Vermählung mit einer kesebergschen Erbtochter bestand. Er und Vogt Heinrich stellten 1196 als Patrone der Kirche zu Geismar, bei Frankenberg, eine lehnsherrliche Einwilligung zu einer Güterübertragung an das Kloster Haina aus[22]. In demselben Jahre traf der Erzbischof Conrad mit dem Kloster Weißenstein und dem Grafen Arnold einen Tausch. Arnold trug dem Erzbischofe den Zehnten zu Todtenhausen als Beneficium auf; auf diesen leistete er in Gemeinschaft mit seinem Sohne Adelbert V. Verzicht, worauf jener denselben dem Kloster übergab. Dieses gab dagegen als Wechsel 3 Hufen zu Oberzwehren und eine halbe Hufe zu Nordshausen dem Erzbischofe, der dieselben nun dem Grafen wiederum zu Beneficium reichte. Außerdem verzichtete auch Arnold auf einen Zehnten von 4 Hufen zu Wichartstorph (Wickersdorf?), zum Besten des

Klosters Weissenstein. Arnold hinterließ 2 Söhne: Albert V. und Ludwig und eine Tochter Mechtilde, Gemahlin des Grafen Widekind v. Bilstein. Heinrich hatte dagegen nur einen Sohn Hermann I. So entstanden zwei Linien.

Graf Arnold hatte vom Erzstifte Mainz einen Zehnten zu Sigersen, einem ausgegangenen Dorfe bei Weimar, zu Lehn gehabt, und denselben an Ritter Volland v. Holzhausen und dieser wiederum an Conrad v. Elgershausen verafterlehnt. Nachdem nun letztere auf denselben verzichtet, gab Erzbischof Conrad ihn mit Einwilligung Albert's, Ludwig's und Hermann's dem Kloster Weissenstein. Um dieselbe Zeit gaben auch Adelbert und Ludwig ihrem Lehenmanne v. Nilach ihre Genehmigung zur Uebergabe einer Hufe zu Bergheim an dasselbe Kloster[23]. Adelbert und Hermann halfen 1213 die Fehden zwischen den Rittern der Diemelgegend vermitteln[24]. Albert erwarb jetzt die Burg Waldenstein vom Stifte Hersfeld. Schon im J. 1223 führte er den Namen von derselben; als er den Landgrafen Ludwig v. Thüringen begleitete und derselbe eine Urkunde zu Richnordshausen ausstellte, bezeugte er dieselbe als Comes de Waldstein[25]. Später nannte er sich jedoch auch noch mehrfach v. Schauenburg, z. B. 1226, wo er unter beiden Namen erscheint. Dagegen behielt sein Bruder Ludwig den alten Stammnamen bei, und wenn sie gemeinschaftlich eine Urkunde ausstellten, nannten sich beide stets v. Schauenburg. So erklärten sie 1226 als Gr. v. Schauenburg, daß eine Dame ihrer Familie (quedam matrona de nostra familia)

Kunigunde v. Bergheim und deren Sohn Johann 2 Hufen zu Bergheim, bei Gombet, welche dieselben von ihnen zu Lehn, mit ihrer Einwilligung dem Kloster Weissenstein verkauft hätten. Die andere Urkunde von 1226 betraf **Adelbert** allein und er nennt sich deshalb darin Gr. v. **Waldenstein**. Abt Ludwig v. Hersfeld bekannte nämlich, daß er auf die Bitte des Gr. Adelbert v. W. und anderer ehrbaren Mannen, dem Heinrich v. Hesselrod erlaubt habe, 3 Hufen zu Helmshausen (bei Felsberg), welche der Graf von der Abtei zu Lehn, und Heinrich von diesem zu Afterlehn habe, dem deutschen Orden zu schenken [26]. Wie es scheint, gehörten diese Güter zur Burg Wallenstein. Gr. Hermann überließ 1227 dem Kloster Weissenstein seinen Zehnten zu Weitershausen auf 10 Jahre zur Benutzung gegen 8 Mk. S. **Albert** und **Ludwig** gaben hierzu ihre Einwilligung. Hermann versprach innerhalb jener Zeit sich bei dem Erzbischofe dahin zu bemühen, daß ihm der Zehnte auf immer überlassen werde. **Adelbert** findet sich 1231, wo er eine Urkunde des Gr. Berthold v. Ziegenhain bezeugte [27], zuletzt, und auch **Ludwig** starb bald nach dem J. 1237. Beide hatten mit ihrer Schwester, Gemahlin Gr. Widekind's v. Bilstein, und ihrem Vetter **Hermann** Antheil an dem Dorfe Offenhausen, bei Merxhausen. Während ihnen die Hälfte zustand, gehörten die beiden andern Viertel dem Grafen Ludwig v. Ziegenhain (v. Wildungen) und den v. Schartenberg. Sie waren durch Erbrecht zu dieser gemeinschaftlichen Besitzung gekommen und übertrugen dieselbe sämmtlich, doch nicht gemeinschaftlich, dem Kloster Merxhausen [28].

Adelbert hinterließ einen gleichnamigen Sohn Adelbert VI. Ludwig gab mit demselben 1237 dem Kloster Merxhausen den halben Zehnten zu Wagenhausen²⁹). Adelbert wird hier noch Junker (domicellus de Waldenstein) genannt. Als er jedoch 1240 mit seinem Vetter Hermann für Hermann v. Wolfershausen eine lehnsherrliche Bewilligung zu einer Güterveräußerung ausstellte, nannte er sich schon Graf (Comes d. W.). 1243 verkaufte Hermann zwei Theile seines Dorfes Fischbach demselben Kloster für 10 Mk. S. Den andern Theil besaß Ritter Bodo v. Adelepsen, welcher denselben ebenfalls verkaufte. Es geschah dieses wenig später zu Adelepsen, in Gegenwart Graf Hermann's, der mit einem zahlreichen Gefolge seiner Mannen erschienen war. Im J. 1247 gab Hermann in Gemeinschaft mit Adelbert dem Kloster Weißenstein den Zehnten zu Wahlershausen (Waldolueshusen), mit Genehmigung des Lehnsherrn, Erzbischofs von Mainz, und dieses als Tausch dagegen 3 Hufen zu Harleshausen den Grafen. Hermann starb nach dem Jahre 1251³⁰). Im J. 1253 erscheint ein Gr. Berthold v. Schbg., wahrscheinlich sein Sohn, der in d. J. sich in dem Besitze des Dorfes Battenhausen (Batdinhusen) am Kellerberge findet. Er hatte dasselbe von Mainz zu Lehn und wieder an die v. Linsingen verafterlehnt³¹). Mit seinem bald nach 1253 erfolgten Tode erlosch die Heinrichslinie der Grafen v. Schbg., und er war so der letzte, der diesen Namen führte. Nur Adelbert VI. war noch übrig.

Adelbert VI. Gr. v. Waldenstein ertheilte 1240

den v. Wolfershausen die Einwilligung zur Veräußerung von Lehngütern zu Niedervellmar und Simmershausen an das Kloster Weissenstein, welche dasselbe durch andere zu Krumbach und Körle ersetzte; ebenso in den folgenden Jahren den v. Berlepsch, v. Sundheim, v. Wernswig, v. Borken ꝛc., welche demnach alle Lehnmannen der Grafen v. Schauenburg waren.

Im J. 1244 findet sich Adelbert vor dem Freigerichte zu Rade, wo Bischof Ludolph v. Münster den Dynasten Bernhard v. d. Lippe mit der Burg Rade belehnte; auch die Grafen v. Rabensberg, Arnsburg, Hoja, Waldeck ꝛc. waren gegenwärtig [32]). Nachdem die eine Linie seines Hauses erloschen, stiftete Adelbert mit seiner Gattin Adelheid das Jungfrauen-Kloster Nordshausen, am südlichen Fuße des Habichtswaldes, unfern Cassel, und gab es dem Orden der Cisterzienser zur Besetzung. Im J. 1257 übertrug er dieser jungen Sprosse seiner Frömmigkeit die Kirche zu Oberzwehren und die dazu gehörende Capelle zu Nordshausen [33]). Im J. 1263 befand er sich unter den Rittern, welche sich für die Herzogin Sophie v. Brabant hinsichtlich der in ihrer Sühne mit Mainz übernommenen Verbindlichkeiten verbürgten [34]), wo er mitten unter den Niederadligen genannt wird.

Im J. 1267 schloß Adelbert mit dem Abte Heinrich von Hersfeld einen Tauschvertrag über verschiedene zu den Burgen Alt- und Neuwallenstein gehörende Güter, der an einem andern Orte näher erwähnt werden wird. Um diese Zeit (1271) war Adelbert die Landrichterstelle an dem alten Gaugerichte zu Maden vom Landgrafen übertragen [35]).

277

Er übte als solcher an diesem obersten Gerichte die Grafen-Gewalt als vicecomes des Landgrafen. 1278 schenkte er mit seiner Gattin die Hälfte des Zehnten zu Nordshausen und den Zehnten zu Welesborn dem Kloster Nordshausen. Nachdem er noch 1284 eine Urkunde der v. Berlepsch besiegelt, scheint er kurz nachher gestorben zu seyn. Seine Gattin Adelheid, mit der er keine Kinder erzeugt zu haben scheint [36]), war eine Tochter des mächtigen Ritters Conrad v. Elben. Da sich 1285 eine Adelheid v. Wallenstein als Nonne des Klosters Weissenstein findet, so läßt sich die Vermuthung nicht unterdrücken, daß es dieselbe sey; in diesem Falle wäre Adelbert noch im Jahre 1284 oder Anfang 1285 gestorben. Schon 1268 bestätigte Adelheid zu Felsberg die Schenkung eines Hörigen ihres verstorbenen Vaters an das Kloster Spießkappel.

Das Wappen der Grafen v. Schauenburg zeigte ein der Länge nach in zwei Felder getheiltes Schild, deren jedes in vier kleinere, der Breite nach liegende, Felder, getheilt wurde, welche sich abwechselnd gegenüber standen. Als Grafen v. Wallenstein nahmen sie jedoch ein anderes an.

Ich habe die Geschichte dieses Grafenhauses abgebrochen, weil in der Geschlechtsfolge desselben hier eine Lücke entsteht, um sie in der nächstfolgenden Geschichte der Schlösser Wallenstein wieder aufzunehmen. Ehe ich jedoch schließe, darf ich die Fragen nicht unberücksichtigt lassen: wie und wann kamen die Grafen zu dem Besitze des Schlosses Wallenstein und auf welche Weise und wann veräußerten sie ihre alte Stammburg? — Die Beantwortung der erstern verweise ich auf die Geschichte von Wallenstein und nur mit der Lösung der letztern will ich mich hier beschäftigen.

Ein besonders im XIII. und XIV. Jahrhundert hervortretendes Streben des Erzstifts Mainz war es, sich in Hessen festzusetzen. Zu diesem Ziele suchte es insbesondere theils durch Kauf, theils durch Erwerbung von lehnsherrlichen Rechten zu gelangen. Schon im XII. Jahrhundert treten uns viele Besitzungen der Grafen v. Sch. als mainzisches Lehn entgegen. Ob dieses auch mit der Schauenburg der Fall gewesen, läßt sich nicht sagen; es ist dieses jedoch leicht möglich und mit den Gerechtsamen über Kirchditmold selbst wahrscheinlich. Beide brachte das Erzstift in seinen Besitz. Was für Ursachen die Grafen v. Sch. zu einer solchen Veräußerung vermocht, ist unbekannt, doch mochte der Erwerb von Wallenstein wohl manches dazu beigetragen haben. Sie geschah in der ersten Hälfte des XIII. Jahrhunderts und umfaßte insbesondere das Schloß Schauenburg mit seinen Zubehörungen und das Gericht Kirchditmold nebst der kirchlichen Vogtei. Der volle Umfang der Güter ist aber nicht zu bestimmen, da sich keine Nachricht über diesen Verkauf erhalten hat und die Grafen noch immer ansehnliche Güter in dieser Gegend behielten, wie schon die Stiftung des Klosters Nordshausen zeigt. Doch mochten dieses insbesondere Allodien gewesen seyn, die sich in späterer Zeit bis auf wenige verringerten. — Der Veräußerung des Gerichts Kirchditmold schreibe ich insbesondere zu, daß die Grafen nun schnell zum niedern

Adel herabsanken, in dem man schon Adelbert VI. theilweise findet.

Solche Erwerbungen geschahen gewöhnlich mit fremdem Gelde und man setzte den Darleihern dann die erstandenen Güter als Pfand. Wenn aber auch jenes nicht der Fall war, so schritt man dennoch zu einer Verpfändung; denn die eigne Verwaltung war schwierig und die Verpfändung meist vortheilhafter, da man den Pfandinhaber dadurch zum Getreuen gewann und durch den Vorbehalt der Oeffnung des Schlosses dessen freier Benutzung zum Kriege nichts im Wege stand. Dieses geschah auch von Mainz mit den schauenburgschen Gütern. Während dasselbe das Gericht Kirchditmold mit den dazu gehörenden Centen den v. Wolfershausen eingab, verpfändete es die Schauenburg an Hermann Hund v. Holzhausen. Dieser findet sich 1250 in deren Besitze [37]). Auf wen sie nach seinem 1253 erfolgten kinderlosen Tode gekommen, ist nicht bekannt. Erst im Anfange des XIII. Jahrhunderts gelangten die v. Dalwigk zum Besitze und erwarben sie 1332 zu Erbburglehn. Dadurch wurde die Schauenburg der zweite Stammsitz dieser Familie.

Geschichte der Familie v. Dalwigk.

Im ehemaligen Ittergaue lag zwischen den Orten Korbach, Itter und Ense eine villa Dalwigk. Schon im J. 1036 wird ihrer gedacht; als Bischof Meinwerk v. Paderborn in d. J. das Kloster Bosdorf, vor der Stadt

Paderborn, stiftete, schenkte er demselben auch ein Vorwerk zu Dalwic. Später im J. 1126 verkaufte die matrona nobilis Riclinde und deren Schwester Friderun, außer der Burg Itter, noch viele andere Güter an den Abt Erkanbert von Corvei. Unter diesen letztern befand sich auch Dalewig. Von den Ministerialen der Verkäuferinnen gaben Friderun und deren Sohn Edelger, sowie ihre Schwester Bertrade 19 mansos zu Korbach, Waroldern, Reckeringhausen, Boclon und Dalewig, nebst den dazu gehörigen 21 mancipiis, desgleichen Balduin und Ernst 2 mansos zu Dalewig und 1 mansum zu Ense, nebst 11 mancipiis, gleichwie eine Gertrud 2 mansos zu Dalewig [38]).

Nur noch wenige Reste zeigen die Lage dieses Dorfes und seine Felder gehören jetzt zur Gemarkung der Stadt Korbach im Waldeckschen. Jene Reste bestehen in den spärlichen Trümmern einer Capelle, welche in einem schönen Wiesengrunde, der Kuhbach genannt, liegen, und „die Capelle zu unserer lieben Frau" genannt werden.

Wahrscheinlich fand das Dorf **Dalwigk** seinen Untergang erst im dreißigjährigen Kriege, es war wenigstens bei dessen Beginne noch vorhanden, denn 1619 belieh **Franz Elger v. Dalwigk** einen korbacher Bürger mit einem Hof und einer Kothe daselbst. Ein früherer Lehnbrief der Herzöge von Braunschweig-Lüneburg von 1563 belehnt **Franz v. D.** als Stammältesten mit dem **Dorf und der Strut vor Dalwig**. Es wäre hiernach damals braunschweigsches Lehn gewesen[39]). Während noch jetzt viele Activlehen in und um Korbach davon herrühren, hat diese Stadt auch noch ein Dalwigker-Thor und eine Dalwigker-Straße, sowie außer den Mauern ein Dalwigker-Holz. Die Bewohner des Dorfes Dalwigk waren nach Korbach eingepfarrt, und die alte Sitte, vor dem Beginne des eigentlichen Läutens der Glocken der Altstädter Kirche, erst durch Läuten der großen Glocke den Dalwigkern das Zeichen zur Kirche zu geben, wird noch jetzt, gleich ehemals, geübt, als das Dorf noch vorhanden war.

Dieses Dorf Dalwigk war der Ursitz des niederadeligen Geschlechts der v. Dalwigk. Ob unter den obengenannten Ministerialen Ahnen desselben zu suchen seyen, läßt sich nicht bestimmen, wenn auch der Name Edelger, der sich in dem verkürzten Elger bei der Familie wiederfindet, darauf hinzudeuten scheint. Der erste bekannte v. Dalwigk ist, wenn dieser nicht zu einer andern Familie gehörte, Rabodo, welcher in der letzten Hälfte des zwölften Jahrhunderts lebte. In einem Verzeichnisse von Gütern, welche der Erzbischof Philipp von Cöln erkauft, heißt es: „idem allodium Rabodonis de Dalewic, MCC marc. et XX marc. annuatim in feodo concefse, sol. [40])." Philipp regierte von 1167 bis 1191. Natürlich ist die Frage, was dieses für bedeutende Güter gewesen, für die eine so ansehnliche Summe gezahlt wurde? Da das Verzeichniß die von Rabodo verkauften Güter nicht näher bezeichnet und auch, meines Wissens, die v. Dalwigk keine so bedeutenden Lehngüter von Cöln besaßen, so muß dieselbe unbeantwortet bleiben.

Im Anfange des 13. Jahrhunderts lebten zwei Brüder

Bernhard I. und Elger I. Beide findet man zuerst im J. 1232, in welchem ersterer sich durch die Vermittlung des Abts Hermann v. Corvei mit dem Kloster Abtinghofen wegen eines Erbmannlehns zu Sternbruch, bei dem Dorfe Dalwigk, dahin verglich, daß er dem Kloster einen jährlichen Zins davon zu geben versprach [41]. Nachdem er 1237 der Aufstellung zweier corveischen Urkunden beigewohnt [42], findet man ihn 1240 mit seinem Bruder Elger bei einem Güterkaufe des Klosters Werbe, 1244 in der Umgebung des Abts Hermann von Corvei, und 1248 bei dem Abschlusse eines Vertrages zwischen dem Grafen Adolph v. Waldeck und dem Kloster Flechdorf [43]. Diesem Kloster schenkte Bernhard 1251 den Zehnten zu „Vimmarinchusen", mit Genehmigung des Afterlehnsherrn Grafen Adolph v. Waldeck, welcher ihn von Corvei zu Lehn trug. Auch trug Bernhard von Werner v. Bischofshausen Güter zu Herzhausen an der Eder, unfern Lotheim, zu Lehn, welche er 1252 dem Kloster Haina für 28 Mk. S. verkaufte und durch Güter im Dorfe Dalwigk wieder ersetzte. Dieses wurde im November auf der Burg Itter verhandelt und am 8. December auf der Burg Löwenstein abgeschlossen. Die Verkaufsverhandlungen mit dem Kloster geschahen zu Medebach in Gegenwart Reinhard's v. Itter und die Wehrschaft wurde vor demselben, als Landrichter, und seinem Amtsgrafen bei der Kirche zu Fürstenberg, geleistet, wo auch Bernhard's beide Söhne auf jene Güter verzichteten [44]. Bernhard findet sich zuletzt 1259 zu Medebach. Seine Söhne waren Bernhard II. und Elger II.

Bernhard II., Ritter, war 1277 bei einer Schenkung an das Kloster Wilbach[45], und 1281 in der Umgebung des Grafen Otto v. Waldeck[46]. Er lebte noch 1290, wo er einem Vergleiche zwischen dem Grafen Otto v. Waldeck und dem Dynasten Heinrich v. Itter beiwohnte[47], und scheint zwei Söhne gehabt zu haben:

Bernhard III. und Conrad I. Diese verpfändeten 1294 den vierten Theil ihres Zehntens zu Menne für 50 Mk. schw. Pfenn. an Rabe v. Pappenheim, sowie 1305 demselben 5 von den v. Büren zu Lehn habende Meierhöfe zu Sylhem[48]. Um dieselbe Zeit lebte ein Johann v. D., dessen Vater unbekannt ist. Er erscheint zuerst 1324, wo er mit Reinhard I. zwei briloner Bürger belehnt. 1325 verkaufte er mit seiner Hausfrau Jutta und seinen Söhnen Johann, Conrad, Werner, Elger und Hermann dem Kloster Hasungen einige Zinsgefälle zu Sarminghausen, einem ausgegangenen Dorfe im Waldeckschen. Alle diese Söhne scheinen ohne Nachkommen gestorben zu seyn.

Elger II., Bernhard I. Sohn, bezeugte 1276 eine Urkunde der Gräfin Mechtilde v. Waldeck und eine andere der Gräfin Sophie v. Waldeck[49] und vermittelte 1277 einen, wegen der Kirche zu Wildungen zwischen dem Notar des Landgrafen Heinrich v. Hessen und dem Geistlichen Conrad v. Padberg, entstandenen Streit. Nachdem er noch 1287 eine Urkunde des Grafen Otto v. Waldeck bezeugt, findet er sich nicht mehr und starb wenigstens vor dem J. 1298. Er hinterließ 4 Söhne: Reinhard I., Conrad II., Hermann I. und Dietrich I. Während die beiden erstern die Stifter zweier Linien wurden, weihte sich letzterer dem geistlichen Stande. Hermann findet sich nur einmal, als Zeuge in einer Urkunde seines Bruders Dietrich vom J. 1349.

Dietrich oder Theodrich I. war zuerst Mönch im Benedictiner-Kloster St. Stephan und Veit zu Corvei und wurde 1333, nach dem Tode des Abts Ruprecht (v. Harhausen), seines nahen Verwandten, zum Abte v. Corvei erwählt. Seine Zeitgenossen schildern ihn als einen sittlich frommen, edlen und klugen Mann und dieses kann kein Trug seyn: seine Verdienste um Corvei haben ihm einen glänzenden Platz in dessen Geschichte angewiesen. Selbst wissenschaftlich gebildet, liebte er die Wissenschaften und war besonders ein warmer Freund der Geschichte, deren Ausbildung er sich sehr angelegen seyn ließ. Schon 1337 beschloß er die Fortsetzung der von seinen Vorfahren Marquard und Wichbold begonnenen Jahrbücher des Stifts Corvei und erließ Hirtenbriefe an die Vorsteher aller zu seinem Sprengel gehörigen Probsteien und Klöster, in denen er sie aufforderte, alle die, auf ihre Kirchen Bezug habenden, Urkunden und Denkwürdigkeiten sorgfältig zu sammeln und aufzubewahren. Auch versprach er dem, welcher sich im Aufzeichnen der Geschichte seines Klosters hervorthun würde, eine Belohnung. Im J. 1341 erwarb er durch ein Geschenk des paderbornischen Vicars Heinrich Nasert eine große Anzahl Pergament-Urkunden, und im folgenden Jahre schrieb ihm David Nettelberg, wahrscheinlich ein corveischer Mönch, eine ausführliche Geschichte der v. Dalwigk, den er dafür dankbar belohnte [50]). Später stand er auch in einer Verbindung mit dem gelehrten hil­desheimschen Domherrn Hermann v. Bodenhausen, um sich über Gegenstände des Alterthums zu belehren. Diet­rich wurde nicht allein in seinem Stifte und von seinen Nachbarn geschätzt, er hatte sich auch die Hochachtung mächtiger Fürsten erworben. Als solche werden uns be­sonders der König Johann v. Böhmen und dessen Sohn, der römische Kaiser Carl IV. bekannt. Carl bethätigte dieses 1349 durch einen zu Bonn ertheilten Brief, durch welchen er dem Abte das Recht bestätigte, Freigrafen zu setzen und das heimliche Freiding zu hegen. In diesem Briefe gibt er Dietrich die größten Lobsprüche und drückt seine und seines Vaters Gewogenheit auf eine glänzende Weise aus. Dasselbe geschah, als ihm der Abt 1358 zu Prag aufwartete, wo er demselben die Macht ertheilte, über Leben und Tod zu sprechen. Zum Gedächt­niß der 1349 ihm ertheilten Begnadigung ließ Dietrich eine Münze prägen mit dem Namen: Carolus IV. und der Umschrift: Tideric I. Abb. Corbej. XXXVII. Auf der Kehrseite befand sich das Symbol der Gerechtigkeit, eine sitzende Jungfrau ohne Kopf, in der Rechten ein Schwert und in der Linken eine Wage haltend; der feh­lende Kopf der Jungfrau wurde durch eine Eule, das Sinnbild der Wachsamkeit, ersetzt; die Umschrift war: Discite justitiam moniti. — Er befestigte Corvei und schloß, nachdem er 1355 eine Jungfrau seiner Familie an den Ritter Arnold v. Falkenberg vermählt, einen Bund mit dem Erzbischofe Gerlach v. Mainz. Am Christabende des J. 1356 befand er sich auf der Burg Waldeck, wo

damals Graf Otto v. Waldeck mit Graf Heinrich v. Schwalenberg einen Vertrag schloß. Nachdem er die Villen Fürstenau und Leverschehagen eingelöst, die Burg Fürstenau
erbaut, und noch kurz vorher die Capelle des h. Remaclus,
sowie früher schon die Nonnenklöster zu Höxter und zu Be-
ringhausen reichlich beschenkt, starb er als ein strenger Hüter seiner Geistlichen, nach 26jähriger, für sein Stift se-
gensreicher, Regierung, am 6. Mai 1359. Das ihm vom
Convent gesetzte Grabmal hatte die schöne und einfache Inschrift:

Dormit in hac tumba sine luxu et sine pompa
Tidricus Dalwich, candidus atque pius.
Animae fidelium requiescant in pace. Amen [51]).

Dem Abte Dietrich folgte auf dem Abtsstuhle Corvei's Heinrich Spiegel zum Desenberg. Nachdem dieser
1360 das Bisthum Paderborn erhalten, fiel die Wahl des
Convents auf Reinhard. Dieser soll gleichfalls ein
v. Dalwigk gewesen seyn; aber nirgends findet sich ein
Platz, ihn dem allgemeinen Familienverbande einzufügen,
eben so wenig ein urkundlicher Beweis für seinen dalwigkschen Ursprung. Seine Regierung war nichts weniger
als glänzend. Schon 1361 hatte er mit seinen Vasallen zu
kämpfen und die Wirnisse der Zeit vermochten ihn schon
1367, seinen Vorfahr, den Bischof Heinrich v. Paderborn,
zum Verweser und Schirmer seiner Abtei zu wählen. Endlich 1368 oder 1369 kehrte er gar derselben den Rücken und
zog nach Erfurt, wo er, wie es scheint, schon 1369 starb [52]).

Ich gehe nun zur Geschichte von Dietrich's beiden
Brüdern Conrad II. und Reinhard II. über. Ich

muß dieselben jedoch trennen, denn ihre Nachkommen lebten in zwei völlig geschiedenen Hauptlinien fort.

Conradinische Linie.

Conrad II., der Stifter der waldeckschen Linie, lebte noch 1349, wo er dem Abschlusse eines Vergleiches zwischen seinem Bruder, dem Abte Dietrich, und dem Grafen Otto IV. v. Waldeck beiwohnte. Seine Nachkommen scheiden sich streng von den Nachkommen seines Bruders Reinhard II., nicht allein durch ihre Namen, sondern auch durch ihre Wohnsitze; denn sie scheinen nur wenige Güter in Hessen gehabt zu haben, diese lagen vielmehr zerstreut im Waldeckschen, Paderbornschen und Corveischen. Die Nachrichten über diese Linie sind aber sehr dürftig. Conrad II. hatte zwei Söhne

Johann III. und Dietrich II. Während sich letzterer schon 1347 und zwar als Amtmann zu Mengeringhausen findet, erscheint ersterer erst 1351. In einer Urkunde seines Ohms, des Abts Dietrich, worin derselbe in Gemeinschaft mit mehreren Edelknappen, mit dem hessischen Amtmann auf der Kugelburg, bei Volkmarsen, einen Burgfrieden errichtet, bestimmt derselbe Johann in dem ihm zustehenden Theile zu seinem Nachfolger. Derselbe ertheilte 1358 beiden Brüdern die lehnsherrliche Erlaubniß 2 Hufen zu Harhausen wieder zu verpfänden. Sie besaßen demnach diese selbst nur als Pfand. Ihre Nachkommen theilten sich in zwei Linien. Ersterer scheint zwei Söhne, Johann IV. und Dietrich III., sowie letzterer einen Sohn Dietrich IV. genannt Scheberstein gehabt zu haben. Im J. 1367 gaben dieselben ihren Vettern von der schauenburgschen Linie die Befugniß, einige Güter zu Dalwigk wieder einzulösen und nahmen 1370 mit denselben Theil an der Gefangennehmung des Herzogs Ernst von Braunschweig. 1375 verpfändeten ihnen die Grafen Heinrich und Adolph v. Waldeck alle ihre Leibeignen in der Herrschaft Padberg und auf dem Matfeld; sowie ihre Güter zu Esebeck, für 130 Mk. Pfenn. und 176 Schill. g. alter Königsturnosse; erst 1394 geschah der Wiederlös.

Dietrich IV., Knappe, war 1377 Amtmann zu Mengeringhausen, und wahrscheinlich als solcher seinem Vater gefolgt. 1379 standen Dietrich IV. und Johann IV. in einer Verbindung mit Werner v. Löwenstein-Westerburg und sandten in Gemeinschaft mit Curt v. Westheim und Otto Huhn unterm 27. September d. J. dem Grafen v. Ziegenhain ihren Absagebrief. Die Fehde wurde jedoch bald wieder gesühnet und Dietrich mußte seinen Allodialhof zu Wahlhausen (zwischen Padberg und Adorf) dem Grafen zu Lehn auftragen. 1381 verpfändete der Graf Heinrich v. Waldeck an Dietrich III. und seine Hausfrau Oda (geb. v. Brunhardessen) seinen Theil der Wetterburg, mit der Anwartschaft auf die Verpfändung des Hofes Büllinghausen (im Waldeckschen), für 250 Schillinge guter alter Königsturnosse, in deren Besitze ihre Nachkommen bis zum J. 1445 blieben. Auch wurde ihnen die Pfandschaft an Landau versprochen. 1387 und 1388 findet sich wieder ein Dietrich, ob dieses aber der III. oder IV. sey, wage ich nicht zu entscheiden. In ersterm Jahre erscheint er als

Schwager Ludolph's v. Horhausen. Im J. 1398 gaben Dietrich IV. und sein Vetter Dietrich III., sowie Johann III., Söhne Conrad V., und Dietrich V., ihre am Flüßchen Rhene gelegenen Güter zu Humerkhausen, Brenschede und Wohlhausen, sowie auch zu Ober-Waroldern, im Waldeckschen, dem Kloster Breidelar in Westphalen, wogegen dasselbe jährlich am 28. September ein Begängniß mit Vigilien und Seelenmessen für die Verstorbenen ihrer Familie, namentlich für Dietrich v. Dalwigk, Bannervogt des Stifts Corvei, und für Johann v. Dalwigk, halten sollte. Es sind dieses Dietrich II. und Johann III., wenn nicht der IV. In demselben J. vermittelte Dietrich III. auch mit Ritter Conrad Spiegel in der Fehde zwischen Landgrafen Hermann gegen die v. Padberg einen Stillstand und stellte 1399 mit seiner Hausfrau Oda und seinem Sohne Dietrich VI. auf Güter zu Remminghausen und eine Mühle unter der Wetterburg, welche die v. Brunhardessen dem Kloster Arolsen schenkten, einen Verzicht aus. Von den obengenannten Söhnen Johann IV. focht Conrad V. im J. 1400 in einer Fehde des Grafen Heinrich v. Waldeck gegen Heinrich Riedesel und Curt v. Treisbach. Dietrich, ob der V. oder IV. ist nicht zu unterscheiden, stand 1401 in dem Kriege des Landgrafen Hermann von Hessen und seiner Verbündeten gegen das Erzstift Mainz und den Grafen Heinrich v. Waldeck, auf der Letztern Seite und wurde mit vielen andern von Wigand v. Hatzfeld gefangen. Dietrich V. lebte noch 1426 [52]; doch sowohl er als sein Bruder Curt V. scheinen ohne Kinder gestorben zu seyn. Nur der Knappe

Dietrich VI. pflanzte die Linie fort. Er nennt sich gewöhnlich der jüngere, wahrscheinlich in Beziehung auf Dietrich V. Im J. 1405 versetzte er seinen halben Hof zu Deisfeld, den Cappelhof genannt, für 60 rh. fl. 1414 verschrieb er mit seiner Hausfrau Lukulla und seinem Sohn Johann V. seinen halben Hof zu Gembeck dem Kloster Flechdorf und findet sich 1421 und 1426 in der Umgebung der Grafen v. Waldeck. Die Pfandschaft an der Wetterburg war auf ihn übergegangen; im J. 1445 verkaufte er und sein Sohn dieselbe an Friedrich Runst. Sein Sohn Johann, welcher in der Bundesherrnfehde gegen Reinhard v. Dalwigk focht, war verehelicht mit Edeling und starb mit Hinterlassung eines Sohnes schon vor dem Vater. Dieser verschrieb in Gemeinschaft mit seiner Hausfrau, seiner Schwiegertochter und seinem Enkel 1456 dem Kloster Flechdorf ein Gefälle aus einer Mühle zu Adorf und verkaufte 1460 ein Gut, die Wachtler genannt, zwischen Schweinsbühl und Rhene, an Hermann v. Kratzenstein[53]. Er wohnte zu Adorf und hatte den Beinamen der Kleine. Außer Johann hatte er auch eine Tochter Margarethe, welche Simon der Stolze v. Wallenstein zum Weibe nahm, und erst 1501 starb[54]. Von Johann's Sohne Heinrich, welcher der letzte dieser Linie gewesen zu seyn scheint, ist nichts Näheres bekannt.

Reinhardinische Linie.

Reinhard I., Elger II. Sohn, wurde der Stifter dieser Linie, welche auch wegen des Erwerbs der Schauenburg die schauenburgsche Linie genannt werden kann. Im J. 1298 gab er den vierten Theil seines Zehntens zu Gisliz an den Probst zu Berich, wozu 1300 die Herren v. Itter als Lehnsherren ihre Einwilligung ertheilten [55]). 1303 befand er sich zu Fritzlar und 1312 in der Umgebung des Landgrafen Otto v. Hessen [56]). Wenn dieses auch gerade kein freundschaftliches Verhältniß mit demselben voraussetzen läßt, so ist wenigstens auf ein friedliches daraus zu schließen. Dieses löste sich jedoch bald nachher auf. Reinhard erhielt um diese Zeit das Schloß Schauenburg vom Erzstifte Mainz verpfändet und baute vor demselben ein neues, wie es scheint, befestigtes Haus. Diesem widersetzte sich aber der Landgraf und kam darüber mit ihm in Zwist. Da auch Erzbischof Peter von Mainz mit dem Landgrafen zerfallen war, so verband sich dieser mit Reinhard in einer Zusammenkunft zu Amöneburg am 3. Febr. 1315. Auch Reinhard's Freunde, die v. Löwenstein und die Hund v. Holzhausen, welche, wie es beinahe scheint, gleichfalls Antheil an der Schauenburg hatten, gleich wie auch die v. Romrod, nahe Verwandte der v. Löwenstein und Besitzer des Schlosses Herzberg, welches sie dem Erzbischofe öffneten, und am 1. August des f. J. Graf Johann v. Ziegenhain, schlossen sich diesem Bündnisse an. Erstere versprachen die Fehde mit 40 gerüsteten Pferden zu führen. Einzelnheiten dieses Krieges sind nicht bekannt. Erst 1318 kam durch die Vermittlung Philipp's d. ä. v. Falkenstein, Herrn zu Münzenberg, des Dechanten Gerhard zu Fritzlar und des Ritters Gottfried v. Hatzfeld zwischen Reinhard und seinen Freunden und dem Landgrafen, eine Sühne zu Stande [57]).

Im Jahre 1317 hatte Reinhard, mit Einwilligung seiner Hausfrau Elisabeth und seines Erstgebornen Elger, das Gericht Dickershausen, unfern Homberg, und ein Gefälle aus einer Mühle am Odenberge, bei Gudensberg, den Gebrüdern Heimbrad und Thilo v. Elben, für 8 Mk. S. versetzt. Nachdem Reinhard mit seinem genannten Sohne am 13. Juni 1322 bei der Uebertragung des Falkenberg's an das Erzstift Mainz, für die v. Falkenberg sich verbürgt hatte, schloß er sich gegen Ende deff. J. auch dem Landgrafen Otto wieder näher an. Am 19. Nov. nahmen ihn die Landgrafen Otto und dessen Sohn Heinrich II. zu ihrem Erbburgmann an und bestimmten ihm jährlich 12 Pf. Geldes aus der Bede von Cassel, wogegen er ihnen die Eröffnung der Burg Schauenburg gelobte, gegen alle ihre Feinde, nur das Erzstift Mainz und die v. Löwenstein ausgenommen. Fünf Tage später, am 24. Nov., erklärte Reinhard dem Stadtrathe von Cassel, daß derselbe jene 12 Pf. Pfennige mit 120 Pf. abzulösen befugt seyn sollte; für welchen Fall die erstere Urkunde Reinhard die Verpflichtung auflegte, dieselben dann auf seine eignen Güter anzuweisen. Da die Pfandsummen, welche Reinhard auf der Schauenburg stehen hatte, wahrscheinlich durch dem Erzstifte geleistete Dienste, auch wohl durch vorgenommene Bauten, ziemlich bedeutend geworden waren und das Erzstift sich nicht in den Umständen befand, dieselben sobald ablösen zu können, so gab im J. 1332 der damalige Verweser des Erzstifts, der Erzbischof Balduin von Trier, das Schloß an Reinhard und seine Söhne zu Erbburglehn und ernannte sie zu des

Erzstifts Amtleuten und Erbburggrafen darauf, wogegen diese auf alle ihre Forderungen Verzicht leisteten. Sie gelobten hierbei dem Erzstifte insbesondere die Oeffnung des Schlosses in allen seinen Kriegen; alle Wächter und Hüter des Schlosses sollten erst dem Erzstifte und dann ihnen huldigen, und in dem Falle, daß vor demselben ein Thal oder eine Stadt gebaut würde, so sollten die Burgmannen, Bürger, Wächter und Pförtner, welche sich darin niederließen, sowohl dem Erzstifte, als auch ihnen, Huldigung thun. Die v. Löwenstein, v. Hanstein und die Hund verbürgten sich für die Haltung des Vertrags hinsichtlich der v. Dalwigk. Im J. 1334 wies Erzbischof Balduin dem Ritter Reinhard und seinem Sohne Elger 20 Pfund Geld jährlich zu Fritzlar und Werkel an, welches dieselben, als Erbburglehn auf der Schauenburg, beziehen sollten [58]).

Jenes Thal vor der Schauenburg kam auch später zur Ausführung. Das obenerwähnte neue Haus vor der Schauenburg, dessen Bau sich die Landgrafen widersetzten, scheint der erste Beginn dazu gewesen zu seyn. Dieses neue Haus wurde später schlechtweg der Hof genannt, und dieser Name ging auf das Thal, das jetzige Dorf Hoof, über.

Da in jenem Belehnungsvertrage des Oeffnungsrechts der Landgrafen von Hessen nirgends gedacht wird und sich auch später keine Spur mehr davon zeigt, so kann man mit ziemlicher Sicherheit annehmen, daß sich dieses Verhältniß zu Hessen schon nach Landgraf Otto's Tode (1328) wieder aufgelöst habe.

Reinhard belehnte mit Johann I. von Dalwigk 1324 zwei Bürger zu Brilon mit Zehnten zu Thydingkhausen und Messingkhausen. 1342 verbürgte er sich für die v. Falkenberg und findet sich 1349 zuletzt in einem Vertrage zwischen seinem Bruder, dem Abte Dietrich, und dem Grafen Otto IV. v. Waldeck, worin ihn dieselben für später etwa entstehende Streitigkeiten zum Obmanne bestimmten [59]). Er hatte 5 Söhne: Hermann III., Elger IV., Reinhard II., Ludwig und Bernhard IV., von denen Ludwig sich nach 1332 nicht wieder findet.

Um diese Zeit (1340), erzählen die hessischen Chronisten, habe ein Edelknabe v. Dalwigk am landgräflichen Hofe, wahrscheinlich gereizt durch Landgraf Ludwig zu Grebenstein, die Gemahlin des Landgrafen Heinrich II., Elisabeth, bei ihrem Gemahl der Untreue verdächtigt, so daß dieser in seinem Zorne geschworen, sie nimmer wieder zu berühren. Möglich, daß dieser Edelknabe einer jener Brüder gewesen. Obgleich Elisabeth's Unschuld später von jedem Verdachte gereinigt wurde, so nahm Heinrich doch sein Gelübde nicht zurück; denn er sagte: Ein Fürst müsse sein Wort so rein halten, als das heilige Evangelium.

Hermann III. trat in den geistlichen Stand. Er findet sich zuerst 1335 als Domherr zu Fritzlar, seit 1345 als Capitular, später als Custos und seit 1358 als Dechant des Stifts Fritzlar, indem er das Decanat gegen seine Pfarrkirche zu Velmar von dem dermaligen Dechanten Hermann v. Itter ertauschte [60]). Im J. 1349 erkaufte er in Gemeinschaft mit seinem Bruder Reinhard eine jährliche Gülte aus Welde und Giflitz von dem Grafen Otto v. Waldeck, welche 1354 auf Naumburg übertragen wurde, sowie 1361 von den Johannitern zu Wiesenfeld zwei Güter zu Zwesten und zwei Güter zu Niedernurf für 333 Schill. g. alter Königsturnosse. 1364 stiftete er zu Fritzlar einen Altar zur Ehre der 4 Evangelisten und aller Heiligen. Zu diesem Zwecke wies er dem Rector 10 Malter Korngülde aus seinen Gütern zu Zwesten und Niedernurf an, für welche derselbe an dem jedesmaligen Jahrestage seines Begräbnisses 4 brennende Wachskerzen besorgen sollte. Auch 1367 wies er jährlich 2 Malter Roggen an, welche zu Messen, Gesängen, Lichtern ꝛc. verwendet werden sollten[61]). Er war gegen die Kirche sehr freigebig, wie dieses außer dem Obigen auch ein altes Necrologium des Stiftes Fritzlar zeigt. Er starb nach dem J. 1378 im hohen Alter. Sein Bruder

Reinhard II., welcher uns zuerst 1332 bekannt wird, war Ritter; 1342 begleitete er mit seinem Bruder Elger den Dynasten Hermann v. Itter an den erzbischöflichen Hof zu Eltwill, wo derselbe dem Erzbischofe Heinrich v. Mainz die Eröffnung seines Schlosses Itter verkaufte. 1344 wurde er Bürge für die v. Falkenberg, 1346 befand er sich bei dem Abschlusse eines Vertrags zwischen dem Grafen v. Waldeck und den Herren v. Itter. 1349 wurde er in einem Vertrage zwischen dem Grafen Otto v. Waldeck und dem Abte Dietrich v. Corvei zum Obmann der bestellten Schiedsrichter, sowie 1354 in einem Bündnisse zwischen Mainz und Paderborn zum Schiedsrichter erwählt. Im J. 1357 versetzte er mit Genehmigung seiner Brüder Bernhard und Elger ein Drittel seiner Güter zu Dillich, Stolzenbach und Neuenhain dem Kloster Cappel für 400 Schill. gr. Turnosse. Er war unverehelicht geblieben und starb erst nach dem J. 1364 [63].

Seine Brüder Elger III. und Bernhard IV. wurden die Stifter zweier neuen Linien. Da die des Letztern zuerst wieder erlosch, mag sie der des ältern Bruders vorangehen, damit die Folge von dessen Nachkommen nicht zerrissen zu werden braucht.

Bernhard IV., 1332 zuerst genannt, verkaufte 1360 in Gemeinschaft mit seiner Hausfrau Wille dem Kloster Spießcappel eine jährliche Gülte aus seinen Gütern zu Dillich für 48 Pf. Pfenn. Als in diesem Jahre Hessen und Mainz den, mit einander aufgerichteten, Frieden auf 3 Jahre verlängerten, bestellte der Erzbischof Gerlach zu seinen Rathsleuten, außer Heinrich v. Hanstein, auch Bernhard v. D. Damals war er noch Knappe, 1363 jedoch Ritter. In d. J. wohnte er einem Gerichte zu Hertingshausen bei und erkaufte von dem Abte von Cappel ein Fuder Wein für 40 Pf. hess. Pfenn. 1367 befand er sich unter den Schiedsrichtern, welche die Streitigkeiten zwischen Hessen und Mainz ausglichen. Im J. 1370 versetzte er in Gemeinschaft mit seiner Hausfrau und seinen Söhnen Reinhard und Bernhard, sowie seines verstorbenen Bruders Elger Söhnen Conrad und Bernhard, 2 Theile des Gerichts zu Dillich, Neuenhain und Stolzenbach für 800 gr. Schillinge. Auf welche Weise und wann die v. Dalwigk zu dem Besitze der Dillicher Güter, in dem sie sich noch jetzt befinden, gelangt sind, ist nicht bekannt. In demselben Jahre bewilligten Ludwig v. Itter und sein Sohn Johann den genannten v. D. die Wiedereinlösung eines ihnen zu Dalwigk versetzten Guts, welches Passieten- oder nach einer andern Urkunde Pastelzengut genannt wurde [64]. 1375 wurde er mit seinem Sohne Reinhard Bürge für Hermann v. Rehen, und als 1377 die v. Hanstein sich mit dem Landgrafen Hermann wegen des Schlosses Altenstein verglichen, übergaben jene ihm und Hermann v. Boineburg-Honstein dasselbe auf so lange, bis Austräge über die gegenseitigen Rechte gesprochen hätten [65]. Er starb wenig später im hohen Alter. Seine Söhne waren Bernhard VI. und Reinhard IV.

Bernhard VI., 1363 zuerst genannt, wurde später Geistlicher und findet sich als Domherr zu Paderborn. In einem 1395 aufgestellten Verzeichnisse derjenigen, welche die Kirche des h. Nicolas in Höxter beschenkt, wird auch er und neben ihm auch eine Maria v. D. genannt. Auch 1488 hatte eine Anne v. D. die St. Peterskirche beschenkt und 1404 war Jutta v. D. Priorin des Klosters Werbe im Waldeckschen [66]. Bernhard VI., Bruder Reinhard IV., Knappe, nahm 1370 an der Gefangennehmung des Herzogs Ernst v. Braunschweig Theil, welche weiter unten erzählt werden wird. Im J. 1392 gab er und sein Vetter Bernhard V. die Einwilligung zur Stiftung des Seelgeräthes aus einer von ihnen zu Lehn gehenden Hufe zu Sundheim; 1394 versetzte ihm Graf Heinrich v. Waldeck 20 Malter Korngülte aus Sachsenberg für 100 Mk. Silber; 1395 schloß er in Gemeinschaft mit seinem Vetter Bernhard einen Verkauf ab, dessen bei diesem näher gedacht werden wird. 1397 gelobten dieselben dem Landgrafen Hermann durch einen Eid, alle Briefe, welche ihre Vorfahren Reinhard und Bernhard ihm und dem Landgrafen Heinrich II. gegeben, auch noch fürder halten zu wollen. Im J. 1410 vertauschte er und Bernhard einen Garten und eine Hufe Land, welche zu dem Lehn ihrer Capelle in Schönberg gehörten, dem Landgrafen Hermann gegen eine Hofstätte und einen Zehnthof zu Maden. Er lebte noch 1413; zu seiner ersten Hausfrau hatte er Margarethe, die Tochter Hermann Hund's v. Holzhausen, eine Schwester Otto's, des letzten dieser Linie, welche ihm einen Sohn Reinhard gebar. Nach deren Tode nahm er Else v. Grafschaft zur zweiten Ehe. Außer jenem Reinhard hinterließ er auch zwei Töchter, von denen die eine an Otto v. d. Malsburg und Margarethe an Reinhard v. Boineburg verehelicht wurden.

Reinhard V. wird in den Urkunden stets der ältere, in den Sagen des Volkes aber der Ungeborne, auch schlechtweg der ungeborne Reinhard, genannt, weil ihn, der Sage nach, ein Kaiserschnitt zur Welt und das Erwärmen in dem Bauche frisch geschlachteter Schweine gleichsam zur Reife gebracht haben soll. Er wurde einer der berühmtesten Ritter des Hessenlandes. Die Chronisten rühmen seinen Muth und seine Prachtliebe, die so glänzend gewesen sey, daß sie nicht allein den Neid und die Scheelsucht seiner nachbarlichen Standesgenossen, sondern selbst die Aufmerksamkeit der benachbarten Fürsten erregte. In seinem Solde hatte er stets 2 bis 3 Edelleute und in seinen Ställen 20 bis 30 Pferde. Was seinen Reichthum besonders gehoben, war seine Vermählung mit der Tochter des durch den Mord des Herzogs Friedrich von Braunschweig berüchtigten, Friedrich's v. Hertingshausen, Agnes, gewöhnlich Nese genannt. Durch diese Verbindung kam er zu einem Antheil an den ansehnlichen hertingshäusischen Pfandschaften über Naumburg, Weidelburg, Schartenberg, Zierenberg 2c., anfänglich zu einem Drittheil und später zur Hälfte. Aber seine unbeugsame Fehdelust, sein unruhiger, durch nichts zu fesselnder ritterlicher Geist verwickelten ihn in die ernstesten Händel und führten ihn endlich zu dem Verluste eines großen Theils seiner Güter.

Reinhard's Name erscheint zuerst im J. 1412, in welchem er sich mit Agnes vermählte; sie erhielt 400 fl. zur Mitgift, für deren Zahlung ihre Eltern und Brüder am 13. November den Zehnten zu Stockhausen, einem ausgegangenen Dorfe unfern Gudensberg, als Pfand einsetzten. Im J. 1420 stand Reinhard in einem Bündniß mit Heinrich v. Urf, Widekind v. Uttershausen, Hildebrand v. Leimbach, Thilemann v. Lilienberg, Heinrich Gerwig v. Hersfeld u. a. m. Mit diesen machte er einen verwüstenden Einfall in das Gebiet der Abtei Hersfeld. Sie brannten die Dörfer nieder, entweihten die Kirchhöfe und andere geheiligte Orte, vertrieben nicht allein die Landleute aus ihren Hütten, sondern machten sie auch zu Gefangenen, ja erschlugen deren selbst viele. Dieser Raubzug stand in Verbindung mit einem Streite eines hessischen Freigrafen, Gerhard Ruben, mit dem Abte Albert v. Hersfeld, der diesen bedrohte, vor seinen Stuhl zu laden. Der Abt klagte darüber an dem geistlichen Gerichte zu Erfurt, denn eine solche Ladung war gegen die Freiheit der Kirche und die canonischen Gesetze. Der geistliche Richter, Heinrich v. Gerpstädt, Dechant der St. Marienkirche zu Erfurt, forderte hierauf den Freigrafen auf, binnen 15 Tagen seine Drohungen zurück zu nehmen und die genannten Knappen binnen gleicher Frist das unrechtlich Genommene und Erpreßte zurückzustellen und die Mißhandlungen und Kränkungen wieder gut zu machen oder 6 Tage nach Ablauf der Frist in seinem Hofe zu Erfurt vor ihm zu erscheinen, um sich zu vertheidigen. Da nun aber weder das erstere, noch das letztere geschah, so sprach er über die Angeklagten die Excommunication aus. Durch ein Schreiben vom 9. August 1420 machte er dieses durch die mainzische Diöcese, und insbesondere den Pfarrern zu Homberg, Borken, Urf, Spangenberg, Rotenburg, Freienhagen, Wolfhagen, Fritzlar und Korbach bekannt und gebot die Aufrechthaltung seines Ausspruches bei schweren Strafen. Der Ausgang dieser Sache ist nicht bekannt.

Im J. 1421 erkaufte Reinhard von Hermann v. Falkenberg ein Drittel von dessen Gütern zu Leimbach und erwarb vom Landgrafen ein Gut zu Balhorn zu Lehn.

Um diese Zeit übten die Spiegel zum Desenberg Feindseligkeiten gegen des Landgrafen Ludwig Schwestern Margaretha und Agnes, Gemahlinnen der Herzöge Heinrich und Otto v. Braunschweig. Da sandte der Landgraf die Gebrüder Eckhard und Friedrich v. Röhrenfurt, Heinrich und Hermann v. Holzheim, Friedrich v. Hertingshausen und dessen Söhne Hermann und Berthold, sowie auch Reinhard v. Dalwigk gegen sie aus. Vor Wolfhagen kam es zum Gefechte und die Spiegel wurden mit mehr denn 20 ihrer Genossen niedergeworfen und gefangen genommen. Am 24. April 1422 schwuren Hermann, Friedrich, Balthasar und Johann eine Urfehde und mußten, entweder als Lösung oder Entschädigung, ihr halbes Dorf Rösebeck vom Landgrafen zu Lehn nehmen. Von 21 ihrer gefangenen Genossen sind noch die 1423 ausgestellten Urfehden vorhanden.

Reinhard und seine Schwäger Hermann und Berthold von Hertingshausen geriethen damals in einen Streit mit dem Erzbischofe Conrad III. von Mainz und dem Grafen Heinrich V. v. Waldeck wegen des Oeffnungsrechtes an der Naumburg, welches sie denselben verweigerten. Am 22. Nov. 1422 verbanden sich jene zur Geltendmachung ihres Rechtes. Es scheint jedoch nicht zu gewaltsamen Schritten gekommen, der Streit vielmehr in Güte beigelegt worden zu seyn. Unter den Beschwerden, welche 1425 Mainz gegen Hessen erhob, befand sich auch diese: Reinhard v. D. habe, als er des Landgrafen Amtmann gewesen, die Naumburg mit Raub und Brand beschädigt, nachdem er aber des Erzbischofs Diener und Lehnmann geworden, sey er von den Landgräflichen beschädigt und die Seinen beraubt und gebrannt worden. Auch hätten die v. Röhrenfurt ihm den Zehnten zu Uffeln genommen. Da sich nirgends ein Bruch mit dem Landgrafen zeigt, ja selbst wenige Jahre später Reinhard sich als dessen Amtmann findet, so lassen sich die Verhältnisse, die diese Beschwerde andeuten, nicht erklären. Jenen Zehnten zu Uffeln hatte Reinhard von den v. Hertingshausen, welche denselben durch das Aussterben der v. Haldessen erhalten, an sich gebracht. Auch noch andere Güter dieser Familie waren hierdurch auf die v. Hertingshausen übergegangen; so verkaufte Berthold v. H. 1426 seinem Schwager Reinhard 4 Hufen zu Uffeln für 170 fl., welche dieser jedoch schon 1428 für dieselbe Summe dem landgräflichen Küchenmeister Heinrich Hase versetzte, wozu der hessische Erbmarschall Eckhard v. Röhrenfurt, als Gatte der letzten Erbtochter der Freien v. Schöneberg, seine lehnsherrliche Einwilligung ertheilte. — 1427 wies Landgraf Ludwig Reinhard jährlich 3 Mark auf die Stadtbede zu Grebenstein auf so lange an, bis ihm 75 Mark gezahlt seyen. 1428 erhielt er von demselben einen Theil von den durch Simon's v. Homberg Tod heimgefallenen Lehen: ein Burgmannslehn zu Niedenstein nebst einer Hufe daselbst, die Wüstung Schwasbach, Hufen zu Wichdorf und Hausen, sowie den Emserberg und Sengelberg; auch 1430 als Erbe seiner Mutter das durch den Tod deren Bruders Otto Hund v. Holzhausen erledigte Lehn des Dorfes Lohre, bei Altenburg. — Von 1428 an findet sich Reinhard als landgräflicher Rath und Amtmann, insbesondere 1431 als Amtmann zu Rotenburg.

In den J. 1430 und 1433 stiftete er in Gemeinschaft mit seiner Hausfrau im Karmeliter-Kloster zu Cassel für Hermann und dessen Sohn Otto Hund v. Holzhausen und deren Hausfrauen, für seine Eltern und Friedrich) v. Hertingshausen und dessen Hausfrau und alle Verstorbenen ihrer beiderseitigen Familien, eine Seelenmesse. Das Kloster versprach des Jahrs 4 Begängnisse zu feiern; bei jedem sollte in der Mitte des Chores ein schwarzes Tuch ausgebreitet und auf jede der 4 Ecken ein brennendes Licht gesetzt werden; dieses sollte so betrachtet werden, als ob wirklich ein Todter da liege. 1431 stiftete Reinhard und sein Neffe Friedrich v. Hertingshausen in der Stadtkirche zu Naumburg einen der h. Dreifaltigkeit geweihten Altar, für den man später eine eigne Capelle gebaut zu haben scheint; denn 1441 versprach der Vicar des Erzbischofs von Mainz allen denen, welche darin für Friedrich's Vorfahren beten würden, einen 40tägigen Ablaß.

Schon früher hatte Erzbischof Johann v. Mainz mit Friedrich v. Hertingshausen und Hermann und Berthold, seinen Söhnen, wegen der Pfandschaften an Naumburg und Weidelberg einen Vertrag geschlossen. Diese waren nun gestorben und Berthold's einziger Sohn Friedrich, der einzige Stammhalter seiner Familie, war noch minderjährig. Erzbischof Conrad erneuerte deshalb 1431 am 26. Mai zu Wiesbaden jenen Vertrag und bestellte Friedrich's Oheim Reinhard zu seinem Vormunde.

Im J. 1432 belieh der Abt Moritz v. Corvei Reinhard und Friedrich mit 3 Hufen zu Hümme und Haldungen, welche durch das Aussterben der v. Haldessen und v. Stammen heimgefallen und mit der Hälfte des Zehntens zu Herborn, vor der Naumburg, zu Mannlehn und insbesondere Reinhard's Gattin, Agnes, zur Leibzucht.

Im J. 1433 gaben die Grafen v. Waldeck durch zwei besondere Briefe Reinhard und Friedrich, wegen ihrer treuen Dienste, ihre Antheile an dem Dorfe Heimershausen. Den Zehnten dieses Dorfes, wenn nicht auch das Dorf selbst, besaßen die Grafen von den Landgrafen von Hessen zu Lehn, welches sie denselben 1442 aufließen. 1434 gab das Kloster Hasungen Reinhard und seiner Ehegattin, für die ihm geleisteten guten Dienste, ein Gut zu Altenstädt, welches jedoch nach ihrem Tode demselben wieder zurückfallen sollte. 1435 belieh Landgraf Ludwig Reinhard und Friedrich mit den Wüstungen Ippinghausen, Brüngersen und Zabenhausen. Ueber die beiden erstern kamen sie im folgenden Jahre mit der Stadt Wolfhagen in Streit, welchen der Landgraf dahin beilegte, daß ihnen die Bußen in dem Gerichte (wegen Todtschlags, Verwundungen, Abschneiden fremder Früchte, Abpflügen fremden Landes ꝛc.), dagegen aber der Stadt die in den Wüstungen habenden Güter, für welche dieselbe dem Landgrafen zinse, zukommen, auch dieselbe bei allen ihren Rechten an dem Hofe zu Leckeringshausen bleiben sollte. Reinhard und Friedrich sollten auch wegen dieser Güter die Stadt mit keinen Diensten und Zinsen bedrängen.

Wie wir gesehen haben, war die Weidelburg mainzisches Eigen und den v. Hertingshausen und v. Dalwigk nur als Pfandschaft übergeben. Diese konnten deshalb auch rechtlich nicht über dieselbe verfügen, und dennoch geschah dieses. Im J. 1437 trugen Reinhard und Friedrich die Weidelburg mit allen ihren Zubehörungen, ferner 2700 fl. Hauptgeld zu Zierenberg und 180 fl. davon fallende jährliche Zinse, den Zehnten zu Hertingshausen, einen Hof zu Herboldshausen, das Dorf Holzhausen (nur ¼ des Hofs Heinrich Hagedorn's und ¼ des schaumlöffelschen Hofs ausgenommen) dem Landgrafen Ludwig zu Lehn auf und empfingen alle diese Güter wieder zu rechtem Mannlehn, zu dem der Landgraf noch weiter als Lehn hinzufügte: die Dörfer Balhorn und Jhste, ausgenommen die Jagd und Wildbahn im Balhorner Walde, ferner die Wüstung Ippinghausen mit dem dazu gehörigen, den Weidelberg einschließenden, Gerichte, desgleichen die Wüstungen Todtenhausen, Zabenhausen und Brüngersen, mit dem Gerichte zu Heimershausen, den Zehnten zu Todtenhausen und die Wüstungen Motzlar und Offenhausen. Für diese Stücke verzichteten Reinhard und Friedrich auf alle ihre Rechte an den Dörfern und Gerichten zu Brunslar, Buchenwerda, Dennhausen, Dietershausen und Deute. Sie gelobten dem Landgrafen als treue Lehnmannen zu dienen, der sich das Oeffnungsrecht an der Weidelburg vorbehielt und festsetzte, daß wenn sie ihn oder seine Nachfolger befehdeten, sie aller jener Güter verlustig seyn sollten. — Man sieht hieraus, daß sie die Weidelburg ganz als freies Eigen behandelten; nirgends gedenken sie des Rechts des Erzstifts und dennoch waren erst wenige Jahre verflossen, daß sie dieses noch in Verträgen anerkannt; was aber noch merkwürdiger ist, daß Mainz ruhig zusah, wie ihm eine nicht unwichtige Besitzung entzogen wurde, wenigstens findet sich nirgends eine Nachricht von einem Widerspruche; ja Mainz erkannte selbst später, wenn auch nicht unmittelbar, die Lehnsherrlichkeit des Landgrafen an [67]. Wie dieses alles möglich war, läßt sich freilich nicht mehr erklären, doch mochten die freundschaftlichen Verhältnisse, in denen sich damals Hessen und Mainz befanden, das Meiste dabei mitgewirkt haben.

Im J. 1437 verpfändeten Reinhard und Friedrich Gefälle zu Neuenbrunslar an das Kloster Breitenau für 300 fl. Der Landgraf löste in demselben Jahre von Reinhard, welcher hierbei als Amtmann auf Schartenberg genannt wird, 2 Höfe zu Hümme und Haldungen, sowie 3 Hufen zu Immenhausen, welche letztere die von Schöneberg den v. Haldessen und diese den v. Hertingshausen versetzt gehabt, wieder ein. 1438 verglichen sich Reinhard und Friedrich mit dem Kloster Hasungen wegen des Gerichts zu Brüngersen, auf welches sie Verzicht leisteten, und Reinhard übertrug das ihm von Otto Hund v. Holzhausen, seinem Ohm, aufgestorbene Kirchlehn zu Kirchberg an Hermann Hund; nur das an dem von Otto in der dasigen Pfarrkirche gestifteten Altare habende Recht nahm er ausdrücklich von dieser Uebertragung aus. 1439 erklärten die Grafen Heinrich und Walrab v. Waldeck, daß die Reinhard und seiner Gattin und Friedrich auf die Naumburg schuldende Pfandsumme 2000 fl. betrage. In demselben Jahre versetzten ihnen die Wolfe v. Gudenberg gegen 100 fl. verschiedene Hand- und Fahrdienste im Dorfe Meinbressen, gleichwie die Raben v. Pappenheim gegen 103 fl. den vierten Theil des Zehntens zu Westuffeln; auch der Landgraf versetzte ihnen 1440 für 500 fl. eine jährliche Gülte von 28 Mk. zu Zierenberg, wogegen jedoch auch sie Güter zu Uttershausen, welche sie als hersfeldsches Lehn besaßen, für 300 fl. an den fritzlarschen Dechanten Happel Katzmann verpfändeten.

Außer auf der Weidelburg und den andern ihm versetzten Burgen, hatte Reinhard auch einen Sitz auf der Schauenburg; am 2. Juli 1438 wird er als auf derselben wohnend bezeichnet. Er hatte nämlich mit seinem Neffen ein Viertel des Zehntens von Korbach, welches er als ittersches Lehn besaß, einem korbacher Bürger für 220 fl. versetzt, welcher wegen der Wiedereinlösung desselben unter jenem Tage eine Urkunde ausstellte[68].

Im J. 1440 gab Landgraf Ludwig von Hessen die ihm zustehende Hälfte des Schlosses Itter und aller dazu gehörenden Dörfer ꝛc., also den ganzen hessischen Theil der Herrschaft Itter, wie seine Vorfahren denselben an Thilo Wolf v. Gudenberg verpfändet, und Wolf und Arnt Wolf v. Gudenberg noch jetzt als Pfand hätten, an Reinhard und Friedrich zu Mannlehn. In den Besitz dieser ansehnlichen Güter kamen sie jedoch nie; wahrscheinlich ist jener Lehnbrief auch nur ein Anwartschaftsbrief bei einer etwaigen Ablösung von den v. Gudenberg, was aus dem Auszuge des Repertoriums des hess. Gesammt-Archivs zu Ziegenhain zwar nicht hervorgeht, aber nicht anders seyn kann. Die v. Gudenberg blieben im ungestörten Besitze der Herrschaft Itter.

Schon 1438 trifft man Reinhard in dem Pfandbesitze von 2 Theilen des Dorfes Ehringen, von dem er

1441 gemeinschaftlich mit Johann Meisenbug, Lambrecht Hase und Heinrich v. Schachten noch einen andern Theil für 200 fl. an sich brachte, welche Summe ihnen der Landgraf vorschoß. Im J. 1442 verkauften Reinhard und Friedrich neben jener meinbressischen und westuffelnschen Pfandschaft, auch die an der Burg Schartenberg an den Ritter Johann Spiegel zum Desenberg für die Summe von 1600 fl. Nachdem sie sich 1439 wegen des Zehntens zu Uttershausen mit den v. Falkenberg verglichen, versetzten sie 1443 im November diesen Zehnten, welchen sie halb von Hersfeld und halb von Ziegenhain zu Lehn trugen, mit deren Einwilligung, dem Kloster St. Johannisberg, am Heiligenberge, für 1000 fl. Schon im Anfange Septembers d. J. hatten sie wegen dieses Versatzes mit ihrem Verwandten, dem Erbmarschalle Hermann Riedesel, in Unterhandlungen gestanden, die sich jedoch, obgleich der Vertrag schon aufgestellt war, wieder zerschlugen. Noch 1452 erklärt derselbe diesen Vertrag, welcher verloren worden, für nichtig.

Schon vor dieser Zeit waren Reinhard und Friedrich mit mehreren ihrer Nachbarn in Streitigkeiten gerathen. Wie gewöhnlich, so gab auch hier der Besitz streitiger Güter die Haupturfache dazu ab. Diese Güter waren freilich des gegenseitigen jahrelangen Kraftaufwandes nicht werth, und der sich von beiden Seiten zugefügte Schaden überstieg dieselben bei Weitem; aber der starre eiserne Sinn, durch Leidenschaft genährt, ließ sich nicht so leicht zur Nachgiebigkeit bewegen, mochte dabei auch noch so viel untergehen. — Den ganzen Zusammenhang jener Streitigkeiten können wir zwar nicht deutlich übersehen, da nur einzelne Bruchstücke vorliegen, aber dessen ungeachtet bieten sie ein treues Gemälde ihrer Zeit. Der Edelmann lebte noch frei auf seinen Gütern, nur seinen Lehnsherrn über sich erkennend. Unabhängig führte der Ritter die angesagte, also ehrliche, Fehde und suchte durch einen kleinen Raub- und Verwüstungskrieg seinen Gegner zu demüthigen. Er unterwarf sich nur dem Urtheile freiwillig von beiden Seiten gewählter ebenbürtiger Richter (Austrägen) oder, wo der Streit Lehngüter betraf, der Entscheidung des Lehnsherrn und dessen Lehnmannen (Mannengericht). Letzteres war hier insbesondere der Fall.

Jene Streitigkeiten treten uns zuerst im J. 1441 entgegen und als Parteien Reinhard und Friedrich und Hermann Hund. Ihren Ursprung hatten dieselben in den gegenseitigen Ansprüchen auf die hinterlassenen Güter der Hunde v. Holzhausen, welche Reinhard als Erbe seiner Mutter und deren Bruders, und Hermann auf sein Ganerbenrecht gründete; denn die Hunde v. Holzhausen und die Hunde waren nur zwei Linien ein und derselben Familie. Die Entscheidung ihrer Ansprüche hatten sie auf Landgraf Ludwig übertragen. Nachdem derselbe in Zusammenkünften zu Homberg und Gudensberg sie zu einigen versucht hatte, dieses ihm aber mißglückt, und neue Ueberfahrungen vorgefallen waren, setzte er einen andern Tag auf den 16. Juni 1441 nach Homberg an. Auf diesem erschien er mit dem Grafen Johann v. Ziegenhain, dem Abte Conrad v. Hersfeld, dem Dechanten v. Hildesheim, dem Probst zu Erfurt, 3 Rathsmitgliedern v. Homberg und Marburg, mehreren Rechtsgelehrten und 30 seiner adligen Lehnmannen. Hermann beschuldigte auf diesem Tage Reinhard wegen eines Burglehns zu Naumburg und der Wüstung Gershausen. Die Entscheidung war, daß Reinhard im ungestörten Besitze bleiben und jede Entschädigung niedergeschlagen seyn sollte; entstände jedoch noch weiterer Zwiespalt, so sollten sie wegen dessen vor den Lehnsherrn dieser Stücke, den Erzbischof von Mainz, gehen. Reinhard sprach dagegen (als Pfandinhaber der Naumburg) Hermann um den Zehnten aus etlichen Wiesen bei der Kirche zu Immenhausen, vor Naumburg, an, welche zu Hermann's Burglehn gehörten. Hierüber ward entschieden, daß die früher zehntbaren Aecker, welche zu Wiesen gemacht worden, den Zehnten geben, die andern aber, welche nicht zehntbar gewesen, auch jetzt davon befreit seyn sollten. Ferner klagte Reinhard, daß Hermann's Knechte seine armen Leute (Hörigen) gestoßen und geschlagen und ihnen ihre Habe genommen hätten. Dieses wurde niedergeschlagen. Auch klagte Reinhard wegen der Jagd, den Viehhuden und den Triften in den Feldmarken. Erstere („Beyßzen, Hetzen, Lußzen, vnd Jagen") sollte jeder nur auf seinem Gebiete üben; dagegen aber befugt seyn, sein Vieh auch in des andern Feldmarken zu treiben, ohne jedoch darin Schaden anzurichten. — Außer diesem Streite hatten Reinhard und Friedrich noch einen andern mit Ludwig v. Wildungen, der auf demselben Tage entschieden wurde. Es betraf derselbe Güter zu Heimershausen, Beldershausen, Berninghausen und ein Burgmannslehn zu Naumburg. Hinſichtlich dieſer klagte Ludwig wegen Beeinträchtigung. Reinhard klagte dagegen, daß, als Ludwig und deſſen Vater die Grafen von Waldeck angegriffen, ſeine armen Leute dabei großen Schaden gelitten und daß er eine Bürgſchaft für Ludwig habe erfüllen müſſen, ohne von demſelben bis jetzt entſchädigt worden zu ſeyn. Da jene Güter mainziſches Lehn waren, verwies das Mannengericht den Streit darüber an die Entſcheidung des Lehnsherrn, und erkannte wegen der andern Punkte auf Beweis. — Während man von dem Streite mit Ludwig ſpäter nichts mehr hört, lebte jedoch der andere mit Hermann Hund fort; jene Entſcheidung insbeſondere wurde nicht beachtet und ſich gegenſeitig die Fehde verkündet, an der auch Werner v. Elben, der ſich von nun als Haupt der hundeſchen Partei findet, Theil nahm. Deshalb ſetzte der Landgraf in Gemeinſchaft mit den Grafen Johann v. Ziegenhain und Heinrich v. Waldeck einen neuen Tag auf den 1. März 1442 nach Grebenſtein an, wozu die Parteien eingeladen wurden. Außer den Betheiligten und ihren Genoſſen erſchienen auf dieſem Tage auch der Abt Conrad v. Hersfeld, der Domdechant Johann Schwanenvogel, vier Ritter als Abgeſandte des Erzbiſchofs von Cöln und des Kurfürſten von Sachſen, ferner der Erbmarſchall Hermann Riedeſel, der Erbkämmerer Sittich v. Berlepſch und viele andere heſſiſche Ritter, ſelbſt Abgeordnete der Städte Göttingen und Korbach. Hier wurde nun feſtgeſetzt, daß beide Parteien dem zu Homberg geſchloſſenen Vergleiche nachkommen, und wo dieſes noch nicht geſchehen, jetzt unverzüglich bewerkſtelligen ſollten;

ihre Klagen wegen des seit dieser Zeit zwischen ihnen Vorgefallenen sollten sie binnen 4 Wochen schriftlich einreichen, dabei aber unziemliche (unzuchtliche*) Worte vermeiden. Hinsichtlich der von beiden Seiten gemachten Gefangenen, sowohl Reisigen als Bauern, wurde bestimmt, daß dieselben auf eine alte Urfehde ihre Freiheit erhalten sollten, außer 4 Männern aus Balhorn, welche der Landgraf und der Graf Johann v. Ziegenhain für 200 fl. lösen wollten. Auch wurde noch wegen Gefangener aus dem Amte Fischberg (?) festgesetzt, daß, wenn ihre Schatzung noch nicht gezahlt, dieselben ledig und los seyn sollten; desgleichen sollten auch die noch nicht gezahlten Brandschatzungen, namentlich 80 Gulden an einem v. padbergschen Dorfe, niedergeschlagen und nur solche davon ausgenommen seyn, für welche Bürgen gesetzt worden.

Diese Sühne sollte für alle gegenwärtige Genossen an dem folgenden Tage, dem 2. März, mit Sonnenaufgang beginnen und in Kraft treten, für die Abwesenden aber am 4. März, gleichfalls mit dem Aufgange der Sonne. Die Gefangenen, die in dieser Zwischenzeit etwa noch gemacht würden, sollten auf eine alte Urfehde wieder frei gegeben werden. Als Vertreter für die Parteien erschienen für Reinhard ꝛc.: Bernd d. j. und Friedrich v. Haueda und Badter v. Meschede, sowie für Werner v. Elben ꝛc.: Curt v. Wallenstein, Hans v. Schlotheim und Hans von dem Borne [69]).

Zu denen in dieser Fehde gemachten Gefangenen scheinen auch Heinrich und Hentze Landesbiget und deren Schwager Hans Koch gehört zu haben. Diese stellten am 8. April

313

1442 gegen Reinhard und Friedrich, sowie Otto v. d. Malsburg, eine Urfehde aus und schworen, nimmer wieder derselben Feind zu werden.

In wie weit jene Sühne in's Leben getreten, ist uns unbekannt. Reinhard und Friedrich verwickelten sich jedoch bald wieder in neue Streitigkeiten, in deren Folge sie des Landfriedensbruchs angeklagt wurden. Am 5. Dec. 1443 verbanden sich der Landgraf Ludwig von Hessen und Erzbischof Dietrich von Mainz zur Züchtigung der Ruhestörer und bestimmten, daß nach Eroberung der Festen Naumburg und Weidelberg die erstere Mainz allein und die letztere mit Hessen gemeinschaftlich besitzen sollte. Im Anfange des J. 1444 rückte der Landgraf mit hessischen und mainzischen Truppen gegen die Sitze der Ritter. Naumburg wurde alsbald erobert und auch Weidelberg übergab Reinhard nach einer kurzen Belagerung. In dem hierauf am 3. Febr. aufgerichteten Vertrage wurden Hermann Riedesel, hess. Erbmarschall, Philipp v. Kronenberg, Amtmann zu Olmen, Sittich v. Berlepsch, Landvogt an der Lahn und Hans v. Erlenbach zu Schiedsrichtern bestellt und Reinhard insbesondere mußte eidlich geloben, sich im Schlosse Amöneburg, oder so dieses verloren ginge, in dem Schlosse Höchst als Gefangener einzustellen. Was nun hiernächst mit Reinhard geschah, ist nicht bekannt. Friedrich wurde wegen Brüchen, Zusprachen und Klagen, welche der Landgraf zu ihm habe, von diesem auf einen auf den 10. Sept. d. J. angesetzten Tag nach Homberg vor ein, aus den landgräflichen und erzbischöflichen Räthen und Lehnmannen zusammengesetztes, Manngericht durch s. g. Vorbotsdienste eingeladen, um sich wegen jener zu verantworten. Dieses Gericht bestand von landgräflicher Seite aus dem Erbmarschall Hermann Riedesel als Mannrichter, Grafen Johann v. Ziegenhain als einem geordneten Richter, ferner aus dem Grafen Joh. v. Solms, Gerlach v. Breitenbach und Berthold v. Mansbach, und von mainzischer Seite aus den Rittern Philipp v. Kronenberg und Henne v. Beldersheim. Friedrich erschien mit seinen Freunden. Nachdem der landgräfliche Vorsprecher (Anwalt), Johann v. Fleckenstein, seine Klagen vorgebracht, ließ Friedrich durch den seinen, Joh. v. Dernbach gen. Hulsbach, nach dem Rathe seiner Freunde, den Landgrafen als seinen rechten Herrn bitten, ihn des Gerichts zu entlassen. Da nun auch die Richter ihre Bitten hiermit vereinten, so gab der Landgraf nach und hob das niedergesetzte Gericht auf. Es wurde nun getheidingt, daß sobald der Kurfürst v. Mainz, der jetzt beim Kaiser sey, in sein Stift zurückgekehrt und der Landgraf dieses erfahren habe, beide Fürsten im nächsten Monate in einer Stadt einen Tag ansetzen und denselben Friedrich wenigstens 3 Wochen vorher gen Windecken kund thun sollten. Beide Fürsten sollten dann persönlich dahin kommen, oder wenn sie nicht könnten, doch ihre Freunde mit ganzer Macht (d. h. mit ausgedehnter Vollmacht) hinsenden. Auf diesem Tage sollte dann Friedrich mit seinen Freunden einen Vergleich versuchen. Jeder der Herren sollte acht seiner Räthe und Mannen mitbringen. Diese sollten dann das Recht haben zu entscheiden zwischen Mainz und Friedrich, wegen der Ansprüche, die ersteres auf dem Manetage zu Aschaffenburg gethan habe, welche mit Friedrich's Antwort in dem Gerichte zu Aschaffenburg liege; wobei es bleiben sollte.

Auch sollten jene Sechszehn Recht haben, Friedrich und den Landgrafen zu scheiden, nach laut der Zusprache, Klage und Forderung, so der Landgraf auf jenem Tage thun werde, und darüber binnen wenigstens 6 Wochen und 3 Tagen ihr Urtheil geben. Doch sollte hiervon ausgeschieden seyn der Anlaß in dem Felde vor der Weidelburg. Ferner wurde abgeredet, daß die von Johann v. Nesselröden vor dem Freigerichte gegen den Erzbischof erhobene Klage niedergeschlagen seyn und daß Friedrich mit seinen Freunden frei Geleite haben sollte. Von Friedrich's Freunden besiegelten diesen Vertrag Wilhelm v. Nesselröden und Wilhelm v. Flotho (Flatte) [70].

Man sieht aus diesem weitläufigen Vertrage, daß Manches vorgefallen seyn muß, über das weder die Chronisten, noch die vorhandenen Urkunden Aufschluß geben und welches in dem Vorstehenden nur so kurz berührt wird, daß sich wohl Vermuthungen, aber nichts Gewisses darauf bauen läßt. Auch über das, was in Folge dieses Vertrages geschah, schweigen die Nachrichten. Nur so viel ist sicher, daß sich die Sachen sehr in die Länge zogen, und 1446 noch nicht beigelegt waren; denn in diesem Jahre hatte der Erzbischof ein neues Manngericht auf den 30. Mai nach Aschaffenburg niedergesetzt, zu dem Friedrich zwar vorgeladen worden, aber weder selbst erschien, noch sich entschuldigen ließ, so daß dasselbe die Forderungen des Erzbischofs für Recht erkannte [71].

Im J. 1448 mußte der Landgraf von Neuem zu den Waffen greifen. In welcher Beziehung hiermit eine Urkunde des Ritters Werner v. Elben vom J. 1447 steht, in der derselbe bekennt, daß ihm Landgraf Ludwig 5 Hufen Land zu Balhorn, welche ihm Reinhard v. D. und Friedrich v. H. für 100 Gulden verschrieben, wieder zurückgeben wolle, läßt sich nicht sagen.

Wodurch diese neue Fehde entstand, ist nicht zu ersehen; wahrscheinlich waren die in Folge der Sühne von 1444 geschlossenen Vergleiche von den Rittern nicht erfüllt worden und auch wohl noch neue Friedensbrüche hinzugekommen. Schon zu Ende des J. 1447 hatten sie den Erzbischof Dietrich von Mainz bei einem Freigerichte in Westphalen angeklagt und dieses denselben vor seinen Stuhl zur Rechtfertigung geladen. Der Erzbischof führte hierüber bei einem päbstlichen Legaten Beschwerde, der ihn auch, weil eine solche Vorladung sowohl gegen die weltlichen als geistlichen Rechte sey, von dem Erscheinen entband und den Erzbischof von Cöln, als kaiserlichen Statthalter, aufforderte, die Freigerichte wegen jener Vorladung zu bestrafen. (Wien den 7. Febr. 1448.)[72].

Im April des J. 1448 zog Landgraf Ludwig mit hessischen und mainzischen Truppen aus und eroberte Weidelburg und Naumburg, erstere jedoch erst nach achttägiger Belagerung. Eine Sage erzählt hierüber: Da Reinhard sich nicht mehr halten konnte, versuchten seine Freunde ihn durch eine List zu retten; sie verbargen ihn in einem mit Speck gefüllten Sacke und luden diesen auf einen Esel, um ihn so unbemerkt durch die Belagerer hindurch zu entführen. Aber diese List mißglückte; Reinhard wurde entdeckt und fiel in die Hände des Landgrafen. Eine andere Sage erzählt dagegen: Reinhard hatte jede Hoffnung auf einen glücklichen Ausgang der Belagerung verloren, und auch Vergleichsunterhandlungen hatten sich fruchtlos zerschlagen, denn der Fürst verlangte durchaus, daß er sich ihm in Person stellen sollte. Da faßte Reinhard's Hausfrau einen von hoher Liebe zeugenden Entschluß. Sie stieg herab in's feindliche Lager und ließ sich vor den Landgrafen führen. Weinend fiel sie demselben zu Füßen und bat flehend um Gnade. Der Landgraf, zwar hocherzürnt, wurde doch endlich durch die weiblichen Zähren gerührt und sprach: „Ob er sich zwar „fest vorgenommen, nicht einen Hund auf dem Schlosse le= „ben zu lassen, so sollte ihr doch sammt ihren Jungfrauen „und Mägden vergönnt seyn, mit dem, was jeder lieb wäre „und sie tragen könnte, frei sich hinweg zu begeben. Doch „der Junker und alle Mannspersonen sollten auf anderen „Bescheid oben verziehen." Dessen setzte ihr der Landgraf seine fürstliche Treue zu Pfande. Nachdem sie sich nun wieder zur Burg begeben, bereitete sie sich mit ihren Jungfrauen zum Abzuge und gab denselben ihre Kleider und Kleinode, sie aber nahm ihren Mann auf den Rücken; so zogen sie herab. Da meinte zwar der Landgraf, von dem Junker sey in der Beredung keine Erwähnung geschehen; doch sie antwortete: „Was würde mir anders lieb und kost= „bar seyn, wenn ich meinen Herrn in Todesgefahren hinter „mir wissen sollte? Und bedünkt mich, Euch nicht zuwider „gethan zu haben, weil mir erlaubt worden, mit zu tra=

"gen, was mir lieb sey; deshalb habe ich meinen theuersten "Schatz genommen." Solche Treue und Liebe brach des Landgrafen Zorn und er gab seinen blutigen Vorsatz auf.

Der Landgraf scheint entschlossen gewesen zu seyn, ein hartes Gericht über Reinhard und Friedrich ergehen zu lassen. Schon im Felde vor der Weidelburg setzte er ihnen einen Tag nach Homberg an, auf dem er seine Schulden und Klagen anbringen wollte. Reinhard und Friedrich erschienen auch auf demselben mit ihren Freunden. Letztere drangen in den Landgrafen mit der Bitte um Niederschlagung des richterlichen Verfahrens, doch nur erst da, als Reinhard selbst mit gebeugten Knieen um Gnade flehte, ließ er sich bewegen und willigte in die Bitte. Durch die Vermittlung der Schwester des Landgrafen, der Herzogin Agnes v. Braunschweig, die sich damals am hessischen Hofe aufhielt, kam am 14. April 1448 ein Vergleich zu Stande. Reinhard und seine Gattin Agnes sowie Friedrich mußten verzichten auf die Weidelburg, welche ihnen der Landgraf mit Fehden und Ehren, und darnach mit Gericht und Recht abgewonnen habe, ferner auf alle Ansprüche und Forderungen, welche sie an den Landgrafen machen könnten, desgleichen auf alle von demselben erlittene Schäden, ferner auf die Dörfer und Wüstungen Balhorn, Isthe, Todtenhausen, Zabenhausen, Ippinghausen, Brüngersen, Leckringshausen, Motzlar, Fischbach, Sand und Offenhausen; ferner auf das Gericht und Dorf Heimershausen, Ländereien, Wiesen und Zehnten zu Ippinghausen, Gefälle zu Niederelsungen und einigen Ländereien zu Volkenhain. Für die Abtretung dieser bedeutenden Güter erhielten sie vom Landgrafen nur einen Zehnten und einen Hof zu Hertingshausen, einen Hof zu Herboldshausen, das Dorf Holzhausen, ausgeschieden den Antheil der v. Grifte, Schaumlöffel und Hagedorn, den Zehnten zu Todtenhausen, den Zehnten zu Stockhausen, drei Höfe zu Brunslar, ein Gütchen zu Werkel, einen Hof zu Singlis, einen Hof zu Niederelsungen, drei Hufen zu Vorschütz, ein Gütchen am Weidelberg, so ehemals den v. Hardehausen gehört, und das Ranneberger-Gut, zu Mannlehn, mit der Bedingung, daß diese Güter der Landgraf mit 6000 fl. ablösen könne. Am 5. Mai stellten Reinhard, Agnes und Friedrich hierüber eine besondere Urkunde aus und bestätigten auch noch mündlich die Bedingungen dieses Vertrages am 23. Juli vor dem versammelten Stadtrathe von Fritzlar.

Glücklicher, als mit dem Landgrafen, waren die Unterhandlungen Reinhard's und Friedrich's mit dem Erzbischofe Dietrich v. Mainz. Am 29. Juni 1448 schlossen sie mit demselben zu Aschaffenburg einen Vergleich. Er gab ihnen darin die Naumburg wieder zurück und erlaubte Friedrich, dieselbe, weil sie baufällig geworden, zu erneuen. Er bestimmte zu diesem Zwecke 500 Gulden, welche Friedrich der Pfandsumme zurechnen sollte. Reinhard und Friedrich sowie Agnes mußten dagegen alle frühern Briefe über die Schlösser Naumburg und Weidelberg zurückgeben und sowohl auf die Weidelburg, als auch auf die Schäden und Verluste und Thätlichkeiten, welche sie in der Fehde erlitten, und auf die Beute, welche bei der Eroberung der genannter Burgen in denselben gemacht, einen gänzlichen Verzicht thun.

Reinhard, der bisher seinen Sitz gewöhnlich auf der Weidelburg gehabt hatte, zog nun hinüber zu seinem Neffen auf die Naumburg.

Diese Unfälle wirkten sehr nachtheilig auf Reinhard's Umstände ein und zogen ihn nur zu sehr von der Höhe seiner Macht herab. So schreibt er selbst 1450 an seine Vettern: „Daß ich vmb myner noit, Schoilt und Vn-„willen ich gelidden und verderbit bin, da allein eyn „Teyl zu geholffen, taid vnd taid zu gethan haben rc." Diese Unfälle scheinen jedoch mehr seine Kräfte, als seinen Muth und ritterlichen Sinn geschwächt zu haben. Kurze Zeit nachher kam er und Friedrich wieder mit dem Grafen Walrab v. Waldeck in Streitigkeiten. Als Pfandbesitzer der Naumburg standen ihnen die Nutzungen von deren Zubehörungen zu, und als Amtleute hatten sie die Verpflichtung, die Stadt in ihren Gerechtsamen und Freiheiten zu schützen. Dagegen hatten aber die Grafen v. Waldeck, weil sie die Naumburg an die v. Hertingshausen verafterpfändet, keine weitern Rechte mehr an derselben, als das Recht der Ablösung. Aber dessen ungeachtet fällte nun Graf Walrab in den städtischen Waldungen und ließ das Holz wegführen und hatte den Seinigen geboten, wenn Friedrich oder die Bürger sie pfänden wollten, sich ihnen gewaltsam zu widersetzen. Er benutzte die Jagd in den Waldungen und drohte nicht allein die Bürger, sondern auch Friedrich zu strafen, denn die Naumburg und die Gehölze wären sein. Außerdem hatte er auch Friedrich's Leumund angegriffen, indem er denselben treulos und meineidig gescholten, denn er habe Briefe machen laſſen, wie ihm gelüſtet. Hierüber führte die Stadt bei dem Erzbiſchofe Diether Beſchwerde und bat denſelben, zur Ausgleichung dieſer Streitigkeiten einen Tag zu ſetzen und einige ſeiner Freunde auf denſelben zu ſenden. Doch dieſer entſchuldigte ſich, unterm 18. März 1450 aus Aſchaffenburg, wegen anderer Unterhandlungen und erſuchte Reinhard und Friedrich mit dem Grafen ernſtlich zu ſprechen, daß er die Sache in gutem Anſtand laſſe, bis 3 Wochen nach Oſtern, in der Zeit wolle er dann ſeine Freunde ſchicken.

Unbekannt iſt der Ausgang dieſes Zwiſtes, aber ehe er noch beigelegt ſeyn konnte, kamen Reinhard und Friedrich in neue, ſehr hartnäckige Streitigkeiten mit ihren Nachbarn, an denen bald ein großer Theil der heſſiſchen Ritterſchaft thätigen Antheil nahm. Es waren dieſelben zum Theil eine Fortſetzung der Streitigkeiten mit Hermann Hund, die ſeit 1442 geruht zu haben ſcheinen, jetzt aber noch durch die Anſprüche anderer vermehrt wurden. Früher mochten Reinhard und Friedrich zu mächtig geweſen ſeyn, gegenwärtig nach ihrer Demüthigung aber ein leichteres Spiel verſprechen.

Werner v. Elben, ſpäter landgräflicher Amtmann zu Rotenburg, hatte einen ($\frac{3}{8}$) Theil des Zehntens zu Wellen, mit dem Reinhard und Friedrich 1447 vom Probſte zu Fritzlar beliehen worden, wie dieſe behaupteten, durch Raub und Gewalt, ihnen entzogen. Otto Hund hatte hierüber ſchon ein Gericht gehalten und, weil Reinhard und Friedrich nicht erſchienen waren, einen für dieſelben nachtheiligen Ausſpruch gethan. Beide beklagten sich hierüber unterm 24. Juni 1450 bei dem Stellvertreter ihres Lehnsherrn, dem Probste zu Fritzlar, Diether Grafen v. Isenburg-Büdingen, Domherrn zu Mainz und Cöln. Jener Zehnte sey mainzisches Lehn und es stände deshalb auch nur dem Erzbischofe ein Urtheil darüber zu; auch sey Reinhard während des Gerichts, im Ganzen an 12 Wochen, abwesend gewesen und Friedrich nicht vorgeladen worden, ja Otto Hund habe sich selbst im Banne befunden, so daß er ohnedem kein Richteramt hätte bekleiden können. Bis zum J. 1452 schweigen die Nachrichten. Reinhard's Feinde hatten sich verbunden und es kam schon zu Ende des J. 1451 zur Fehde.

Auf der Seite Hermann und Otto Hund's standen Werner v. Elben und dessen Söhne Werner, Thilo, Heimbrad und Dietrich, Johann v. Dalwigk, Heinrich v. Gudenberg, Heinrich v. Grifte, Henne v. Wehren, Bernd v. Herzenrod und Johann v. Gilsa, welche sich die Bundesherren nannten, wodurch die Fehde selbst den Namen der Bundesherrnfehde erhielt. Das Haupt dieser Verbindung war Ritter Werner von Elben. Alle machten besondere Ansprüche und Forderungen an Reinhard und Friedrich.

Der erste Schritt zur Vereinigung scheint durch einen nach dem Dorfe Großenritte auf den 12. Jan. 1452 angesetzten Tag geschehen zu seyn. Auf demselben erschien Landgraf Ludwig mit seinen Räthen und Lehnmannen. Die Parteien wurden dahin vereinigt, daß dieselben ihre Streitigkeiten, ausgeschieden jedoch das, was in Fehden und Ehren geschehen, der Entscheidung eines Austrägalgerichts unterwerfen sollten; jede Partei sollte dazu 2 ihrer Freunde mitbringen und der Erbmarschall Hermann Riedesel dessen Obermann seyn. Zur Sicherung der Haltung des Vergleichs und des spätern Spruchs setzten die Bundesherren 40 Mltr. Fruchtgefälle aus Besse und Reinhard ɪc. ebensoviel aus Stockhausen als Pfand. Obgleich das Gericht am 12. März 1452 zu Homberg zusammen kommen sollte, so geschah dieses doch erst am 2. August d. J. An diesem Tage erschienen auf dem Rathhause zu Homberg vor dem genannten Obermanne, der zu seinen Gehülfen den Dechanten Bernhard v. Wolmershausen und den Domherrn Dr. Conrad Zierenberg aus Fritzlar hinzugezogen hatte, sowie dem versammelten Amtmann, Schultheiß und Rath, Werner v. Elben und seine Genossen, aber Reinhard und Friedrich erschienen nicht. Jene brachten ihre Klagen vor. So brachte Heinrich v. Grifte eine Kundschaft wegen eines todten Mannes; Henne v. Wehren führte den Urkundenbeweis für eine Gele Herbord wegen schuldigen Geldes; Bernt v. Herzenrod ließ Zeugen abhören wegen des Dorfes Beltershausen; Johann v. Gilsa brachte Urkunden und Zeugen wegen verbrannter Kirchen und Klausen; auch Heinrich v. Gudenberg belegte seine Forderungen durch Briefe, desgleichen auch Otto Hund wegen Kühe und eines Briefes, sowie Hermann Hund wegen eines Burglehns auf der Naumburg ɪc. Da nun solche Zubringungen und Kundschaften geschehen zu rechtem Termine und auf gesaßter Malstätte ohne Ein- und Widerspruch Reinhard's und Friedrich's, so ließen Werner v. Elben und seine Freunde dieses, nach damaligem Gerichtsgebrauche, vom Gerichte aussprechen und ersuchten dasselbe, nun, bei dem Nichterscheinen ihrer Gegner, ihre Ansprüche für erwiesen und diese für schuldig zu erkennen. Dieses geschah dann auch mit dem fernern Erkenntnisse, daß, da Werner und seine Partei dem zu Großenritte aufgestellten Vertrage nachgekommen, sie der darin festgesetzten Strafe gegen ihre Gegner entledigt seyen.

Jene Entscheidung konnte wenig geeignet seyn, die Streitigkeiten beizulegen, und mußte Reinhard's und Friedrich's Groll um so höher steigern. Diesen hatte sich nun auch noch der wackere Johann Meisenbug, landgräflicher Marschall und Schöpfe der heiligen Fehm, angeschlossen. Bald erhob sich die Fehde wieder mit erneuerter Stärke. Bei dem Dorfe Elben, nahe am Reittwege, kam es zu einem hitzigen Gefechte, in welchem Friedrich v. Hertingshausen schwer in's Bein verwundet und mit mehreren der Seinen gefangen wurde. Die Wunde war so gefährlich, daß er das Bein abnehmen lassen mußte. Noch gegenwärtig bezeichnet die Stelle dieses Gefechtes ein steinernes Kreuz.

Um diesen immer ernstlicher, für die Ruhe und Sicherheit der Gegend immer gefährlicher werdenden Streitigkeiten möglichst Einhalt zu thun, legte sich Landgraf Ludwig von Neuem zwischen die Parteien und lud sie zu einem auf den 11. August 1453 nach Dagobertshausen bestimmten Tage ein. Auf diesem erschienen nun vor dem Landgrafen und seinen Räthen, zu denen sich auch noch einige Abgeordnete hessischer Städte eingefunden, die Parteien, bei denen man jedoch Reinhard vermißt. Die Entscheidung des

Landgrafen fiel dahin aus, daß die streitigen Zehnten zu Stockhausen, Veltershausen, Elben, Naumburg ꝛc., so weit dieselben noch nicht weggeholt, mit Beschlag belegt seyn sollten, bis die gegenseitigen Ansprüche auf einem andern, noch zu bestimmenden, Tage entschieden worden. Hinsichtlich Friedrich's erkannte er, daß die Bundesherren denselben mit seinen, gleichfalls gefangen genommenen, Knechten und den erbeuteten Pferden und Harnischen, ihm, dem Landgrafen, ausliefern und beide Parteien, bis zu jenem, noch zu bestimmenden, Tage Ruhe und Frieden halten (ungütliche Worte und Werke lassen) sollten.

Jener Tag wurde zu Gudensberg vor des Landgrafen Söhnen Ludwig und Heinrich und dem Herzoge Heinrich v. Braunschweig abgehalten; aber so wenig das, was hier, als auch das, was auf einem am 24. Febr. 1454 gleichfalls zu Gudensberg gehaltenen Tage festgesetzt wurde, beachtete Reinhard's Partei. Im Gegentheile beraubten Friedrich v. H. und Johann Meisenbug die Bundesherren, beschimpften dieselben auf jede Weise und drohten, wenn sie einen derselben fingen, ihm Hände und Füße abhauen zu wollen.

Unterm 14. März 1454 erließen die Bundesherren an die Städte Cassel, Homberg, Fritzlar und Wildungen, sowie an acht, wahrscheinlich ihnen befreundete, Edelleute ein Rundschreiben und beklagten sich bitter über den Hochmuth und die Unbeugsamkeit ihrer Gegner, welche die auf frühern Tagen festgesetzten Stücke nicht halten wollten. Mit gesteigerter Wuth wurde die Fehde fortgeführt. Am 29. April überfiel Meisenbug das den v. Elben zustehende

Dorf Vorschütz und brannte es nieder. Auch das Dorf Elben mußte viel leiden; seine Früchte wurden ihm zertreten und verwüstet und das ganze Jahr über durfte es nicht wagen, seine Heerden auszutreiben, um sich nicht der Gefahr auszusetzen, ihrer beraubt zu werden; und sicher war es nicht das einzige Dorf, das gleiches Schicksal hatte.

Als die Verbündeten sich unfern Züschen am Hohenberg zu einem Ueberfalle bereit hielten, kam ein Einwohner von Züschen, durch frischen Pferdemist geleitet, unbemerkt auf ihre Spur und eilte, sie Johann Meisenbug zu verrathen. Dieser setzte schnell auf und überfiel sie des Morgens am 18. Juni bei Dorle. Ein heftiges Gefecht entspann sich, in welchem Heinrich Schenk zu Schweinsberg und der reiche Hans v. d. Borne, sowie mehrere Knechte, getödtet und Heinrich v. Grifte verwundet wurden. Den Ort bezeichnete später ein steinernes Kreuz.

Noch am 19. November zerstörte Meisenbug das, den v. Grifte und den Hunden zustehende, Dorf Holzhausen, welches er mit der Kirche niederbrannte. 3 Bauern und 4 Knechte führte er als Gefangene mit sich fort. Auch waren schon früher neben vielen Reisigen, Otto Hund, Eckebrecht v. Grifte, Philipp Brunchen, Heinrich Holzsadel u. a. in die Gefangenschaft der reinhardschen Partei gefallen.

So wurde zu gegenseitigem Verderben gewüthet und die Ruhe und der Friede der Gegend verscheucht. Aber besonders war es der unschuldige, arme Landmann, der nur als eine dem Feinde gehörende Sache betrachtet, am meisten leiden mußte. Niemand baute ihm seine niedergebrannte Hütte wieder auf, Niemand gab ihm sein geraubtes Vieh, seine verwüsteten Saaten wieder. Entblößt von jedem Schutze, war er jeglichem Greuel ausgesetzt und mußte noch Gott danken, wenn er mit heiler Haut davon kam.

Gegenseitige Verluste führten endlich den Wunsch nach Ruhe herbei. Man begann sich zu Ende des Jahres zu nähern und die Bemühungen des Landgrafen und des Grafen Walrab von Waldeck führten auf einem Tage zu Homberg, am 3. December 1454, eine ernstliche Sühne herbei. Zufolge derselben sollten jene Gefangenen, als der v. Grifte 2c. und zwei Diener des Grafen v. Schwarzburg, gegen Lösegeld entlassen werden. Friedrich von Hertingshausen war für sein verlornes Bein eine Entschädigung von 1500 fl. zugesprochen worden; diese Summe wurde auf 1200 fl. herabgesetzt, welche Werner v. Elben, Heinrich v. Grifte und Otto Hund zu gleichen Theilen bezahlen sollten. Wegen der streitigen Güter entschied der Landgraf, daß der Streit wegen des Stadtzehntens vor Naumburg zwischen Reinhard und Friedrich und den Kindern Johann's v. Dalwigk und anderer v. Dalwigk unter der Familie selbst, als ein Familien-Streit, ohne Einmischung Fremder, geschlichtet werden sollte. Der Streit mit Werner v. Elben wegen des Zehntens von Wellen sollte, weil derselbe mainzisches Lehn sey, vor dem Probste zu Fritzlar entschieden und bis zu erfolgtem Urtheil, in eines Dritten Hand gegeben werden. Die Zehnten zu Elben, Stockhausen, Todtenhausen, Beltershausen, auf welche Werner v. Elben, Heinrich

v. Grifte und Otto Hund Ansprüche machten, wurden nach Einsicht der in den frühern Verhandlungen beigebrachten Beweise, Reinhard und Friedrich zugesprochen, weil sie schon ihre Voreltern besessen, jede deshalbige Entschädigung aber niedergeschlagen. Reinhard entsagte gegen 100 fl., welche ihm Heinrich und Eckebrecht v. Grifte zahlen sollten, seinen Ansprüchen auf das Schloß Falkenstein. Die Gefangenen sollten gegen Zahlung des s. g. Fang- und Stockguldens, sowie der Zehrungskosten, ihre Freiheit erhalten. Auch wurden noch Streitigkeiten wegen Pferde, Bürgschaften ꝛc. ausgeglichen.

Zwischen allen Betheiligten sollte eine vollkommene Sühne eintreten, welches auch durch noch an demselben Tage ausgestellte Sühnebriefe geschah[23]).

Durch diese Sühne wurde endlich der Friede jener Gegend wieder befestigt, obgleich zwischen den Parteien der innere Friede noch lange einem leidenschaftlichen persönlichen Hasse weichen mußte.

Während der vorerzählten Fehde hatten sich auch Reinhard und Friedrich veruneinigt, insbesondere wegen des gemeinschaftlichen Besitzes der Naumburg. Deshalb scheint auch Reinhard an den Vorfällen des J. 1453 weniger Antheil genommen zu haben. Ihrer beiderseitigen Freunde, des hessischen Hofmeisters Hermann Meisenbug, Rabe's v. Boineburg-Hohnstein und Kraft's v. Grafschaft, Bemühungen brachten endlich am 8. Septbr. 1453 eine Aussöhnung zwischen ihnen zu Stande, bei welcher sie zugleich eine Verbrüderung hinsichtlich der Naumburg schlossen und zwar für's Erste nur für den Zeitraum eines Jahres. Nach diesem Vertrage sollte jeder die Naumburg mit allen ihren Zubehörungen zur Hälfte besitzen. Sie wollten für sich und ihr Gesinde in einer Kost seyn und Reinhard sollte den Haushalt besorgen und auch für ihre beiderseitigen Knechte und andere Diener die Kleidung, Speisung, Lohn ꝛc., sowie für ihre Pferde das Futter ꝛc. bestellen. Dafür sollte er das Jahr über alle Zubehörungen des Schlosses gebrauchen, ausgeschieden 12 fl. aus den Dörfern und den Gartenzins von den Gärten vor der Naumburg, welche Friedrich einnehmen sollte. Wollten sie nach Ablauf des Jahres nicht länger in der Gemeinschaft bleiben, so sollte jeder die Hälfte der Naumburg ꝛc. besitzen, nur 36 Malter jährlich, welche Reinhard von der Stadt Naumburg verschrieben worden, wurden davon ausgenommen. Würde die Naumburg noch bei ihrem Leben abgelöst werden, so wollten sie das Geld auf andere Orte anlegen. Sollte einer ohne Leibeserben mit Tod abgehen, so sollte hinsichtlich der Naumburg der andere sein Erbe seyn, vorbehaltlich jedoch der Leibzucht von Reinhard's Hausfrau. Auch nahm Reinhard 2000 Guld. aus, welche er auf andere zu vererben sich vorbehielt. Diese Summe sollte Friedrich den noch zu bestimmenden Erben auszahlen und diesen die Hälfte der Naumburg dafür als Pfand stehen. Wegen des Geldes zu Zierenberg, welches den v. Hertingshausen von dem Landgrafen verschrieben, wurde bestimmt, daß davon an Friedrich 1400 fl. Hauptgeld und 80 fl. Zinsen fallen sollten. Endlich wollten sie ihre Freunde bitten, sie auch hinsichtlich der Kauf- und Pfandbriefe, in welchen

Reinhard seinen Neffen Friedrich habe mitaufnehmen lassen, zu scheiden.

Da jene Gemeinschaft mit mancherlei Unannehmlichkeiten verbunden seyn mußte, währte sie auch nicht länger, wie das festgesetzte Jahr; nach dessen Ablaufe trennten sie wieder ihre Haushaltungen.

Graf Walrab v. Waldeck war schon früher Reinhard und Friedrich die Summe von 1600 kurländischen Guld. schuldig geworden. Für diese wies er ihnen 1452 eine Leibrente auf Sachsenberg an.

Reinhard's Aufwand und sein Mißgeschick nöthigten ihn in seinen letzten Lebensjahren noch zu manchen Veräußerungen. Schon 1450 schrieb er seinen Vettern, daß er durch Verluste und Unglücksfälle so zurückgekommen, daß er genöthigt sey, seinen Antheil an der dalwigkschen Ganerbschaft von Dillich, Neuenhain und Stolzenbach zu verpfänden, und bot ihnen denselben zur Uebernahme, vermöge ihres ganerbschaftlichen Näherrechts, an. Da er jedoch inzwischen denselben an die v. Linne für 600 fl. versetzt, so trat er 1455 seinem Vetter Reinhard v. D. und dessen Söhnen den Pfandbrief mit einer gänzlichen Verzichtleistung ab[74]). 1451 überwiesen Reinhard und Friedrich von den Zinsen zu Zierenberg 20 fl. an das Stift zu Fritzlar und verglichen sich mit den v. d. Malsburg und v. Gudenberg wegen Elmarshausen's und des Gepenhagen's. 1453 trat Reinhard seine Güter zu Breuna und Rhöda an seinen Schwager Otto v. d. Malsburg ab und verkaufte 1455 dem Kloster Breitenau 17 Malter Korngülde aus Neuenbrunslar, welche er von seinem Neffen

Friedrich erkauft, 1456 seinen Zehnten zu Wellen an einen fritzlarschen Domherrn für 200 Goldgulden, sowie 1457 auch seinen Zehnten zu Heimershausen an Johann v. Beichlingen, Burgmann zu Wildungen, für 200 Guld. Im J. 1456 erhielt Friedrich von Otto Hund dessen Antheil von 400 fl., an der für ihn bestimmten Entschädigung von 1200 fl., worüber er mit Reinhard eine Urkunde ausstellte, in der sie wiederholt auf alle Forderungen wegen ihrer in jenem Gefechte gebliebenen und verwundeten Knechte verzichteten.

Um diese Zeit brach jedoch nochmals die alte Feindschaft zwischen Reinhard und dem Ritter Werner v. Elben aus und es kam zu einer ernstlichen Fehde. Reinhard's Genosse, Friedrich Runst, eroberte in derselben mit Reinhard's Knechten die, im Waldeckschen liegende, Wetterburg, welche Werner im Pfandbesitze hatte. Es war dieses ohne Wissen und Willen des Grafen Walrab v. Waldeck geschehen, welches Reinhard und Friedrich zu dessen Rechtfertigung am 18. Mai 1454 feierlich erklärten. Reinhard gab dieselbe (am 14. Februar) 1456 dem rechtmäßigen Eigenthümer, Grafen Walrab v. Waldeck, zurück, und erhielt von demselben zum Danke einen schönen Hengst, 670 fl. an Werth, und mehrere bedeutende Entschädigungen[75]). Im J. 1459 war Reinhard landgräflicher Amtmann zu Wolfhagen. — Als er im J. 1448 aus seinen Besitzungen vertrieben worden, hatte er sich zu Fritzlar aufgehalten und daselbst in dem Hause des Schultheißen Henne Knorr eine gastfreundliche Aufnahme gefunden. Wie lange dieser Aufenthalt gewährt, ist zwar nicht bekannt, aber er war wenigstens von der Dauer, daß Reinhard mit des Schultheißen Tochter Barbara ein Verhältniß anknüpfen konnte, in dessen Folge dieselbe schwanger wurde und später eine Tochter gebar, welche den Namen Agnes erhielt. Reinhard's Gattin Agnes lebte damals noch und er konnte deshalb wenig thun; nachdem aber diese gestorben (zw. 1452 u. 1459), schritt er zur Ausführung eines Entschlusses, der ihm Ehre macht. Um sein Vergehen gut zu machen, ließ Reinhard sich Barbara durch einen geweihten Priester, einen damaligen Pfarrer zu Fritzlar, „Hand in Hand nach dem Gesetze der h. Kirche zur h. Ehe" antrauen; dieses geschah am 13. Juli 1459 in Gegenwart des Schultheißen und dessen Frau, sowie des Bürgermeisters von Fritzlar. Gegen die Gültigkeit dieser Ehe konnte in kirchlicher Hinsicht nichts eingewendet werden, um aber auch seine Gattin und deren Tochter in bürgerlicher Hinsicht wegen ihres Erbrechts zu sichern und keinem, auf jedem Fall zweifelhaften, Streite mit seinen Verwandten auszusetzen, sicherte er sie gleich bei dieser Gelegenheit durch eine reichliche Schenkung. Er übertrug ihnen: 2 Aufschlagsbriefe, welche ihm die Grafen v. Waldeck über die Naumburg ausgestellt, den einen über 2000 und den andern über 950 rh. fl., den Brief, wodurch er den Erbantheil der Ulrike v. Hertingshausen, Gattin Friedrich's v. Pappenheim, an der Naumburg an sich gekauft, einen Versatzbrief der Grafen v. Waldeck an den verstorbenen Dechanten Hermann v. Dalwigk über 4 Mltr. Früchte zu Naumburg, desgleichen einen über 14 Mltr. und etliche Fastnachtshühner daselbst ꝛc. Ueber dieses stellte Reinhard eine feierliche urkundliche Versicherung aus. Nach seinem Tode ehelichte Barbara einen fritzlarschen Bürger Johann Kruste. Im J. 1481 verkaufte sie dem Grafen Philipp v. Waldeck jenes Gefälle von 14 Mltr. und einigen Fastnachtshühnern für 300 fl. und 200 Vrtl. Früchte, halb Roggen und halb Hafer, welche ihr derselbe auf seine Kellerei zu Fritzlar anwies. Hinsichtlich der übrigen Briefe machte sie sich verbindlich, diese nie ohne des Grafen Wissen zu veräussern [76].

Reinhard starb in den ersten Monaten des J. 1461 im hohen Alter und zwar ohne eheliche Kinder, so daß mit ihm seine Linie erlosch [77]. Seine hessischen Lehngüter fielen zum größten Theile dem Landgrafen heim und nur mit dem kleinern Theile derselben wurde Friedrich wieder beliehen. Zu den eingezogenen Lehngütern gehörten: das Dorf Holzhausen und die Höfe, Zehnten ꝛc. zu Brunslar, Werkel, Singlis, Niederelsungen, Vorschütz und am Weidelberge, auf welche Friedrich Verzicht leisten mußte.

Gleich nach Reinhard's Tode traten seine beiden Schwestern als seine Erben auf und verlangten von Friedrich die Herausgabe dessen Nachlasses. Doch dieser weigerte sich und es entstand ein langwieriger Rechtsstreit, dessen Gang aus mehreren vorhandenen Bruchstücken wenigstens so klar wird, als für unsern Zweck nöthig ist. Besonders war es Reinhard's Schwester Margarethe, Wittwe v. Boineburg, welche die Sache eifrig betrieb und in ihrer Klagschrift Friedrich Dinge beschuldigt, die, wenn sie wahr sind, ein übles Licht auf seinen Charakter werfen müssen. Sie forderte insbesondere seine hinterlassene fahrende Habe [78]), und, auf den Vertrag von 1453 gestützt, die Reinhard an der Naumburg allein zustehenden 2000 fl., oder den Besitz der Hälfte des Schlosses. Nach den gegen Friedrich erhobenen Beschuldigungen, habe derselbe schon 1½ Tage und 1 Nacht vor ihres Bruders Tode dessen Diener und Knechte aus der Burg vertrieben und ihnen das Burgthor verschlossen. Er habe Reinhard in der Nacht seines Todes nicht einmal kalt werden lassen, sondern ihn, ohne jeglichen Gottesdienst, aus der Burg geschafft und sich sogleich in den Besitz dessen Burgtheils (der Behausung über dem Thore und der Kemnade neben dem Thurme, zur rechten Hand, wenn man in die Burg gehe), allen Hausraths, aller Vorräthe und aller Kleinodien, sowie auch des Dorfs und Gerichts Altendorf, gesetzt. Er habe während Reinhard's Krankheit Niemand von ihrer oder seiner Seite bei demselben geduldet, obgleich Otto v. d. Malsburg sich erboten, deshalb eine Verwahrung auszustellen. — Dann forderte sie auch noch Briefe, welche Reinhard und Friedrich, in Folge des Vertrags von 1453, bei dem Stadtrathe zu Volkmarsen hinterlegt hatte, und die jetzt Friedrich ohne ihr Wissen zu sich genommen, um sie deren zu berauben. Auch habe er ohne ihr Wissen zu Brunslar Federvieh und Geld erhoben.

Schon Landgraf Ludwig hatte eine Ausgleichung versucht und jetzt sollte der Streit vor ein Austrägal-Gericht, zu welchem Margarethe von ihrer Seite den Abt von

335

Helmarshausen, Hermann v. Stockhausen, und Heinrich v. Gudenberg, und zu deren Obermann Henne Döring, Amtmann zu Giesen, erwählte. Noch ehe der Streit geschlichtet war, starb nicht allein Friedrich, sondern auch Margarethe, und die Sache wurde nun von Philipp, Reinhard und Conrad Gebrüdern v. Boineburg und Otto v. d. Malsburg gegen die Vormünder über Friedrich's Kinder betrieben. So erfolgte am 10. April 1467 vom Landgrafen Heinrich III. v. Hessen ein Erkenntniß. Hiernach sollte Naumburg nebst dem von Reinhard hinterlassenen beweglichen Vermögen, die Pfandschaft an Zierenberg, sowie die Güter zu Hertingshausen und Elsungen, den v. Hertingshausen gehören. Dagegen sollte das was Reinhard von den v. Gudenberg an sich gebracht, und das, was er den v. Zierenberg geliehen, den v. Boineburg und den v. d. Malsburg zufallen; auch sollten die v. Hertingshausen denselben bis zum nächsten Martinstag 1350 fl. zahlen und darüber binnen 1 Monat eine Urkunde zustellen; 36 Vrtl. von der Stadt Naumburg verschrieben und alle Burglehne daselbst, sowie die Güter zu Herberge und Immenhausen (ausgegangene Dörfer bei Naumburg), die Zehnten zu Hattenhausen, Elberberg, Elben und Beltershausen, die Höfe und Güter, welche der Familie Runst, gleich andern, welche den v. Martenhausen, den v. Netza und dem Kloster Werbe gehört, Güter zu Altenstädt, 25 fl. Rente zu Fritzlar ꝛc. sollten ebenfalls den v. Boineburg und v. d. Malsburg zufallen. Dagegen sollten die Zehnten zu Naumburg und Stockhausen gemeinschaftlich seyn, so aber der erstere altes dalwigkfches und der letztere altes hertingshäusisches Lehen sey, könnten die Parteien sich dieselben gegenseitig ablösen.

Jene 1350 fl. rührten von den 2000 fl. her, welche Reinhard an der Naumburg hatte. Um die v. d. M. und die v. B. wegen jener zu befriedigen, überwiesen 1473 die hertingshäusischen Vormünder denselben 550 fl. Hauptgeld mit $38\frac{1}{2}$ fl. jährl. Zinsen, sowie andere 500 fl., welche Reinhard den fritzlarschen Domherren auf Zierenberg verschrieben hatte.

Der Streit über die Hauptgegenstände war nun zwar erledigt, aber die v. Boineburg und v. d. Malsburg forderten nun auch die Reinhard 1412 auf den Zehnten zu Stockhausen verschriebene Mitgift seiner Frau von 400 fl. Sie kamen hierüber 1473 vor den Landgrafen Heinrich III. zu Verhandlungen. Die v. B. und v. d. M. stellten, sich auf jene Verschreibung stützend, vor, daß Reinhard den Zehnten im Gebrauche gehabt, bis er des Landes verjagt worden, und danach, als er wieder in's Land gekommen, bis zu seinem Tode. Da hätten sich aber die v. Hertingshausen in dessen Besitz gesetzt. Die hertingshäusischen Vormünder leugneten dagegen, daß Reinhard den Zehnten mit den 400 fl. vererbt habe. Reinhard und Friedrich hätten denselben als hessisches Lehn getragen und er sey nach deren Tode ihren Mündeln als solches aufgestorben; denn Reinhard's und später Friedrich's Gerechtsame an dem Zehnten seyen vor langen Jahren in Lehn verwandelt. Aber die v. B. und v. d. M. behaupteten, weder der Kinder Erbe noch Lehen in Anspruch zu nehmen, sondern nur das Pfand.

Die spätere Verwandlung in Lehn könnte ihren Rechten nicht zu nahe treten, denn Reinhard habe die Verpfändung nicht aufgehoben, und der Landgraf seiner Mannen Recht vorbehalten. Unterm 5. October 1473 sprach Landgraf Heinrich den v. B. und v. d. M. die 400 fl. mit Schäden und Kosten zu, im Falle die v. H. die Pfandschaft nicht widerlegten, wozu er neue Tage ansetzte.

So blieb die Sache liegen bis zum J. 1487, wo die Parteien den Streit auf der fürstlichen Canzlei zu Cassel wieder aufnahmen. Hier stützten sich die v. B. und v. d. M., um das Fortbestehen der Pfandschaft zu beweisen, auf den Vertrag von 1453, worin es heiße: daß Friedrich seinem Oheim keinen Eintrag thun solle an den Gütern, welche den v. Hertingshausen gewesen und noch jetzt Friedrich gehörten, an Reinhard aber verpfändet worden. Friedrich V. v. H., jetzt mündig und der einzige übrige seiner Geschwister, griff dagegen die Gültigkeit des Spruches von 1473 an. Daß die 400 fl. Agnes zur Mitgift gegeben, könne ihm nicht schaden, durch jenen Vertrag seyen die Verhältnisse geändert worden, er verlangte noch einen andern Vertrag vorzulegen und berief sich auf den Lehnbrief, denn Lehen und Pfandschaft könnten ohne Einstimmung des Lehnsherrn nicht neben einander bestehen. Hierauf bestätigte Landgraf Wilhelm d. ä. unterm 7. Juni 1487 das Urtheil Heinrich III. und wies Friedrich an, seine Gegner zu befriedigen.

Schon 1478 hatten die Gebrüder Schöneberg und Heinrich Spiegel zum Desenberg gegen die hertingshäusischen Kinder, auf 200 fl., welche ihrem Vater durch

Reinhard und Friedrich verschrieben worden, verzichtet.

Reinhard hatte, wie schon gesagt, zwar keine ehelichen Kinder, dagegen aber, außer der obigen Agnes, auch noch einen unehelichen Sohn hinterlassen. Dieser war Wenzel, der obgleich er sich auch v. Dalwigk, doch meistens mit dem Zusatze Bastard nennt. Gleich nach Reinhard's Tode hatten demselben die v. Boineburg und v. d. Malsburg eine steinerne Mühle zwischen Naumburg und Immenhausen verschrieben. Im J. 1488 nahm ihm jedoch dieselbe Friedrich V. v. Hertingshausen und da derselbe nun auch den v. Boineburg und v. d. Malsburg noch immer einen Theil des Zehntens zu Stockhausen und die ihnen wegen dessen zugesprochene Entschädigung vorenthielt, so beschwerten sich Otto v. d. M. und Reinhard d. ä., Heimbrad und Reinhard d. j. v. B. am 4. Juli 1488, nachdem Friedrich in einem Schreiben vom 30. Juni zwar den Besitz der Mühle nachgegeben, aber behauptet, schon früher widersprochen zu haben, nicht allein bei dem Landgrafen Wilhelm d. M., sondern auch bei den Grafen v. Waldeck. Friedrich wurde von denselben ermahnt, die Kläger zufrieden zu stellen. Dieses geschah denn auch und Wenzel insbesondere erhielt seine Mühle zurück. Er besaß auch noch andere Güter um Naumburg herum; schon 1482 verschrieb er in Gemeinschaft mit seiner Hausfrau Catharine aus zwei Erbmühlen vor Naumburg, nämlich der Teichmühle und der Mühle bei Immenhausen, eine Korngülde und verkaufte 1501 eine derselben an Friedrich v. Hertingshausen; auch

339

seine Söhne Wenzel und Bastian verkauften 1522 zwei dasige Mühlen an Otto v. d. Malsburg.

Elger I., Knappe, Reinhard I. ältest. Sohn, wurde der Stifter der einen Abtheilung der reinhardinischen Linie und der Stammvater der noch jetzt lebenden v. Dalwigk. Er wird zuerst im J. 1317 genannt. 1327 belehnten ihn die Grafen v. Waldeck mit 5 Schill. jährlich aus der Münze zu Korbach und 2 Hufen daselbst. 1345 wurde er in einem Bunde zwischen dem Erzstifte Mainz und den Grafen v. Waldeck, gleichwie auch 1354 in dem Bündnisse desselben mit Waldeck und 1356 und 1359 mit Hessen, theils zum Obmann, theils zum Schiedsrichter, erwählt. Auch 1350 vermittelte er eine Sühne zwischen dem Landgrafen Heinrich II. und den v. Hanstein [79]). Er muß hiernach ein bedeutendes Ansehen gehabt haben. Mit seiner Hausfrau Kunigunde und Thilo v. Elben und Brosecke v. Viermünden stiftete er im Kloster Haina ein Seelgeräthe, worüber noch 1398 das Kloster Hasungen eine Urkunde ausfertigte. Sein Tod erfolgte vor 1370. Er hinterließ 3 Söhne: Elger V., Conrad IV. und Bernhard V.

Elger V. wurde Geistlicher und findet sich 1358 zuerst als Küster des Stifts Fritzlar; 1376 erkaufte er eine jährliche Rente zu Heimershausen. Im J. 1390 sorgte er, bei dem Herannahen seines Todes, für das Heil seiner Seele. Zu diesem Zwecke bestimmte er am 4. September durch Testament dem Altare der heil. Jungfrau zu Fritz-

lar ein Drittel des Zehntens zu Königshain, ablösbar mit
60 Mk., und die Besserung eines Hauses zu Züschen, den
Domherren 80 Mk. aus Königshain und dem Küster ein
Becken und ein Handfaß, gleichwie etwas Leinen, zwei
seidne Altarkissen 2c. Gleichfalls vermachte er 80 Mk. aus
Königshain nebst einigen andern Gefällen den Wigand
v. Gilsa, Guntram v. Urf, Brosecke v. Viermünden und
Hentze v. Homberg, und 80 Pf. Pfenn. aus Haina seinem
Vetter Reinhard v. D. Neben mehreren andern Schen=
kungen, bedachte er auch seine Pfarrei zu Kirchditmold.

Er starb noch in demselben Jahre. Sein Vetter
Bernhard v. D. focht nach seinem Tode das Testament
an und kam darüber mit dem Stifte Fritzlar in Streit,
der jedoch 1381 den 2. Juli gütlich beigelegt wurde. Seine
Brüder Conrad IV., Ritter, und Bernhard V.,
Knappe, von denen sich ersterer schon 1357 findet, und
1360 für die v. Pappenheim verbürgte, versetzten 1361
4 Malter Korngülte aus Neuenhain für 108 Pfund, so=
wie 1363 1 Mk. Geldes für 10 Mk. aus ihren Gütern
zu Dillich, Neuenhain und Stolzenbach dem Kloster Spieß=
kappel. Bernhard gab 1365, mit Bewilligung seines
Bruders, seiner Hausfrau Margarethe v. Holzheim
sein Allodial=Gut zu Mardorf zum Leibgedinge. Nach de=
ren Tode sollte es wieder heimfallen und wollten sich beide
Brüder theilen, so sollte Bernhard die Hälfte seinem
Bruder ersetzen. Im J. 1370 standen sie in einem Bünd=
nisse mit ihrem Vetter Reinhard v. Dalwigk, Vol=
precht v. Löwenstein=Schweinsberg, Hans v. Falkenberg,
Hartrad v. Hundelshausen, Curt v. Elben, Curt v. Her=

zenrod, Thilo v. Beichlingen, Werner Neines, den Gebrüdern Hormann und Wigand Holzsadel und Hermann v. Wehren. Auch sollen noch Johann IV., Dietrich III. und Dietrich IV. v. Dalwigk dazu gehört haben. Mit diesen Genossen überfielen sie den Herzog Ernst v. Braunschweig, damals Verweser des Stifts Corvei, in der Gegend von Wolfhagen und führten ihn als Gefangenen mit fort. Ob dieses aus bloßer Raublust, gelockt durch die Hoffnung eines reichen Lösegeldes, oder in rechtlicher Fehde, allenfalls wegen Ansprüche von dem Abte Reinhard herrührend, geschehen, darüber findet sich nirgends ein Aufschluß. Nachdem der Herzog am 10. Febr. eine Urfehde ausgestellt, setzten sie ihn wieder in Freiheit. Er verzichtete darin auf alle Ansprüche und jede Rache auf die, welche mit auf dem Felde gewesen, als ihn die v. Dalwigk gefangen. An demselben Tage verzieh ihnen auch Landgraf Heinrich II. v. Hessen. Erst später, am 25. November, stellte auch Ernst's Bruder, Herzog Albrecht, zwei Urfehden aus, eine für die Landgrafen Heinrich II. und Hermann: von ihrer Mannen und der v. Dalwigk wegen, die mit auf dem Felde gewesen, als sein Bruder Herzog Ernst niedergelegen, und die andere für die v. Dalwigk selbst[80]). Als sich nach dieser Zeit in Hessen der Sternerbund erhob, traten auch die v. Dalwigk in denselben; im J. 1372 besiegelten Conrad und Bernhard eine Urfehde Hermann Hund's, worin derselbe den v. Elben und v. Herzenrod ein Gefängniß auf der Burg Herzberg gelobte[81]). 1378 am 3. Dec. besiegelte Bernhard zu Cassel eine Urkunde Hermann Curdes von Cassel, in welcher derselbe dem Landgrafen Hermann auf den 26. d. M. ein recht Gefängniß gelobte. Er sollte in dieser Zwischenzeit in das Schloß Schauenburg einreiten und sich auf jenen Tag im Schlosse Reichenbach stellen. In dem Falle, daß er vor diesem Tage etwa gefangen würde, so schwor er, bis zu seiner Einstellung auf Reichenbach, nichts anderes zu genießen, als Wasser und Brod. Als am 2. Jan. 1379 ihm der Tag der Stellung auf den 16. d. M. verlängert wurde, war Conrad gegenwärtig, gleichwie auch am 30. Jan., als ihm jener Tag nochmals bis zum 27. Febr. verlängert wurde. Später wurde Bernhard landgräflicher Amtmann zu Cassel und Gudensberg. 1391 verglich er sich wegen seiner aus diesem Verhältniß herrührenden Forderungen mit dem Landgrafen Hermann auf die Summe von 350 Pf. hess. Pfenn., wofür ihm derselbe eine jährliche Gülte von 35 Pf. auf Elgershausen und Großen- und Kleinenritte anwies. 1392 verbürgte er sich für Rudolph v. Helfenberg, als derselbe dem Landgrafen ein Gefängniß zu Cassel zu halten gelobte. 1395 verkaufte er mit seinem Vetter Reinhard IV., dem Altaristen der Liebfrauencapelle zu Dalwigk, ein Stück Landes, 1397 erneuerten sie die alten Verträge mit dem Landgrafen. Im J. 1401 bezeugte er eine Urkunde seines Schwagers Wolmerkhausen des Kunen. 1410 traf er den schon bei seinem Vetter Reinhard gedachten Tausch mit dem Landgrafen. Bernhard's Bruder Conrad IV. findet sich nach 1379 nicht wieder. Mit seiner Hausfrau Hille scheint er keine Söhne hinterlassen zu haben.

Nach dem Tode seiner ersten Hausfrau schritt Bernhard V. mit Catharine v. Geismar zur zweiten Ehe. Mit dieser und seinem Sohne Bernhard VII. erhielt er 1413 vom Grafen Heinrich v. Waldeck den vierten Theil des Schlosses Lichtenfels, in der Grafschaft Waldeck, verpfändet. Die Pfandsumme betrug 600 rh. fl., wovon ein ansehnlicher Theil in einer Entschädigung für Verluste bestand, welche Bernhard in den Diensten des Grafen, namentlich in einem Treffen bei Valun, erlitten hatte [82]). Bernhard V. starb nach dem J. 1416 [83]). Außer Bernhard VII. hatte Bernhard V. noch einen zweiten Sohn Reinhard VI.; mit diesen stellte er 1416 wegen der Wiederablösung des Schlosses Lichtenfels eine Urkunde aus. Auf beide ging demnach die Pfandschaft an Lichtenfels über; aber nur wenig ist von ihnen bekannt, gleichsam als ob die Größe ihres Vetters Reinhard V. sie in düsteres Dunkel verdrängt habe. Dieser nannte sich in Beziehung auf Reinhard VI. stets der ältere. Im J. 1416 standen jene beiden Brüder in dem Bunde Simon's v. Wallenstein gegen die Abtei Hersfeld [84]); Reinhard scheint mit einer v. Uffhausen verehelicht gewesen zu seyn. Im J. 1420 bekannte die Wittwe Lisa v. Uffhausen, sowie Henne v. Lauberbach und Reinhard von Dalwigk d. j. für ihre Hausfrauen, daß der Landgraf Lisen um einen Hof, unter dem Haine zur Altenburg bei Alsfeld, angesprochen, und sie sich mit demselben dahin vertragen, daß sie auf diesen Hof gegen den Landgrafen verzichtet hätten. — Von nun aber gehen lange Jahre hin, ehe man jene Brüder wieder genannt findet. Bernhard lebte noch 1470, wo er Schiedsrichter in den Streitigkeiten der beiden landgräflichen Brüder Ludwig II. und Heinrich III. von Hessen war, und hinterließ einen Sohn Elger VI., der 1466 sich bei der Sühne zwischen Landgraf Ludwig II. und dem Bischof Simon von Paderborn, für den erstern verbürgte. Im J. 1470 belieh ihn der Landgraf, um ihn wegen Diensten, welche er geleistet, zu entschädigen, mit Gütern, in der Nähe der Schauenburg gelegen, welche dem Landgrafen in einer Landscheidung zugefallen waren. Es waren dieses der große Hof zu Martinhagen (Merbenhain), der Ort Rupperode und die Berge: Lindenberg, Poppenhain und Etzelsberg, nur die Wildbahnen ausgenommen. Erst 1479 erhielten auch seine Vettern die Mitbelehnung. 1490 erhielt er für seine Hausfrau Margarethe, die durch den Tod deren Vaters, Hartrad v. Alnhausen, erledigten hess. Lehngüter: ein Haus zu Borken und Güter zu Allendorf, Welsterode, Thorheim und den Wald Schnepfenhain, gleichwie auch die hersfeldschen zu Körle, Breitungen, Bebra, Guttels, Oberellenbach, Sieglos, Olesdorf und Ursrode. 1490 erwarb er auch den hess. Lehn-Zehnten zu Adolph, zwischen Borken und Nassenerfurt. Er war Küchenmeister bei Landgraf Wilhelm I., welchen er auf dessen Reise nach Palästina bis nach Venedig begleitete. Nachdem er noch 1492 mit seinen Vettern die Burg und das Dorf Dillich zu Lehn erhalten, starb er wenige Jahre nachher. Er hinterließ zwar einen Sohn Reinhard VIII., welcher 1496 die väterlichen Lehne erhielt, der aber schon um das J. 1508 starb und da er keine Kinder hatte, von seinen Vettern beerbt wurde.

Reinhard VI., welcher 1441 unter der waldeckschen Ritterschaft den Landgrafen die Erbhuldigung that, und noch 1451 lebte, starb vor 1470. Seine Söhne waren Johann VI. und Reinhard VII. Ersterer findet sich schon 1444 und hatte eine Schwester Heinrich's von Löwenstein zur Hausfrau. Auch letzterer findet sich schon 1450. Beide wurden die Stammväter der beiden noch jetzt blühenden Hauptlinien der v. Dalwigk, Johann der der Lichtenfelser und Reinhard der der Schauenburger. Doch erst ihre Söhne scheinen die noch jetzt bestehende Gütertheilung vorgenommen zu haben. Beide fochten in dem hessischen Bruderkriege auf Landgraf Ludwig II. Seite. 1466 befahl derselbe der Stadt Wolfhagen, seinem Rath (Heimlichen) und Amtmann Johann v. D., sobald er es verlange, 20 bewaffnete Reuter und mehr, zu einem Zuge zu stellen, von dem sie jedoch an dem Tage ihres Ausreitens auch wieder zurückkehren würden. Auch machte Reinhard 1468 einen Streifzug gegen das Land Heinrich III. und wurde deshalb gleich seinen Genossen von demselben des Landfriedenbruchs angeklagt. Im J. 1470 unter dem 8. Sept. schrieb Graf Walrab v. Waldeck den beiden Brüdern aus Wildungen: er glaube, daß sie sich im Amte Lichtenfels größere Rechte anmaßten, als ihnen zuständen; er wolle deshalb den 18. d. M. nach Lichtenfels kommen, die Sache untersuchen und darüber urtheilen lassen. Wegen einer Forderung, die Reinhard an die Stadt Sachsenberg machte, entbot er demselben das Geleite, um ihn mit derselben zu vertragen ꝛc. An dem bestimmten Tage erschien auch der Graf und ließ im Bei=

sein Johann's und verschiedener von beiden Seiten eingeladener Freunde, vermittelst eines Verhörs der vier ältesten Leute eine Ausrichtung aufnehmen. Die Pfandschaft an Lichtenfels bestand in 600 fl. auf den vierten Theil des Schlosses, 800 fl. auf das Amt, 400 fl. auf ein Burglehn und in 1200 fl., welche die Grafen ihnen jährlich verzinsen mußten, nebst 320 fl. rückständiger Zinsen. Auf diese Summen und einige andere Forderungen leisteten sie nun im J. 1473 Verzicht und erhielten dagegen von den Grafen Walrab und Philipp v. Waldeck das Schloß und Amt Lichtenfels zu Manns und Burglehn mit allen seinen Zubehörungen, nämlich dem Thale, dem bei dem Schlosse befindlichen Fehmgerichte und den Dörfern Oberkirchen, Gemünden und Imminghausen, nebst den Wüstungen Norden und Radern; wobei ihnen zugleich die Befugniß eingeräumt wurde, ihre Frauen darauf zu beleibzüchtigen. Im J. 1479, in welchem Johann in dem Freigerichte, wahrscheinlich als Stuhlherr, mitsaß, erhielten sie die Mitbelehnung über die Güter zu Martinhagen 2c.; 1484 schlossen sie mit den v. Rehen einen Vertrag, wonach sie das Wasser der Orke unter Lichtenfels, und diese den Zehnten unter dem Wachteler, über Rehen, benutzen sollten; 1486 versetzten sie das Dorf Imminghausen dem Kloster Schaken[85]), und 1487 erhielten sie vom Abte Hermann von Corvei die Belehnung sämmtlicher ihnen zustehenden corveischen Lehngüter. Johann, der zuerst Zeitlose Meisenbug und nach deren Tode eine v. Graffschaft zur Ehe gehabt, starb 1493 und hinterließ 5 Söhne: 1) Philipp, welcher mit Agnes v. d. Malsburg einen Sohn Caspar hatte, starb schon um's J. 1516; 2) Bernhard VIII., der mit Anne v. Rückershausen 2 Söhne Franz und Jost hatte, starb 1533; 3) Heinrich, starb unverehelicht; 4) Johann VII., welcher mit Friederike Katzmann 2 Söhne Ludwig und Burghard und eine Tochter Elisabeth, vermählt mit dem hess. Rath und Hofmarschall v. Baumbach, hatte, starb 1545; und 5) Reinhard IX.

Reinhard VII., mit Catharine v. Kerstlingerode vermählt, starb um's J. 1507 und hinterließ 5 Söhne, welche bei seinem Tode noch minderjährig waren und unter die Vormundschaft Otto Hund's, Amtmanns zu Schönstein, gestellt wurden. Ihre Namen waren: 1) Philipp, welcher noch 1540 lebte; 2) Jakob, welcher 1539 schon todt war; 3) Elger VII. und 4) Christoph, welche schon 1523 verstorben waren, und 5) Johann VIII., welcher noch 1540 lebte und der einzige von seinen Brüdern war, der Kinder hinterließ. Er hatte mit Ermgard Schwertzel 2 Söhne Ludwig und Johann VIII.[86].

Hier, im XVI. Jahrhundert, wo ohnedem die Geschlechtsfolge schon feststeht, verlasse ich die fernere Ausführung derselben, und erwähne nur noch der Familien-Ereignisse und der Personen, welche mir bemerkenswerth scheinen.

Im J. 1513 wurde durch die Verwandten der Gebrüder Heinrich und Johann v. D. zwischen diesen eine Vermuthscharung auf 5 Jahre vermittelt, nach der unter andern ersterer auf Schauenburg und letzterer zu Dillich wohnen sollte. Im J. 1532 wurde ein

Streit zwischen den v. D. der Lichtenfelser Linie, den Gebrüdern Bernhard, Johann und Reinhard v. D., und ihrem Neffen Caspar v. D. wegen der Lösung einiger Pfandschaften des Dorfes Imminghausen, 2 Höfe zu Münden, 1 Hofes zu Neuenkirchen ꝛc. gütlich beigelegt. Bisher hatten Bernhard, Johann, Reinhard u. Caspar v. D. ihre Lehn- und Erbgüter ins Gesammt besessen; 1534 trafen sie aber eine Muthscharung (Theilung). Johann erhielt Burg und Gericht Dillich; Bernhard das Schloß Schauenburg mit allen seinen Zubehörungen und den Dörfern Melmeshain, Merbenhain, Breitenbach und Hof, sowie die Geldgülden zu Sachsenhausen, Freienhagen, Fritzlar, Niedenstein, Isthe, Balhorn, Metze und Werkel; Reinhard und Caspar das Schloß und Amt Lichtenfels. Dagegen sollte jedoch Bernhard eine von ihren Vorfahren für 200 fl. versetzte Hufe zu Niedervorschütz und eine Fischerei zu Niedermöllrich, sowie die letztern die Zehnten zu Naumburg und Altendorf einlösen und an Johann abtreten. — Wegen der ihnen ins Gesammt zugehörenden Briefe wurde beschlossen, daß sie diese dem Stadtrathe zu Korbach in einem wohlverwahrten und verschlossenen Kasten zur Aufbewahrung geben wollten, zu dem jeder einen eignen Schlüssel haben sollte. Die Belehnung sollte ins Gesammt geschehen und der Aelteste die deshalbigen Geschäfte besorgen; der von der Verleihung von Lehnen fallende Weinkauf aber zu gleichen Theilen vertheilt werden. Jeder erhielt die Befugniß, auf seine Güter die Leibzucht und das Witthum seiner Hausfrau anzuweisen. Da keine

Behausung mehr zu Schauenburg sey, so wurde es Bernhard frei gestellt, sich eine zu bauen, ꝛc. Schon im folgenden Jahre kamen aber Johann — und Philipp und Johann v. D. wegen einzelner Stücke im Gerichte zu Dillich in Zwiespalt, der durch die Bemühungen einiger Freunde beigelegt wurde.

Nachdem Landgraf Philipp der Großmüthige von den Gebr. Philipp u. Joh v. D. 1526 deren Güter zu Breitungen gegen eine Rente im Amte Homberg ertauscht, kam er 1539 mit den v. Dalwigk wegen der Güter zu Martinhagen ꝛc., deren Belehnung dieselben nicht gewahrt hatten, in Streitigkeiten. Der Landgraf wollte anfänglich die Lehngüter als erledigt einziehen, ließ sich jedoch durch die Bitten mehrerer Ritter, insbesondere aber durch das Verwenden seiner Schwester Elisabeth, Herzogin zu Sachsen, bewegen, ihnen dieselben von Neuem wieder zu Lehn zu geben. Auch wurden einige Grenzstreitigkeiten bei dieser Gelegenheit beseitigt.

Franz und Jost v. D., Bernhard VIII. Söhne, von der Lichtenfelser Linie, wurden 1524 von dem Kurfürsten Hermann von Cöln des Landfriedenbruchs, den sie gegen Stadt und Amt Madebach und besonders das Dorf Münden verübt, angeklagt. Johann v. D. befand sich mit 68 geharnischten Reutern in dem Heere, mit welchem Landgraf Philipp v. Hessen im J. 1534 nach Schwaben zog, die schwäbischen Bundestruppen bei Lauffen schlug und den Herzog Ulrich v. Wirtemberg wieder in den Besitz seines Landes setzte.

Jost trat 1552 mit dem bekannten Markgrafen Albrecht v. Brandenburg-Baireuth, in eine Verbindung. Als sich dieser Abentheurer damals in des Kaisers Dienste begeben, sammelte Jost v. D. für ihn in Hessen und Waldeck 10 Fähnlein Lanzknechte. Der Sold war damals der Sporn des Soldaten, wo dieser ausblieb, da lösten sich die Banden der Ordnung und Muth und Kriegslust schwanden, gleich Pflanzen im ausgetrockneten Boden. Diese Erfahrung machte auch Jost. Als er nach Nürnberg zum Markgrafen ziehen wollte, da empörten sich seine Söldner bei Fritzlar und verlangten ihren rückständigen Sold. In dieser Lage nahm er, als vorgeblicher Anhänger der liguistischen Partei, seine Zuflucht zu den Domherren zu Fritzlar und lieh von denselben die nöthigen Summen zur Befriedigung seiner Truppen. Nach der unglücklichen Schlacht bei Sievershausen (9. April 1553) kehrte er in seine Heimath zurück. Da er jedoch bald wieder, den Geboten des Kaisers und des Landgrafen zuwider, im Hessischen und Waldeckschen neue Werbungen begann und dadurch Aufruhr erregte, wurde er des Landfriedenbruchs angeklagt und Landgraf Philipp ließ ihn einfangen. Die Fürbitten des Kurfürsten und der Herzöge von Sachsen, der v. Königstein und Stollberg, besonders der Kurfürstin v. Sachsen und deren Tochter und des Landgrafen jüngsten Sohns Georg erlösten ihn endlich aus dem Gefängnisse. Außer den Werbungen, wurde er auch der Ermordung eines Mannes bei Ehlen, und des Bruchs des Vertrags von 1539 beschuldigt. Am 25. October 1554 verglich er sich darüber mit dem Landgrafen. Er gelobte eidlich, sich mit der Wittwe und den Kindern des Ermordeten abzufinden, nicht mehr zu werben, dem Markgrafen nicht mehr anzuhängen, den Vertrag von 1539 zu halten und des Landgrafen getreuer Lehnsmann zu seyn. Er starb am 30. Sept. 1556 und liegt in der Stiftskirche zu Fritzlar begraben, wo sich sein Grabstein im Kreuzgang befindet. — Sein Bruder Franz stand in dem Schmalkalderkriege (1546—1552) in dem Heere Kaiser Karl V., anfänglich als Rittmeister über 250 selbst geworbene eigene Reuter in des Markgrafen Albrecht d. j. v. Brandenburg-Baireuth Kuirassierregimente und später als Befehlshaber einer Schwadron eines neugebildeten schweren Reuterregiments. 1552 fiel er aber vom Kaiser ab und trat als Oberst in die Dienste König Heinrich II. von Frankreich. Er erbaute 1555 das Haus Sand, am Fuße des Lichtenfelses, und stiftete eine Nebenlinie: Lichtenfels-Sand genannt. Er starb 1570. Deren Vetter Reinhard v. D.-Lichtenfels ehelichte Barbara, die zweite Tochter Martin's v. Hattenbach; da mit diesem seine Familie erlosch, so fielen ihm und seinem Schwager Valentin v. Wildungen dessen Güter zu. 1567 belieh beide der Abt von Hersfeld mit einem Rittergute zu Kirchheim und Höfen und Gütern zu Hattenbach, Kemmerode, Niemelshausen, Hettersdorf, Niederaula, Mengshausen, Schenklengsfeld, Kerspenhausen und Betershausen. Nicht weniger, als Jost, unruhig und kriegerischen Geistes, warb er 1578 ein Corps von 600 Reisigen für König Heinrich III. von Frankreich gegen die Hugenotten. Obgleich er dasselbe auf eigne Kosten geworben, so begnügte er sich doch nur mit der Stelle eines Rittmeisters und einem jährlichen Gehalt von 400 Kronen

und überließ dem Grafen Georg v. Leiningen-Westerburg
den Oberbefehl. Zur Zahlung jenes Soldes und einer Entschädigung von 1000 Thlrn. hatte sich der Graf verbindlich gemacht. Aber uneingedenk seiner Versprechungen ver-
schwelgte derselbe zu Paris den größten Theil der zum Unterhalt seiner Truppen empfangenen Gelder (17,000 Kronen). Alle Bemühungen Reinhard's, zu seiner Zahlung zu gelangen, blieben fruchtlos, und da der Graf
auch bald starb und dessen Sohn, Graf Ludwig, sich noch
weniger geneigt zeigte, die Verbindlichkeit seines Vaters
zu erfüllen, so sah sich endlich Reinhard genöthigt zu
klagen. Aber der Proceß zog sich 23 Jahre hin, nach
denen erst Reinhard's Enkel von den leiningschen Erben 950 Thaler erhielten. Durch jene Werbung hatte
Reinhard beträchtlichen Schaden erlitten, so daß er das
von seiner Gattin erheirathete Rittergut zu Kirchheim,
im Hersfeldschen, für 8500 fl. an Reinhard v. Baumbach
1583 verkaufen mußte, um sich dadurch aus seinen Schulden herauszureißen. Dessen ältester Sohn Johann d. j.
erbaute 1593 das Haus Campf, unweit der Burg Lichtenfels und wurde der Stifter der Linie v. Dalwigk-
Lichtenfels zu Campf. Dessen jüngerer Bruder
Reinhard Ludwig weihte sich dem geistlichen Stande.
Er bekleidete die Probstwürde in den fuldischen Klöstern
zu Tulba, Rora, St. Michael, Blankenau, St. Johannesberg, St. Petersberg und Holzkirchen, in welcher er als
fuldischer Domdechant 1613 starb.

Bernhard Heinrich v. D. zu Lichtenfels-
Campf war waldeckscher Drost und 1625 Befehlshaber

auf dem festen Schlosse Pirmont, welches er gegen mehrere Angriffe im 30jährigen Kriege vertheidigte. Seine Brüder Reinhard Ludwig, der anfänglich unter Herzog Christian von Braunschweig gedient, und Georg Samuel, fochten beide in der hess. Armee im 30jährigen Kriege. Ersterer starb 1650 und letzterer 1665. Bernhard Heinrich's jüngster Sohn Aemilian wurde Geistlicher und war von 1664 — 1668 Probst auf dem Petersberge bei Fulda. Er stellte die baufällige Probstei wieder her und starb am 30. Aug. 1668. Sein kleines Grabmahl befindet sich noch in der Gruft der dasigen Kirche.

Franz Elger v. D. = Schauenburg focht am 6. Nov. 1632 als Oberstlieutenant der hess. Reuterei in der blutigen Schlacht bei Lützen und 1633 am 22. Juni in dem Treffen bei Oldendorf an der Weser. 1643 war er General=Wachtmeister. Er starb 1650 als General=Major und Kriegsrathspräsident. Auch Curt v. D. = Schbg. befehligte in der Schlacht bei Lützen ein hess. Reuterregiment und half später die Feinde aus Hessen vertreiben. Sein Bruder Otto Reinhard war 1632 Oberst des hess. s. g. rothen Infanterie=Regiments und starb, nachdem er dasselbe 1634 an den General=Lieutenant v. Melander abgetreten, 1635 als Commandant von Ziegenhain. Curt's jüngster Bruder Hans Wilhelm v. D. zu Dillich, hess. Major, wurde 1634 am 12. April bei einem Ueberfalle bei Nieheim im Paderbornischen verwundet und gefangen genommen; doch am 16. Mai durch die Erstürmung von Hamm wieder befreit. Im März des folg. J. überfiel er als Oberstlieutenant bei Neustadt, unfern Amöneburg, kai=

serliche Truppen und richtete unter ihnen eine große Niederlage an. 1636 war er bei dem Entsatze von Hanau. Johann Bernhard, gleichfalls ein Bruder der vorgenannten, wurde nach Landgraf Wilhelm V. Tode, 1636 Vicestatthalter über Niederhessen. Er erhielt 1630 von Landgraf Wilhelm V. für sich und seine Brüder die durch das Aussterben der v. Gittelde heimgefallenen v. plessischen Lehen zu Nordheim, Sebachsen, Langenholzhausen, Südheim, Elbenshausen, Heppenhausen, Gittelde, Soldheim, Meden, Heiershausen und Weissenau. Er starb den 13. Januar 1638.

Caspar Friedrich, geboren am 26. Juli 1619 zu Hoof. Nachdem er in hessischen, pfälzischen und dänischen Diensten gestanden, begleitete er 1669 den Landgrafen Wilhelm VII. als Hofmeister auf Reisen und ward danach Oberamtmann der Grafschaft Ziegenhain. Er war viermal verheirathet, zuletzt mit einer Engländerin Catharine Gibson und starb am 22. Februar 1675. Sein Sohn Carl Friedrich blieb am 28. März 1674 bei der Bestürmung von Neuhauß in Westphalen.

Joh. Philipp v. D. zu L.-Campf machte als Major im brandenburgischen Regimente des Grafen von Waldeck mehrere Feldzüge gegen die Franzosen mit, befehligte 1686 als brandenburgscher Oberst das s. g. spanische Regiment und zog mit demselben nach Ungarn gegen die Türken. Er starb 1688. Seine Wittwe Regine Christine erwarb von ihrem Bruder Otto Wilhelm v. Hebel das Gut Lützelwig, welches dieselbe auf ihre Söhne übertrug, die 1723 damit von Hessen beliehen wurden.

Thilo Wilhelm v. D.=L. blieb 1688 den 6. Sept. als heſſ. Rittmeiſter vor Belgrad und Curt Wilhelm Philipp in demſ. J. als heſſ. Hauptmann in Morea. So blieben auch Joh. Reinhard 1689 vor Mainz, Joh. Bernhard 1692 am 5. Juni vor Namûr, Emil Helwig bei Speierbach, Joſt Elger und Friedrich Siegmund gegen die Franzoſen 1712 in Italien und Johann 1717 in Ungarn gegen die Türken. Im Anfange deſſ. Jahrhunderts fochten auch Joh. Bernhard als Oberſt und Wilhelm d. ä. als Oberſtlieutenant in der däniſchen Armee.

Johann Reinhard v. D.=L.=Campf zu Obernurf und Wohra. Nachdem er heſſiſcher Geſandter bei den holländiſchen Generalſtaaten geweſen, wohnte er in gleicher Eigenſchaft 1712 und 1713 dem Friedenscongreſſe zu Utrecht bei und wurde 1717 heſſ. Staatsminiſter und Cammerpräſident. 1721 und 1722 erhielt er die v. Derſſchen Lehngüter zu Viermünden und Arnsbach, die jedoch durch ſeinen 1737 erfolgten Tod wieder heimfielen.

Unter mehreren Gliedern der v. D., welche im ſiebenjährigen Kriege fochten, zeichnete ſich beſonders Georg Ludwig aus. Er war geboren am 26. Decbr. 1725 zu Silkerode auf dem Eichsfelde und ein natürlicher Sohn des heſſ. General=Lieutenants und Gouverneurs zu Ziegenhain, Raab Ludwig v. D. zu L.=Campf, der ihn durch Landgraf Wilhelm VIII. legitimiren ließ. Er trat 1740 durch die Bekanntſchaft des damaligen Hauptmanns v. Winterfeld (ſpätern Generallts.) in das preuß. Küraſſier= Regiment Markgraf Friedrich. Nach Endigung des erſten schlesischen Krieges diente er 1747 als Freiwilliger in der hess. Reuterei in den Niederlanden. Beim Ausbruch des 7jährigen Kriegs war er preuß. Husaren-Major, erhielt 1759 das spaensche Kürassierregiment, zeichnete sich 1760 bei Torgau aus, wo er den österreichischen General Bibo mit seinen Grenadieren gefangen nahm und eine Batterie eroberte. Er machte den ganzen 7jährigen Krieg mit und starb am 26. Sept. 1796 in seinem Standquartiere zu Ratibor als General der Cavallerie. Er war ein Freund ungeschminkter Wahrheit. Seine Söhne bilden eine besondere Linie, welche in Schlesien ihren Sitz, aber an den Stammgütern keinen Theil hat.

Im J. 1776 erlosch mit Anton Ludwig, Domherrn zu Minden und Hildesheim, und Geh. Rath und Hofmarschall zu Hildesheim, die Linie zu Lichtenfels-Sand.

Noch im J. 1825 den 9. Febr. starb C. F. A. Philipp v. D. zu Campf, ausgezeichnet als juristischer Schriftsteller. Nachdem er anfänglich in hess. Diensten gestanden, kam er, durch die Empfehlung seines Freundes Johann v. Müller, als Hof- und Regierungsrath in mainzische Dienste. Im J. 1800 wurde er Assessor beim Reichs-Cammergerichte zu Wetzlar und 1806 Präsident des nassauschen Oberappellationsgerichts.

Noch könnte ich mehrere, zum Theil noch lebende, ausgezeichnete Glieder der Familie v. Dalwigk aufführen, aber ich fürchte, mit den vorstehenden Andeutungen schon die Grenzen meines Planes überschritten zu haben, und breche deshalb hier mit der Familien-Geschichte ab.

Das Wappen der v. Dalwigk hat im silbernen Felde zwei, unten durch einen Kolben verbundene, nach oben auswärtsgebogene, Hirschgeweihe. Jede äußere Seite derselben ist mit 2 weißen (1 und 3) und 2 rothen (2 und 4) Röschen geschmückt. Der offene Helm hatte früher dasselbe Wappenbild, seit dem Anfange des sechzehnten Jahrhunderts aber einen schwarz und silber gestreiften Turnierwulst, auf dem ein Kranz von weißen und rothen Rosen liegt, über dem sich eine rothe, eine schwarze und, in der Mitte, eine weiße Straußfeder erheben. Die Helmdecke ist rechts roth u. silbern u. links schwarz u. silbern.

Ich gehe nun zu den Besitzungen der Familie von Dalwigk über.

Die von Dalwigk-Lichtenfels kamen insbesondere von der zweiten Hälfte des XVII. Jahrhunderts bis zur zweiten Hälfte des XVIII. Jahrhunderts durch Heiraths-Verbindungen mit Familien der niederrheinischen, jülichschen und bergischen Ritterschaft, als den v. Eller zu Oefte, Blankart v. Aarweiler zu Landershofen, Eynatten zu Neuerburg, Quadt v. Landskron, Calcum v. Lohausen, v. Goldstein-Breil 2c. zum Besitze ansehnlicher Rittergüter, wodurch sie, da sie zu jenen Ritterschaften aufschwören mußten, das Recht auf deren Landtagen zu erscheinen und Ansprüche auf Dompräbenden und andere bedeutende Stellen erwarben. Nach dem Tode Friedrich Wilhelm's v. Dalwigk-Lichtenfels, kurcölnischen Kämmerers und deutsch Ordens Comthur der Ballei Utrecht, gingen die demselben durch Erbschaft und Eheverträge zugefallenen weiblichen Erb- und Fideicommißgüter Oefte, Flamersheim, Tomberg, Ringsheim und Ikern in der Grafschaft Mark (die Herrschaft Unterbach hatte er schon an den Freiherrn v. Postel verkauft) an seine einzige Tochter Eberhardine Franziska über, welche an den hannöverschen General-Major v. Vinke zu Ostenwald verheirathet war, aber im ersten Wochenbette starb. Sie hinterließ eine Tochter Charlotte, welche sich an den Grafen v. Schulenburg-Wolfsburg vermählte, und das Gut Oefte an der Ruhr zur Mitgift erhielt. Von allen diesen Gütern besitzen die v. Dalwigk keine mehr.

Die gegenwärtigen Besitzungen der v. Dalwigk sind:
1) Der Schloßberg der Schauenburg, mit deren Zubehörungen, den Dörfern Hoof, Breitenbach und Elmshagen, nebst dem Zehnten und Kirchsatz, der Langenberg, die Wüstungen Niederhausen und Schwasbach, nebst den Zehnten. Desgleichen die Patronatrechte über die Kirchen zu Kirchditmold, Obervellmar und Großenritte. Diese Güter gingen vom Erzstifte Mainz zu Lehn, bis dasselbe säcularisirt wurde und die Lehnsherrlichkeit an Hessen fiel. Die genannten Ortschaften bildeten früher ein eigenes Gericht, das Gericht Schauenburg, worin die v. Dalwigk die Civil-Gerichtsbarkeit übten. Sie hatten zu diesem Zwecke einen gemeinschaftlichen Justitiarius, der die Gerichtstage in dem Dorfe Hoof abhielt. Erst mit der Entstehung des Königreichs Westphalen wurde die Patrimonialgerichtsbarkeit aufgehoben und blieb es auch nach der Wiederherstellung des Kurfürstenthums.

2) Als ursprünglich hessische Lehen: der große Hof zu Martinhagen.

3) Als ehemals ziegenhainsches, jetzt hessisches Lehn: die im Kreise Homberg liegenden Orte Dillich, Neuenhain und Stolzenbach, nebst dem Patronatrechte, mit welchem jedoch Mainz die Landgrafen und diese wiederum die v. Dalwigk belehnten; ferner der im Kreise Ziegenhain gelegene Rittersitz Schrecksbach, welcher der Linie Lichtenfels-Campf als Stamm- und Fideicommißgut allein zusteht.

4) Das Gut Fleckenbühl; dieses erkauften die v. Dalwigk 1819 von dem Hauptmann Carl Wilhelm v. Schollei und setzten dasselbe Statt des Gutes zu Hoof zu Lehn, welches dagegen von dem Lehnsverbande befreit wurde, und zwar unter den Bedingungen: 1. der Uebernahme der bei einem Heimfalle an die Allodialerben des letzten Vasallen vom Lehnsherrn zu zahlenden 10,000 Thlr., 2. daß sie sämmtliche verfallene Gebäude wieder aufbauen und 3. daß sie das Gut wieder vereinigen sollten. So wurden sie mit einem Viertel des Gerichts Schönstädt, mit dem Gute Fleckenbühl, nebst der Mühle ꝛc. von Hessen beliehen. v. Schollei starb vor einigen Jahren ohne männliche Erben, so daß mit ihm seine Familie erlosch und jener unter 1. vorgesehene Fall eintrat.

5) Im Fürstenthum Waldeck und zwar als waldeck'sches Lehn: das Amt Lichtenfels, mit den Dörfern Münden, Neukirchen, Radern und Immighausen, ausgenommen die Städte Sachsenberg und Fürstenberg. Ueber diese vier Dörfer und die Stadt Fürstenberg steht der lichtenfelser Linie die Gerichtsbarkeit in erster Instanz, sowie die Ausübung der Polizei in den Dörfern und Höfen zu; ferner die mit der Gerichtsbarkeit verbundene Befugniß, einen von

der Landesstelle geprüften Beamten anzustellen. Auch haben sie das Patronatrecht über die Kirchen zu Münden und Neukirchen.

6) Als Allodium besitzt die Linie Lichtenfels-Campf die Burg zu Züschen im waldeckschen Districte der Eder, nebst dem Patronatrechte über die dasige Kirche.

Nach einer in der Familie getroffenen Uebereinkunft übt jedesmal der Aelteste derselben das Präsentationsrecht aus. Das Seniorat in Hessen fällt nach dem Alter sämmtlicher Agnaten auf den Geschlechts-Aeltesten beider Linien. Ist bei einem Sterbefall der Aelteste an Jahren von der schauenburger Linie, so wird das Seniorat getrennt, und das älteste Glied der lichtenfelser Linie wird Senior im Waldeckschen; denn während die Lichtenfelser Mitbesitzer der ehemaligen mainzischen Lehen über Schauenburg 2c. sind, so haben dagegen die Schauenburger jedoch keinen Antheil an den waldeckschen Lehngütern.

Zum Schlusse erwähne ich noch einige Merkwürdigkeiten.

Um's J. 1604 hatte eine Frau v. Dalwigk in Hessen ihre Kinder und Kindeskinder bis in den sechsten Grad, noch wohl und gesund, um sich. Es wurde hierauf folgender Vers gemacht:

(1) Mater ait (2) natae: dic (3) natae, filia (4) natum.
Ut moneat (5) natae, plangere (6) filiolam.

Das ist: „Die Mutter sprach zur Tochter: meine Tochter, sage deiner Tochter, ihrer Tochter zu hinterbringen, daß ihrer Tochter Kind weine."

Im J. 1756, bei dem Ausbruche des siebenjährigen Krieges, erging von dem Kurfürsten von Cöln ein Aufgebot an die Ritterschaft zur Heerfolge. Aber nur allein Johann Otto Ferdinand v. Dalwigk zu Lichtenfels vom Hause Unterbach, seinem Rittergute, erschien mit allen seinen Hintersassen völlig gewaffnet, zum persönlichen Dienste an dem Versammlungsorte, der Pempelpforter Capelle bei Düsseldorf. Die kurfürstlichen Commissare dankten ihm für die geschehene Einfolge und baten ihn bis zu einem nähern Aufgebot wieder auf seine Allode einzureiten. Dafür blieb durch die Dauer des ganzen Krieges sein Rittersitz von den Kriegslasten befreit, während alle übrigen Rittersitze des Landes dazu herangezogen wurden. Er war der letzte deutsche Ritter, der zum persönlichen Dienste erschien, und Benzenberg, der diesen Vorfall in seinem Werke über Provinzial-Verfassung erzählt, bemerkt dabei sehr wahr: „Eine jede Steuerfreiheit in unsern jetzigen Staaten ist von dem Tage an usurpirt, wo der Adel zum letztenmal aufsaß und sein Erbe vertheidigte.

Wie lange die Schauenburg bewohnt wurde, ob sie durch Waffengewalt oder durch allmäligen Verfall in Trümmer sank, beides ist unbekannt. Nach der Gütertheilungs-Urkunde von 1533, worin es heißt: „Nachdem zu „Schomborgk kein Behaußung ist, soll und magk Bern„hard von Dalwigk Jme ein Behaußung nach sinem wohl„gefallen bauwen rc.", muß die Burg schon damals sehr verfallen gewesen seyn. Später wurden die Steine zu verschiedenen Bauten im Thale benutzt. Die noch übrigen

Reste verschwinden mehr und mehr unter dem Einflusse der alles vernichtenden Zeit und der zerstörenden Hand des menschlichen Eigennutzes.

Anmerkungen.

1) Gudenus c. d. III. p. 597.
2) Justi's hess. Denkw. IV. 1. S. 31.
3) Schon der Name Thietmelle weist auf einen alten Gerichtsplatz hin. In J. Grimm's deutschen Rechtsalterthümern S. 746 heißt es in Beziehung darauf: Das verstärkende diot-, diet- zeigt an, daſs sich an diesen orten vor alters groſse volksgerichte (thiotmahal, thiodmâl) befanden. Die älteste Nachricht von Kirchditmold giebt der Lebensbeschreiber des h. Heimrad (Leibnit. S. I. 568), nach welchem es schon 1019 zwei Kirchen hatte, wovon die eine jedoch alt und verfallen war.
4) Man vergleiche Kopp's Nachr. v. d. hess. Ger. Verfaſsg. I. S. 306.
5) Wenk Ukbch. II. S. 300.
6) Dieses sagt mit klaren Worten die Urk. v. 1247: Homines tamen in ipsarum Centarum terminis commorantes nichilominus tenebuntur venire ad majus Tribunal Comitatus Hassie, si ex aliqua causa illuc fuerint evocati etc.
7) Wigand's westph. Archiv. IV. 139. Weiter hinauf läßt sich das Geschlecht der Gr. v. Schbg. nicht verfolgen. Dieses ist nur bei den Gaugrafen möglich, welche durch ihr Amt ein sicheres Erkennungszeichen haben, die übrigen Freien dagegen nur mit ihren Namen, ohne Angabe des Geschlechts, erscheinen. Die Geschlechtsfolge dieser läßt sich nur in wenigen Fällen bis zum XI. Jahrhundert hinauffüh-

ren. — Man hat auch den von Lambert. Schafnabg. ad a. 1073 genannten Adelbertus und seine 4 Söhne, für Grafen v. Schauenbg. angenommen, doch ohne Beweis, den auch Niemand zu führen im Stande seyn wird. Auch das Schenkgs-Reg. d. Kl. Helmarsh. und der Stiftsgsbr. d. Kl. Hasungen nennen uns mehrere hier in der Gegend begüterte Personen, die wohl zu den Gr. v. Sch. gehört haben können, die man aber bei dem Mangel eigentlicher Beweise nicht als solche annehmen kann.

8) Chron. St. Alban. ap. Joann. R. M. II. 741. „Adalbertus et frater eius Megingoh." Also auch ohne Geschlechtsnamen; betrachtet man aber die übertragenen Güter und liest die Anmerkg. 11 angezogene Urk. v. 1123, so wird jeder Zweifel beseitigt.

9) Wenk Ukbch. II. S. 57.

10) Kindlinger's Gesch. d. deutsch. Hörigk. Beil. S. 233.

11) Wenk Ukbch. II. 76.

12) Ledderhosen's kl. Schr. II. 290 u. Kopp's Nachr. v. d. H. v. Itter. S. 26.

13) Eben dieses scheint mir für eine kaiserliche Bestallung zu sprechen. Hätte ihn das Kloster gewählt, so würde sein Sohn gewiß sich im Besitze der Vogtei erhalten haben.

14) Justi's hess. Denkw. IV. 1. 31 ꝛc.

15) Schminke M. H. IV. 656 et Gudenus c. d. I. 59. Am letztern Orte steht fälschlich C. d. Sconenburg. Man darf diesen Conrad jedoch nicht mit Conradus de Walrestein, der sich zw. 1123—1147 am Maine findet, für eine Person halten, wie geschehen. Beide waren sich durchaus fremd.

16) Or. Urk. im kurh. H. u. St. Archiv.

17) Orig. Guelf. III. 513.

18) O. U. im kurh. H. u. St. Archiv.

19) Schannat. vind. lit. p. 3. Gud. c. d. I. 155. 164. 191. et 206.

20) Justi's hess. Denkw. IV. 1. 37.

21) Das. S. 38.

22) Wenk Urkbch.

23) O. U. im kurh. H. u. St. Archiv.

24) Gud. c. d. I. 428.

25) Kuchenb. A. H. IX. 164.

26) O. U. im kurh. H. u. St. Archiv u. Gud. c. d. IV. 872.

27) Ledderhosen's kl. Schr. III. 194.

28) In der betr. Urk. heißt es: — quod ego lodewicus de Wildungen comes quartam partem uille bonorumque omnium Offenhusen pertinentium hereditario iure ad me deuolutam nouelle plantationi in honore dni. nostri ihu. Xi. et sancte Marie perpetue uirginis et sancti Johannis baptiste in Merkershusen fundate tum pro remedio anime mee tum pro competenti precio uendendo donaui. coheredibus meis ac nepotibus donationem meam non solum ratam et acceptam habentibus uerum et singulis singulas suas portiones eidem ecclesiole in remissionem suorum peccaminum dono contradentibus seu uendentibus. Nam memorata uilla in quatuor partes diuisa dinoscitur, ut una mihi cederet. secunda comiti alberto et fratri ipsius Lodewico ac sorori ipsorum de bilstein comitisse uxori comitis Witekindi. Tertia comiti Hermanno de Scowenborc nepoti meo. quarta Stephano de Scartenberc et fratri suo hereditaria sorte pertineret. — — Datum a. gr. MCCXLII. III. Kal. Marcii.

Nach dieser Urkunde würde zwar Albert V. 1242 noch gelebt haben; betrachtet man aber, daß der 1237 erscheinende Albert domicellus genannt und daß er in den Urkunden Ludwig nachgesetzt wird, während doch früher Albert V., als älterer Bruder Ludwig's stets diesem

vorangesetzt wurde, so wird man nicht mehr zweifeln kön=
nen, daß der letztere Albert von dem erstern unterschieden
werden muß.

Nach der obigen Urk., welche mir bei der Schreibung des
I. B. nur in einem mangelhaften Auszuge bekannt war,
bitte ich die sich darauf beziehende Stelle B. I. S. 367 zu
berichtigen und die S. 15 völlig zu streichen.

29) Wenk Ukbch. III. 111.
30) O. U. im kurh. H. u. St. Archiv.
31) Wenk Ukbch. II. 177.
32) Niesert's münster. Ukbch. I. 2. S. 135.
33) O. U. im kurh. Haus= u. St. Archiv. Gestützt auf einige
Urk. Ausz. in den Marbg. Beitr. 2 St. S. 257, welche
diese Schenkungen in das J. 1207 setzen, wurde man nicht
allein irre in der Geschlechtsfolge der Grafen, sondern ver=
warf auch die Angabe der riedeselschen Excerpte, welche die
Gründung des Kl. Nordsh. in's J. 1260 setzen, und nahm
vielmehr den Anfang des XIII. Jahrh. als die Zeit derselben
an. Aber diese Annahme kann nicht bestehen, denn die An=
gabe jener Auszüge ist falsch. Die noch in der Urschrift
darüber vorhandenen Urkunden beseitigen jeden Zweifel.
Sicher erst durch diese Schenkungen entstand das Kloster
selbst und es ist gar nicht unwahrscheinlich, wenn Riedesel
das J. 1260 als das seiner Erbauung angibt, denn noch
1280 wird es ein novum opus genannt.

34) Gud. c. d. I. 103.
35) Kopp's hess. Gerichtsv. I. S. 278 und Beil. S. 136.
36) Rohe gibt ihm zwar auch keine Söhne, aber 2 Töchter:
Sophie, Nonne im Kloster Nordshausen und N. Gattin
Conrad's v. Elben. Er irrt aber hier, wenigstens mit der
letztern, eben so sehr, als wie er Adelheid zu einer ge=
bornen Gräfin v. Schöneberg macht.

37) Man ersieht dieses aus einer Schenkungsurk. Hermann's und seiner Hausfrau Helmburg für das Kloster Hasungen vom VIII. Kal. Oct. 1250. Es heißt darin: Testes huius rei sunt dominus abbas Breitenowe — — Sigebertus capellanus nostrus in scomborc etc. Conradus de schilderode et alii quorum plures in catro scomborc. Daß Hermann die Schbg. im Besitz hatte, geht daraus unleugbar hervor, und daß er sie als mainzisches Pfand hatte, schließe ich daraus, daß damals Mainz schon im Besitze des Gerichts Kirchdittmold war, welches es sicher zugleich mit dem Schlosse erworben hatte; hierfür spricht auch, daß die Vogtei über die Kirche zu Dittmold später als eine Zubehörung des Schl. erscheint.

---

38) Vita Meinwerci p. 155. Schaten A. Paderb. 489. Falke T. Corb. 468. — Kindlinger's münster. Beitr. II. 153 ꝛc.

39) Nachrichten über das Geschlecht der v. Dalwigk, aus authentischen Quellen geschöpft und chronologisch geordnet von Reinhard Frhrn. v. Dalwigk (großherzogl. heff. General-Lieutenant), Darmstadt 1831, S. 2, u. ein Urk. Auszg.

Jenes kleine, nur in wenigen Exemplaren gedruckte, Werkchen wurde mir durch die Güte des Hrn. Verfassers nebst handschr. Nachträgen und einem handschriftlichen Urk.Band zur Benutzung übersendet. Da die letztern das erstere an Umfang übertreffen, so werde ich in der Folge, wo ich dieselben gebraucht, sie unter der abgekürzten Bezeichnung: Nachr. d. H. v. Dalwigk anführen. Die aus dem kurheff. Staatsarchive entnommenen Nachrichten werde ich, zur Ersparung des Raumes, jedoch in der Regel nicht anführen.

40) v. Ledebur's dipl. Gesch. der Stadt u. Herrschaft Vlotho.

Beil. I. S. 100. Kindlinger setzt die Aufstellung des Verzeichnisses in das Ende des XII. oder den Anfang des XIII. Jahrh., wie er am wahrscheinlichsten findet, vor das J. 1197. — Ich gestehe, daß mich der in der dalwigkschen Familie durchaus fremde Name Rabodo und die große Summe sehr bedenklich machen, Rabodo zu unserer Familie zu zählen. Aus jener Summe muß man auf einen sehr großen Güterbesitz schließen, und davon sollte sich später keine Spur mehr finden?

41) Nachr. d. H. v. Dalwigk.
42) Dieselben u. Paulini rer. et antiq. German. II. 523.
43) Dies. u. Varnhagen. S. 155 u. Beil. S. 94. Die Urk. v. 1244, welche unvollständig in Schaten A. P. II. 46 steht, erwähnt eines Goldzehntens („decima auri") aus dem Winnenbach, bei Imminghausen im waldeckschen Amte Lichtenfels. Also schon im XIII. Jahrh. beschäftigte man sich in dieser Gegend mit der Goldwäscherei.
44) Kopp's Nachr. v. d. H. v. Itter S. 33. Kopp's Nachr. v. d. hess. Gerichtsverfassg. I. 239 u. Wenk II. 1105. Vollständiger im Pergament-Codex im kurh. H. u. St. Archiv.
45) Schaten A. P. II. 135.
46) Nachr. d. H. v. Dalwigk.
47) Kopp's Nachr. v. d. H. v. Itter. Beil. S. 217.
48) Nachr. d. H. v. Dalwigk.
49) Dies. u. Varnhagen. Beil. S. 120.
50) Dieses Chronicon de Dominis de Dalewig erhielt Falke aus dem corveischen Archive und wollte es im 23. Capitel des II. Th. seiner corveischen Geschichte mittheilen. Durch seinen 1756 erfolgten Tod unterblieb dieses aber und seine Papiere, unter denen auch diese Chronik und viele wichtige Urkunden, wurden zerstreut und sind wahrscheinlich leider für immer als verloren anzusehen.

51) Annal. Corb. et Chronicon Hüxariense a Viſſelbeccio ambo ed. a. Paulini p. 409. 410. 81 et 86. Beide geben ſeinen Tod irrig zum J. 1356 an. Schaten A. P. II. 318. 343 et 320. Gud. c. d. III. 384. Senkenbg. Sel. j. et h. VI. 442 etc. Wigand's corveiſcher Güterbeſitz S. 96 läßt ihn 1361 Fürſtenau erbauen; da er damals ſchon todt war, ſo muß dieſes ein Schreibfehler ſeyn.
52) Paulini a. a. O.
53) Nachr. d. H. v. Dalwigk, u. Orig. Urk. d. kurh. H. u. St. Archivs.
54) Rohe's wallenſtein. Chr. Handſch. Ausz.
55) Nachr. d. H. v. Dalwigk u. Varnhagen Urkbch. 119.
56) Wenk Ukbch. II. 251 u. III. 179.
57) Das Bündniß ſ. in Gudenus c. d. III. 113. Der Sühnevertrag findet ſich, leider nur im kurzen Auszuge, im Rep. d. heſſ. Geſammt=Archiv's z. Ziegenhain. Es heißt, der Vergleich ſey geſchloſſen, wegen des neuen Hauſes vor der Schauenburg und anderer Dinge.
58) Wenk Ukbch. II. 326 u. Würdtwein nova subsid. dipl. V. 75 et 104.
59) Nachr. d. H. v. Dalwigk. Würdtw. V. 142 et 234.
60) Würdtw. Dioec. Mogunt. III. 400. Series Praepos. etc. St. Petri Frideslar. p. 8 et 9.
61) Würdtw. subsid. dipl. IX. 151 etc. u. O. Urk.
62) Wenk III. S. 1082. Würdtw. nova subs. dipl. V. 234. Kopp's Nachr. v. d. H. v. Itter. Beil. S. 284. Joann. R. M. I. 671. Nachr. d. H. v. Dalwigk.
63) Würdtw. subs. dipl. IX. 154.
64) Nachr. d. H. v. Dalwigk.
65) Wenk Ukbch. II. 454.
66) Paulini II. 104 et 139. Nachr. d. H. v. Dalwigk.
67) Denn in dem Bündniſſe von 1443 gegen R. u. F. ſetzten

sie fest, daß die Weibelburg jedem zur Hälfte gehören sollte; aber auch dieses unterblieb, und Hessen erhielt sich fortwährend im alleinigen Besitze, bis endlich Mainz 1462 völlig darauf verzichtete.

68) Kopp's Nachr. v. d. H. v. Itter S. 260.
69) Kopp's Nachr. v. d. hess. Gerichtsverf. I. Beil. S. 138 u. Orig. Urk.
70) Joann. R. M. I. 758 u. Orig. Urk. im kurh. H. u. St. Archiv. Marburg. Beitr. 2. St. S. 250. Lauze's hess. Chr. Handsch. u. d. hess. Zeitrechng.
71) Gud. c. d. IV. 299.
72) Or. Urk. u. Gud. c. d. IV. 305.
73) Nachr. d. H. v. Dalwigk u. Or. Urk. im kurh. H. u. St. Archiv. Zum Theil abgedr. bei Kopp am angeführt. Orte.
74) Nachr. d. H. v. Dalwigk.
75) Desgl.
76) Desgl.
77) Man hat Reinhard bisher stets für den Stammvater aller nachfolgenden v. Dalwigk gehalten. Daß er aber ohne eheliche Söhne starb, sagen alle spätern Urkunden.
78) Wohl nicht ohne Interesse kann der Ueberblick des Haushalts eines Ritters im XV. Jahrh. seyn, da überhaupt Nachrichten dieser Art sich nicht häufig finden. Ich setze die darüber sprechende Stelle aus Margarethens Klage, mit einigen eingeschalteten Erläuterungen, hierher: „Fyer „ame (Ohm) wyns, achte foder byers alt vnd nuwe, XXIII „syten speckes, V hundert schaiffe kese, III schwere pont „fryffscher kese, IIII styge stacke fysche, dry styge gemester „ganse, eyn halbe tunne botter, eyn tunne smaltzes, zwyn „ferteyl lynes (Lein), zwey fertel mayns (Mais), IIII „fertel rebesamen, XII bette myt eren poyl, kuffen, de„cken, lilachen (Betttüchern), laden vnd aller gereytschafft,

„ſeß Kaſten, IIII ſchenke vyl lilachen, dyſbucher, hantwe=
„len, IIII hundert elen nuwes lynen buches, eynen kaſten
„abber ſchanke fol ſyden poylle, kuſſen vnd decken, eynen
„kaſten abber ſchanke fol gewerkeder vnd geneder ruckebucher,
„banckebucher, tepte (Teppiche), deckbucher vnd ſchairſſen
„(Schürzen), X abber XII banck poylle vnd wagen poylle,
„XXX ſtoyle kuſſen, eynen kaſten fol haubt kuſſen, CCCC
„ſtrenge garns, myns brubders vnd ſyner huſſrauwe ſeli=
„gen cleyder ſyden lynen vnd woln gefobert vnd ſlechte
„(gefüttert und ſchlicht, d. h. ohne Futter), XXX loyt
„kareln (Korallen) groyß und cleyne perlin, edelge ſteyne,
„golden, ſilber vnd anders vil cleynobe, eynen groyßen
„ſchoßelpot, XVI eren (irben) potte in der kuchen groiß
„vnd cleyne, eynen groyßen Keßel, eyne babe boeden vnd
„III Keßel myt ander gereytſchafft in dem baede huſe,
„XX eren duppen, XX tenen (thönerne) kannen, IIII
„tenen fleſſchen, VI ſcherte (?), VI tyegeln, alles groyß
„vnd cleyne, IIII hantfaße meſſinck, IIII hantbecken, IIII
„ern Keßel, IIII ern becken, dieſſze genantes alleß myn ob=
„der mere vnd eyne muel mit ſyner gereytſchafft, etlich
„laden mit ſleygern, falbe byſche vnd anders feſte hußge=
„redes, vorrades vnd cleynodes ꝛc." — Wie überhaupt
dieſe Schrift durch Flecken, Wurmlöcher ꝛc. ſchadhaft iſt,
ſo entzieht ein Loch auch zum Theil die Jahrzahl; man
ſieht nur noch „M⁰CCCC— uff Sonauent nach Ascensio-
nis Dom." Die fehlende Stelle ſcheint zwar LX geweſen
zu ſeyn; dieſes iſt jedoch unmöglich.

79) Wenk Ubch. a. a. O., Joann. I. 671 u. Or. Urk.
80) Abſchr. Urk., Spangenbg. ſächſ. Chr. S. 499 u. Lanze's
heſſ. Chr., Handſch. S. auch Spangenbg. vaterl. Archiv
f. Hannover. Jahrg. 1831. 3. Hft. S. 133 ꝛc.
81) Gudenus Res germ. et dipl. 649, werden insbeſondere

die v. Dalwigk, v. Urf, v. Elben, v. Löwenstein, v. Falkenberg ꝛc. als Sternerbündner genannt. Kopp's hess. G. V. I. Beil. S. 181.
82) Nachr. d. H. v. Dalwigk.
83) Desgl. Ueb. Lichtenfels s. desselb. Beschreib. dieses Schlosses in Justi's Vorzeit Jahrg. 1828, und Gottschalk's Ritterburgen und Bergschlösser Deutschlands Bd. VIII. An letzterm Orte jedoch unvollständig und fehlerhaft abgedruckt.
84) Kuchenbecker über d. hess. Erbhofämter. S. 108.
85) Nohe's wallenst. Chron. Handschrft. Ausz. der kurhess. Landesbiblioth. zu Cassel.
86) Nachr. d. H. v. Dalwigk. Wegen der folgenden Nachr. verweise ich zum Theil auf das Werkchen des Herrn Generallieutenants R. Frhrn. v. Dalwigk.

Zwei Stammbäume der Familie v. Dalwigk sind zwar im Druck erschienen, aber erst seit dem 16. Jahrhundert richtig.

Schließlich erwähne ich noch, daß sich noch mehrere Personen unter dem Namen v. Dalwigk, besonders im XIII. u. XIV. Jahrh. finden, die ich nicht als zu dieser Familie gehörend zählen kann, deren Aufzählung jedoch hier zu viel Raum wegnehmen würde.

XIII. und XIV.
Die Burgen
Wallenstein, ehemals Altwallenstein,
und
Neuenstein, ehemals Neuwallenstein.

Mit einer Ansicht
und einer Stammtafel.

Schweife durch Wies' und durch Wald zu des Landmanns heiteren Fluren,
Sieh der Unendlichkeit Bild auf dem Felsengebirg;
Rufe die Schatten der Vorwelt aus den zertrümmerten Burgen,
Aus dem versunk'nen Gemäu'r in die Seele zurück.
Deutsam strahlt dir das Leben, deutsam Vorwelt und Zukunft,
Alles blühet und fällt — so ruft alles dir zu.
* * *

Wallenstein.

13 und 14.

Die Burgen
Wallenstein, ehemals Altwallenstein,
und
Neuenstein, ehemals Neuwallenstein.

1.
Die Burg Wallenstein.

An der westlichen Grenze der ehemaligen Abtei Hersfeld, etwa 3 St. südöstlich von Homberg und 1½ St. nördlich von Schwarzenborn, erhebt sich zwischen hohen waldigen, noch zum Knüll gehörenden, Bergen, über dem rechten Ufer des Flüßchens Efze, ein mächtiger Bergrücken, welcher auf einem südwestlichen felsenreichen Vorsprunge die Trümmer des Schlosses Wallenstein trägt.

Wenn man den am Burgberge hinanführenden Fahrweg erstiegen, tritt man durch einige zerfallene Mauerwände und neben einem in Trümmer liegenden Gebäude hin, in einen geräumigen Hof. Es war dieses der Vorhof der Burg, der Ort, auf welchem die Wohnungen für die Knechte, die Ställe und die Vorrathshäuser standen. Von diesen sind zwar jetzt keine mehr vorhanden, aber ihre Spuren lassen sich noch erkennen. Noch jetzt wird derselbe zum Theil von alten Ringmauern umschlossen und auf seiner nordöstlichen Seite liegt die Wohnung eines Försters. Durch ein kleines Gärtchen, welches an der Ostseite der Burgtrümmer hinläuft, gelangt man zum eigentlichen Burgthore.

Schwer ist es, ein klares Bild von dem gegenwärtigen Zustande der Burg zu geben. Außer einem Thurme, sind alle andern Gebäude verschwunden, nur die Außenwände derselben sind noch stückweise erhalten, aber aus ihnen läßt sich, bei dem Mangel der innern Wände, die Grundform der einzelnen Burgtheile nicht herausfinden.

Zu jenem Thore, auf der Ostseite der Trümmer, gelangt man auf einem, von Norden an den Burgmauern hin aufsteigenden, Wege, der wahrscheinlich früher zum Theil von Gebäuden überdeckt wurde. Ueberhaupt lehnten sich an diese Seite mehrere Gebäude, welche zum Theil erst in diesem Jahrhunderte weggeräumt wurden und an deren Stelle man das gedachte Gärtchen anlegte. Durch jenes Thor tritt man in den innern Raum der Burgstätte; diese ist höchst uneben und senkt sich besonders von Norden nach Süden hinab. Obgleich diese abschüssige Fläche schon von Natur gewesen, wurde die Unebenheit derselben doch besonders durch aufgehäuften Schutt und eingestürzte Gewölbe erzeugt. Von letztern sieht man einige, deren eines am Eingange noch jetzt benutzt wird. — Die Nord- und Ostseite der Burgstätte wird durch zwei Mauern eingeschlossen, welche in einem stumpfen Winkel zusammenstoßen und jedenfalls Außenwände von Gebäuden waren. Ihre Höhe beträgt zum Theil noch an 30 Fuß und ihre Dicke ist so beträchtlich, daß sich Birken- und Vogelbeerbäume auf ihr eingewurzelt haben. Auf der Westseite sind die Mauern beinahe ganz hinabgestürzt; dagegen heben sie sich auf der Südseite noch zu einiger Höhe und an deren rechten Ecke schaut man noch das Bruchstück eines Gewölbes. In der Mitte dieser Seite steht der schon erwähnte runde Thurm des Schlosses, stolz emporstrebend über die niederen Trümmer. Er steht außerhalb der Mauer und wurde durch ein Gebäude, welches sich an seine innere Seite lehnte, mit dem Schlosse verbunden. Aus jedem Stockwerke dieses Gebäudes führte eine besondere Pforte zu seinem Innern; auch hat er mehr und größere Fensteröffnungen, als man sonst gewöhnlich an Thürmen findet. In seinem Innern führte ehemals eine schöne steinerne Wendeltreppe hinauf, die aber bis auf wenige Reste herausgebrochen ist. Seine Höhe von Außen beträgt an 70—75, doch von der Burgstätte selbst nur etwa 40—45 Fuß.

Obgleich das Schloß Wallenstein keine sehr hohe Lage hat, so war es doch von Natur schon von ansehnlicher Festigkeit, denn nur allein von der Ostseite ist es zu ersteigen. Alle andern Seiten sind steil und besonders nördlich voll ungeheurer Felsenmassen, die jedem Erklimmen die größten Hindernisse entgegensetzen. Besondere Festigkeit gewährte ihm jedoch auf der Südseite die Eße, die in ziemlicher Länge und Breite den Fuß des Berges mit Teichen umschloß, welche jetzt nur noch Sümpfe sind. Auch auf der Nord- und Westseite wurde der Fuß des Berges von Gräben umschlossen, die aber, wie es scheint, trocken gewesen sind.

Die Aussicht ist höchst beschränkt, man sieht außer den ringsum aufsteigenden waldigen Bergen nur das Dörfchen

Wallenstein, das ehemalige sg. Thal des Schlosses, welches sich an den Ufern der Eſze hin, in beinahe einviertelſtündiger Länge, ausdehnt.

2.
Die Burg Neuenſtein.

Etwa 1½ St. ſüdöſtlich von Wallenſtein erhebt ſich nördlich am Ufer des Flüßchens Geiß, über dem Dorfe Saaſen, auf einem Kalkſteinfelſen die Burg Neuwallenſtein. Nur an der Weſtſeite, an welche ſich das Dorf Saaſen lehnt, iſt er hoch und ſteil zu nennen.

Auf einem in den Kalkſteinfelſen gehauenen Fahrweg, beſchattet durch einige Eichen, von denen ſich beſonders eine durch ihr hohes Alter auszeichnet, ſteigt man von der Oſtſeite aus hinauf und tritt durch das ſüdliche Thor in den weiten äußern Hofraum, der ſich auf der Weſtſeite des Schloſſes in einen großen Bogen ausdehnt, welcher theils durch Wohn-, theils durch Oeconomie-Gebäude gebildet wird. Von dieſem Hofe tritt man weſtlich durch das eigentliche Burgthor in den innern Burghof. Hier angelangt, zeigt ſchon ein flüchtiger Blick auf die Gebäude, daß von der 1357 erbauten Burg, außer dem Thurme, wenig oder nichts mehr übrig geblieben.

Die Burg bildet ein ziemlich regelmäßiges, längliches Viereck. Zwei länglichviereckte Hauptgebäude ſchließen die Süd- und Nordſeite und werden weſtlich durch eine hohe und dicke Mauer, in welcher das Thor befindlich, und öſtlich durch den Thurm und ein ſich an deſſen Südſeite lehnendes Stallgebäude verbunden. Zwiſchen den Gebäuden befindet sich der länglich vierekte Hof. Das südliche Hauptgebäude, welches, nach einem wallensteinschen Verwalter, noch jetzt die Fabersburg genannt wird, hat in einem gebrochenen Thürsturze die Jahrzahl 1649. Dieses Gebäude wird jetzt nur noch zu öconomischem Gebrauche benutzt. Das andere, diesem gegenüber liegende, Gebäude hat dagegen die Jahrzahl 1639 und ist die Wohnung des herrschaftlichen Rentmeisters, welcher das ganze Schloß inne hat. An seine südöstliche Ecke lehnt sich der 76 Fuß hohe runde Thurm, zu dessen Innerm man durch eine in dem dritten Stockwerke befindliche Pforte gelangt. Theils auf steinernen, theils auf hölzernen Treppen steigt man bis zu dessen Dache, wo sich ein Uhrwerk befindet. Etwa 9 Fuß unter dem obern Kranzgesimse wurde er durch eine Wölbung geschlossen, die jetzt aber durchbrochen ist. Auch bei jenem Eingange schließt ihn ein Gewölbe und die Oeffnung in demselben zeigt, daß unter derselben das Burgverließ war. Die Mauern des Thurmes haben an 10 Fuß Dicke.

Zwei Ringmauern umgeben das Schloß. Unmittelbar um das Schloß läuft die innere, welche an der südöstlichen und nordöstlichen Ecke ein Rondel hat, und am Abhange hin und die außerhalb des Schlosses liegenden Gebäude mit einschließend, die zweite äußere. Unter jenen Gebäuden befindet sich unter andern auch die Wohnung des herrschaftlichen Försters, in deren unteren Mauer ein alter Stein mit dem v. schachtenschen Wappen und der Inschrift: Wilhelm v. Schachten 1549. eingemauert worden ist. An welchem Gebäude dieser Stein sich ehemals befunden, ist nicht bekannt.

Die Aussicht ist nicht groß und nur nach der Südostseite. Man sieht das liebliche Geißthal mit dem Dorfe Aue und dem Thurme von Obergeiß, hinter denen sich die blauen Gipfel des Säulingswaldes erheben.

3.

Die Geschichte des Geschlechts der v. Wallenstein
und
älteste Geschichte der Burgen Wallenstein.

Ob die von Nohe erzählt werdende Sage, daß, als Pipin über die zum Christenthum bekehrten Hessen vier Grafen gesetzt, einer derselben seinen Sitz auf Wallenstein erhalten habe, begründet, lasse ich dahingestellt seyn. Ursprünglich gab es nur eine Burg Wallenstein, oder wie sie früher genannt wurde, Waldenstein. Das Daseyn derselben läßt sich aber nur bis zum Anfange des dreizehnten Jahrhunderts verfolgen. Sie stand damals unter der Lehnsherrschaft der Abtei Hersfeld; wer sie aber erbaut? wann dieses geschehen? wer sie bis zu diesem Zeitpunkte im Besitze gehabt? — dieses alles sind Fragen, deren Beantwortung, bei den bisjetzt bekannten Nachrichten, noch außer dem Bereiche der Möglichkeit liegt. Im J. 1223 finden wir den Namen Wallenstein zuerst in dem Namen der Grafen Albert von Schauenburg, der statt seines Stammnamens den von Wallenstein führte. Daß derselbe sie von dem Grafen v. Willofsbach [1]) ererbt, wie behauptet worden, dafür spricht eben so wenig ein Grund, als sich auch nur die entfernteste Spur zeigt, daß diese je in dem Besitze der Burg Wallenstein gewesen seyen. Sie waren zwar in dieser Gegend angesessen und standen auch mit den Grafen v. Schauenburg in verwandtschaftlichen Verbindungen, aber hieraus läßt sich weiter kein Schluß ziehen; denn auch die Grafen von Ziegenhain, v. Naumburg, v. Felsberg ꝛc. hatten hier Güter. Albert V. v. Schauenburg war sicher erst der Erwerber von Wallenstein. Er schwankte anfänglich noch mit der Führung des Namens und nennt sich 1226 sowohl v. Schauenburg, als auch v. Wallenstein. Hätte er sie von seinem Vater ererbt, dann würde auch wohl sein Bruder Ludwig Theil daran gehabt haben; dieser nannte sich aber stets v. Schauenburg und während er mit seinem Bruder über schauenburgsche Güter stets gemeinschaftlich verfügte, geschah solches hinsichtlich wallensteinscher Güter nur stets von Albert oder seinem Sohne allein, ohne jegliche Theilnahme seiner Familie. Aber auf welche Weise war der Erwerb geschehen? Durch Erbschaft, wie gesagt, schwerlich; weit wahrscheinlicher ist es mir, daß Abt Ludwig von Hersfeld (1217 — 1272) das Schloß Wallenstein an Albert verpfändet habe, der hiernächst das Schloß Neuwallenstein erbaut haben mag. Hierfür spricht die ganze nachfolgende Geschichte: die v. Wallenstein besaßen später nur ein hersfeldsches Burgmannslehn auf dem alten Schlosse, während die Abtei dasselbe zum öftern nicht allein an die v. Wallenstein, sondern auch an andere verpfändete; dagegen hatten die v. Wallenstein das neue Schloß stets in eigentlichem Erbbesitze und zwar als Erbburglehn.

Die erste bekannte Handlung, welche Graf Albert, als Graf v. Wallenstein, vornahm, war, daß er seine lehnsherrliche Einwilligung gab, als Heinrich v. Hessenrod 3 Mansen in Helmshausen, unfern Felsberg, welche der Graf von der Abtei Hersfeld zu Lehn und Heinrich von diesem zu Afterlehn hatte, 1226 dem deutschen Orden schenkte und durch 4 Mansen in Reddinghausen, unfern Homberg, und Meckwansberg ersetzte [2]). Nachdem Albert V. v. Schauenburg, als Graf v. Waldenstein I., gestorben, folgte ihm sein Sohn Albert (VI.) II. Dieser schenkte 1255 den wallensteinschen Zehnten zu Siebertshausen, bei Spießcappel, mit Genehmigung des Lehnsherrn, des Abts Werner v. Hersfeld, dem genannten Kloster [3]). 1267 schloß Albert mit dem Abte Heinrich von Hersfeld einen Tauschvertrag. Der Abt gab ihm alle die Güter, welche der verstorbene Abt Ludwig in Raboldshausen von Heinrich v. Raboldshausen erworben, ferner die in Saasen gelegenen, zur Kirche in Altwallenstein gehörigen, Güter, 1 Manse in Saasen, welche dem Kloster Aue gehörte, und 5 Aecker und eine Wiese, bei Neuwallenstein. Dagegen gab Albert alle seine um Altwallenstein gelegenen Güter und wurde zur Gleichstellung des Tausches mit einer jährlichen Rente von 25 Schillingen beliehen, auch die Bestimmung getroffen, daß beide Theile den Bach Efze, die Wälder Arnisineste, Thenekane und Nunnenburg, sowie die Dörfer Alten-Gerhardshain und Linden gemeinschaftlich besitzen sollten [4]). Durch diesen Vertrag lernen wir zuerst das Schloß Neuwallenstein, später schlechtweg Neuenstein genannt, kennen.

Albert II. starb zwischen 1284 und 1285 und hinterließ keine Kinder, wenigstens werden in den vielen Urkunden, welche er mit seiner Gattin gemeinschaftlich ausstellte, nirgends solcher gedacht. Da aber sein Stamm nicht erlosch und schon 1277 sich ein Conrad v. Wallenstein in einer Urkunde Eckhard's v. Felsberg und Werner's v. Besse, also noch zu Albert's Lebzeiten, findet, so muß derselbe ein Nachkomme seines Oheims Ludwig, wenn nicht gar ein Glied der Heinrich's-Linie seyn, welchen er bei seiner Kinderlosigkeit als Erben eingesetzt hatte. Conrad findet sich wenigstens in dem Besitze von Wallenstein und wurde der Stammvater aller nachfolgenden v. Wallenstein.

Dieser Conrad I., der bei obiger Gelegenheit ohne den Grafentitel und unter Niederadeligen, als Ritter (miles), erscheint, nannte sich jedoch später Graf, war aber der letzte, der diese Bezeichnung führte; alle seine Nachkommen finden sich unter dem Niederadel. Im J. 1290, am 26. Mai, bestätigte Conrad mit seiner Gattin Elisabeth im Schlosse Wallenstein (in Castro nostro Waldenstein) einen von seinen Lehnmannen, den Gebrüdern v. Schrecksbach, geschehenen Verkauf von Gütern in Wiesendorf an das Kloster Immichenhain, welche er 1293 mit andern in Halsburg von aller Lehnsverbindlichkeit befreite.

Im J. 1308 willigte er in gleicher Eigenschaft in einen Verkauf von Gütern in Halsburg von Volpert Waldvogel an das Kloster Haina [5]). Im J. 1317 lebte Conrad nicht mehr. Seine Wittwe Elisabeth und seine Söhne verkauften in d. J. für 50 Pfund Den. der Hausfrau des

Ritters Heinrich v. Homberg, Odegebe, und ihren Söhnen Simon und Heinrich ein ungenanntes Dorf. Als Bürgen nennt Elisabeth ihrer Mutter Bruder (avunculum) den Pfarrer Albert v. Romrod und Friedrich v. Herzberg, ihren Blutsverwandten. Elisabeth war sonach eine Enkelin Albert I. v. Romrod. Ihre beiden Söhne waren Simon und Ludwig, von welchen der letztere Pfarrer in Otterau war [6]). Auch scheint sie noch eine Tochter Elisabeth gehabt zu haben, welche den Schleier nahm und von 1333 bis 1369 dem St. Cyriaxkloster zu Eschwege als Aebtissin vorstand [7]).

Jener Simon I. hatte das Schloß Neuwallenstein zugleich mit Friedrich v. Schlitz gen. v. Steinau und Friedrich v. Herzberg im Besitze. Während ihm die Hälfte zustand, besaßen die beiden letztern nur jeder ein Viertel. Auf welche Weise dieselben ihre Antheile erworben, ist nicht klar; es ist mehr als wahrscheinlich, daß dieses durch Familienverbindungen geschehen, deren Auseinandersetzung jedoch bei dem Mangel an bestimmten Nachrichten nicht möglich ist. Um's J. 1318 trieben diese nun von dem genannten Schlosse das Geschäft der Räuberei und Wegelagerung in solcher Größe, daß sich der Abt Andreas v. Hersfeld, der Landgraf Otto von Hessen, der Graf Johann v. Ziegenhain und der Dynast Eberhard v. Breuberg, als kaiserlicher Landrichter, gegen sie verbanden und wider sie auszogen. Am 4. Mai befanden sie sich vor Wallenstein und gelobten durch eine Urkunde, das Schloß Neuwallenstein zu erobern und zu zerstören. Dieses geschah auch; das Schloß wurde erstiegen und in Trümmer gestürzt.

Am 8. Aug. 1320 erklären die obengenannten Besitzer des Schlosses, daß sie auf allen Schaden, den sie bei der Belagerung desselben durch die Grafen von Ziegenhain und deren Helfer erlitten, verzichtet hätten[8]). Das Schloß Neuwallenstein blieb eine Reihe von Jahren wüste liegen.

Simon schenkte 1321 dem Kloster Immichenhain sein Erbrecht an einer Wiese. Im J. 1333 stand er mit dem Grafen Johann v. Ziegenhain in einem Bündnisse gegen Conrad, Eckebrecht und Ludolph Spiegel zum Desenberg; am 15. Decbr. wurde diese Fehde gesühnet. 1338 erhielt Simon zugleich mit Simon v. Homberg von der Abtei Hersfeld das Schloß Wallenstein für 400 Pfund Heller und 100 Mk. S. verpfändet. Von dem Grafen Johann v. Ziegenhain hatte Simon ein Burglehn zu Schwarzenborn, worüber er 1348 einen Revers ausstellte. In der Fehde des Landgrafen Heinrich gegen das Erzstift Mainz im J. 1350 focht Simon mit seinem Sohne Albert auf des erstern Seite. Den Schaden, den sie darin erlitten, ersetzte ihnen am 30. Jan. 1351 der Landgraf mit 60 Mk. S., zu deren Abtrag er ihnen aus den Gerichten Alsfeld, Rotenburg und Homberg jährlich 15 Mk. 4 Jahre lang anwies. Um's J. 1357 gerieth er und seine Söhne mit des Landgrafen Heinrich des Eisern von Hessen Sohne Junker Otto in eine Fehde, welche mit des letztern Fehde gegen Fulda in Verbindung gestanden zu haben scheint. Am 25. Juni 1357 wurde dieselbe durch eine Sühne beendet. Die Ursache des Streites war das Schloß Neuenstein. Dieses war seit seiner Zerstörung im J. 1318 nicht wieder hergestellt worden und Otto hatte sich in den Besitz gesetzt, um nach seiner Wiederaufrichtung dasselbe gegen die Abtei Fulda zu gebrauchen. Aber die Theilhaber an dem Berge, von welchem Simon die Hälfte, Mechtilde v. Lisberg, als Erbin ihres Vaters Friedrich v. Herzberg, ein Viertheil und die Söhne des Marschalls Heinrich v. Schlitz, Simon d. j., Heinrich und Friedrich, ein Viertheil besaßen, machten ihre Ansprüche darauf geltend. In jener Sühne machte sich nun Simon v. Wallenstein gegen Otto verbindlich, den Antheil Mechtilden's an sich zu bringen und die von Schlitz zu vermögen, auf den ihrigen zu verzichten und dann den Abt von Hersfeld zu bitten, mit dem Ganzen den Landgrafen zu belehnen. Simon sollte dann die Hälfte von demselben wiederum zu Mannlehen haben. Sollte jedoch die hersfeldsche Belehnung binnen den nächsten zwei Jahren nicht zu erhalten seyn, so versprach Simon, dem Landgrafen das Schloß wieder einzuräumen. Das Schloß wollten sie gemeinschaftlich erbauen und mit Burgmannen besetzen. Auch gab Simon die Hälfte der Aecker und Wiesen unter dem Schlosse, des Vorwerks zu Mühlbach und der Geisa. Wegen des Baues eines Burgfriedens wurden nähere Bestimmungen getroffen und wollten sie eine Vorburg oder Vorstadt bauen, so sollte dieses gleichfalls gemeinschaftlich geschehen. Wollte Simon eine Fehde beginnen, so sollte er dieses dem Landgrafen 2 Monate vorher ansagen, in welcher Zeit dann der des Rechtens versuchen wollte, wo ihm dieses aber nicht gelinge, möchte sich alsdann Simon des Schlosses zu seinem Kriege bedienen. Die ersten Versprechen erfüllte

Simon noch in demselben Jahre. Er brachte nicht allein das lisbergsche Viertheil an sich, sondern bewog auch die v. Schlitz zur Verzichtleistung auf das ihrige, wogegen jedoch der Landgraf sein Eröffnungsrecht an den Burgen zu Schlitz und Steinau aufgeben mußte. Aber die hersfeldsche Belehnung des Landgrafen erfolgte nicht. Das Schloß Neuenstein wurde jedoch gemeinschaftlich erbaut und die v. Wallenstein blieben, ungeachtet der dabei aufgestellten Bedingung der hersfeldschen Belehnung, in dessen ungestörtem Besitze, wozu der baldige Tod Otto's das Meiste beigetragen haben mag [9].

Im J. 1361 vertauschte Simon seinen Allodialzehnten zu Weimar, welcher ihm durch das Aussterben der v. Zwehren heimgefallen war, seinem Schwager Werner v. Löwenstein-Westerburg gegen andere Güter [10] und lieh 1362 von den Gebrüdern Appel, Johann und Tölde v. Reckrod 1250 Gulden, für deren und der Zinsen (jährlich 100 fl. und 50 Vrtl. Roggen) Sicherheit sich Abt Johann v. Hersfeld verbürgte. Im J. 1368 lebte Simon nicht mehr. Mit seiner Gattin Jutta hatte er vier Söhne: Heinrich, Albert, Ludwig und Werner. Wahrscheinlich hatte er auch eine Tochter; wenigstens findet sich 1378 Sophie (Fia) v. W. als Aebtissin des St. Cyriaxklosters zu Eschwege.

Heinrich wurde Geistlicher und findet sich 1346 und 1348 als Abt des Klosters Breitenau [11]. Seine Brüder Ludwig und Werner I. gaben 1360 ihre lehnsherrliche Einwilligung an Thilo v. Blumenstein zur Veräußerung eines Viertels des Zehnten zu Luthwardessen, einem ausgegangenen Dorfe bei Zierenberg, an Geisel v. Schachten. Albrecht (oder Albert) III. war schon 1368 todt und hinterließ seine Gattin Jutta mit zwei Söhnen Simon II. und Albert IV., von denen der letztere in den geistlichen Stand trat und 1350 als Probst des fuldischen Jungfrauenklosters Blankenau erscheint. Er wird als ein sehr eigensinniger Mann geschildert [12]. Jene Brüder Ludwig und Werner und ihre Schwägerin Jutta verkauften 1368 den Gebrüdern Heinrich, Simon und Fritz v. Schlitz, mit Bewilligung deren Muhme Mechtilde v. Lisberg und Friedrich, deren Sohnes, ihren Antheil an den um Wallenstein gelegenen und zum Neuenstein gehörenden Dörfern Neuenhain, Grebenhagen, Saasen, Holnstein und Babenhausen, nebst einigen Gehölzen. Im J. 1371 versetzte Heinrich mit der Hand an die genannte Wittwe für 60 Schill. Turnosse sein Gut zu Weissenborn, welches er als ziegenhainsches Burglehn zu Schwarzenborn besaß. 1373 verkaufte Jutta ein Gefälle zu Raboldshausen für 125 Pfund Schillinge dem St. Andreas-Altar zu Hersfeld, sowie 1379 ein geringeres aus demselben Dorfe dem Altar St. Benedict zu Hersfeld für 20 Pf. Werner hatte dem Grafen Gottfried v. Ziegenhain einen Hengst geliehen, als derselbe in dem Dienste des Erzbischofs Adolph v. Mainz nach Erfurt reiten mußte; da derselbe ihn nicht wieder zurückbrachte, so ersetzte er 1378 denselben an Werner mit 140 Gulden. Ludwig starb ohne Kinder; dagegen hatte Werner solcher und er und sein verstorbener Bruder Albert wurden die Stifter zweier Linien, deren Geschichte ich von nun an getrennt verfolgen werde.

4.

Albertinische Linie.

Albert des III. Sohn, Simon II. wird zuerst im J. 1368 genannt. Er war einer der wackersten Männer seiner Zeit. Tapfer und voll Kampfbegier, befleckte er doch nie seinen Namen durch Raub und Mord, wie so viele seiner nachbarlichen Standesgenossen. Unerbittlich war er gegen jeglichen Verbrecher und übte gewöhnlich ein furchtbares Rächeramt, wozu er schon als Freischöffe, denn er hatte sich aufnehmen lassen in die heimliche Fehme, berechtigt war. Seine Gerechtigkeitspflege war eisern streng wie seine Zeit und nur nach dieser darf man sie beurtheilen. Schon in seinem 18ten Jahre soll er 24 Verbrecher durch den Strang haben hinrichten lassen. Besonders furchtbar war er gegen die Schänder weiblicher Unschuld und um ihre Hinrichtung auszuzeichnen, ließ er sie an weißen Schleiern aufknüpfen. „Da war auch noch Zucht und Ehre unter „dem Adel," sagt der Chronist, „und manch' reisiger Knecht „ward da gezogen und redlicher Thaten geübt, denn jetzund „mancher Edelmann; denn jedermann fürchtete die schnelle „Strafe. Oft ward gehört unter der Ritterschaft, wenn „sie einen Schandlappen vermerkten: wir müssen die grin„digen Schafe ausrotten, und dann folgte Hängen gewiß „darnach. Solcher Ehre pflegte der Adel, da stand es wohl „und war auch noch gut strafen, denn man da spricht: Wo „Strafe ist, da ist Zucht, und wo Friede ist, da ist Gott!"

Simon's edler Charakter leuchtet wie ein freundlicher Stern aus der düstern Nacht der Verwirrung seiner

Zeit, die so reich an Gräueln aller Art ist, daß sie das gefühlvolle Herz nur mit Schaudern durchwandeln kann. Simon war Ritter im schönsten Sinne dieses Wortes und läg' sein thatenreiches Leben klarer vor unsern Blicken, sein Name würde wohl gleichstehen den gefeierten Namen eines Berlichingen und Sickingen. Denn hochgeachtet im In- und Auslande, wurde er selbst von dem Kaiser geschätzt und in dessen Schreiben: „Der edle, unser und des Reichs lieber Getreuer," genannt. Ein solcher Mann konnte wohl den alten Glanz seiner Familie, die sehr gesunken und nach ihm noch mehr sank, wieder erneuen [13].

Am Ende des vierzehnten Jahrhunderts stand Simon in einem Bunde mit den Grafen v. Ziegenhain und Curt v. Urf gegen den Landgrafen Hermann von Hessen. Während die v. Buchenau mit ihren Genossen vom Fuldischen aus das Hessenland durchstreiften, griff er mit seinen Verbündeten dasselbe von Ziegenhain aus an. Von beiden Seiten wurde sich viel geschadet. Die v. buchenausche Fehde hatte schon 1397 begonnen und war noch nicht geendet, als sich Simon und die Grafen wieder mit dem Landgrafen sühnten. Es geschah dieses am 1. Octbr. 1399. Von beiden Seiten sollten zwei Freunde niedergesetzt werden, ihre Ansprüche zu entscheiden. Das, was in der Fehde geschehen und den Landfrieden betreffe, sollte vor den Landrichter kommen. Ihre beiderseitigen Gefangenen sollten die Freiheit erhalten und die Reisigen eine alte Urfehde schwören. An den Gefangenen, welche sie mit den v. Buchenau gemein hätten, sollte ihrerseits der Antheil an der Schatzung niedergeschlagen seyn. So lange der Krieg mit den v. Buchenau noch anhalte, wollten sie still sitzen.

Im J. 1399 belieh Abt Hermann v. Hersfeld Simon, als Familien-Aeltesten, mit dem Schlosse Neuenstein und dem Burgmannslehn auf Wallenstein.

Im J. 1402 kam Kaiser Ruprecht nach Hersfeld und weilte daselbst von St. Matthäitag bis St. Michaelistag, um insbesondere die durch Herzog Friedrichs v. Braunschweig Ermordung entstandenen Streitigkeiten beizulegen. Da zogen zum kaiserlichen Hoflager eine Menge Fürsten und Edle und Hersfeld wurde belebt, wie es nach den Zeiten der sächsischen Kaiser nimmer gewesen. Mit glänzendem Gefolge und allem Pompe zogen ein der Landgraf Hermann von Hessen und der Herzog Heinrich von Braunschweig; die Grafen von Henneberg, v. Ziegenhain und v. Waldeck; der Burggraf von Nürnberg. Es zogen ferner ein die v. Romrod, die v. Schlitz, die v. Rotenburg, 13 v. Buchenau und auch Simon und die übrigen v. Wallenstein. Simon war Kriegshauptmann der Stadt Hersfeld und hielt seinen Einzug mit 18 grauen Hengsten und hatte sich und alle seine Diener weiß gekleidet. Er wurde vom Kaiser so hoch gehalten, daß derselbe ihn an seine Tafel zog. Deshalb wurde er aber beneidet und einer, der im Gefolge eines Fürsten gegenwärtig war, sagte: „Wie „pranget der v. Wallenstein so hoch, ich habe ihm wohl „vier Pferde genommen und flog nicht ein Vogel darnach." Dieses wurde Simon hinterbracht und er sagte: „Hätte „er geschwiegen, so wäre er mir unbekannt gewesen; haben „keine Vögel darnach geflogen, so sollen nun große Raben „nach ihm fliegen." Und er nahm ihn alsbald von der Tafel, führte ihn hinaus und ließ ihn hängen an einen Baum[14].

Im J. 1405 errichtete Simon mit seinen Vettern Gottfried und Lutze einen Burgfrieden auf dem Schlosse Neuenstein[15]). Im J. 1409 und 1410 nahm Simon Theil an der Rittergesellschaft vom Luchs, der an einigen andern Orten schon umständlicher gedacht wurde. Schon von seinem Vater hatte er einen Theil des Schlosses, der Stadt und des Amtes Schwarzenborn, als ziegenhainsche Pfandschaft ererbt; nachdem nun auch noch der Theil seines Ohms Ludwig v. W. auf ihn übergegangen, besaß er beide für die Pfandsumme von 1500 Goldgulden, welche 1420 mit 200 fl. erhöht wurde, um diese an dem Schlosse zu verbauen.

Im J. 1416 kam Simon mit der Stadt Hersfeld in einen ernstlichen Streit. Die Hersfelder fingen ihm einen Knecht Rabich in seiner Mutter Armen und ermordeten denselben. Ob dieses Friedbruchs war Simon hoch erzürnt und sandte der Stadt alsbald seinen Fehdebrief. Er sammelte nun eine große Genossenschaft und brachte dieselbe auf 159 Grafen, Ritter und Edle, welche zusammen an 400 Pferde hatten. Es waren dieses die Grafen Heinrich v. Waldeck, Friedrich v. Henneberg, und Johann und Gottfried v. Ziegenhain. Ferner Johann und Gerlach v. Breidenbach, Hermann und Reinhard v. Löwenstein-Schweinsberg, Friedrich v. Hertingshausen, Albert und Curt v. Waldenstein, Simon's Söhne, und dessen Vatersbrudersöhne Gottfried und Lotze v. Waldenstein. Dieses waren alle Ritter. Ferner die Knappen Heinrich v. Urf, Widekind und Heinrich v. Uttershausen, Curt Holzsadel, Hermann v. Falkenberg, Hermann Hund,

Simon's Eidam, Reinhard und Bernhard v. Dalwigk, Krenzel (?) v. Boineburg-Honstein, Geiso und Werner v. Gilsa, Burghard und Johann v. Osterode, Hermann v. Boineburg d. j., Reinhard und Ditmar v. Hanstein, Reinhard und Heinrich v. Baumbach, Johann v. Hatzfeld, Johann v. Colmatsch, Albert, Johann und Conrad v. Stotternheim, Johann v. Haune, Caspar und Hans v. Bibra, Sittich, Georg und Rörich v. Buchenau, Eberhard, Wilhelm, Wetzel, Eberhard, Hartung, Reinhard, Georg und Burghard von der Thann rc.

Am 16. Juli zog Simon mit seinem Heerhaufen gegen Hersfeld. Der Kampf begann, wie gewöhnlich, mit Verwüstungen. Die Feldfrüchte der Stadt wurden abgemäht und theils nach Buchenau geführt, theils zerstört. Von beiden Seiten wurde ein kleiner Krieg geführt und viele, insbesondere Wallensteiner, verwundet, doch nur einer, der im Gedränge in die Fulda stürzte und ertrank, verlor sein Leben. Endlich nahm Landgraf Ludwig I., als Schirmherr der Stadt, sich derselben an. So währte diese Fehde ein volles Jahr; viele Gefangene wurden von beiden Seiten gemacht und Simon brachte dem Landgrafen insbesondere bei Rotenburg einen Verlust bei. Erst am 21. Juli 1417 kam durch die Bemühungen des Grafen Gottfried v. Ziegenhain zu Homberg eine Sühne zu Stande. Da der obengedachte Vertrag von 1357 noch immer nicht hinsichtlich der Lehnsverhältnisse hatte in Vollzug gesetzt werden können, so sollte Simon, als Familien-Aeltester, für seine Söhne und Vettern die Hälfte des Schlosses Neuenstein vom Landgrafen zu Lehn nehmen und die andere Hälfte 6 Jahre innehaben und während dieser Zeit die Gunst des Landgrafen erwerben; im Falle dieses jedoch nicht geschehe, dieselbe dem Landgrafen wieder zurückstellen. Simon sollte sich binnen den nächsten 2 Jahren beim Abte v. Hersfeld darum bemühen, daß dieser den Landgrafen damit belehne. Ueber die Beute und den Schaden in der Fehde sollten später Graf Gottfried und Johann v. Ziegenhain sprechen. Den Streit mit der Stadt Hersfeld behielt sich der Landgraf zu entscheiden vor. Das Dorf Nauses, im Gericht Rengshausen, welches Simon vom Kloster Blankenheim im Besitze hatte, sollte bei diesem Gerichte und jedem zu seinem Antheile bleiben und hätte Simon dem Kloster Geld dafür gegeben, so sollte ihm dieses der Landgraf wieder zurückzahlen. Alle Gefangenen sollten losgegeben werden und alle noch nicht gezahlte Schatzungen niedergeschlagen seyn. Die Belehnung Simon's durch den Landgrafen mit der Hälfte des Neuenstein's geschah noch an demselben Tage. Die Belehnung des Landgrafen durch den Abt von Hersfeld wurde jedoch nie erwirkt und die v. Wallenstein wurden deshalb sowohl von den Aebten von Hersfeld, als auch den Landgrafen von Hessen, mit dem Neuenstein beliehen, ob zwar die Erneuerung des hessischen Lehnbriefs, nach diesem erstern, eine geraume Zeit unterblieb [16].

Ob Simon in der Fehde des Landgrafen Ludwig gegen das Erzstift Mainz im J. 1428 gefochten, ist nicht gewiß, obgleich nicht unwahrscheinlich. Als dieser Krieg beendet, vereinigten sich die deutschen Fürsten zu einem allgemeinen Zuge gegen die Hussiten. Auch Landgraf Ludwig schloß sich diesem an. Simon rüstete sich nun gleichfalls mit großen Kosten und stellte für sich allein 50 reisige Pferde und gute Knechte, mit Wägen, Harnischen und Spießen „mit dem Vorsatze sein Leib und Leben um „Christus Willen an die Ketzer zu setzen." Doch schon auf der Reise ereignete sich Manches, was den Wunsch zu einer sofortigen Umkehr erregte, welche, auf das Betreiben einiger Ritter, endlich auch vom Landgrafen beschlossen wurde. Dieses brachte aber Simon im Höchsten auf. Voll bittern Mißmuths trat er zu den Obersten, zog seinen Helm ab und sprach: „Dieses Unbestandes und Wan„kelmüthigkeit hätte ich mich in diesem christlichen Werke „diesmal gegen die Herren nicht versehen. Wie will man „um besorgter Gefahr willen und um der Haut zu schonen, „sich nicht an den Feind wagen?! Was will man denn „um des Glaubens Willen thun? Ich wollte, daß man „fortgefahren, hätte ich auch mit den ungetreuen Obersten „bleiben sollen; wenn ich dann nur in den letzten Todesnö„then noch das Panier in die Hände meines jungen En„kels Simon hätte reichen können, um als ein freudi„ger christlicher Ritter fürder um den christlichen Glauben „wider die Ungläubigen zu streiten." Und als ihn der Landgraf fragte: „Simon, du meinst uns doch nicht?" da antwortete er keck: „Herr! ich meine alle feige und „geizige und untreue Obern, die um ihres Getzes willen „diese Reise gewandt haben. Hatte auch meine Hoffnung „dahin gesetzt, entweder ehrlich todt zu bleiben und nicht „wieder heim zu kommen, oder meine Faust zu merklichem „Abbruch des Feindes rühmlich zu gebrauchen [17]." Man sieht hieraus, daß die Gründe der Rückkehr besonders in den Nachrichten von den unaufhaltsamen Siegen der Bekenner des erleuchteten Huß gelegen haben, die ihre Feinde mit panischem Schrecken erfüllten.

Nachdem Abt Albert v. Hersfeld 1432 Simon und seinem gleichnamigen Enkel noch eine jährliche Rente von 48 Goldgulden aus Ober- und Niedergeiß, Asbach, Betershausen und Kerspenhausen für 600 Goldgulden versetzt hatte, starb Simon im J. 1434 in hohem Alter. Noch geht die Sage von seiner außerordentlichen Körperkraft. Einst, so erzählt man im Volke, sey er unter Wallenstein, im Efzethale, einem Juden begegnet, habe ihn mit seinen nervigen Fäusten in die Seiten gepackt und augenblicklich erdrückt. Mit seiner Hausfrau Barbara v. Hutten hatte er 4 Kinder erzeugt: Simon III., Albert V., Curt I. und Barbara, welche an Hermann Hund v. Holzhausen verehelicht wurde.

Simon III. wurde Geistlicher und findet sich 1402 als Probst auf dem St. Petersberg bei Fulda[18].

Albert V. ehelichte Christine, Caspar's v. Bibra Tochter, und wohnte in Franken. Nachdem sein Weib ohne Kinder gestorben, zog er wieder nach Hessen und ließ sich auf dem Neuensteine nieder, um sein großes Vermögen seinem Bruder zukommen zu lassen. Er stiftete damals auch die Capelle auf dem Schlosse Neuenstein und beschenkte dieselbe so reichlich, daß ein Priester davon zu leben vermochte; der erste war Heinrich, ein natürlicher Sohn Gottfried's v. Wallenstein, von der wernerschen Linie, der durch einen Blitzstrahl seinen Tod fand. Da Albert sich jedoch mit seinem Bruder Curt entzweite, so zog er wieder nach Franken und schlug seinen Wohnsitz in Römhild auf. Als nun Graf Georg v. Henneberg mit seiner Gattin Johannette v. Nassau das Collegiatstift zu Römhild gründete, welches 1450 der Bischof Gottfried von Würzburg feierlich bestätigte, beschenkte auch Albert dasselbe so reichlich, daß für ihn und seine Gattin, und für seine Eltern und Vorfahren täglich Seelenmessen gelesen werden sollten. Er gab insbesondere an jährlichen Renten 150 fl. aus Münnerstadt und Römhild, sowie einen Viertelszehnten zu Boppenlauer, für welche die Ablösungssumme auf 3800 fl. angeschlagen wurde. Auch später schenkte er noch so viel, daß diese Summe auf 5000 Gulden stieg. Er starb am 13. Decbr. 1470 und wurde in der Stiftskirche beigesetzt. Noch jetzt steht unter der Emporkirche sein in Stein gehauenes Bildniß, mit der Umschrift: Anno MCCCCLXX in die Lucie obiit Albertus de Waldenstein, cujus anima requiescat in pace [19]). Sein Bruder

Curt I., welcher sich seit dem Anfange des fünfzehnten Jahrhunderts findet, hatte Anne, eine Tochter des bekannten Eberhard's v. Buchenau, zur Gattin. Als der junge Landgraf Ludwig I. von Hessen um's J. 1416 gegen den Grafen Joh. v. Nassau-Dillenburg, genannt der Haubener, einen Haufen der Seinigen sandte, um ihn für seine Verwüstungen im Hessischen zu züchtigen, befand sich Curt unter den Hauptleuten. Nachdem die Hessen das Dillthal verwüstet, stießen sie bei Herborn in dem Wipbacher-Grunde auf den Grafen. Da sie vernahmen, daß derselbe zweimal stärker sey, als sie, und nirgends die Möglichkeit eines glücklichen Rückzugs sich zeigte, suchten sie Hülfe in einer

List. Sie ließen die Buben und alle, die zur Wehr nicht tüchtig, sich in einem andern Thale verbergen und begannen den Kampf. Nun stießen die Buben in die Trompeten und erhoben ein Getöse, als ob den Hessen Hülfe zuzöge. Da glaubten sich die Nassauer verrathen und umgangen, ergriffen die Flucht und eilten, getrieben von Furcht und Schrecken, gen Herborn, um hinter dessen Mauern Schutz zu finden. Aber dennoch wurden viele von ihnen erschlagen und noch mehr gefangen genommen [20]. Nicht lange nachher starb Curt und hinterließ vier Kinder: Simon V., Eberhard I., Georg I. und Margarethe, welche die Gattin Heinrich's v. Schlitz gen. v. Görtz wurde.

Georg I. wurde Geistlicher und findet sich seit 1446 als Domherr zu Fritzlar. Aber trotz des geistlichen Gewandes war er ein kühner wackerer Degen. Als solchen kannte ihn auch der Erzbischof Diether von Mainz. Da sich nun im J. 1460 die s. g. mainzische Stiftsfehde erhob, in welcher der mainzische Erzbischof Adolph den vom Pabst entsetzten Erzbischof Diether (v. Isenburg) befehdete, forderte dieser Georg auch zur Rüstung auf. Mit vier Pferden stieß hierauf Georg zu dessen Heere. Während auf Diether's Seite Landgraf Heinrich III. stand, waren der Landgraf Ludwig II. v. Hessen und der Kurfürst Friedrich der Siegreiche von der Pfalz mit Adolph verbündet. Am 4. Juli 1460 erhob sich bei Pfeddersheim eine blutige Schlacht. In dem Wirrniß des Kampfes drang Georg bis zum Kurfürsten und ergriff denselben in seinem weiten grauen Rocke unter die Arme und drang ihm das Gelübde des Gefängnisses ab. Doch als das geschehen, ward auch er niedergeworfen und gefangen, und als er nun seinen Harnisch ausgeschüttelt, da rief er seinen Freunden zu: „Seyd „unverzagt, ich habe einen Gefangenen, der soll uns alle „ledig machen!" Doch diese unvorsichtige Rede war sein Unglück, denn des Kurfürsten Gefängniß zu unterdrücken, kam einer und erstach ihn [21].

Eberhard (Ebert) I., welcher schon 1456 Burgmann im Reichsschlosse Friedberg war und später sich in den J. 1467 und 1480 findet, war Hauptmann des Stifts Hersfeld [22], und wohnte zu Görtzhain am Rimberge. Seine erste Hausfrau war Margarethe Brendel zu Homburg vor der Höhe; mit dieser erzeugte er 3 Söhne und 2 Töchter: Georg II., nahm Adele, Heinrich's v. Bodenhausen Tochter, zum Weibe, starb aber schon im ersten Jahre seiner Ehe; Hans starb ebenfalls ohne Erben und Eberhard II. schon in seiner Jugend. Von den Töchtern wurde Barbara Nonne zu Kreuzburg und Else die Gattin Philipp's v. Eberstein. Nachdem Eberhard's erste Gattin gestorben, schritt er mit Elisabeth v. Urf, Wittwe Rabe's v. Canstein, zur zweiten Ehe. Da ihm jedoch diese keine Kinder gebar, so starb er ohne Söhne und seine Tochter Else v. Eberstein, als das einzige seiner Kinder, welches ihn überlebte, wurde seine Erbin.

Simon IV., in Beziehung auf seinen Großvater der Jüngere, sonst aber auch der Stolze genannt, wurde im J. 1403 geboren und an dem landgräflichen Hofe erzogen. Er focht schon 1427 in dem siegreichen Treffen des Landgrafen Ludwig's gegen die Mainzer, in welchem er einem Knechte die Armbrust nachführte²³), und folgte 1428 seinem Großvater gegen die Hussiten; 1445 focht er in Clevischen Diensten. Nach seiner Heimkehr nahm er Margarethe v. Dalwigk zum Weibe, eine Tochter des kleinen Dietrich's zu Adorf. Später wurde er Marschall bei Landgraf Ludwig II., dessen Jugendgefährte und Liebling er war. Die Abtei Hersfeld schuldete ihm 600 fl., deren Zinsen er 1442 von 48 fl. auf 40 fl. herabsetzte. Von seiner Mutter Anna v. Buchenau hatte er einen Antheil an Buchenau ererbt. Doch ein Theil der buchenauschen Ganerben war gegen seine Aufnahme in die Ganerbschaft; eine Fehde erhob sich hierüber, in der Simon's ritterlicher Charakter schön hervortritt. Simon und seine buchenauschen Freunde wurden in Buchenau belagert, aber vergeblich. Sein Freund, Landgraf Ludwig, zog heran und schon vor dem Gerüchte seines Nahens zogen die Belagerer ab. Simon scheint später durch eine Geldsumme von Buchenau abgefunden worden zu seyn²⁴). Seit dem J. 1474 war er der Aelteste seiner Familie. Im J. 1480 erneuerte er in Gemeinschaft mit seinem Bruder Ebert und seinem Sohne Curt, sowie seinen Vettern Hans, Gottfried und Werner den Burgfrieden zu Neuenstein. Neben den gewöhnlichen Bestimmungen über einseitige Veräußerung, über wörtliche und thätliche Verletzungen ꝛc., wurde darin auch festgesetzt, daß die Inhaber eines Viertheils stets 2 gute Armbrüste mit 2 tauglichen Winden, 1500 gezähnte Pfeile, 2 gute Hackenbüchsen mit den dazu gehörenden Geschossen und $\frac{1}{4}$ Tonne Pulver, sowie 10 Vrtl. Roggenmehl und andere Speisung vorräthig haben follten. Er ſtarb im J. 1483 in einem Alter von 80 Jahren. Mit ſeiner Gattin, welche erſt am 21. März 1501 ſtarb, hatte er 5 Kinder erzeugt, von denen Philipp jung ſtarb und Simon im Cleviſchen blieb; Anna ehelichte Heinrich v. Neckrod, ſowie Margaretha Balthaſar Diede und nach deſſen Tode Sifried v. Bülzingsleben. Das älteſte der Kinder war

Conrad II., geboren 1448. Als ſich im J. 1470 zwiſchen dem Kurfürſten Friedrich von der Pfalz und dem Herzoge Ludwig dem Schwarzen von Veldenz ein blutiger Krieg erhob, benutzten dieſen verſchiedene heſſiſche Ritter, und begaben ſich in die Dienſte der Streitenden. Während die v. Mansbach, v. Romrod, v. Buchenau, v. Ebersberg, v. Lüder u. a. zu Ludwig zogen, ritt Georg Riedeſel mit 150 Reutern, unter denen ſich auch der junge Conrad v. W. mit 4 Pferden befand, zum Kurfürſten. Auch Gottfried v. Wallenſtein that ein Gleiches. Das war Curt's erſter Auszug. Ehe noch Ludwig ſich völlig gerüſtet, brach der raſche Friedrich hervor, eroberte Strahlenburg, Madenburg, Geißpelsheim und viele andere Orte. Nachdem er auch Lamsheim erobert, zog er mit ſeinem ſiegreichen Heere gegen Dürkheim an der Hardt, den Sitz der Grafen von Leiningen, eine der ſtärkſten Feſten der Gegend. Am 18. Aug. 1471 wurde die Belagerung mit einem heftigen Sturme begonnen. Bis auf die ſchon in Trümmer geſchoſſene Mauer drangen die Stürmenden vor. Aber hinter dieſer Mauer war ein neuer Graben gemacht und ſpitze Pfähle und Minen, mit Stroh überlegt, drohten den Stürmenden einen grauſamen Untergang;

die erſten, die hinabſprangen, fanden ihren Tod. In dem fünfſtündigen Sturme wurden auch Conrad und Gott⸗ fried v. W. verwundet. Aber trotz des ungeheuern Kam⸗ pfes hielt ſich Dürkheim, und erſt in Folge deſſelben ergab es ſich und öffnete den Belagerern ſeine Thore [25].

In dem ſ. g. Köllner Stiftskriege gehörte Con⸗ rad zu den Tapfern, welche unter dem edlen Erzbi⸗ ſchofe Hermann, Landgrafen von Heſſen, die Feſte Neuß, am linken Rheinufer, gegen den mächtigen Carl den Küh⸗ nen, Herzogen von Burgund, vertheidigten. Am 29. Juli 1474 begann die Belagerung. Hart und blutig war der Kampf und durch's Schwert und durch Hunger litt die kleine Beſatzung unendlich; aber heldenmüthig und tapfer widerſtand ſie 56 Stürmen des kriegeriſchen Fürſten und allen Müheſeligkeiten einer langen Belagerung. Erſt nach⸗ dem der Kaiſer mit einem Heere von 50,000 Mann heran eilte, hob Carl am 28. Juni 1475 die Belagerung auf und Hermann verließ mit dem Reſte ſeiner Tapfern, unter de⸗ nen auch Conrad war, nach 11monatlichem Kampfe die in Trümmer und Schutt verſunkene Stadt [26].

Im J. 1490 zog Landgraf Wilhelm d. M. v. Heſſen mit 1000 Reiſigen aus Heſſen zu Kaiſer Maximilian's Heere gegen die Ungarn. Unter vielen heſſiſchen Edlen befand ſich auch Conrad v. W. im landgräflichen Zuge. Nachdem Eiſenſtadt, Oedenburg und Günz erobert, wurde Stuhl⸗ weiſſenburg belagert und bald beſtürmt. Nach einem Ge⸗ fechte in der Vorſtadt, wo die ſchwer gerüſteten, mit Spie⸗ ßen bewaffneten, Heſſen und Schwaben, von ihren Schützen unterſtützt, die anfangs tapfer fechtende Beſatzung zu weit verfolgten, so daß mehrere von ihnen gefangen wurden, durchwateten zuerst die hessischen und schwäbischen Ritter den Hauptgraben, auf ihre Glenen gestützt, und erklommen die schwach besetzten Mauern. Der sich nun erhebende blutige Kampf endete mit der Eroberung der Stadt erst in der Domkirche, in der auf Hunjad's Grabe die Letzten fielen. Da schlug dann der edle Kaiser die Tapfern, welche zuerst die Mauern erstiegen, zu Rittern, unter denen sich auch Conrad befand [27].

Im J. 1493 wurde Conrad vom Landgrafen Wilhelm d. M. von Hessen zum Amtmanne in Wolfhagen und einige Jahre später zum Oberamtmanne in Eschwege und Landvogt an der Werra bestellt. Er wurde nun der innigste Vertraute und Rathgeber dieses Fürsten. Im J. 1500 ehelichte er Anne, die Tochter Reinhard's v. Boineburg, und hielt sein Beilager zu Cassel. Nachdem ihn der Abt Volpert von Hersfeld mit einem Viertel des Neuenstein's beliehen, bewitthumte er in demsf. J. seine Gattin. Er setzte derselben ein: jenes Viertel des Neuenstein's, ein Viertel der Dörfer Raboldshausen, Saasen mit der Mühle und den Zehnten, Mühlbach mit der Hüpersmühle und Gerhardsheim mit dem Zehnten, das Dorf Aue, die Hälfte der Dörfer Grebenhagen mit den Mühlen und Zehnten, Nausis, sowie die Wiesen zu Breidenbach, die an der Efze und die Wüstungen Langen und Neuenhain, endlich auch Güter zu Questdorf und Gottesdorf ꝛc. Alles dieses sollte sie nach ihrem Willen gebrauchen und da sie sein Haus in der Burg mit dem Ihrigen habe bauen helfen, sollte sie darin wohnen. Wollten seine Ganerben diese Güter jedoch von ihr lösen, so möchten sie dieses mit 700 Gulden thun.

Wie man hieraus ersieht, besaß Conrad nur den Viertelstheil des Schlosses Neuenstein, obgleich seiner Linie die Hälfte desselben zustand. Dieses andere Viertel hatte Else v. Eberstein von ihren Brüdern Georg und Hans ererbt und besaß dasselbe bis zum J. 1504, wo sie es mit ihrem Gatten Philipp an Conrad für 300 rh. Goldgld. verkaufte, der 1505 vom Abte Volpert von Hersfeld damit beliehen wurde.

Conrad genoß, wie schon gesagt, das ganze Vertrauen des Landgrafen Wilhelm d. M. Als dieser nun von der damals als Epidemie furchtbar um sich greifenden und beinahe ein Sechstheil der europäischen Bevölkerung hinwegraffenden, Lustseuche befallen wurde, konnte er der Regierung nicht mehr vorstehen. Er setzte deshalb zu seinen einstweiligen Stellvertretern seinen Hofmeister Conrad v. Wallenstein, seinen Marschall Friedrich Trott und Rudolph v. Waiblingen, und in seinem Testamente mit noch andern Personen, zu Verwesern seiner Familie und seines Landes. Dieses erregte aber die Eifersucht der jungen Landgräfin Anne v. Mecklenburg und es gelang ihr, das ohnedem rege Mißtrauen ihres Gemahls auf seine Günstlinge zu ziehen. Höchst betrübend waren die Folgen dieses Zwiespalts für das Land. Im J. 1508 sandte der Landgraf eine weitläufige Schrift an mehrere Fürsten, voll Klagen und Beschwerden, hauptsächlich wegen grausamer Behandlung während seiner Krankheit, über die von ihm bestellten Verweser, insbesondere über Conrad v. M.[28]).

405

Er führt darin eine Rede auf, die er an Conrad gethan, welche ich, weil sie dessen großes Ansehn bezeugt, nicht unberührt lassen kann: „Conrad, wir haben man„chen Weg mit einander gereiset, weil wir nun fühlen, „daß wir sterben werden, so wollen wir die Reise bis gen „Marburg zum Grabe auch mit einander thun und bitten „dich, daß du auch unsere Seele, Weib und Kinder, Land „und Leute, desgleichen unsern Bruder und dessen Weib „und Kinder im Befehl haben und das Beste thun wol„lest, als wir zu dir, das zuvor andern, Vertrauen haben. „Denn du bist mit sonst 7 unserer Räthe von uns zum „Vormund erwählt und gesetzt. Doch du als oberster über „alle, als alleiniger Regent."

Der Landgraf starb am 11. Juli 1509. Doch Conrad trat nicht in die Regentschaft, da die Landstände eine andere niedersetzten, an deren Spitze Ludwig v. Boineburg stand. Später erhoben sich jedoch Streitigkeiten und Conrad, früher ein Gegner der Landgräfin, so daß er auf dem Landtage am Spieß 1509 gesagt haben soll: „Man müsse „eher im Blute bis an die Sporen waten, ehe man sich „einer Frau unterwürfe," nahm jetzt die Partei der Landgräfin gegen die Regenten. Als nun 1514 die Regentschaft gestürzt wurde und Anne die Regierung selbst ergriff, wählte sie unter andern auch Conrad zu ihrem Rathe. Als solcher nahm er nun auch 1518 Theil an dem Kriege gegen Franz v. Sickingen. Er hielt in demselben Rüsselsheim mit 3000 Reisigen besetzt. Aber vergebens schrieb er nach Cassel um Speisung der Festung, um Geld und Mannschaft. Das benachbarte Landvolk, welches er zusammen zu ziehen versuchte, lief den Feinden zu²⁹). Noch in demselben J. 1518, in seinem 70. Lebensjahre, schritt er zur Aufstellung seines letzten Willens. Er that dieses am 15. Sept. auf dem Schlosse zu Marburg vor Notar und Zeugen und nennt sich bei dieser Gelegenheit noch Landhofmeister. Er bestimmte: 1) Wenn er in Hessen sterbe, so wollte er im Stifte Hersfeld neben seinen Eltern beigesetzt werden und wies 1000 fl. für sein Begräbniß, für Vigilien und Seelenmessen, für Hausarme und ein Jahrgedächtniß an. 2) Dem Stifte Hersfeld sollte das Haus, welches er mit seiner Hausfrau in Hersfeld erbaut, nach ihrer beider Tode zufallen, und dem Kloster Blankenheim gab er eine Pfandverschreibung zurück. Dagegen sollten ihm diese etwaige Kränkungen ꝛc. verzeihen. 3) Der Landgraf Philipp sollte sein bestes Pferd haben, wogegen er denselben bat, sein Testament zu beschirmen und seine Hausfrau in Empfehl zu nehmen. 4) Bestätigte er das Witthum und die Morgengabe seiner Frau. 5) Vermachte er seinen Schwester-Söhnen Wilhelm und Rabe v. Neckrod, als seinen nächsten Erben, seine Hälfte am Neuenstein und dessen Zubehörungen zu Raboldshausen, Grebenhagen, Mühlbach, Görtzhain, Gerhausen ꝛc., ferner seine Güter zu Remsfeld, Oberngeißa und Rengshausen, doch vorbehaltlich seiner Frauen Morgengabe und Witthum. 6) Vermachte er seiner Schwester Margarethe, Wittwe Sifried's v. Bültzingsleben, seiner Schwester Töchtern, den Hausfrauen Dietrich's v. Schachten und Otto Hund's 600 fl., welche er in Erfurt auf Zinsen stehen habe. Seine Schwester sollte jedoch 100 fl. zum voraus haben. 7) Vermachte er seiner Hausfrau alle seine bewegliche Habe. Dagegen sollte sie aber seine Schulden bezahlen, mit seinen Knechten abrechnen, seinem Schwager Philipp v. Eberstein und dessen Hausfrau 100 fl. auszahlen, zu seinem Seelentroste den Armen Almosen geben und endlich eine Wallfahrt zu den h. 3 Königen nach Cöln bereiten durch einen Priester, der täglich Messe halten und 3 Kerzen (jede von 2 Pf. Wachs) opfern sollte; auch sollte sie ein Opfer gen Trier schicken. 8) Sollte sein ältester Erbe Wilhelm v. Reckrod die Capelle zu Neuenstein leihen. Endlich 9) bestimmte er das Drittel der Güter zu Lüder, in welchem jetzt Anne v. Lüder, Nonne zu Blankenau, wohne, nach deren Tode Reinhard d. ä. v. Boineburg. Dessen Sohn Reinhard d. j., welchen er erzogen, solle bei seiner Hausfrau bleiben und sie beschirmen und ihr beholfen seyn. Zu Ausführern seines letzten Willens ernannte er Wilhelm und Rabe v. Reckrod zu Brandenburg, welche sich hierzu 1519 verbindlich machten.

Conrad starb am 8. Mai [30]) 1521 und wurde, seinem letzten Willen gemäß, im Stifte Hersfeld beigesetzt. Mit Conrad starb die albertinische Linie der v. Wallenstein aus. Sein Besitzthum an den Schlössern Wallenstein ging, in Folge seines Vermächtnisses, auf die v. Reckrod über, wovon ich weiter unten reden werde. Ich gehe jetzt zur Geschichte der jüngern oder wernerschen Linie der v. Wallenstein über.

5.

Wernersche Linie.

Werner I., dessen oben schon weitläuftig gedacht, wurde durch seine beiden Söhne Gottfried und Lotze der Stifter der zweiten wallensteinschen Hauptlinie.

Lotze (Ludwig), den ich bei seinem Bruder Gottfried noch näher erwähnen werde, wohnte auf Neuenstein. Er hatte Heda v. Binsförth zum Weibe. Mit dieser und ihrem Bruder Ludwig v. Binsförth stiftete er 1412 ein Seelgeräthe im Kloster Heida. Sein Sohn Hans I. wurde Mönch zu Hersfeld, 1414 findet er sich als Probst zu Göllingen und 1431 als Pfarrer zu Hersfeld.

Gottfried I. schloß 1405 mit seinem Bruder Lotze und seinen Vettern Albert und Curt einen Burgfrieden auf Neuenstein. 1416 nahmen beide Brüder an der Fehde Simon's gegen Hersfeld und den Landgrafen Theil, und wurden 1417 gleichfalls von letztern mit dem Neuenstein beliehen. 1419 am 13. Juli verglichen sie sich mit den Grafen Johann und Gottfried v. Ziegenhain, wegen der Pfandschaft an Schwarzenborn, welche 300 Schillinge Turnosse Hauptgeld und 30 Sch. T. jährliche Zinsen betrug. Diese Summe besaßen sie mit Simon zur Hälfte und leisteten nun Verzicht darauf. In demselben Jahre versetzte Gottfried mit Einwilligung seines Bruders und seiner Vettern seinen Antheil an dem Gericht Rengshausen mit den dazu gehörenden Dörfern Nauses, Licherode, Hausen, Lichtenhagen und Nenterode für 130

Gulden an Heinrich v. Holzheim. Dasselbe that auch Werner v. Falkenberg mit seinem Antheil für 200 Guld. Dieses Gericht wurde nicht wieder eingelöst, sondern blieb bei den v. Holzheim bis 1500, wo es die Gebr. Wigand und Heinrich v. Holzheim an Landgraf Wilhelm verkauften. Dasselbe geschah von Gottfried am 16. Aug. 1419 auch mit seinem Antheil an der Wüstung Muchhusen, einem Achtel des Gerichts und Dorfes Quentel, welches er mit seinem Bruder Lutz gemeinschaftlich besaß, und seinem Vorwerk zu Mühlbach, welche er für 131 fl. an die v. Wolfershausen versetzte. Gottfried ehelichte Margarethe Gräfin v. Weilnau und nach deren Tode Lukarde, deren Geschlechtsname unbekannt ist[31]). Margarethe war die Tochter des Grafen Gerhard II. v. Weilnau und Gottfried's Verbindung mit derselben erinnert noch an den alten Stand seiner Familie, obgleich die Grafen von Weilnau damals schon sehr gesunken waren. Er kam dadurch zu verschiedenen Besitzungen in der Wetterau, in denen man seinen Sohn findet. Gerhard hatte die Tochter Conrad's Hrn. v. Trimberg zur Gattin, mit dessen gleichnamigem Sohne dieses Geschlecht zwischen 1374 und 1377 erlosch. Noch bei des letztern Leben verglich sich Gerhard mit den Dynasten v. Eppstein wegen der Lehen, die dieser hinterlassen würde. Diesem Vertrage trat 1385 auch Gottfried bei, was er aber daraus für Vortheil zog, bleibt ungewiß. Nachdem Gottfried nach dem J. 1420 gestorben, folgte ihm sein Sohn

Hans II. Sein Ohm, von mütterlicher Seite, Graf Heinrich III. v. Weilnau hatte 7 Kinder hinterlassen, welche den Rest der weilnauschen Stammgüter erbten. Während von denselben Heinrich IV. schon 1438 verstorben war, verkaufte Adolph einen Theil der Burg Birstein, des Gerichts Reichenbach und der Burg Bracht an Diether v. Isenburg, wozu der fuldische Domherr Reinhard und seine Schwester Elisabeth, verehelichte v. Herda, 1440 ihre Einwilligung ertheilten. So hatten dann noch die Schwestern Margarethe, Dechantin zu Gandersheim, Lorette, Klosterfrau zu Kaufungen, und Agnes, ihre Antheile an dem Schlosse und Gerichte Birstein; diese übertrugen sie 1440 und 1457 ihrem Vetter Hans v. Wallenstein, für die ihnen erwiesene Unterstützung, den hierauf Abt Reinhard v. Fulda, der Bruder jener Schwestern, damit belehnte [32]).

Im J. 1440 war Hans noch Knappe (armiger), doch 1447 schon Ritter. Er hatte im letztern Jahre eine Fehde mit dem Kloster Reinhardsbrunn, wegen eines von demselben geforderten Pferdes. Diesen Streit sühnten am 19. Novbr. Abt Conrad v. Hersfeld und Philipp d. ä. v. Herda, Amtmann des Herzogs Wilhelm v. Sachsen. Auch verkaufte er etliche Güter zu Wolfskehl u. a. O. an die v. Kronenberg [33]). 1448 erhielt er vom Grafen Reinhard v. Hanau ein Burgmannslehn zu Windecken, welches er 1456 erneute [34]). Um's J. 1450 hatte Hans den Unfall, daß ihn die Böhm v. Mörla aufgriffen und nach Art der Straßenräuber auf die Burg Urzel führten. Doch in den Vortheilen, welche sie daraus zu ziehen hofften, hatten sie sich verrechnet. Hansen's redlicher Wandel und mancherlei Verdienste, die er sich erworben, machten es, daß sich die Ritterschaft zusammen that und gegen Urzel zog. Dieses setzte die Räuber in Furcht und sie beugten dem drohenden Unwetter vor, indem sie Hans wieder in Freiheit setzten [35]). Im J. 1451 verpfändete Graf Adolph v. Weilnau an Hans das Gericht Jlhausen für 150 fl. [36]). 1453 und 1454 erhielt er mehrere brauneck'sche Lehen [37]). 1456 versetzte ihm die Abtei Fulda für 330 fl. die Hälfte des Schlosses Wallenstein und 6 fl. Gülde zu Geisa. Später wurde er Amtmann zu Gelnhausen und zog 1460 mit 10 Pferden zu dem Heere des Kurfürsten Friedrich von der Pfalz und focht unter demselben die Schlacht bei Pfeddersheim [38]). Hans starb nach dem J. 1464. Seine Hausfrau war Agnes Nipracht, die Wittwe des Erasmus v. Lüder, mit welchem sie 3 Kinder erzeugt hatte. Bei der Eheberedung mit Hans wurden diesen Kindern 1100 fl. verschrieben und 1453 dieses zwischen Hans und seiner Hausfrau und Carl v. Lüder von Neuem bestätigt [39]). Hans hinterließ 3 Söhne: Hans III., Gottfried II. und Werner II., welche 1480 mit der albertinischen Linie den Burgfrieden zu Neuenstein erneuten, von denen aber nur der erstere den Stamm fortsetzte.

Gottfried II., der 1497 Familienältester war, nahm eine Schelm v. Bergen zum Weibe, mit der er zwei Töchter erzeugte, von denen Anne Georg v. Buchenau zum Gatten erhielt. Werner II. scheint dagegen unverehelicht geblieben zu seyn.

Hans III. war bei seines Vaters Tode noch minderjährig. Im J. 1464 findet er sich als Burgmann zu Friedberg. 1471 versetzte er mit seinen Brüdern ein hanausches Lehnsstück, welches Gottfried 1484 mit 150 fl. wieder einlöſte. 1488 verkauften ſie 5 Hufen zu Heidensheim an das Hospital zum h. Geiſt in Frankfurt[40]). Hans war Marſchall des Abts Daniel v. Hersfeld und endete nach 1495 bei Mühlbach durch einen Sturz ſein Leben. Mit ſeiner Hausfrau Gertrud, einer Schweſter Curt's Schenk zu Schweinsberg, mit der er ſich um's J. 1473 verehelicht, hatte er einen Sohn Hans IV., der als Domherr zu Würzburg durch einen Sturz vom Pferde ſtarb. Nach Gertruden's Tode nahm Hans die ſchöne Elſe, Tochter Henne Holzſadel's zu Binsförth zur Ehe, die ihm 3 Kinder gebar: Ludwig, Werner III. und Elſe. Ludwig ſtarb ſchon frühe und Elſe wurde Nonne zu Kreuzburg.

Werner III. nahm 1518 Hilbert Schade v. Leibholz gefangen und hielt denſelben in ſeinem Gewahrſam, bis deſſen Schwager Asmus v. Baumbach ſeine Freilaſſung vermittelte. Hilbert ſtellte hierüber am 24. Feb. eine Urkunde aus und gelobte, ſich nach geſchehener Aufforderung wieder einzuſtellen. Durch das Ausſterben der albertiniſchen Linie mit Conrad am 8. Mai 1521 wurden deren Lehne erledigt, und ſollten zufolge des letzten Willens Conrad's den von Reckrod zufallen. Werner drängte ſich jedoch hinter den Abt Kraft v. Hersfeld und vermochte denſelben, daß dieſer ihn mit Conrad's hinterlaſſenen hersfeldſchen Lehnen ſchon am 24. Juni belieh. Hierüber entſtand nun aber ein weitläuftiger Proceß mit den v. Reckrod, den ich, zur Vermeidung von Wiederholungen, erſt weiter unten beſonders erzählen werde. Die heſſiſche Lehnsherrſchaft über den Neuenſtein erneuerte er 1531 wieder, indem er ſich vom Landgrafen Philipp mit der Hälfte dieſes Schloſſes belehnen ließ. Derselbe belieh ihn 1534 für seine Dienste mit 100 fl. jährlicher Manngelder, denn er hatte ihn oft zu Gesandtschaften ꝛc. benutzt. Werner starb 1577 und soll ein Alter von 105 J. erreicht haben. Er hatte aus zwei Ehen mit Margarethe, Gottschalks v. Buchenau Tochter, und Elisabeth, Philipp's v. Urf Schwester, 3 Töchter und 3 Söhne: Hans, Werner und Balthasar. Nach ihres Vaters Tode kamen diese wegen dessen Hinterlassenschaft in Streitigkeiten, die zwar 1583 durch einen Vergleich, nach welchem dieselbe in drei gleiche Theile getheilt wurde und Hans das Schloß Wallenstein, Werner das Schloß Neuenstein und des verstorbenen Balthasar's Söhne Lindheim und Binsförth haben sollten, beigelegt schienen, aber sich bald wieder von Neuem erhoben und erst 1594 beseitigt werden konnten. Auch mit ihren Schwestern und deren Erben kamen sie über die väterliche Hinterlassenschaft in Streit und wurden 1578 durch einen Spruch der fürstlichen Canzlei zu Cassel angewiesen, dieselben mit ansehnlichen Summen (4000 fl., 600 fl. und 1000 Thlr.) abzufinden, welches auch nach dem J. 1580 geschah. Hans wohnte auf dem Neuenstein, welchen ihm sein Vater eingeräumt. Er kam jedoch mit demselben in einen so heftigen Zwiespalt, daß dieser die Räumung des Neuenstein's verlangte. In einem durch Landgraf Philipp 1564 am 30. Septbr. zu Cassel vermittelten Vergleiche gelobte dieses auch Hans auf den nächsten 22. Februar, wogegen ihm Werner sein Haus zu Lindheim mit den dasigen Gütern sowohl, als den zu Dietenberg, Altenstadt und Marxheim in der Wetterau, nebst den Zinsen von einem bei den v. Buches stehenden Capitale von 2100 fl. überwies. Nach Werner's Tode sollte jedoch dieses wieder zur übrigen Erbschaft fallen. Hans räumte aber dennoch Neuenstein nicht und erboste dadurch seinen Vater so sehr, daß dieser sich an den Landgrafen wand und ihn bat, seinen Sohn nicht allein mit Gewalt vom Neuenstein zu vertreiben, sondern auch des Landes zu verweisen. Der Landgraf gab hierzu seinem Amtmann zu Ziegenhain den Auftrag und am 7. Nov. 1565 erhielt zu diesem Zwecke Hans Execution. Am 9. d. M. beschwerte sich Hans hierüber höchlich bei dem Abte Michael v. Hersfeld und bat denselben um seinen Schutz. Am 19. d. M. erließ dieser dann auch gegen das Verfahren des Landgrafen eine feierliche Protestation, denn der Neuenstein sey hersfeldsches Lehn und der Landgraf habe darüber nichts zu sprechen. Aber dennoch mußte Hans den Neuenstein verlassen. Dieses und seine Armuth brachten ihn im folgenden J. dazu, daß er alle seine Rechte zu Lindheim, nicht allein die er schon besaß, sondern auch die, welche er noch von seinem Vater ererben würde, gegen ein Haus, den Pforthof, in der Stiftsfreiheit zu Hersfeld, an Conrad Battenhausen, hess. Amtmann zu Itter, vertauschte. Dieses geschah am 15. März. Doch der Widerspruch seines Vaters nöthigte ihn schon am 19. März, diese Güter für 1000 Thlr. und 40 Eichstämme wieder zurück zu kaufen. Aber auch diese Summe konnte er nicht aufbringen und mußte jenes Haus nun auch dem Abte v. Hersfeld wieder abtreten, damit dieser die Zahlung statt seiner übernehme. Am 22. April willigte derselbe in diesen Handel und erlaubte ihm, aus besonderer Gunst, noch bis zum künftigen Jahre das Haus zu bewohnen, weil er sonst ohne Obdach gewesen wäre; doch mußte er versprechen, sich darin ruhig und anständig zu verhalten. Erst nach seines Vaters Tode mögen sich seine Verhältnisse etwas günstiger gestaltet haben. Aus zwei Ehen mit Anne v. Wolmerkhausen und Margarethe v. Donopp hatte er zwei Töchter und starb am 27. Sept. 1608 mit Hinterlassung ansehnlicher Schulden. Sein Bruder

Werner, hess. Stallmeister und Kämmerer, starb unverehelicht, sowie

Balthasar schon vor dem Vater. Mit seiner Hausfrau Catharine v. Baumbach hinterließ derselbe drei Söhne und zwei Töchter. Von ersteren trat Balthasar 1582 in den deutschen Orden und Werner, welcher sich 1586 mit Christine v. Berlepsch verehelichte und 1598 ihr ihren Wittwensitz auf dem Schlosse Wallenstein anwies, starb 1604 ohne Kinder. Nur Philipp Ludwig, geboren 1559, setzte den Stamm fort. Im J. 1591 baute derselbe den Niederneuenstein und kaufte 1617 das v. schachtensche Viertel am Neuenstein an sich. Er hatte in drei Ehen gelebt und hinterließ 1631 bei seinem Tode 3 Söhne und 1 Tochter Christine, vermählt an Friedrich v. Boineburg-Hohnstein. Seine Söhne 1) Albrecht Ludwig auf Oberneuenstein, starb 1654; von seinen 3 Töchtern ehelichte eine den Cammerpräsidenten zu Cassel Joh. v. Schlitz gen. v. Görtz, dessen Sohn, später hess. Geh. Kriegsrath, Marie Amalie v. Wallenstein zur Ehe nahm. 2) Joh. Caspar zu Niederneuenstein, geb. 1607, starb 1672 und hatte zwar 2 Söhne Ludwig Gottfried und Wilhelm Dietrich zu Höllerich und 2 Töchter, erstere aber starben ohne Söhne und letztere wurden abgefunden. 3) Gottfried auf Wallenstein, des vorigen Zwillingsbruder, hess. Geh. Rath, Hofmeister und Hofrichter zu Marburg, starb am 11. März 1662. Von seinen 12 Kindern überlebte ihn nur Christian Wilhelm. Dieser starb als Oberamtmann zu Homberg und Borken im J. 1700 und hinterließ 2 Söhne und 1 Tochter. Friedrich Hilmar, Regierungsrath zu Cassel, starb am 20. Nov. 1733 und August Gottfried, Geh. Regierungsrath zu Marburg, am 18. Nov. 1745. Beide waren die letzten männlichen Sprossen ihrer Familie, die, da sie unverehelicht geblieben, mit ihrem Tode im Mannsstamme erlosch, wodurch ihre Lehne an Hessen zurück fielen. Ihre Schwester Marie Amalie, verheirathet an den Geh. Kriegsrath v. Schlitz, starb erst in einem Alter von 70 Jahren, am 31. Dec. 1762 zu Frankfurt, wo sie in der Weiß-Frauen-Kirche beigesetzt wurde. Sie war die Stifterin des adligen Fräulein-Stifts zu Homberg, jetzt zu Fulda[41]).

Das Begräbniß der v. Wallenstein war in den letzten Jahrhunderten in der Kirche zu Raboldshausen. Man sieht darin noch zwei Grabmäler. Das eine aus Alabaster zeigt die schön gearbeiteten Figuren des 1604 verstorbenen Werner's v. Wallenstein und seiner Hausfrau Christiane v. Berlepsch. Das andere rohere und in Sandstein gehauene Grabmal ist das des hessischen Stallmeisters und Cämmerers Werner v. Wallenstein. Gar manches ist über dieses gefabelt worden und den Busch seines Helmes hat man sogar für ein Herz angesehen. So viel läßt sich mit Wahrscheinlichkeit aus den vorhandenen Sagen entnehmen, daß Werner in Folge einer Wette seinen Diener sich mit dem eines andern Adligen ringen ließ, und einer derselben dabei erdrückt worden.

Nachdem Graf Albert I. v. Wallenstein diesen Namen statt seines alten v. Schauenburg angenommen, legte er auch das alte Wappen ab und nahm ein neues. Dieses hatte im silbernen Schilde vier rothe, der Länge nach neben einander liegende, Balken, und einen silbernen goldgekrönten Helm, mit einem goldgekrönten Schwane mit ausgebreiteten Flügeln.

Spätere Geschichte der Burg Wallenstein.

Erst nach dem Baue von Neuwallenstein wurde sie zu deren Unterscheidung Altwallenstein genannt. Nachdem sich jedoch der erstere Name in Neuenstein verkürzt, wurde auch sie wieder blos Wallenstein genannt. Ihre älteste Geschichte ist schon oben erzählt. Die v. Wallenstein besaßen nur ein Burgmannslehn auf derselben; wenigstens war dieses seit dem vierzehnten Jahrhunderte der Fall. Sie hätten sie aber zu geraumen Zeiten, jedoch meistens zugleich mit andern Familien, im Pfandbesitze. Schon im J. 1332 versetzte Abt Ludwig von Hersfeld die Burg für 300 Pfund Heller an Simon von Homberg. 1338 erhielt auch Simon v. Wallenstein Theil daran und beiden stand sie gemeinschaftlich für die

Summe von 400 Pf. Heller und 100 Mk. S. im Pfande. 1361 versetzte Simon v. Wallenstein ein Gefälle aus den Gütern der Burg. 1372 bestellte Abt Berthold von Hersfeld die Ritter von Elben zu Erbburgmannen auf Wallenstein und wies ihnen zum Burgmannslehen 5 Mk. S. in Geisa an. Nach Simon's v. Homberg Tode folgte ihm Albert v. Homberg, welcher 1387 erklärte, daß die Abtei Hersfeld die ihm versetzte Hälfte von Wallenstein, nach seinem Tode, mit 100 Mk. S. ablösen möge. Im J. 1440 machte Reinhard v. Baumbach Ansprüche auf einen Burgmannssitz zu Wallenstein und kam darüber und über Güter in Ulfen, welche ihm Abt Hermann verschrieben, in Streit. Beide Theile wählten den hessischen Erbmarschall Hermann Riedesel zum Schiedsrichter, der am 27. Juni den Spruch that: daß Reinhard auf den Burgsitz verzichten, der Abt ihm aber dagegen die Güter zu Ulfen zu Mannlehn geben sollte. 1456 erhielt Hans v. Wallenstein die Hälfte der Burg und 6 Gulden zu Geisa, für 330 fl. verschrieben. Nur die v. Wallenstein und die v. Elben, welche noch 1505 einen Theil ihres Burgmannslehns versetzten, scheinen als beständige Burgmannen geblieben zu seyn, bis auch letztere endlich ausstarben und nur die v. Wallenstein und deren Erben die alleinigen Bewohner der Burg waren. Die durch das Erlöschen der albertinischen Linie der v. Wallenstein entstandenen Streitigkeiten zwischen deren Erben und der wernerschen Linie, welche außer der Hälfte am Neuenstein auch das Burglehn auf Wallenstein betrafen, werde ich hiernächst bei Neuenstein erzählen.

Die Burg Wallenstein wurde noch bis zum vorigen Jahrhunderte bewohnt und erst seit dessen Mitte sank sie allmälig in Trümmer. Bei dem Beginne dieses Jahrhunderts war sie noch in viel besserem Zustande, als gegenwärtig. Wie anderwärts, so auch hier, war es die Hand des Menschen, die am eifrigsten ihren Verfall beförderte.

7.
Die Geschichte der Burg Neuenstein.

Die Burg Neuenstein wird zuerst 1267 genannt und war wahrscheinlich durch den Grafen Albert I. v. Wallenstein, wenn nicht erst durch dessen Sohn Albert II. erbaut worden. Im Anfange des vierzehnten Jahrhunderts befand sich Simon I. v. Wallenstein mit Friedrich v. Schlitz gen. v. Steinau und Friedrich v. Herzberg im gemeinschaftlichen Besitze der Burg; da sie aber von derselben Räuberei trieben, wurde sie im J. 1318 zerstört. Bis zum J. 1357 blieb sie in ihren Trümmern liegen. Da setzte sich Landgraf Otto von Hessen, damals mit dem Abte von Fulda in Fehde liegend, in den Besitz des Burgbergs. Er schloß hierauf mit Simon v. Wallenstein einen Vertrag wegen des Wiederaufbaues der Burg, welcher auch, nachdem die Erben der obigen Ritter ihre beiden Viertheile abgetreten, alsbald vorgenommen wurde. In jenem Vertrage war auch bedungen, daß Simon sich um die hersfeldsche Belehnung für den Landgrafen bemühen sollte, dieser sollte dann das Schloß als hessisches Afterlehn haben. Aber die Abtei weigerte sich und die Belehnung erfolgte nie, und auch die hessische Verafterlehnung wurde nicht ordentlich gewahrt. — So blieben die v. Wallenstein im alleinigen Besitze des Neuenstein's, bis zum Tode Conrad's von Wallenstein, mit dem die albertinische Linie erlosch. Da Conrad keine Kinder hatte, so setzte er seine Hälfte an Neuenstein und seinen Antheil am Burgmannslehn auf Wallenstein mit allen deren Zubehörungen seiner Schwester Anne v. Reckrod Söhnen Wilhelm und Rabe v. Reckrod als Vermächtniß ein. Aber kaum war er am 8. Mai 1521 gestorben, so setzte sich Werner v. Wallenstein, von der wernerschen Linie, in den Besitz der von Conrad hinterlassenen Lehngüter und verschaffte sich schon am 24. Juni darüber die Belehnung von dem Abte von Hersfeld. Die v. Reckrod erhoben hierüber Klage, doch das Burgmannen-Gericht zu Friedberg wies, nachdem Werner bewiesen habe, daß die v. W. schon seit länger denn 100 Jahren im ganerbschaftlichen Besitze gewesen und nie ein Weib daran Antheil gehabt, die v. Reckrod mit ihren Ansprüchen ab. Gegen diesen Spruch ergriffen dieselben die Berufung an das Reichs-Cammergericht zu Eßlingen. Durch besonders Beauftragte wurden 1526 22 und nachdem die Sache an das R. C. Gericht zu Speier gelangt, 1528 nochmals 15 Zeugen verhört. Am 15. Novbr. 1529 wurde endlich durch Urtheil des letztern Gerichts das voriger Instanz aufgehoben und die Ansprüche der v. Reckrod für gerechtfertigt erklärt und dieselben in den Besitz der Lehne eingewiesen.

Nachdem jedoch Rabe schon 1526 und Wilhelm von Reckrod 1529 ohne Kinder verstorben, beerbten dieselben ihre Schwestern: Dorothea, Hausfrau Georg's v. Schachten, und Anna, Hausfrau Otto Hund's zum Falkenstein. Erstere hatte 4 Söhne: Georg, Wilhelm, Heinrich und Dietrich, von denen Georg 1530 mit einem Viertheil des Neuensteins und des Burglehns auf Wallenstein belehnt wurde. Anna's Viertheil ging auf deren Söhne Georg und Bernhard Hund über.

Mit jenem Urtheile war der Streit jedoch noch lange nicht beigelegt; wie es scheint, hatten die v. Wallenstein dagegen die Revision ergriffen und die Sache schleppte sich nun unerledigt bis in das siebenzehnte Jahrhundert. Zwar wurden öfters Vergleichsunterhandlungen gepflogen, aber sie führten zu keinem Zwecke, obgleich die Landgrafen sich hierfür sehr bemühten. Die v. Schachten und Hund hatten ja kein Interesse an der Erledigung dieses Streites, die ihnen, da sie sich im Besitze befanden, nur Nachtheile bereiten konnte. Endlich im J. 1616 verkaufte Dietrich v. Schachten seinen Antheil an Philipp Ludwig v. Wallenstein für 16400 Reichsthlr., worüber am 4. Juni 1617 auf Neuenstein der Kaufvertrag ausgestellt wurde.

Dagegen blieb die Familie Hund bis zu ihrem Aussterben in dem Besitze der wallensteinschen Güter. Nachdem dieses im J. 1660 mit Caspar Hund erfolgt, kamen diese Güter auf seine Tochter Klara Anne, verehelicht an Carl v. Buttlar. Dessen Sohn, der Oberstlieutenant Joh. Burghard v. Buttlar, verkaufte das ihm durch seine Mutter zugefallene Viertheil im J. 1695 am 1. Juli zu Phi=

lippsthal an den Landgrafen Philipp von Hessen-Philippsthal für 12000 Rthlr. und 2 Reitpferde. Dieser überließ am 26. April 1700 dasselbe seinem Bruder, dem Landgrafen Carl von Hessen, für die Summe des Ankaufs. Landgraf Carl verpachtete nun diesen Theil am 6. Dec. 1714 auf elf Jahre an die Wittwe Christian Wilhelm's v. Wallenstein, Magdalene Elisabeth geborne v. Hardenberg, für 11,000 Thlr. Dieser Pachtvertrag wurde 1731, nachdem die genannte Wittwe denselben ihren Söhnen August und Friedrich überlassen, in eine Verpfändung verwandelt, wogegen die eben genannten Brüder dem Könige Friedrich von Schweden und Landgrafen von Hessen noch 1000 Thlr. nachzahlen mußten, um die alte Kaufsumme herauszubringen. Da beide Brüder unverehelicht blieben, so fielen mit dem Tode des letzten 1745 nicht allein jenes verpfändete Viertel, sondern auch die lehnbaren übrigen drei Viertel den Landgrafen von Hessen heim, die nun das Schloß Neuenstein zur Wohnung ihrer Beamten bestimmten.

Der Hof Niederneuenstein,

auch **Hinterneuenstein**, erhielt diesen Namen zur Unterscheidung von Neuenstein, welches deshalb auch oft Oberneuenstein genannt wird, und liegt dicht unter Neuenstein, auf einem kleinern Nebenhügel dessen Burgbergs. Er wurde 1591 durch **Philipp Ludwig v. Wallenstein** erbaut und bildet ein ziemlich ansehnliches Oeconomie-Gut, hat aber nichts einer Burg Aehnliches. Im Anfange des 18. Jahrhunderts machten die Schenke zu Schweinsberg Ansprüche darauf. Wilhelm Dietrich von Wallenstein, gestorben 1708, hatte eine einzige Tochter Anne Helene Sophie hinterlassen, welche den Oberstlieutenant und Ritterrath Joh. Georg Schenk zu Schweinsberg ehelichte. Diese setzte sich in den Besitz des Hofes und kam darüber mit Aug. Gottfried und Friedrich Hilmar von Wallenstein in weitläuftigen Proceß, in dessen Folge sie 1724 in demselben bestätigt wurde. Die Sache wurde bis zum Reichshofrathe getrieben. Erst nachdem auch der letzte der v. Wallenstein gestorben und die Lehngüter seiner Familie dadurch heimgefallen, kam 1748 zwischen den schenkschen Erben und dem Landgrafen ein Vergleich zu Stande, dem zu Folge jene gegen Zahlung von 15,000 Thlr. darauf verzichteten [42]).

Anmerkungen.

1) Nur sehr dürftig sind die Nachrichten über die Grafen v. Willofsbach. Der erste bekannte ist Graf Dammo; er lebte zu Ende des XI. und Anfang des zwölften Jahrhunderts. Seine Tochter Emmicha war an Graf Adelbert II. v. Schauenburg vermählt, mit welchem sie 1109 der hersfeldschen Kirche eine Schenkung machte. (Wenk II. Ukbch. 57). Später 1179 findet man die Gebrüder Dudo d. ä., Otto und Wigand v. Willofesbach als hersfeldsche Ministerialen; von 1182—1186 tritt Wigand als Marschall und Otto als Schenk der Abtei Hersfeld auf. (Wenk III. U. S. 79—86.) In welcher Verbindung diese mit dem Grafenhause standen, läßt sich nicht ent-

scheiden. 1197 findet sich Gr. Arnold v. Willolutsbach im Gefolge des Abts Sifried von Hersfeld zu Naumburg, unfern Fritzlar, und 1216 verkaufte Graf Albert von Willolsbach dem Kloster Aue den Zehnten in Saasen. (Wenk III. Urkdch. S. 95.) Dieses ist alles von diesem Geschlechte Bekannte. Ueber seinen Sitz ist man bis jetzt noch im Dunkeln gewesen, ich glaube jedoch nicht zu irren, wenn ich denselben an die Stelle des jetzigen in einer tiefen waldigen Bergschlucht liegenden Hofes Beiersgraben, zwischen Rotterterode und Reckrod, 2 St. von Niederaule, im Hersfeldschen suche. Dieser Hof hieß früher Wölfelsbach und denselben Namen führt auch ein kleiner, im nahen Walde entspringender Bach, der oberhalb Kirchheim in die Aula fällt. Schon im J. 1150 erhielt das Kloster Breitenau einen Wald in pago Billolfesbach. Auf dem Rücken der hierüber von dem Erzbischofe Heinrich v. Mainz ausgestellten Urkunde steht, wie es scheint, von einer gleichzeitigen, wenigstens nicht viel spätern, Hand: „Super silvam in pago Billoeffelbach forte jam Gexbach dictam." (Or. Urk. abgedr. in Schm. M. H. IV. p. 657.) Es scheint demnach ein Untergau oder eine Cent des hess. fränkischen Gaues von diesem Orte seinen Namen geführt und die Gr. v. W. das Richteramt darin besessen zu haben. Noch im J. 1543 stellte Abt Kraft v. Hersfeld einen Lehnbrief über Wiesen zu Woelfelbach aus. (Or. Urk.) Diesen Namen führte der Ort noch bis zum XVIII. Jahrh. Wie es scheint, war früher hier ein Dörfchen, welches der Sage nach im 30jähr. Kriege zerstört worden wäre. — Genßler in f. Gesch. des fränk. Gaues Grabfeld II. 312 verwechselt die Gr. v. Willofsbach mit dem Gr. v. Welfsbach und zieht so höchst irrige Schlüsse.

2) Gud. C. d. IV. 872. Das Nähere üb. d. Gr. v. Schau-

enburg u. Wallenstein s. im Artikel Schauenburg. Ich bemerke nur hier, daß es im Oestreichischen noch mehrere Schlösser Wallenstein gibt und daß der bekannte Feldherr mit dem hess. Wallenstein nicht in der mindesten Beziehung steht.

3) Or. Urk.
4) Wenk III. Ukbch. S. 137.
5) Ungedr. Urk. Wenk II. Ukbch. 230 u. Kuchenb. A. H. XI. 175.
6) Wenk III. Ukbch. S. 185. Es heißt zwar in der Urk. „Simon et Ludovicus plebeni in Ottra." Sonach wären beide Geistliche gewesen; da jedoch später ein R. Simon v. Wallenstein lebte, der der alleinige Stammhalter seiner Familie war, so kann die Bezeichnung beider als Pfarrherren wohl nur ein Fehler und dieser Ritter mit jenem angeblichen Geistlichen nur eine Person seyn. Dieses bestätigt auch eine Urkunde von 1361, in der sie beide als Zeugen erscheinen, Simon als Ritter und Ludwig als Pfarrer.
7) O. Urk. im kurh. H. u. St.-Archiv.
8) Urk. Auszüge.
9) Orig. Urk. u. Urk. Ausz. im Ziegenh. Rept.
10) Lennepp v. d. Landsiedelleihe. Cod. Prob. p. 777.
11) Schminke Mon. Hass. IV. 664. Er wird zwar nirgends als ein Sohn Simon's genannt; aber die Zeit, in welcher er lebte, spricht dafür, da in derselben kein anderer von Wallenstein lebte, den man für seinen Vater halten könnte.
12) Schannat C. P. D. et H. Fuld. p. 159. Von jetzt an benutzte ich einen Auszug einer Chronik der v. Wallenstein, welche 1523 von dem bekannten Nohe aufgestellt wurde. Früher befand sich dieselbe vollständig in dem kur-

hessischen Haus- u. Staats-Archive. Aus diesem Exemplare stellte Lennep in s. Cod. prob. zu seiner Abhandl. über das Landsiedelrecht die wallensteinsche Stammtafel auf und auch der vor mir liegende, leider nur sehr dürftige, Auszug ist demselben entnommen. Wo dieses Exemplar hingekommen ist, darüber läßt sich nirgends eine Spur finden, und alle Versuche, ein anderes vollständiges Exemplar aufzufinden, sind mir bis jetzt noch vergeblich geblieben.

13) Anonym. ap. Senkenbg. Sel. jur. et hist. III. 401. 402 et 404.
14) Das. 403.
15) Lennep's Abhandl. über das Landsiedelrecht. Cod. prob. p. 275.
16) Nohe's wallensteinsche Chronik. Spangenbg. henneberg. Chron. I. 425. Lauze's hess. Chr. Handschr. Schminke Mon. Hafs. III. 281. Lennep's Cod. Prob. 278 u. ungedr. Urk.
17) Spangenberg's Adelsspiegel II. 72, welcher dieses aus Nohe's wallenst. Hist. erzählt.
18) Schannat D. et H. F. 138. Nirgends wird er zwar als Simon II. Sohn genannt und auch Nohe war er unbekannt; aber man kann ihn mit mehrerer Wahrscheinlichkeit als solchen annehmen, denn eines andern Sohn konnte er nicht seyn.
19) Schultes hist. stat. Beschr. d. Gräfsch. Hennebg. I. 609.
20) Senkenbg. III. 408 et V. 441.
21) Series Praepositor. etc. eccl. ad St. Petrum Frideslariae. Senkenbg. III. 430 und Kremer's Gesch. des Kurf. Friedrich I. v. d. Pfalz. Ukbch. S. 203.
22) Mader's Nachr. v. d. Reichsburg Friedberg I. Anhang S. 2. Kopp's hist. Gerichtsverf. I. Beil. 136. Sagitar.

Historia der Grafschaft Gleichen S. 357 und ungedruckte Urkunden.

23) Senkenbg. III. 407.

24) S. dieses weitläuftiger im Art. Buchenau. S. 144 dieses Bandes.

25) Senkenbg. III. 480 et 484. Nach Kremer in s. Gesch. d. Kurf. Friedrich I. v. d. Pfalz. Ukbch. S. 202 wäre ein Conrad v. W. in der Schlacht bei Pfeddersheim gefangen worden. Es kann dieser kein anderer seyn, als Conrad II. Er war aber damals erst 12 Jahre alt und noch zu jung zu einem Feldzuge. Man müßte denn annehmen, daß er als Edelknabe einem Ritter in denselben gefolgt sey.

26) Ibid. 497.

27) Die hess. Chronisten Lauze, Nohe u. Dilich.

28) Handschrift. Einen Ausz. ders. s. in v. Rommel's hess. Gesch. III. Anmerk. S. 126 ıc.

29) S. im Allgem. v. Rommel's hess. Gesch. III. Band VI. Buch 2. Hptst.

30) Nohe u. nach ihm Lennep geben zwar den Todestag auf den 6. Mai an; ersterer aber nennt insbesondere noch den Donnerstag nach diem inventionis St. crucis und dieses ist der 8. Mai.

31) Wenk's hess. Landesgesch. I. 579 ıc. nimmt Gottfried als Gatten Margarethens an und auch Nohe's Chronik sagt, daß er eine Gräfin v. Weilnau zum Weibe gehabt. Er erscheint zwar nie mit jener Margarethe, sondern mit einer Namens Lukarde, doch erst seit dem Anfange des XV. Jahrhunderts. Da er jedoch schon 1385 mit dem weilnauschen Hause verbunden war, so mag diese Margarethe noch vor dem Ablaufe des XIV. Jahrh. verstorben seyn.

32) Wenk I. Ukbch. S. 238—240.
33) Thuringa sacra 265.
34) Wenk I. U. S. 250 und Deduction wegen der v. Hanau u. Carben 465.
35) Brower Antiq. Fuld. 328. Schannat Hist. Fuld. 240.
36) Gud. V. 1063.
37) Kopp's Lehnsproben I. 41—43.
38) Kremer's Gesch. d. Kurf. Friedrich v. d. Pfalz. Ukbch. S. 200.
39) Nohe nennt Hansen's Gattin eine Gräfin v. Lüne. Man sehe dagegen die Urk. v. 1456 ap. Gud. c. d. V. 1064, wo`ihr Bruder Appel Ripracht genannt, und Schneider's Buchonia 4. Bd. 1. Hft. S. 106, wo der Vertrag von 1453 erwähnt wird.

Zusätze und Berichtigungen zum zweiten Bande.

S. 24. Z. 7. v. ob. l. st. Indagina — Indagine.
= 37. = 7. = = = unus e fundat. — unus fundat.
= 37. Zu den aufgeführten Gliedern der Gr. v. Gelnhausen kommt noch ein Graf Thidericus de Geilenhusen, der 1133 erscheint (Gudenus c. d. I. p. 111) und ein Sohn Ditmar's gewesen seyn kann.
= 57. Z. 7. v. ob. l. st. würde — würden.
= 137. = 9. = unt. = = Bruder — Oheim.
= 192 sind die Zeilen 2 u. 3 v. unt. von: Im — kennen, zu streichen.
= 289. Z. 2. v. u. ist die Zahl 52) zu streichen.
= 380. = 6. = = l. st. der — des.

Gotha, gedruckt mit Engelhard=Reyherschen Schriften.